古代歷史文化研究輯刊

十四編

王明蓀 主編

第 9 冊

蜀漢知人群體研究

張嘉純 著

國家圖書館出版品預行編目資料

蜀漢知人群體研究／張嘉純 著 -- 初版 -- 新北市：花木蘭文化
出版社，2015〔民 104〕
目 4+274 面；19×26 公分
（古代歷史文化研究輯刊 十四編；第 9 冊）
ISBN 978-986-404-317-0（精裝）
1. 人物志 2. 個案研究 3. 蜀漢
618   104014373

ISBN-978-986-404-317-0

9 789864 043170

古代歷史文化研究輯刊
十四編　第 九 冊   ISBN：978-986-404-317-0

蜀漢知人群體研究

作　　者　張嘉純
主　　編　王明蓀
總 編 輯　杜潔祥
副總編輯　楊嘉樂
編　　輯　許郁翎
出　　版　花木蘭文化出版社
社　　長　高小娟
聯絡地址　235 新北市中和區中安街七二號十三樓
　　　　　電話：02-2923-1455／傳真：02-2923-1452
網　　址　http://www.huamulan.tw 信箱 hml 810518@gmail.com
印　　刷　普羅文化出版廣告事業
初　　版　2015 年 9 月
全書字數　245729 字
定　　價　十四編 28 冊（精裝）台幣 52,000 元　　版權所有·請勿翻印

蜀漢知人群體研究

張嘉純　著

作者簡介

張嘉純，1974 年出生於台中大雅。政大中文系學士、碩士，台大中文系博士，目前任教於台北市立復興高中。在文學品味上，喜歡閱讀經典，蓋經典以其對天地自然萬物的深刻體察而成經典，故易打動人心深處。近十餘年來，受顏宗養老師之啟發及引導，對於生命探索、歷史研究、傳記、教育的熱情逐漸提升。期許自己能在生命探索中，找回學習的快樂，點燃智慧的明光，而後也能如顏老師一般，不斷錘鍊自己，同時化育莘莘學子。

提　　要

　　本文題為「蜀漢知人群體研究」，試圖從月旦評中受冷落的許靖切入，往下探索三國最弱勢的蜀漢，與學界以郭泰、許劭為起點，以魏・劉邵《人物志》涵蓋三國之人物品鑒主流研究，進行對話。同時，從學界較少關注的「知人群體」角度切入，以蜀漢三位知人者：許靖、龐統、諸葛亮為論述架構，探問其為何品鑒？有何意圖及眼光？超越及限制？以建構出蜀漢知人群體之別相及共相。

　　論文架構共分五章，第一章為緒論。第二章論許靖，釐清時人好許劭之因素，並區辨許靖、許劭月旦動機之差異。第三章論龐統，探究龐統仕吳一年，以知人形象聞名江東之歷史真相。第四章論諸葛亮，以諸葛亮治蜀時期，對十位人才之鑒用廢捨，推敲出諸葛亮的用人之道。鋪陳三人別相後，總結出蜀漢知人群體意識，皆框限在劉氏正統觀下，且擇定劉備後，即表現濃厚的忠君情懷。從中反映，儒家意識猶深植人心，因而凌駕三人對人物之鑒別，此其眼光侷限處，但亦其人格成功處。而劉備亦利用正統觀，遂行其爭天下之意圖。故三位知人者在蜀漢所扮演的角色，皆是劉備爭天下的一顆棋子，許靖是招攬賢才者，龐統是謀略者，諸葛亮是決策者。劉備用東漢尚名餘風，禮敬許靖以廣招人才。用龐統為活棋，靜待孫吳之需，而以知人身分為掩飾，切入甚深謀略。用諸葛亮治理蜀政，司人才廢用之決策。其間之推移可知，品評從東漢昏聵政局下的權位鬥爭；到群雄割據亂世，爾虞我詐的天下爭奪戰；再到三國鼎立，鑒用決策攸關政權穩固、國祚長短及天下一統。由此可見知人群體雖在共同的歷史條件下產生，但知人內涵實隨著環境條件而不斷變異。

　　而綜觀東漢中期以來之知人群體，唯郭泰一人，真正以「道」為核心，以品評淑世，雖預見漢室之亡，仍步履孔孟，周遊華夏，而化育六十人成英彥。其既以冷眼洞識時務，又以熱情為亂世播下善種，非但「知人者智」，又頗具聖人風流。

誌　謝

這篇論文，得之於人者多，出之於己者少。也是在倉促之中成稿，還有許多未盡圓融之處，但也算是生命一個難熬的階段跨過了。

首先得感謝的，是我的師長群。論文得自兩位老師的悉心指導。鄭師毓瑜是我台大的指導教授，她給我極大的自由跟包容，總是耐心等候，但一收到論文稿，便飛快批閱。即使數萬字的章節，她都能在極短時間內，抓出我的思辨重點及盲點。她慣於緊盯結構，細部內容任我發揮。寫得精彩處，從不吝於大方讚美，經常讓我興奮許久。一旦論述偏了軌，也明白提示方向，要我多思考。老師的直率、精準、開放，是我學習的好榜樣。而她對學術的熱情，更令我讚嘆不已。這本論文能出版，亦出自鄭老師的推薦，這份提攜及肯定，使我深受感動。

顏師宗養是我政大的佛學老師，也是一路引領我探索生命的恩師。這本論文雖寫三國歷史，但在老師解析下，人物似全活了過來。老師帶領我看他們一生的成功與失敗，令我多次動容，也心生警惕。老師定位人物的方法謹嚴，多條線索交叉比對，始做出判斷。本文三位知人品鑑者，皆得自老師的引導而定位。他原是我的生命導師，見我火燒眉毛，焦慮不安，熱情為我解套。然而也因指導論文的因緣，使我更有機會見識、學習老師的「知人」功夫。在老師而言，人心無分古今，研究亦不割裂於生命之外。我在論文寫作中深受啟發。

另外，還要感謝四位論文審查老師，態度極為謙和，給予我許多細微的指導。首先是張師蓓蓓，她鉅細靡遺，從目錄到各章論述，一一為我指出錯誤、不夠圓融之處，連修正內容都費心思為我擬好。老師對我論文的精熟程

度，尤其令我起敬，可知她在私下下了多少功夫。其次是王師文進，他本身就是位三國頑童，對這本論文的諸多論點興味盎然，也熱情交流他對三國人物的解讀。他一一指出文中論述獨到處，並稱讚論文寫得神采奕奕，給了我極大的鼓勵。老師又指點各章論述的切入方向，使論文提升不少學術價值，而稍減我語言通俗之弊。其三是蔡師英俊，他引入地域文化、言論與權力空間等理論，供我擴展不少研究觸角，惜我學力有限，無法在短時間內修正。其四是廖師棟樑，他在心態史、材料運用等方面，提供許多建議，並補充不少重要書籍供我參考，使本文的研究材料更加完備。諸位老師們為一個不成熟的學子如此用心，著實令人感動。我也很榮幸，能借論文寫作，與老師們結下一些難得的緣份。

其次，得感謝諸多學友的鼎力相助。信宏、鎧銘、晏州是我諮詢的好學伴，舉凡閱讀草稿、挑錯字、異文提供、不同角度的意見觸發，以及最重要的史料詮釋，都給予我相當多的指正及幫忙。智容學姐、展政則費心將我晦澀的中文提要，翻譯成流利的英文。筠珺是幫忙打字的小學妹，為我速記討論內容，整理功夫一流。子傑、敘辰為我繪製三張可親的地圖，使抽象的文字得以按圖索驥，形象更加鮮明。還有朱英龍教授耐心替我鋪緒論，學長阿雄熱情幫我張羅三國書籍，同學玉如與我一起釐清思路等等……，沒有大家的幫忙，論文完成恐怕還更遙遠。

而我先生長期忍受我的易怒、驕縱，還得細心呵護我的飲食心情，不時再貢獻點論文意見，簡直是負責滿足我各種需求的強大助理。我寫論文，他跟著受苦，幸而這一路有他扶持。親友加油團也是重要後盾，哥姐的親情支持，蓮友的加油打氣，同事的支援、朋友的諒解……，終於可以過點有人情味的生活了，謝謝你們包容。雖然封閉了很久，但其實學到不少，探索也還沒結束。最後，得感謝顏老師及石媽媽帶領修行，讓我還能持平走過。

目

次

第一章　緒　論

第一節　問題意識及研究目的

　　知人論述在中國文化有很深的淵源，儒道等流派都曾對此提出自己的觀點。以儒家系統而言，知人問題在先秦即受到重視，但論述重心向來不是放在智識層次上來談。《尚書・皋陶謨》可爲代表：

> 曰若稽古。皋陶曰：「允迪厥德，謨明弼諧。」禹曰：「俞，如何？」皋陶曰：「都！愼厥身修，思永。惇敍九族，庶明勵翼，邇可遠，在茲。」禹拜昌言曰：「俞！」皋陶曰：「都！在知人，在安民。」禹曰：「吁！咸若時，惟帝其難之。知人則哲，能官人；安民則惠，黎民懷之。能哲而惠，何憂乎驩兜？何遷乎有苗？何畏乎巧言令色孔壬？」皋陶曰：「都！亦行有九德……九德咸事，俊乂在官。……天命有德……天聰明，自我民聰明。」〔註1〕

皋陶對禹提出治理國家的三項要求：修身、知人、安民。其中，知人之哲智，乃與修身、安民的德性範疇並置來談，而透過大禹「惟帝其難」之嘆，再與「官人」問題相連結，使得修身、知人，過渡到官人、安民，形成一由內向外，由近及遠，智攝於德下，但德必須兼智，始能逐步擴充展現的濟世論述。故雖有知人之智，若無安頓百姓之惠，仍無法免除對叛亂的憂懼。但若無知

〔註1〕　《尚書・皋陶謨》，清・阮元審定，盧宣旬校《重刊宋本十三經注疏附校勘記》（清嘉慶二十年（1815）南昌府學刊本）（台北：藝文印書館，1965年），頁59〜60。

人之智，亦無法透過制度推擴力量，使個人完成濟世理想，故皋陶針對大禹知人安民爲難之嘆，提出檢驗人行爲的九種德行，以供禹觀察任用，而保障任官者皆賢能。接著，皋陶提示大禹，政權的合法性乃架構在更高的權威，即「天命」上，而天意乃根據民意，由此，國君之地位鞏固，必須仰賴百姓的視聽反應。因此，以帝爲主體的知人安民爲難之嘆，便被巧妙引至以百姓爲主體，知人安民乃帝之存在基礎的思維中。

《尚書》所載，可代表孔子以前的儒家意識，其時「知人」問題乃被放在「安民」的濟世論述下，並形成「知人——官人——安民」此一以民爲本，又以民爲終極目標的邏輯思維中，知人乃官人、安民之先決條件，而官人居間爲中介，呈顯儒家乃以出仕做爲濟世的主要途徑，而政治場域即是其安頓百姓的理想實踐處。

將此一儒家意識發揮最極致者，即是孔子。孔子一方面周遊列國，尋找明君實踐其仁道思想；另一方面直指人心，積極而隨機地啓發教化百姓。然而，在邦無道、仁道不行的現實處境中，孔子最終從政治抽身，而致力於教育一途。於孔子，雖有些許失落，但如此抉擇並不違背其初衷，蓋皆以安民爲懷矣。故孔子何以被尊爲儒家至聖典範？正在於他以在野身分，樹立因材施教、有教無類之教育風範，將個人篤守之仁道，積極播種於人心。所謂因材施教，必須基於對人物的細膩觀察及了解，從這個角度而言，孔子不僅「是一偉大之教育家，同時亦是一偉大之觀察家。」〔註2〕所謂有教無類，則展現孔子對待人類的平等心，他亦肯定所有人物皆有下學上達的潛質，從這個角度而言，孔子亦是一熱愛生命的博愛家。故而，在多次面臨濟世理想與政治衝突後，孔子轉向教育，著眼於將仁道思想深植人心，並以其對人物之敏銳洞察，傳下四科十哲，教化之功遠及現代，並成爲中國主流文化。由此，孔子雖無帝王官人之政治權力，卻以其知人之明、造道之深，而成就安民濟世之理想，故能得素王之稱，〔註3〕而爲儒家至聖也。

進入漢朝，在董仲舒提出賢良三策，武帝批可後，即確立尊經重儒的政教大綱，並透過徵辟察舉制度往基層推行。此後，經明行修成取士標準，鄉

〔註2〕王仁祥《人倫鑒識起源的學術史考察（魏晉以前）》（台北：國立台灣大學出版中心，2008年11月），頁118。

〔註3〕如《淮南子‧主術訓》：「（孔子）專行教道，以成素王。」頁313；又如董仲舒云：「孔子作《春秋》，先正王而繫萬事，見素王之文焉。」參《漢書‧董仲舒傳》，頁2509。

閭清議為選舉主要依據，武帝甚至宣令「不舉者」、「舉不得人者」皆將議罪，以保證朝廷行政人才的需求。隨著朝廷對選舉的重視，如何觀察人物、等第人物，也就成為時代課題；〔註4〕而儒家意識亦透過選舉，貫徹《春秋》大一統思想於漢民。且不論董仲舒所上對策，是否基於對儒學的崇高信仰，但在武帝，則是將儒學做為一種統治的意識型態，〔註5〕並成功鞏固了君權，確立君臣上下之階級。徵辟察舉制度，即將地方州郡牢牢鑲嵌於政治結構中，又將《尚書》中對於帝王的「知人」要求，轉成對各級統治階層的職分監督，再加上歲舉的頻繁性，知人察人已成兩漢社會普遍而重要的活動。為了達到官人之效，保障執政者自身權位，有知人能力的品評者，逐漸浮上舞台。

　　至此可知，經過不同的人心運作，知人問題已從安民為本，轉成君王為上。而以名為教的儒家意識，也因長期結合選舉、勾牽利祿，使「名」的意涵變得更加複雜，「既是名譽也是地位、權力更是財富。」〔註6〕於是本重道德旨趣的「名」，轉向政治旨趣的「名」，〔註7〕其本身再唯物化為士人競逐的對象。在此人心貪婪中，名教弊端層出不窮。到了東漢中期，終在戚、宦貿易選舉，操控鄉閭清議，政局搖搖欲墜中，誘發了有權、有能的品評者，建構以知識清流為標榜之輿論系統，以對抗濁流。可以說，人物品鑒實是士人階層因應當時政治情勢，試圖發揮群體力量，所經營出的發聲管道，此余英時所謂「群體自覺」

〔註4〕　參見賴麗蓉《魏晉『人物品鑑』研究──創造性審美活動的完成》（台北：台灣師範大學國文所博士論文，黃錦鋐先生指導，1995年），頁55。

〔註5〕　如王邦雄云：「在君主專制的態度上，董仲舒不僅變得模糊，有些說法甚至可以被理解為替君主專制張目。」見王邦雄等編著《中國哲學史》，（台北：空大，1995年），頁264。而陳明則以董仲舒具有儒家知識分子之理想，其云：「質言之，董氏是基於其信仰，將儒學理解為道，一種社會理想以及實現這一理想的路徑方法，著重的是儒學的價值屬性。漢武則是出於統治天下的需要，提高行政秩序的水平和控制的有效性，將儒學理解為軌則百姓的手段，看中的是儒學的工具（術）屬性。」參氏著《儒學的歷史與文化功能：以中古士族現象為個案》，（北京：中國社會科學出版社，2005年）頁78。

〔註6〕　賴麗蓉《魏晉『人物品鑑』研究──創造性審美活動的完成》，頁18。

〔註7〕　勞思光云：「先秦言『名』者，基本上不外兩大派，一派以道德旨趣及政治旨趣為主，另一派以形上學旨趣及邏輯旨趣為主。孔子之言『正名』，基本上表示道德旨趣，但因此種觀點涉及『職分』觀念，故由此亦引出政治旨趣。另一面道家言『無名』、『有名』，以『名』為符號指謂，而又認為『名』是一種限定；故極論『道』之『無名』，以明『道』之『無限性』。此基本上表示形上學旨趣；但因既以『名』為限定意義之符號，故由此亦引出邏輯旨趣。」見氏著《中國哲學史》第二卷（香港：香港中文大學崇基學院，1980年），頁156。

〔註8〕。士階層自覺、且有意識地利用品鑒形塑清流群體，利用品鑒者之身分、知識、道德、眼光，抬升自我輿論權力，使之成為政治利器，以監督政治、以挽救傾危的家國，然而其中更夾雜許多聲名利祿的競逐者。

這股品評風潮，在桓靈之際反宦官的政治運動中達到顛峰，其時，知人品鑒幾成知識份子的群體意識，知人精準者更是輿論中心，於是，一些有心人士，開始利用這波品鑒浪潮，或以假亂真，享受威權，如晉文經、黃子艾等輩；〔註9〕或攀附名知人驥尾，哄抬聲價，如曹操向許劭求目等，〔註10〕社會陷入品藻的追逐中，名實關係惑亂難辨。郭泰（字林宗，128～169）、許劭（字子將，150～196）二位知人典範，便在此背景下形成。

知人典範形成，必有群體意識為共同傾向。郭泰、許劭年紀僅差二十三歲，但兩人並非同時成為社會的理想人物，典型亦截然不同。但晉宋時人好並論郭、許，而後代研究亦因此以郭、許為漢晉品鑒風氣起點。〔註11〕所謂起點，即將二人同時看待；或雖知二人年紀略有先後，但不明其間，時代風氣起了什麼變化；或視二人為同流，不能具體指出郭、許之別，自然更不明白兩人典範差異，及其背後所符應的時代需求。

首先留意到郭、許差異的現代學者，是岡村繁。岡村繁指出，郭泰的品評旨趣在「寬宏濟士」，許劭則是「善善惡惡」，二人的差異「反映出以黨錮之獄為中心的前後兩個時期的變化。」〔註12〕岡村繁道出郭、許品評旨趣不

〔註8〕 余英時〈漢晉之際士之新自覺與新思潮〉云：「士大夫集團與外戚宦官之勢力日處於激烈鬥爭之中，士之群體自覺意識遂亦隨之而日趨明確。」參氏著《中國知識階層史論》（台北：聯經出版社，1980年），頁206。

〔註9〕 《後漢書·許劭傳》：「時漢中晉文經、梁國黃子艾，並恃其才智，炫曜上京，臥託養疾，無所通接。洛中士大夫好事者，承其聲名，坐門問疾，猶不得見。三公所辟召者，輒以詢訪之，隨所臧否，以為與奪。融察其非真，乃到太學，并見李膺……二人自是名論漸衰。」頁2232～2233。

〔註10〕 《後漢書·許劭傳》：「曹操微時，常卑辭厚禮，求為己目。劭鄙其人而不肯對，操乃伺隙脅劭，劭不得已，曰：『君清平之姦賊，亂世之英雄。』操大悅而去。」頁2234。

〔註11〕 如洪然升云，「『人倫識鑒』、『知人之鑒』、『拔才取士』、『許、郭』等詞便連成了一條意義完足的理解脈絡……郭泰、許劭都將會是不可變易的理解始點。」參氏著《六朝「文士／文藝」品鑒論》（台南：國立成功大學中國文學系博士論文，陳昌明先生指導，2008年），頁74。

〔註12〕 岡村繁〈郭泰和許劭的人物評論〉，收入日·岡村繁著，陸曉光譯《漢魏六朝的思想和文學》（上海：上海古籍出版社，2009年），頁186。以下岡村繁之文皆出於此書，不再繁註。

同，又找到黨錮這條重要的分野線，從中劃分知人典範從郭泰走向許劭，品評風氣從寬宏濟士走向善善惡惡的時代變化。然因其文重心在郭、許，故並未再細究黨錮居間，牽動二人及整個時代的品鑒關鍵何在。

　　爲何一場黨錮，知人典型立即從郭泰轉成許劭？而郭、許差異如此之大，晉宋時人又在什麼樣的條件下，並論二人？如果仔細追索，會發現對郭、許的評價，因應不同時代而有所變異，且同一時代，亦非僅有一面聲浪。比如漢末，在多數士人崇仰郭泰時，已有范冉等人輕鄙之。而經歷黨錮之禍後，社會更由讚郭轉向揚許。若未細加區辨，概皆以漢末品鑒風氣下的產物籠統並論，自然對二人之別、時代之異，皆不能敏銳覺察，更遑論進一步探究風氣轉向之原因。

　　事實上，緊接漢末而下的三國時人，對郭、許之異是有清楚認識的，但對二人之毀譽亦不盡相同。以陸瑁、周斐（或作周裴）爲例。吳‧陸瑁曾與暨豔書云：「今王業始建，將一大統，此乃漢高棄瑕錄用之時也，若令善惡異流，貴汝潁月旦之評，誠可以厲俗明教，然恐未易行也。宜遠模仲尼之汎愛，中則郭泰之弘濟，近有益於大道也。」〔註 13〕陸瑁以郭泰爲典範，一方面是爲警示盛明臧否的暨豔稍加收斂，以免致禍；同時也站在王業一統的人才需求，以弘濟爲上，故而揚郭抑許。另外，魏‧周斐曾以汝南中正身分，上表稱美許劭：「許劭高□遺風……時有知人之鑒。自漢中葉以來，其狀人取士，援引扶持，進導招致，則有郭林宗。若其看形色，目童亂，斷宛滯，摘虛名，誠未有如劭之懿也。」〔註 14〕周斐雖未貶抑郭泰，但其以汝南中正官角色，上表讚揚許劭之意何在？若只是阿私鄉曲，又何須做出此政治動作？且周斐不僅讚揚許劭一人，又著有《汝南先賢傳》，對汝南先賢多所表彰，其意何在？胡寶國曾指出：「在士族政治逐漸抬頭的年代，政治上失勢或文化上相對落後的地區只能以眾多先賢來證明自身的價值，並與產生了著名士族的地區對抗。」〔註 15〕胡寶國分析先賢傳記等書寫，背後實隱含政治角力在其中。姑且不論胡寶國分析是否正確，但其文彰顯了評價的複雜性。爲何周斐、陸瑁雖皆能區辨郭、許，卻做出毀譽不一的評論？可見其評論背後，還交織著個

〔註 13〕「時尚書暨豔，差斷三署，頗揚人闇昧之失，以顯其譴。瑁與書。」《三國志‧吳書‧陸瑁傳》，頁 1377。

〔註 14〕《世說新語箋疏‧賞譽》，注引《續談助》載《殷芸小說‧許劭列傳》，頁 415。

〔註 15〕胡寶國〈雜傳與人物品評〉，收入氏著《漢唐間史學的發展》（北京：商務印書館，2003 年），頁 145。

人意圖、友朋關係、地域文化、政治背景等等內外因素，評論者本身如何做出評論，就是一個極大的問題。

而三國雖多能區辨郭、許，但已開始出現並論郭、許者，比如吳之謝承：「許邵……拔樊子昭於未聞，天下咸稱許、郭。」〔註16〕從拔士角度論二人之同。而至晉宋時人，更將「許、郭」連成一組共同追效的新典型，如兩晉時期，「（桓）彝……有人倫識鑒，拔才取士，或出於無聞，或得之孩抱，時人方之許、郭。」〔註17〕武周謂劉公榮曰：「卿有知人之明，欲使三兒見卿，卿為目高下，以效郭、許之聽可乎？」〔註18〕山簡云：「郭泰、許劭之倫，明清議於草野。」〔註19〕南朝時期，宋·范曄載：「天下言拔士者，惟稱許、郭。」〔註20〕梁·任昉云：「漢魏已降，達識繼軌，雅俗所歸，唯稱許、郭。」〔註21〕綜合上述六條資料可知，郭、許被並稱的主要特質是「知人」及「拔士」（各三條）；其次則因二人的在野身分（一條）。而郭泰長於許劭，卻有四條資料將許劭置於郭泰前，可見至晉宋，對郭、許品評以黨錮為分野的時代轉向已混沌不明，甚至有以許劭為高之況味。至於晉宋時人為何好論「許、郭」？此又是另一個大哉問，〔註22〕非本文所處理者。但顯而見的是，對「知人者」的期待視野，早已逸離《尚書》中以「安民」為本之論述框架。

由上，乃試圖呈顯，從漢末、三國、到晉宋，關於郭、許的評價，呈現著時代的波折；即使同一時代，亦毀譽參半。那麼，誰說的才是真相？若不能釐清評論者基於何種背景、立場發話，其內在意圖是什麼，一層層抽絲剝繭，很容易就淹沒在「時論」中。而時論雖能表示出主流聲音，但不見得是全面的真相，尤其當評論者或有意、或無意地混入個人欲求於其中，更容易做出偏頗的歷史定位。

〔註16〕《太平御覽》引謝承《後漢書》，頁 2163〜2。許邵、許劭有異文，行文皆統一為「許劭」。

〔註17〕唐·房玄齡等撰，楊家駱主編《晉書·桓彝傳》（北京：中華書局，2008 年），頁 1939。

〔註18〕《三國志·魏書·胡質傳》注引虞預《晉書》，頁 742。

〔註19〕《晉書·山簡傳》，頁 1229。

〔註20〕《後漢書·許劭傳》，頁 2234。

〔註21〕任昉〈為范尚書讓吏部封侯第一表〉，見《文選》，頁 548。

〔註22〕洪然升曾從「社會輿論權力象徵」的角度，解釋六朝時人並稱郭許之現象，他云：「許劭、郭泰之並稱『許、郭』的聯繫環節非僅是『善人倫』、『拔士』，其深刻處更建立在兩人作為『社會輿論權力之象徵』這一點上。」洪然升《六朝「文士／文藝」品鑒論》，頁 77。

　　而在諸多草率的評論中，岡村繁的態度相對嚴謹許多，因此能做出較令人信服的研究。由此，又可以反推為何六朝時人或現代學者，對郭、許多所誤讀？其因至少有二：一，對於郭、許的時代背景及發展軌跡，掌握不夠細膩；二，對於郭、許的生命，缺乏深入的探索。

　　針對其一，目前人物品鑒研究大趨，大致呈顯漢末、魏、兩晉三大斷代之發展，學界的共識是：品鑒標準從重德到重才，品鑒目的從現實政治到生活美學；知人典型從儒生轉為名士。這樣的品鑒風氣勾勒頗為宏觀，但似乎在微觀上，仍有許多歷史空白待補足。比如郭、許二人之間以黨錮為分野，乃待岡村繁指出；又如許劭月旦評進行於何時，持續多久？至今尚無學者深探。然而，不明時風如何，則無法具體指陳知人群體應何背景而生？無法洞察其品鑒言行應何時代需求而動。

　　針對其二，蓋品鑒行為主體是人，而品鑒風氣之所向，亦繫乎人心，但目前關於人物品鑒風氣之探源，多半是從政治、社會等外緣條件來分析，極少從知人群體本身找原因。而針對風氣之大觀，亦多集中在「品鑒內容」上，探討「如何品鑒」等美學問題；很少針對「品鑒者」本身，探問：他為何品鑒？為何形成這樣的品鑒風格？等生命動機問題。然自東漢桓靈時期以來，隨著政治社會的需求，人物品鑒專家不但大量湧現，且其中佼佼者更居士人群體之首。為了指稱這群社會新貴，史書出現大量辭彙：「議主」、「名知人」、「有知人鑒」、「善人倫」、「臧否得中」、「才照人物」、「篤於物類」、「題目品藻，曲有條貫」、「以人倫自任」……等，豐富的辭彙，顯示士人群體已分化出數量可觀的知人專家，且生命情態頗為多元。這群知人專家不但共時性地相映成趣，且歷時性地緜延二百餘年，故有所謂漢晉人物品鑒蔚為風氣之說。〔註23〕既然知人群體被標誌為漢晉社會的獨特階層，而歷史又是由生命所構成，若能從一個個的生命來談品鑒現象，是否能得到具體而深刻的理解？但縱觀目前學界的研究進路，很少從「知人群體」角度來切入的，而對知人群體的生命關注，更是微乎其微。

　　而暨漢末郭、許以降，三國品鑒研究，焦點是「書」而不是「人」，且幾乎都集中在魏‧劉邵《人物志》一書上。眾多研究者中，較能以「人」為研究

〔註23〕張蓓蓓云：「最足以顯示人物品鑒之蔚然成風者，莫過於漢晉之間號為『知人』及『好人倫』的人士之多。」見氏著《漢晉人物品鑒研究》（台北：花木蘭文化出版社，2010年），頁81。

取向者，仍可以岡村繁〈劉邵《人物志》的人物構想及其意圖〉〔註24〕爲例來說明。岡村繁對《人物志》之定位，乃以劉邵個人意圖爲判斷。他由二條線推論劉邵意圖：一，考察該書提出時機，在魏明帝青龍年間（233～236），而此正是重新討論九品中正制之際。二，歸納書中所呈顯的人物觀是宿命論，而此前提，是爲將材劃分爲「偏材」、「兼材」等優劣等級，而賦與聖人（君王）「總達眾材」的能力。由此二線，他反覆推敲出劉邵乃在乘修改九品中正制時，擁戴魏明帝爲絕對統治者。也因此，劉邵執拗地將天子說成絕對聖人，並架構一理想官制，導致其書呈顯形式化的邏輯推演結構，而一味在觀念世界中凌空翻轉。故而岡村繁定位道：劉邵的「人品論並未洞察到生動具體的人性內質，他的人物鑒識也缺乏那種在複雜的政治社會中煉就的慧識。」〔註25〕

岡村繁最後的結論，恰可說明本文關注的重心：第一，人性的內質著實幽微、豐富而生動，而所謂知人者，即是對人性內質特具敏銳洞察力者。第二，洞察人性不易，而欲穿透複雜的政治社會，更須一番煉就，始能成其慧識。

三國，顯然正是一個極爲複雜的斷代，這不僅是劉邵，也是三國知人群體所共同面臨的時代課題。在天下爭霸的共同欲求下，外交上之縱橫捭闔，士人間之奔趨競流，使三國的政治情勢相對大一統的兩漢複雜許多。相應於此，人際應對間的爾虞我詐，又使知人問題，不只是能力問題。司馬懿曾問蔣濟：王淩、王廣孰優孰劣？蔣濟答後旋悔，云「吾此言，滅人門宗矣。」〔註26〕表面輕鬆探問人才優劣，實際隱藏派系鬥爭，如未能盱衡時局、人物，做出判斷，一言即可致禍。故而，深入其中，一則簡單的人物品鑒，背後可能牽涉極爲複雜的大文本。〔註27〕因此，在三國，如何洞察人性內質，並穿透複雜的政治社會，既是保命全身，也是決勝天下的重要關鍵。而這樣的時代背景，既能蘊育出《人物志》等細密的人物理論著作，難道沒有察隱抉微的人物家，充斥在三強陣營下？然而，目前學界對三國的知人群體輪廓，顯然是模糊的。

〔註24〕岡村繁〈劉邵《人物志》的人物構想及其意圖〉，頁237～254。

〔註25〕岡村繁〈劉邵《人物志》的人物構想及其意圖〉，頁259。

〔註26〕《三國志・魏書・王淩》傳：注引《魏氏春秋》：「太傅嘗從容問蔣濟，濟曰：『淩文武俱贍，當今無雙。廣等志力，有美於父耳。』退而悔之，告所親曰：『吾此言，滅人門宗矣。』」頁759。

〔註27〕鄭師毓瑜論文指導語。

　　岡村繁顯然認爲劉邵稱不上三國知人者。但其定位是否精準，其實仍須進一步研究，蓋因岡村繁僅提供二條線索，即推敲劉邵的品鑒意圖，但其文並未能深入了解劉邵的生命特質，諸如其核心價值、生活重心、性格種種，致使結論顯得不夠紮實。然而，縱觀目前學界，對《人物志》一書的研究成果雖豐碩，但對劉邵生命的深度探索似乎尚不足，通常僅將劉邵做爲《人物志》寫作前緣介紹，未能緊扣其生命與品鑒言行的具體關聯。由此可知，劉邵《人物志》雖已是三國品鑒研究之顯學，但目前對劉邵爲何創作《人物志》？爲何建構出這樣的人物理論？尚缺乏較深刻的生命理解，更違論其他未受關注的知人群體。這樣的研究趨勢，反映出多數人並不習於貼近生命、觀察生命，更少有人願意細膩追蹤生命的內在根源，因而做出許多似是而非之論。

　　因此，能知人者，本身即是一種極引人的存在。他如何知人在先，並予人精準定位？知人群體大量出現於漢晉，似乎代表中國知識階層在生命探索上，開啓一線曙光。然而，僅就漢末的知人群體粗略掃描，卻發現能「分判」〔註28〕人物潛質者並不多。這不禁令筆者好奇，這群被定位爲知人者的存在眞相是什麼？其爲何品鑒？有何意圖及眼光？超越及限制？又何以如此被定位？此即本文以知人群體爲研究取向的關懷所在。

　　而就上文可知，郭、許做爲漢末知人群體起點，其品鑒所以然的時代背景、生命內涵雖不甚明晰，但至少受到學界關注，目前也累積相當的研究成果（見文獻回顧）。而郭、許以降，究竟有哪些知人者？學界直接以劉邵《人物志》上承漢末品鑒研究，然而，劉邵的活躍期，乃在魏明帝青龍、景初年間（232～240），此上距郭、許主要活躍期至少五、六十年，呈現大段的歷史空白。再者，魏眞能完全概括三國嗎？如以劉邵寫作意圖，乃針對曹魏政治背景所發，那麼，吳、蜀不同政權下，產生的品鑒風貌又如何？由此可知，目前品鑒風氣承轉脈絡論述，在時間上略顯粗疏；在空間上，僅伸展三國之一足；在對象上，以「人」爲中心之研究，則更顯闕如。故而，若以知人群體爲研究視角，郭、許之後的知人群體動向如何？果眞以魏爲代表？吳、蜀知人群體概況又如何？

〔註28〕洪然升云：「品鑒的精神實是建立在它的分判性上。」見氏著《六朝「文士／
　　　　文藝」品鑒論》，頁45。

　　於是本文針對魏、蜀、吳的知人群體，做了初步檢索。〔註29〕所依乃漢魏六朝時人之定位，即在史料上，曾留下著名之鑒識言行、活動、理論、著作、名聲等，而展現其對人物的敏銳洞察力者。依此，魏有二十一人（見本章末，表一），吳有二十二人（見本章末，表二），蜀有五人（見本章末，表三）。

　　而在眾多知人者中，首先引起筆者好奇的是許靖。據《後漢書‧郭符許列傳》云：「初，劭與靖俱有高名，好共覈論鄉黨人物，每月輒更其品題，故汝南俗有『月旦評』焉。」〔註30〕少年時期，靖、劭即以汝南月旦評共同聞名四海，然而，時人及後世談及月旦評，多以許劭爲代表，原因何在？是許靖知人能力不若許劭乎？而許靖再度受到重視，是在三國的蜀廷中，時已入晚年。陳壽載：「靖雖年逾七十，愛樂人物，誘納後進，清談不倦。丞相諸葛亮皆爲之拜。」〔註31〕在爭伐殺戮爲主軸的亂世中，爲何許靖一如名士般清談不倦？又爲何能得到諸葛亮之敬拜？

　　蓋許靖品評兩大高峰，跨足漢末到三國，在探索品評風氣承轉上，其本身即具有相當的指標意義，但目前學界並未予以關注。再者，許靖晚年所依歸的政權是蜀漢，而三國品鑒研究又集中在魏‧劉卲《人物志》一書上，蜀漢亦被忽略不論。而再追蹤上述之疑惑，發現並不能從現有的史料中快速找到答案，這表示許靖的聲音是淹沒的，其身影也是模糊的。既然目前的知人群體研究乃以郭、許爲起點，那麼，若從二許當中被忽視的許靖爲切入，而往下探究許靖所在的蜀漢，應是另一個極好的起點。

　　而就檢索結果，蜀漢知人群體有五位，依年紀長幼爲許靖、劉備、龐統、諸葛亮、龐統子龐宏。檢索結果除劉備外，其餘皆頗令人訝異。蓋曹劉孫三強，皆以知人善任脫穎而出，〔註32〕故劉備出現於表中並不意外，而龐宏事

〔註29〕史學三國雖從曹魏篡漢建立政權始（220），但「真正形成三國風起雲湧的前三國時期，其實才是這段歷史最精采的前奏曲。」而《三國志》所敘英雄人物多與黃巾之亂息息相關，故廣義三國，應由漢靈帝時的黃巾之亂始，至西晉滅吳止（184～280）。此符合本文以「人」爲中心之研究取向，故採廣義三國之界定。參王文進〈論魚豢《魏略》的三國史圖象〉，《中國學術年刊》第33期（秋季號，2011年9月），頁1。

〔註30〕《後漢書‧許劭傳》，頁2235。

〔註31〕《三國志‧蜀書‧許靖傳》，頁967。

〔註32〕清‧趙翼《二十二史劄記》「三國之主用人各不同」條云：「人才莫盛於三國，亦惟三國之主，各能用人，故得眾力相扶，以成鼎足之勢。」（台北：世界書局，2001年），頁85。

蹟不顯，至於其他三人，在後世眼光中，並不以知人能力顯，學界亦鮮少從知人角度來探究。比如，許靖以月旦評聞名，但月旦之聲不顯；龐統以謀士聞名，知人形象模糊；諸葛亮的定位，圍繞著謀略家或政治家而爭議。然而，三人在當時實以知人名聲聞。那麼，其具體的知人言行事蹟為何？果真知人乎？

而巧的是，許靖、龐統、諸葛亮三人的品評活躍期，恰呈現緊密的時間順承關係，可反映黨錮之際、軍閥割據、到三國鼎立之變化，﹝註33﹞因此，若以三人為本文論述脈絡，即可站在學界對郭、許的研究成果上，往旁探討被忽略的許靖，往下接續龐統、諸葛亮，拉出一條歷時性的知人群體脈絡。至於劉備具知人之稱已為史家學界共識，故僅在其與三位知人者有所互動時略談之。如此，在時間上，能以較綿密的點，建構漢末三國風氣承轉脈絡；而在地域上，亦能將觸角擴展一足，以補充目前魏之主流研究；同時，所聆聽者皆是弱勢不顯之聲，亦有助於平衡主流的一面之辭，使歷史角落的真相得以浮顯。

蓋三人可成群，群體亦由個人組成，故本文題以「蜀漢知人群體研究」，乃以三人為論述框架，透過微觀三位知人者，鋪陳其生命別相；再藉三人以小窺大，而推敲群體共相。如此，則能闡明知人群體乃因應共同的歷史條件而生，但其中亦有層次之別；而不同的知人生命內涵，背後又反映了什麼共通人性？此即本文之研究取向及研究目的。

第二節　研究方法及章節架構

上述問題指向：知人群體的存在真相不明。關於其為何品鑒？為何形成這樣的品鑒風格？內在質素與外在條件為何？兩者之間又如何相互牽引？尚未能有整體而深入的探索。故而，本文一方面著意於知人者發動品鑒的具體時機，以掌握其背後的環境需求；另一方面則深入其生命內質，釐清其個人動機、特質、價值、能力等，透過內因外緣的整體掌握，以推敲出其知人品鑒的表底層意義。

﹝註33﹞雖三人泰半歲月皆在蜀漢政權建立前已展開，龐統更在劉備稱帝前即已死亡，然基於生命是一個動態的經驗，其最終走到劉備集團，早有生命軌跡可尋。

　　因此，本文首先在建構知人者之生命史，從其一生的脈絡，來掌握其品鑒言行。但生命史並不易建構，蓋因史傳所呈現的形象通常是跳躍的，而生命發展卻是線性的。故而，本文乃特別留步於歷史空隙，及枝微末節的瑣碎小事，試圖拼湊一般人容易忽略的細節，使其成長軌跡得以有較完整的輪廓。

　　而人是環境的產物，必在特定的時空下，做出其反應，故接著，再追蹤其生命歷程受哪些條件所影響，諸如家族、地域、社會、政治等環境，孰大而近？如何交織作用在其生命發展上？又培養成什麼樣的知人內涵？然而同一時空，為何又產生不同反應？其受什麼樣的個人才性所牽引？由此，則得再以其生命史為基礎，透過觀察知人者面對事件的種種反應，反覆推敲出其生命特質、行為模式、應變之道、價值次第種種。

　　也就是說，本文乃試圖將內因外緣做整體觀照，一方面建構知人群體的生命史，另一方面將此生命置於更大的歷史時空，主軸線是知人群體的品鑒言行事蹟，下手處則是隱微瑣碎的生活事件。透過尋找蛛絲馬跡，再勾索、串連品鑒行為之所以發生的生命軌跡、時代軌跡，從中推敲前因後果，使其知人品鑒之所由，得以有清晰的來龍去脈。如此，則其品鑒言行，則可與生命緊密結合並觀，而不致得出孤立於生命之外，或與其生命互相矛盾的詮釋。故雖由小處下手，但盡量求立足於對生命整體的了解，而使知人群體之存在事實，得以彰顯。

　　論文架構共分五章，第一章為緒論，說明蜀漢知人群體之研究取向、研究方法，並回顧目前研究概況。第二章論許靖，釐清時人好許劭之因素，並區辨許靖、許劭月旦動機之差異。第三章論龐統，探究龐統仕吳一年，以知人形象聞名江東之歷史真相。第四章論諸葛亮，以諸葛亮治蜀時期，對十位人才之鑒用廢捨，推敲出諸葛亮的用人之道。第五章為結論，說明本文研究發現。

第三節　文獻回顧

壹、人物品鑒研究

　　目前台灣人物品鑒研究專書、碩博士論文共計十一本（見參考書目）。自張蓓蓓《漢晉人物品鑒研究》開啟學界之品鑒研究後，其論文三、四、五章

亦成日後研究大趨，分別是漢末品鑒新風氣、曹魏《人物志》、兩晉《世說新語》，故王仁祥《人倫鑒識起源的學術史考察（魏晉以前）》〔註34〕一書，即以此三斷代及書目爲綱，再加上「地方鄉論」研究，進行文獻回顧，其書整理頗爲精扼，讀者可互相參照。

而就本文的研究觀點而言，蓋品鑒風氣一方面受當時的歷史時空所影響，另一方面又受品鑒者之才智、品行所牽引，而環境與個人之間又是互生互動，息息相關。因此，本文回顧重點略有不同，對於三階段之研究採取簡要敘述，而較著重在時空背景及知人群體研究概況分析。

（一）漢末人物品鑒研究

關於漢末人物品鑒研究，主要涉及三領域，一，品鑒風氣探源；二，品鑒風氣盛況及評論內容；三，人物專家研究。

第一，品鑒風氣探源部分，是目前研究成果最完備者。學者分別就政治、社會、學術等各角度做出分析，多數成果大致已爲學界接受，可以張蓓蓓、余英時及王仁祥三人爲代表，說明目前研究概況。

張蓓蓓《漢晉人物品鑒研究》對漢末品鑒風氣之探源，乃略論學術淵源，而細膩描繪兩漢儒學政治之深厚影響，及東漢中期以後之政治社會變化，使品鑒風氣形成之遠近因素，有一清晰的脈絡可尋。首先，他指出漢末人物品鑒淵源流長，可從先秦儒、道二家的品鑒觀回溯起。接著，他論述兩漢以儒家文化爲主流，影響所及，經明行修成爲取士主要標準，發展百餘年後，至東漢明章之世，出現中國第一部人物品鑒著作，即班固〈古今人表〉。班固以表格方式，列舉上古至秦末近兩千人物，以儒家標準，將人分爲九等，一一予以定評。這是在漢末品鑒新風氣形成前，代表典型儒生的品鑒鉅作。而自東漢中末期後，品鑒新風氣正式形成，其因素有三：一，名教的反動：蓋選舉弊病叢生，名教觀念在高官厚祿的獎賞下，使士人的道德實踐趨於激矯，其弊又驅使新人物典型漸生，德性不復爲人物衡量唯一標準。二，選舉不中的打擊：戚宦貿易選舉，士人欲自取銓衡之柄，自相鑒引而標榜成風。三，清濁對壘的激盪：因戚宦迫害士人，激發士人意憤，而品覈公卿，裁量執政，形成壁壘分明的清濁對抗。

余英時〈漢晉之際士之新自覺與新思潮〉〔註35〕則是著眼於「自覺意識」

〔註34〕王仁祥《人倫鑒識起源的學術史考察（魏晉以前）》，頁17～29。
〔註35〕余英時〈漢晉之際士之新自覺與新思潮〉，頁205～329。

的社會思潮。他論及東漢末季，士人的自覺意識在戚宦對抗的政治鬥爭中愈益強化，而此自覺引發許多外在行為，人物評論即是其一。從生前題目到死後蓋棺，如立碑、私諡、鑒識等等，其求名之表現，不再只是求仕手段，「名」本身即具獨立自足之價值。然而，個體自覺與人物評論實互為因果，不僅個體自覺可徵之於人物評論，人物評論發展，亦助長個人意識之成長也。

而王仁祥《人倫鑒識起源的學術史考察（魏晉以前）》一書，則是針對品鑒風氣與學術內部之流變關係，進行深入考察。論文二、三章探討先秦儒家之觀人法。從春秋以前的威儀觀、孔子仁觀、郭店楚簡性命論、孟子性善論、荀子性惡論一路以降，作者由具體的觀人實例，歸納其觀人理則、評論模式、及彼此的繼承與差異。接著，他指出《大戴禮記・文王官人》出現，代表先秦儒家文獻觀人理論集大成，其中建構了量材授職的完整理論，可與三國時期《人物志》相呼應。第四章探討道家莊子以形觀神論、兵家與法家察人術、黃老之學觀人法。第五章探討人倫鑒識在三方面的交互作用下產生：一，觀人法在社會的實際運作，包括漢代數術身體觀漸進為骨相之法；二，史書觀人實例背後之思維理則；三，鄉論風尚與反宦官運動結合激盪出輿論特權。由此可知人倫鑒識之出現，實有其源遠流長的學術史、社會史脈絡，而反宦官運動更使人倫鑒識興起，帶著濃厚的政治色彩。在此風潮中，令人倫鑒識去虛就實，脫離政治範疇，轉為一門獨立客觀的學問系統者，當歸郭泰。爾後即是此門學問成立後的問題，本文「人倫鑒識」學術起源之探究，亦於此告終。

第二，關於漢末品鑒風氣盛況及評論內容研究，可以張蓓蓓《漢晉人物品鑒研究》及劉增貴〈後漢人物評論風氣〉〔註 36〕簡述目前成果。關於品鑒風氣盛況，如：號為「知人」之士大量湧現、汝南月旦評、題目標榜盛行等等，在在可反映品鑒成風。評論內容部分，則涉及評論標準、理想人物、評鑒方法等之分析。總結張、劉二文，可得出：漢末人物品評仍以儒家道德為主要標準，但已漸重視人物之才性、風流；相應於此，理想人物以孔門人物為主，尤其好以顏子形象來方擬，但隱逸高士及英雄之題目亦漸普遍。至於品鑒方法，主要乃由外徵以知內質，形色、言語、行為等皆是重要的察人依據。

〔註36〕劉增貴〈論後漢末的人物評論風氣〉，《國立成功大學歷史學報》第 10 期（1983年 9 月），頁 159～216。

　　第三，人物專家研究部分，可分知人群體及個人研究。以群體為分析者，主要有劉季高《東漢三國時期的談論》、岡村繁〈後漢末期的評論風氣〉、及劉增貴〈論後漢末的人物評論風氣〉三文。

　　劉季高《東漢三國時期的談論》一書云「談論」，指涉範圍大於「人物評論」，但本文研究之人物專家盡在其中，故僅就此部分討論之。此書將談論分為三階段，一，和安順時期，十二位談士中有三位確定為知人者（杜安、荀淑、袁閬）；二，桓靈時期，分清議、人倫、避世、改造四派，其中，郭泰、符融、許劭為人倫派；龐德公、司馬徽為避世派。三，獻帝及魏蜀吳時期，共分九類談士，其中，許靖、龐統在人倫派；諸葛亮、龐統、周瑜、魯肅、蒯越、荀彧等，皆放在「論帝王之祕策，攬倚伏之要最」派；而劉備、曹操、孫權等皆放在「半個談士的統治者」。〔註37〕此書價值在於臚列史料所及之談士，並以類別統攝之，從其分類及標目，可知談論風氣之普遍，也反映人物專家的動向、內涵，實依時代變異而有所遞嬗。而此書將獻帝與三國視為同一階段，反映獻帝以後，不再是漢一統時代，故雖由群雄爭霸轉成三國爭鋒，但大體不離割據亂世。此階段出現九類談士，反映動盪世局下，人物專家流品之複雜。

　　岡村繁〈後漢末期的評論風氣〉〔註38〕一文臚列近三十位鑒識家，並從這些鑒識家，歸結出幾個重要發現：一，知人群體大量出現，就時間，是東漢桓靈之際或之後；就地域，則以陳留、汝南、潁川三郡為中心，主因是三郡仕進競爭特別激烈。二，黨錮清流與知人者群體，至少有九位相重疊，彼此關係緊密。以此九位為例，乃以荀淑——李膺——符融三代師徒為軸心，並往外連結的士人網絡。接著，岡村繁再歸納出桓靈時期人物品評的兩個方向：一乃以李膺等黨人為首，對當權之抨擊，由此並爆發了兩次黨錮。二，乃以知人之士郭泰為代表，重誘導、弘濟之人物批評。而降至靈、獻時期，品鑒偏重第二個方向，抨擊權貴者甚至開始遭到非難；同時，人物評論亦引入宮廷中，孔融即為其中代表，並帶動地域、古今等人物優劣論，而其人物批評已漸走向游離現實、追求理論趣旨之閑聊性話題。

　　劉增貴〈論後漢末的人物評論風氣〉則表列出近四十八位評論者，並歸

〔註37〕劉季高《東漢三國時期的談論》之一、二、三章（上海：上海古籍出版社出版，1999），頁13～112。
〔註38〕岡村繁〈後漢末期的評論風氣〉，頁80～169。

納出五個結論：一，評論可分三階段，安帝迄桓帝，評論家與地方舉才關係密切；桓靈之際，評論漸脫地方選舉格局，且在野評論家多，社會影響力較大；董卓亂後，士人離散於割據政治集團下，人物評論轉衰，退縮於朝士薦才、談論之活動。二，評論家相互推尊、遞相師友，關係緊密。三，評論家泰半出身世族，且多有出自同一家族者，甚至有以臧否爲家風者。四，評論家分布於二十郡，可知風氣普遍；但又集中汝南、潁川、陳留，且多爲黨錮中人。五，評論圈大，有超地域色彩，但亦具鄉邑基礎。從中可知，評論家之影響力，是結合師友、家世、地域諸因素而成。

綜合以上三位學者，劉增貴的研究結果與岡村繁頗有疊合處，亦各有獨發之見，雖爲單篇論文，但二人透過量化的品鑑史料，卻運用評論家社會背景的考察方法，包括活動時間、地域、師友關係等，使其分析有更多的歷史事實爲依據。相較之下，劉季高雖呈現出人物專家的不同風貌，但其分類準則、評論目的等，僅依表面的品鑑言行，但並未能進一步探究其所以然，故其分析亦較顯鬆散無說服力。

至於知人專家部分，研究焦點集中在郭泰、許劭二人，郭泰研究又顯較許劭細膩。以郭泰而言，郭泰不僅爲漢末人倫鑑識之發軔，且影響魏晉頗巨，陳寅恪首先指出人倫鑑識成爲一種專門之學，乃自郭泰始，而抽象原理之探求，亦由林宗啓之。〔註39〕余英時順此脈絡，亦云郭泰之人物品鑑，實爲《人物志》奠其基者，不僅如此，郭泰「人物評論的重點已在於才性，而命則罕有言及者矣。」〔註40〕且其評論有鼓勵個人自我努力之作用，實與命相之術專言命運截然分途矣。同時，余英時簡筆帶過許劭，以其時涉抽象概念及才性鑑識。此二點乃論郭、許之同。

首先對郭泰做出較深入之分析，並區辨出郭、許差異者，乃日本學者岡村繁。其〈郭泰和許劭的人物評論〉、〈郭泰之生涯及其爲人〉二文對郭泰下了很深的功夫，他指出郭泰品評兩大重心是人品（性）及才能（才），核心標準是「道」，從其品評對象多是未仕宦的士子，且恂恂善導，「或使人得其所適，或導人爲其所善。」〔註41〕可知「寬宏濟士」實爲其評論旨趣。文中並

〔註39〕陳寅恪〈逍遙遊向郭義及支遁義探源〉，《清華學報》第 12 卷第 2 期（1937年 4 月），頁 309～314。

〔註40〕余英時〈漢晉之際士之新自覺與新思潮〉，頁 239。

〔註41〕岡村繁〈郭泰和許劭的人物評論〉，頁 181。

指出郭、許三大差異：一，在內容上，郭泰儒教色彩濃厚；許劭則更具多面性、客觀性。二，在態度上，郭泰寬弘濟士，注重誘導；許劭善善惡惡，褒貶冷峻客觀，少評論外的意圖。三，在形式上，許劭更顯精整巧緻，接近魏晉時的洗練風格。〔註 42〕岡村繁所做出的結論，是基於對郭泰生命的了解，及品鑒實例的具體分析，結論頗具信服力。

范子燁〈東漢、三國時代的人物品藻〉一文，東漢部分，亦論許、郭。該文指出許劭在東漢人人宗仰，但三國至兩晉卻多譏貶，但未能探究其原因。並分析郭泰品鑒成就、影響力遠高於許劭，對郭泰定位大致是對的。〔註 43〕

王仁祥《人倫鑒識起源的學術史考察（魏晉以前）》可謂總結諸位學者之郭、許研究，並從二人以小窺大，又將許劭研究往前推一步。首先，他從郭泰身上，拉出四條認識：一，漢末品鑒風潮是在士大夫社會的脈絡中才得以成立的。二，品鑒所蘊涵的思想內容與運作模式，必也是孕育自當時士大夫所擁有的文化資源，而在東漢晚期，此文化資源除儒家經學外，又出現許多新思潮，可謂複雜而豐富。三，郭泰特出之處，在於其品鑒主要以探討人性本質，獎訓士子為主，已漸脫離政治意味濃厚的「標榜」、「清議」一路，實可視為漢末清議到魏晉清談之過渡人物。四，郭泰人倫鑒識與卜相方術之別，在品評操作者、對象、目的及學術淵源上皆不同。至於許劭，彰顯意義主要有二：一，許劭乃以「題目」展現其主導社會輿論的能力。二，郭、許評論風格不同，在某種程度上可能也反映二人不同的學術淵源，郭泰乃遵循儒家矩矱，而許劭走的是名法家「名實相符」的路線。由此，許劭代表人倫鑒識典範由儒家轉變為名家的過渡人物。〔註 44〕

至此可知，漢末人物品評在「知人專家」方面的研究，或就「群體」，或就郭、許，已累積不少成果。其中，郭泰因岡村繁之研究，而有較清晰之眉目；相較於此，許劭之品鑒行為，尚缺乏深入的探索。但相較於三國、兩晉，漢末之知人群體研究顯較豐碩。

（二）三國人物品鑒研究

三國人物品鑒主要集中在劉邵《人物志》一書的研究上，就其內容，涉

〔註 42〕岡村繁〈郭泰和許劭的人物評論〉，頁 185。
〔註 43〕范子燁〈東漢、三國時代的人物品藻〉，收於《中國古人生活研究》第一章（濟南市：山東教育出版社，2001 年），頁 7～17。
〔註 44〕王仁祥《人倫鑒識起源的學術史考察（魏晉以前）》，頁 1～11。

及品鑒方法論、才性觀探究、學術屬性分析、政治人材學等討論，研究成果頗豐，王仁祥以四思路概括學界目前研究，其中第四思路，即以岡村繁為代表，亦即本文就生命扣問其品鑒意圖之研究取向，已置於上文討論之，此處不再贅述。

至於論述《人物志》創作背景者，可以三人為代表來簡介。一是湯用彤〈讀《人物志》〉，其就漢末大環境及曹魏政治現實，解釋《人物志》重形名、抽象化之傾向。該文指出《人物志》乃因應漢末選舉流弊，導致名實不副，名器益濫，故形名之學見重。而自黨禍以還，曹氏與司馬氏歷世猜忌，名士少有全者，故談者由具體事實至抽象原理，亦時勢所造成矣。〔註45〕二是王曉毅《知人者智──《人物志》解讀》，思路雖不出湯用彤，但研究轉精，他指出《人物志》寫於魏建國後，至青龍四年間（220～236），該書寫作背後，是劉劭所屬的建安老臣（即曹丕太子黨），與年輕的曹魏上層浮華子弟（即後來正始名士之骨幹）的權力之爭。〔註46〕三是王仁祥，他指出在劉劭《人物志》之前，有一書與其性質極類似，即《大戴禮記‧文王官人》。此書是先秦文獻中，觀人論人闡述最深刻、方法最齊備、理論最完整者，內容主要討論如何量材授職，出現背景當與戰國中晚期社會變動劇烈，士人流品繁雜有關。〔註47〕此乃以三國與戰國相類比，指出亂世下人物需求複雜，導致觀人理論走向細緻化。

至於上文猶未提及之三國知人群體研究，尚有二文，其一范子燁〈東漢、三國時代的人物品藻〉。三國部分，范子燁以知人群體為論述主軸，分述吳蜀及魏，惜其亦僅止於知人群體列舉，及簡單概括品鑒現象，而少分析探討，可謂史料價值大於論述價值。其中列舉之人倫識鑒者，吳計有顧劭、孫和、李肅、虞忠、謝淵、胡綜、沈友、暨豔、虞翻、朱育等十人；蜀有龐統、許靖二人；魏有荀彧、陳群、盧毓、曹植、陳登、管輅、何晏、崔琰、傅巽、李豐、楊俊、孔融等十二人，〔註48〕有助於本文掌握三國知人群體概況。

其二為黃少英《魏晉人物品題研究》，雖以「品題」為研究重心，但其依

〔註45〕湯用彤〈讀《人物志》〉，收入氏著《魏晉玄學論稿》（上海：上海古籍出版社，2007年），頁10～14。

〔註46〕王曉毅《知人者智──《人物志》解讀》（北京：中華書局，2010年），頁1～22。

〔註47〕王仁祥《人倫鑒識起源的學術史考察（魏晉以前）》，頁184～186。

〔註48〕范子燁〈三國時代的人物品藻〉，收於《中國古人生活研究》，頁18～33。

三國、西晉、東晉，將知人者一一分攝於名法、禮法、玄學、高僧四派。本書之架構，清晰勾勒知人群體的分布情形，比如三國時期名法、禮法、玄學三派並存，此反映出三國思想交融的複雜性，及由名法轉向玄學的時代趨勢。本書反映知人者所執思想，將如何牽引其人物品題之準則、優劣判斷等；亦指出一個時代仍有其大致趨向，比如漢魏之際人物品題特色有二：一，多在解決實際問題時發生。如在君臣擇取、制定戰術戰略起著極大的作用。二，漢魏政治家的重才理論及實踐，推動人才理論之發展，包括才性關係討論、理想君主討論，人才分類等。〔註49〕可知時代與知人群體間，確實具有緊密之關聯。

（三）兩晉及跨朝代人物品鑑研究

關於兩晉，乃以《世說新語》為主要研究框架，關注範疇甚廣，而相較於前二個時代，則更重視人物品鑑之美學探究，品鑑與文評、藝評之比較等。至於人的關注，則是名士研究為主，而將知人品鑑攝於名士內涵下來談。

眾多研究中，唯洪然升《六朝「文士／文藝」品鑑論》〔註50〕一書，以評論者為研究對象。洪文取徑藝術社會學，為既有的品鑑論題開闢新的論述角度。雖其文限定在「文士」的身分上，但論文第三章分析「文士角色及其生存心態」，指出文士在出入不同社會時，即有不同之角色扮演、不同的品鑑表現；且此品鑑又經常是社會成規制約下的一種潛意識反應，此指出了文士既為品鑑主體，但又不自覺被規範在一個社會運作邏輯下。此章對本文思考知人群體之角色扮演，及其與社會的互動關係，頗具啟發。

綜觀漢晉品鑑研究，以岡村繁一系列文章，最能緊扣知人群體為論述核心，亦多能就生命實情考察其品鑑動機，於本文取徑最相同，其研究結果對本文亦極具參考性。

貳、個別人物研究

一、許靖

許靖並無專書、專論，也多附論在月旦評之下。目前，月旦評之單篇期

〔註49〕黃少英《魏晉人物品題研究》（濟南：齊魯書社，2006年，第一版），頁79～100。
〔註50〕洪然升《六朝「文士／文藝」品鑑論》。

刊論文有六篇，其中僅朱子彥、李迅〈論東漢末年汝南郡的月旦評〉〔註51〕、
朱紹侯〈試論汝南許氏望族的形成——兼論許劭月旦評〉〔註52〕二篇稍具學
術價值。朱、李之文論述月旦評成因及影響，就政治文化、談論風氣、選官
制度、靖劭崇高人格四方面來論成因；就舉拔人才、輿論監督、九品中正制
度三方面論影響，是粗具規模之月旦評專論，對本文多所啓發。但關於靖、
劭兄弟人格定位及月旦評影響之分析，頗令人質疑，亦是本文欲深入之主題。
另外朱紹侯一文，列敘了汝南許氏望族，其中列舉多位平輿許氏名人及家族，
從東漢許楊、許峻；又許廙、許敬、許訓、許相一支；許虔、許劭一家；許
靖、許欽、許游一支，爲本文建構了清晰的許氏家族概貌。由上可知，對於
許靖、月旦評較爲嚴密的論述尙缺乏，值得進一步深探之。

二、龐統

目前龐統並無專論，即使在三國史、三國人物論中，亦極少成爲焦點
人物，而僅以附論出現。〔註53〕至於龐統之單篇期刊論文，目前計約二十
來篇，但較具學術價值者僅林盈翔〈習鑿齒《襄陽記》與臥龍、鳳雛並稱
的源起——兼論《三國志演義》中龐統角色的成敗〉〔註54〕、趙宣淳〈《三
國志演義》中劉備「知人」原則探析——以龐統出任「耒陽令」爲線索〉〔註
55〕、土屋文子著，李寅生譯〈從龐統和諸葛亮看三國故事中軍師形象的變
遷〉〔註56〕、張紅波《敘事視角與文化觀照下的龐統形象》〔註57〕、白瑩

〔註51〕 朱子彥、李迅〈論東漢末年汝南郡的月旦評〉，《學術月刊》第9期（2002年），
　　　　頁84～90。
〔註52〕 朱紹侯〈試論汝南許氏望族的形成——兼論許劭月旦評〉，《黃河科技大學學
　　　　報》第2卷第1期（2000年3月），頁33～40。
〔註53〕 如方詩銘〈龐統、法正與劉備〉，收入《方詩銘論三國人物》（上海：上海古
　　　　籍出版社，2006年），頁206～211。其他如馬植杰《三國史》（北京：人民出
　　　　版社，1994年）、張大可《三國史研究》（北京：華文出版社，2003年）、呂
　　　　思勉《三國史話》（北京：中華書局，2009年）、尹韻公《縱論三國》（太原：
　　　　山西人民出版社，2001年）等皆未出現龐統之專論。
〔註54〕 林盈翔〈習鑿齒《襄陽記》與臥龍、鳳雛並稱的源起——兼論《三國志演義》
　　　　中龐統角色的成敗〉，《雲漢學刊》第18期（2009年6月），頁28～41。
〔註55〕 趙宣淳〈《三國志演義》中劉備「知人」原則探析——以龐統出任「耒陽令」
　　　　爲線索〉，《有鳳初鳴年刊》第8期（2012年7月），頁545～564。
〔註56〕 土屋文子著，李寅生譯〈從龐統和諸葛亮看三國故事中軍師形象的變遷〉，《古
　　　　典文學知識》第3期（1999年），頁107～112。
〔註57〕 張紅波《敘事視角與文化觀照下的龐統形象》，《武漢科技大學學報》（社會科
　　　　學版）第3期（2011年），頁36～41。

〈陪襯人龐統形象的藝術漸進〉〔註58〕等六篇，其中除林盈翔一篇以史籍
為探討外，其餘多以小說、戲曲之人物形象塑造為關注。林盈翔一文考論
臥龍、鳳雛之並稱結構，乃出自習鑿齒地方意識下之虛構。在此結構限制
下，《三國志演義》只得淡化史傳中雅號人流的龐統形象，而強化其出謀畫
策、恃才傲物等形象，以與諸葛亮相匹敵。林盈翔注意到龐統的知人之明，
並探及謀士、知人者二形象之轉化，與本文之問題意識相疊合，對於本文
極具參考價值。另有「三國在線網」之〈從「劉備取西川」看龐統的謀略
水準〉〔註59〕一文，雖發表在虛擬空間，但乃以史料為憑，勾索龐統攻西
川之謀略動向，頗具參考性。另有黃惠賢〈龐德公及其親友考釋〉〔註60〕，
論及龐統親友關係，提供龐統背景之考察。以上，可知對龐統的史學關注
極少，對其知人形象亦多忽略。

　　三、諸葛亮

　　諸葛亮向為研究熱點，中國部分，可參看研究概況性質之文章，快速掌
握近年來之研究方向。如馬強〈近二十年來國內諸葛亮研究概述〉，〔註61〕歸
納八、九十年代諸葛亮研究，主要有七方面，包括諸葛亮之：一，家世及後
裔流傳。二，政治思想屬性。三，成才原因、環境之關注。四，治蜀成敗。
五，北伐探討。六，諸葛亮與中國文化、地域文化關係探討。七，傳記。而
宋建設〈近年來關於蜀漢謀臣諸葛亮的研究述評〉〔註62〕則總結截至 2007 年，
將近十年的研究成果，計有三方面：一，政治謀略。二，軍事戰略。三，治
國安邦。綜觀目前研究成果，並無諸葛亮知人品鑒專題之書，而諸葛亮用人
論亦多依附在其他主題下，比如在軍事戰略方面，論及何以用馬謖、不用魏
延等；在政治謀略方面，論及諸葛亮與法正關係等等。至於單篇論文，可參

〔註58〕白瑩〈陪襯人龐統形象的藝術漸進〉，《湖北大學學報》（哲學社會科學版）第
　　　　6 期（1995 年），頁 36～41。
〔註59〕〈從「劉備取西川」看龐統的謀略水準〉，收於「三國在線」網，2013 年 12
　　　　月 1 日檢索網址：http://www.e3ol.com/culture/html/2013-3/23362/23362_20133
　　　　15.shtm。
〔註60〕黃惠賢〈龐德公及其親友考釋〉，《武漢大學學報》（人文科學學院）第 1 期（2001
　　　　年），頁 46～50。
〔註61〕馬強〈近二十年來國內諸葛亮研究概述〉，《成都大學學報》（社會科學版）第
　　　　2 期（2003 年），頁 43～47。
〔註62〕宋建設〈近年來關於蜀漢謀臣諸葛亮的研究述評〉，《佳木斯大學社會科學學
　　　　報》（人文科學學院）第 3 期（2008 年），頁 75～76。

考《諸葛亮研究集成》〔註63〕上下冊，羅列歷代及現代（1915～1995）之諸葛亮評論，現代研究部分，以品鑑用人為主題者約二十餘篇，如譚良嘯〈諸葛亮用人四論〉、周玉璋、梁玉文〈諸葛亮品格與用人商兌〉、黃劍華〈諸葛亮的人才觀〉〔註64〕，探討人才觀及用人實例，三人基本上對諸葛亮皆持肯定論點，但多為片段短論，可知諸葛亮知人品鑑論尚缺乏完整之論述。

至於台灣部分，以碩博士論文而言，除上述所提方向外，對諸葛亮戲曲、民間造型研究頗為熱門，〔註65〕但同樣亦缺乏諸葛亮品鑑論。可知以「知人」角度審視諸葛亮之研究面向，仍值得再開發。

表（一）：曹魏知人群體

知人群體	生卒年	知人名聲及主要鑑識言行
孔融	153～208	操疑其所論建漸廣，益憚之。然以融名重天下，外相容忍，而潛忌正議，慮鯁大業。山陽郗慮問融曰：『鴻豫何所優長？』融曰：『可與適道，未可與權。』慮舉笏曰：『融昔宰北海，政散人流，其權安在？』遂與融互相長短，以至不穆。曹操以書和解之。……融聞人之善，若出諸己，言有可採，必演而成之，面告其短，而退稱所長，薦達賢士，多所獎進，知而未言，以為己過，故海內英俊皆信服之。《後漢書·孔融傳》
		每朝會訪對，輒為議主，諸卿大夫寄名而已。《三國志·魏書·崔琰傳》注引《續漢書》
		愔與孔融論聖人優劣。《三國志·魏書·荀攸傳》
		後漢孔融汝潁優劣論曰：融以為汝南士勝潁川士。陳長文難。《藝文類聚》
曹操	155～220	太祖……知人善察，難眩以偽，拔于禁、樂進於行陳之間，取張遼、徐晃於亡虜之內，皆佐命立功，列為名將；其餘拔出細微，登為牧守者，不可勝數。是以剏造大業，文武並施。《三國志·魏書·武帝紀》注引《魏書》

〔註63〕王瑞功主編《諸葛亮研究集成》上下冊（山東：齊魯書社，1997年）。

〔註64〕三文另收於成都市諸葛亮研究會編《諸葛亮研究》（成都：巴蜀書社，1985年），頁129～151，152～160，161～170。

〔註65〕如張清文《諸葛亮傳說研究》（台北：國立政治大學中國文學研究所碩士論文，黃志民先生指導，1994年）、張谷良《諸葛亮民間造型之研究》（花蓮：國立東華大學中國語文學系博士論文，曾永義先生指導，2005年）、張谷良《諸葛亮戲曲造型之研究》（台北：國立臺灣大學中國文學研究所碩士，曾永義先生指導，2000年）等。

知人群體	生卒年	知人名聲及主要鑑識言行
曹操	155～220	民有誣告濟爲謀叛主率者，太祖聞之，指前令與左將軍于禁、沛相封仁等曰：「蔣濟寧有此事！有此事，吾爲不知人也。此必愚民樂亂，妄引之耳。」《三國志・魏書・蔣濟傳》
游殷	？	（張）既爲兒童，爲郡功曹游殷察異之……殷妻笑曰：「君其悖乎！張德容童昏小兒，何異客哉！」殷曰：「卿勿怪，乃方伯之器也。」殷遂與既論霸王之略。饗訖，以子楚託之……殷先與司隸校尉胡軫有隙，軫誣搆殺殷。殷死月餘，軫得疾患，自說但言「伏罪，伏罪，游功曹將鬼來」。於是遂死。于時關中稱曰：「生有知人之明，死有貴神之靈。」《三國志・魏書・張濟傳》注引《三輔決錄》
荀彧	162～212	（彧）謂父老曰：「潁川，四戰之地也，天下有變，常爲兵衝，宜亟去之，無久留。」鄉人多懷土猶豫，……彧獨將宗族至冀州。……彧度紹終不能成大事……去紹從太祖……太祖問彧：「誰能代卿爲我謀者？」彧言「荀攸、鍾繇」。先是，彧言策謀士，進戲志才。志才卒，又進郭嘉。太祖以彧爲知人，諸所進達皆稱職，唯嚴象爲揚州，韋康爲涼州，後敗亡。……《三國志・魏書・荀彧傳》
杜畿	163～224	畿與太僕李恢、東安太守郭智有好。恢子豐交結英儁，以才智顯於天下。智子沖有內實而無外觀，州里弗稱也。畿爲尚書僕射，二人各脩子孫禮見畿。既退，畿歎曰：「孝懿無子；非徒無子，殆將無家。君謀爲不死也，其子足繼其業。」時人皆以爲誤。恢死後，豐爲中書令，父子兄弟皆誅；沖爲代郡太守，卒繼父業；世乃服畿知人。《三國志・魏書・杜畿傳》注引《傅子》
崔琰	？～216	崔琰……始琰與司馬朗善，晉宣王方壯，琰謂朗曰：「子之弟，聰哲明允，剛斷英跱，殆非子之所及也。」朗以爲不然，而琰每秉此論。琰從弟林，少無名望，雖姻族猶多輕之，而琰常曰：「此所謂大器晚成者也，終必遠至。」涿郡孫禮、盧毓始入軍府，琰又名之曰：「孫疏亮亢烈，剛簡能斷，盧清警明理，百鍊不消，皆公才也。」後林、禮、毓咸至鼎輔。……其鑑識篤義，類皆如此。《三國志・魏書・崔琰傳》
劉邵	？	《人物志》三卷，劉邵撰。《隋書・經籍志》
司馬朗	171～217	司馬朗……雅好人倫典籍，鄉人李覿等盛得名譽，朗常顯貶下之；後覿等敗，時人服焉。《三國志・魏書・司馬朗傳》

知人群體	生卒年	知人名聲及主要鑒識言行
傅巽	？	巽……瓌偉博達，有知人鑒。……在荊州，目龐統爲半英雄，證裴潛終以清行顯；統遂附劉備，見待次于諸葛亮，潛位至尙書令，並有名德。及在魏朝，魏諷以才智聞，巽謂之必反，卒如其言。《三國志‧魏書‧劉表傳》注引《傅子》
陳登	？	太守陳登請爲功曹，使（陳）矯詣許，謂曰：「許下論議，待吾不足；足下相爲觀察，還以見誨。」矯還曰：「聞遠近之論，頗謂明府驕而自矜。」登曰：「夫閨門雍穆，有德有行，吾敬陳元方兄弟；淵清玉絜，有禮有法，吾敬華子魚；清脩疾惡，有識有義，吾敬趙元達；博聞彊記，奇逸卓犖，吾敬孔文舉；雄姿傑出，有王霸之略，吾敬劉玄德：所敬如此，何驕之有！餘子瑣瑣，亦焉足錄哉？」登雅意如此，而深敬友矯。《三國志‧魏書‧陳矯傳》
盧毓	183～257	詔曰：「官人秩才，聖帝所難，必須良佐，進可替否。侍中毓稟性貞固，心平體正，可謂明試有功，不懈于位者也。其以毓爲吏部尙書。」……時擧中書郎，詔曰：「得其人與否，在盧生耳。選擧莫取有名，名如畫地作餅，不可啖也。」毓對曰：「名不足以致異人，而可以得常士。常士畏教慕善，然後有名，非所當疾也。愚臣既不足以識異人，又主者正以循名案常爲職，但當有以驗其後。故古者敷奏以言，明試以功。今考績之法廢，而以毀譽相進退，故眞僞渾雜，虛實相蒙。」帝納其言，即詔作考課法。《三國志‧魏書‧盧毓傳》 《九州人士論》一卷，魏司空盧毓撰。《隋書‧經籍志》
曹丕	187～226	《士品》一卷（原作《士操》，姚振宗考「案魏武諱操，安得以『操』名書？此必『士品』之誤。」），魏文帝撰。《隋書‧經籍志》
蔣濟	188～249	中護軍蔣濟著論，謂「觀其眸子，足以知人。」（鍾）會年五歲，繇遣見濟，濟甚異之，曰：「非常人也。」及壯，有才數技藝，而博學精練名理，以夜續書，由是獲聲譽。《三國志‧魏書‧杜襲傳》注引《先賢行狀》
楊俊	？～222	俊自少及長，以人倫自任。同郡審固、陳留衞恂本皆出自兵伍，俊資拔獎致，咸作佳士；後固歷位郡守，恂御史、縣令，其明鑒行義多此類也。……評曰：楊俊人倫行義。《三國志‧魏書‧楊俊傳》
陳羣	？～237	太祖辟羣……有薦樂安王模、下邳周逵……羣……以爲模、逵穢德，終必敗，太祖不聽。後模、逵皆坐姦宄誅，

知人群體	生卒年	知人名聲及主要鑒識言行
陳羣	？～237	太祖以謝羣。羣薦廣陵陳矯、丹陽戴乾，太祖皆用之。後吳人叛，乾忠義死難，矯遂爲名臣，世以羣爲知人。《三國志・魏書・陳羣傳》 「魏司空陳羣始立九品之制，郡置中正，平次人才之高下，各爲輩目。」《太平御覽》引《傅子》曰
夏侯玄	209～254	玄世名知人，爲中護軍，拔用武官，參戟牙門，無非俊傑，多牧州典郡。《三國志・魏書・諸夏侯曹傳》注引《世語》
管輅	209～256	管輅字公明……還邑舍，具以此言語舅氏，舅氏責輅言太切至。輅曰：「與死人語，何所畏邪？」舅大怒，謂輅狂悖。歲朝，西北大風，塵埃蔽天，十餘日，聞晏、颺皆誅，然後舅氏乃服。《三國志・魏書・管輅傳》
李豐	？～254	豐……年十七八，在鄴下名爲清白，識別人物，海內翕然，莫不注意。後隨軍在許昌，聲稱日隆。其父不願其然，遂令閉門，敕使斷客。《三國志・魏書・諸夏侯曹傳》注引《魏略》
許混	？	許混者，許劭子也。清醇有鑒識，明帝時爲尚書。《三國志・魏書・和洽傳》
韓觀	？	（徐）邈同郡韓觀曼遊，有鑒識器幹，與邈齊名。而在孫禮、盧毓先。《三國志・魏書・徐邈傳》
王脩	？	（王）脩識高柔于弱冠，異王基于幼童，終皆遠至，世稱其知人。《三國志・魏書・王脩傳》

表（二）：孫吳知人群體

知人群體	生卒年	知人名聲及主要鑒識言行
李肅	？～192	（李）肅字偉恭……善論議，臧否得中，甄奇錄異，薦迹後進，題目品藻，曲有條貫，眾人以此服之。權擢以爲選曹尚書，選舉號爲得才。《三國志・吳書・步騭傳》
羊衜	？	（李）衡……聞羊衜有人物之鑒，往干之，衜曰：「多事之世，尚書劇曹郎才也。」《襄陽耆舊記》 （孫）登使侍中胡綜作〈賓友目〉……衜乃私駁綜曰：「元遜才而疏，子嘿精而狠，叔發辨而浮，孝敬深而狹。」所言皆有指趣。而衜卒以此言見咎，不爲恪等所親。後四人皆敗，吳人謂衜之言有徵。《三國志・吳書・吳主五子傳》注引《江表傳》

知人群體	生卒年	知人名聲及主要鑒識言行
潘濬	？～239	武陵部從事樊伷誘導諸夷……（潘）濬答：「以五千兵往，足可以擒伷。」權曰：「卿何以輕之？」濬曰：「伷是南陽舊姓，頗能弄脣吻，而實無辯論之才。臣所以知之者，伷昔嘗爲州人設饌，比至日中，食不可得，而十餘自起，此亦侏儒觀一節之驗也。」《三國志・吳書・潘濬傳》 襄陽習溫爲荊州大公平……（潘）祕過辭於溫，問曰：「先君昔日君侯當爲州里議主，今果如其言，不審州里誰當復相代者？」《襄陽耆舊記》
潘祕	？	襄陽習溫爲荊州大公平……（潘）祕過辭於溫，問曰：「先君昔日君侯當爲州里議主，今果如其言，不審州里誰當復相代者？」溫曰：「無過於君也。」後祕爲尚書僕射，代溫爲公平，甚得州里之譽。《襄陽耆舊記》 吳有太公平，亦其任也。（吳習溫爲荊州太公平。太公平即州都也。後潘祕爲尚書僕射，代溫爲公平，甚得州里之稱。）《通典》
習溫	？	襄陽習溫爲荊州大公平……（潘）祕過辭於溫，問曰：「先君昔日君侯當爲州里議主，今果如其言，不審州里誰當復相代者？」溫曰：「無過於君也。」後祕爲尚書僕射，代溫爲公平，甚得州里之譽。《襄陽耆舊記》
虞翻	164～233	丁覽……或眾所未識，翻一見之，便與友善，終成顯名。《三國志・吳書・虞翻傳》 王景興問士於虞仲翔（翻）……翻對曰……《三國志・吳書・虞翻傳》注引《會稽典錄》
虞忠	？	（虞）忠……好識人物，造吳郡陸績於童齔之年，稱上虞魏遷於無名之初，終皆遠致，爲著聞之士。《三國志・吳書・虞翻傳》注引《會稽典錄》
顧雍	168～243	其所選用文武將吏各隨能所任……（顧）譚時爲選曹尚書，見任貴重。是日，權極歡。譚醉酒，三起舞，舞不知止。雍內怒之。明日，召譚，訶責之曰……但階門戶之資，遂見寵任耳，何有舞不復知止？雖爲酒後，亦由恃恩忘敬，謙虛不足。損吾家者必爾也。」因背向壁臥，譚立過一時，乃見遣。《三國志・吳書・顧雍傳》注引《江表傳》
顧劭	181？～217	顧劭……好樂人倫……自州郡庶幾及四方人士，往來相見，或言議而去，或結厚而別，風聲流聞，遠近稱之。……錢唐丁諝出於役伍，陽羨張秉生於庶民，烏程吳粲、雲陽殷禮起乎微賤，卲皆拔而友之，爲立聲譽。……其留心下士，惟善所在，皆此類也。……世以劭爲知人。……評曰：張承、顧劭虛心長者，好尚人物。《三國志・吳書・顧劭傳》

知人群體	生卒年	知人名聲及主要鑒識言行
孫權	182～252	（策）呼權佩以印綬，謂曰：「舉江東之眾，決機於兩陳之間，與天下爭衡，卿不如我；舉賢任能，各盡其心，以保江東，我不知卿。」《三國志・吳書・孫破虜討逆傳》
胡綜	183～243	（孫）登使侍中胡綜作〈賓友目〉曰：「英才卓越，超踰倫匹，則諸葛恪。精識時機，達幽究微，則顧譚。凝辨宏達，言能釋結，則謝景。究學甄微，游夏同科，則范慎。」《三國志・吳書・吳主五子傳》注引《江表傳》
謝淵	196～257	謝淵字休德……雖在戎旅，猶垂意人物。駱統子名秀，被門庭之謗，眾論狐疑，莫能證明。淵聞之歎息曰：「公緒早夭，同盟所哀。聞其子志行明辯，而被闇昧之謗，望諸夫子烈然高斷，而各懷遲疑，非所望也。」秀卒見明，無復瑕玷，終爲顯士，淵之力也。《三國志・吳書・陸遜傳》注引《會稽典錄》
顧譚	205～246	東宮……時四方之傑畢集，太傅諸葛恪等雄奇蓋眾，而譚以清識絕倫，獨見推重。自太尉范慎、謝景、羊衜之徒，皆以秀稱其名，而悉在譚下。《三國志・吳書・顧譚傳》 薛綜爲選曹尚書，固讓譚曰：「譚心精體密，貫道達微，才照人物，德允眾望，誠非愚臣所可越先。」後遂代綜。《三國志・吳書・顧譚傳》注引吳書
陸遜	183～245	初，暨豔造營府之論，遜諫戒之，以爲必禍。又謂諸葛恪曰：「在我前者，吾必奉之同升；在我下者，則扶持之。今觀君氣陵其上，意蔑乎下，非安德之基也。」又廣陵楊竺少獲聲名，而遜謂之終敗，勸竺兄穆令與別族。其先覩如此。《三國志・吳書・陸遜傳》
陸瑁	？～239	時尚書暨豔盛明臧否，差斷三署，頗揚人闇昧之失，以顯其謫。瑁與書曰：「夫聖人嘉善矜愚，忘過記功，以成美化。加今王業始建，將一大統，此乃漢高棄瑕錄用之時也，若令善惡異流，貴汝潁月旦之評，誠可以厲俗明教，然恐未易行也。宜遠模仲尼之汎愛，中則郭泰之弘濟，近有益於大道也。」豔不能行，卒以致敗。……初，瑁同郡聞人敏見待國邑，優於宗脩，惟瑁以爲不然，後果如其言。《三國志・吳書・陸瑁傳》
陸喜	？	（瑁）子喜亦涉文籍，好人倫，孫晧時爲選曹尚書。《三國志・吳書・陸瑁傳》 吳平，又作《西州清論》……有〈較論格品篇〉曰：「或問予，薛瑩最是國士之第一者乎？答曰：『以理推之，在

知人群體	生卒年	知人名聲及主要鑒識言行
陸喜	?	乎四五之間。』問者愕然請問。答曰：『夫孫晧無道，肆其暴虐，若龍蛇其身，沈默其體，潛而勿用，趣不可測，此第一人也。避尊居卑，祿代耕養，玄靜守約，沖退澹然，此第二人也。侃然體國思治，心不辭貴，以方見憚，執政不懼，此第三人也。斟酌時宜，在亂猶顯，意不忘忠，時獻微益，此第四人也。溫恭修慎，不爲諂首，無所云補，從容保寵，此第五人也。過此已往，不足復數。故第二已上，多淪沒而遠悔吝，第三已下，有聲位而近咎累。是以深識君子，晦其明而履柔順也。』」《晉書·陸雲傳》
暨豔	?～224	時尚書暨豔盛明臧否。《三國志·吳書·陸瑁傳》 豔性狷厲，好爲清議，見時郎署混濁淆雜，多非其人，欲臧否區別，賢愚異貫。彈射百僚，覈選三署，率皆貶高就下，降損數等，其守故者十未能一，其居位貪鄙，志節汙卑者，皆以爲軍吏，置營府以處之。而怨憤之聲積，浸潤之譖行矣。競言豔及選曹郎徐彪，專用私情，愛憎不由公理，豔、彪皆坐自殺。溫宿與豔、彪同意，數交書疏，聞問往還，即罪溫。權幽之有司。《三國志·吳書·張溫傳》
步騭	?～247	時權太子登駐武昌，愛人好善，與騭書曰：……遠近士人，先後之宜，猶或緬焉，未之能詳。……騭於是條于時事業在荊州界者，諸葛瑾、陸遜、朱然、程普、潘濬、裴玄、夏侯承、衞旌、李肅、周條、石幹十一人，甄別行狀。
孫和	224～253	孫和……尊敬師傅，愛好人物……訪諮朝臣，考績行能，以知優劣，各有條貫。《三國志·吳書·吳主五子傳》
周昭	～261	潁川周昭著書稱步騭及嚴畯等曰：「……然論其絕異，未若顧豫章、諸葛使君、步丞相、嚴衞尉、張奮威之爲美也。論語言『夫子恂恂然善誘人』，又曰『成人之美，不成人之惡』，豫章有之矣。『望之儼然，即之也溫，聽其言也厲』，使君體之矣。『恭而安，威而不猛』，丞相履之矣。學不求祿，心無苟得，衞尉、奮威蹈之矣。此五君者，雖德實有差，輕重不同，至於趣舍大檢，不犯四者，俱一揆也。……」《三國志·吳書·步騭傳》
張承	?	承……能甄識人物，拔彭城蔡款、南陽謝景於孤微童幼，後並爲國士……又諸葛恪年少時，眾人奇其英才，承言終敗諸葛氏者元遜也。勤於長進，篤於物類，凡在庶幾之流，莫不造門。……評曰：張承、顧劭虛心長者，好尚人物。《三國志·吳書·張承傳》

知人群體	生卒年	知人名聲及主要鑒識言行
姚信	250 年前後	《士緯新書》十卷，姚信撰，又《姚氏新書》二卷，與士緯相似。《隋書・經籍志》

表（三）：蜀漢知人群體

知人群體	生卒年	知人名聲
許靖	150～222	許靖……有人倫臧否之稱……除尚書郎，典選舉。靈帝崩，董卓秉政，以漢陽周毖爲吏部尚書，與靖共謀議，進退天下之士，沙汰穢濁，顯拔幽滯。……雖年逾七十，愛樂人物，誘納後進，清談不倦。……評曰：許靖夙有名譽，既以篤厚爲稱，又以人物爲意。《三國志・蜀書・許靖傳》
劉備	161～223	先主之弘毅寬厚，知人待士，蓋有高祖之風，英雄之器焉。《三國志・蜀書・先主傳》陳壽總評 凡爲刺客，皆暴虎馮河，死而無悔者也。劉主有知人之鑒，而惑於此客，則此客必一時之奇士也。《三國志・蜀書・諸葛亮傳》裴松之評 夫孔明包文武之德，劉玄德以知人之明，屢造其廬。《藝文類聚・品藻》張輔論樂毅、諸葛孔明之優劣
龐統	179～214	後郡命（龐統）爲功曹。性好人倫，勤於長養。每所稱述，多過其才時人怪而問之，統答曰：「當今天下大亂，雅道陵遲，善人少而惡人多。方欲興風俗，長道業，不美其譚即聲名不足慕企，不足慕企而爲善者少矣。今拔十失五，猶得其半，而可以崇邁世教，使有志者自勵，不亦可乎？」……瑜卒，統送喪至吳，吳人多聞其名。及當西還，並會昌門，陸勣、顧劭、全琮皆往。統曰：「陸子可謂駑馬有逸足之力，顧子可謂駑牛能負重致遠也。」謂全琮曰：「卿好施慕名，有似汝南樊子昭。《三國志・蜀書・龐統傳》 或問統曰：「如所目，陸子爲勝乎？」統曰：「駑馬雖精，所致一人耳。駑牛一日行三百里，所致豈一人之重哉！」劭就統宿，語，因問：「卿名知人，吾與卿孰愈？」統曰：「陶冶世俗，甄綜人物，吾不及卿；論帝王之秘策，攬倚伏之要最，吾似有一日之長。」劭安其言而親之。《三國志・蜀書・龐統傳》注引張勃《吳錄》 顧劭嘗與龐士元宿語，問曰：「聞子名知人，吾與足下孰愈？」曰：「陶冶世俗，與時浮沈，吾不如子；論王霸之餘策，覽倚仗（伏）之要害，吾似有一日之長。」劭亦安其言。《世說・品藻》

知人群體	生卒年	知人名聲
龐宏	？	統子宏，字巨師，剛簡有臧否。《三國志‧蜀書‧龐統傳》
諸葛亮	181～234	臣松之以爲……老氏稱知人者智，自知者明……以諸葛亮之鑒識，豈不能自審其分乎？《三國志‧蜀書‧諸葛亮傳》注引裴松之 亮在荊州，以建安初與潁川石廣元、徐元直、汝南孟公威等俱游學，三人務於精熟，而亮獨觀其大略。每晨夜從容，常抱膝長嘯，而謂三人曰：「卿三人仕進可至刺史郡守也。」三人問其所至，亮但笑而不言。《三國志‧蜀書‧諸葛亮傳》注引《魏略》 始（楊）洪爲李嚴功曹，嚴至犍爲而洪已爲蜀郡。洪迎門下書佐何祗，有才策功幹，舉郡吏，數年爲廣漢太守，時洪亦尚在蜀郡。是以西土咸服諸葛亮能盡時人之器用也。《三國志‧蜀書‧楊洪傳》 建興十二年，亮出武功，與兄瑾書曰：「（諸葛）瞻今已八歲，聰慧可愛，嫌其早成，恐不爲重器耳。」《三國志‧蜀書‧諸葛亮傳》

第二章　許　靖

　　許靖，字文休（149～222），汝南平輿人。其少年時期以汝南月旦評聞名海內，晚年又在蜀廷誘納後進，清談不倦。可以說，許靖品評兩大高峰，跨足漢末到三國，在品評風氣承轉上，具有相當的指標意義，但他並未受到時人及學界的關注。

　　而縱觀許靖一生，行徑又頗具爭議。其早年與從弟許劭（字子將，150～196）私情不協，受許劭排擯，窮苦度日。中年終得出仕，卻因替董卓拔舉人才，使自己陷入十年流亡窘境，亦引來史家非議。而晚年踰牆降備一事，更被視爲品格重大瑕疵，而遭受不少輕鄙眼光。但許靖在蜀，深受諸葛亮敬拜；而史家陳壽《三國志》爲許靖立傳，將其緊接在〈龐統法正傳〉下，排序頗高，傳末總評亦對許靖讚揚有加；且楊戲〈季漢輔臣贊〉，許靖名列第三，位僅次於劉備、諸葛亮，而在關張之上；又群臣上劉備爲漢中王表，許靖領銜第二，僅次於有漢室侯位的馬超，甚至遠高於位在第五的諸葛亮。〔註1〕看來許靖在蜀廷位高榮重，爲何其評價卻如此兩極，又鮮少人關注他的生命眞相？

　　若說品鑒拔士是許靖的生活重心，亦不爲過，因據史料所載，除了董卓亂起，許靖十年流亡，不曾留下品鑒資料外，其餘歲月所留下之浮光掠影，主要便是月旦人物。若進一步考察其時間（下文將詳加說明），恰巧分布於少、

〔註1〕 晉・陳壽著，劉宋・裴松之注《三國志・蜀書・先主傳》：「秋，羣下上先主爲漢中王，表於漢帝曰：『平西將軍都亭侯臣馬超、左將軍長史領鎮軍將軍臣許靖、營司馬臣龐羲、議曹從事中郎軍議中郎將臣射援、軍師將軍臣諸葛亮、盪寇將軍漢壽亭侯臣關羽、征虜將軍新亭侯臣張飛、征西將軍臣黃忠、鎮遠將軍臣賴恭、揚武將軍臣法正、興業將軍臣李嚴等一百二十人上言。』」（北京：中華書局，2007 年），頁 884。

壯、老年三個階段。因此可以推論，許靖一生乃被濃厚的月旦興致所牽引，但做爲當時的社會菁英——「知人群體」中之一位，許靖如何知人？爲何品鑒？研究闕如；而與許靖相關之月旦資料，僅存七則，因而又留下許多費解處。茲先列出七則資料，以帶出本章的問題意識。

一，年少時（約桓帝延熹七年至靈帝建寧元年間（164～168）開始，即十六至二十歲間）於家鄉汝南郡進行月旦評。

> 初，劭與靖俱有高名，好共覈論鄉黨人物，每月輒更其品題，故汝南俗有「月旦評」焉。〔註2〕

二，靈帝中平六年（189年）前，靖在洛陽任選官，時約四十一歲。

> 少與從弟劭俱知名，並有人倫臧否之稱，而私情不協。劭爲郡功曹，排擯靖不得齒敘，以馬磨自給。潁川劉翊爲汝南太守，乃舉靖計吏，察孝廉，除尚書郎，典選舉。靈帝崩，董卓秉政，以漢陽周珌爲吏部尚書，與靖共謀議，進退天下之士，沙汰穢濁，顯拔幽滯……。〔註3〕

三，約建安六年（201年），應劉璋之招入蜀；建安十九年，投降劉備（214年），至章武二年（222年）死亡，時約五十三歲至七十四歲。

> 許靖號爲臧否，至蜀，見（王）商而稱之曰：「設使商生於華夏，雖王景興無以加也。」璋以商爲蜀郡太守。〔註4〕

> 汝南許文休入蜀，謂裔幹理敏捷，是中夏鍾元常之倫也。〔註5〕

> 建安十七年，漢立皇子熙爲濟陰王，懿爲山陽王，敦爲東海王。靖聞之曰：「將欲歙之，必固張之；將欲取之，必固與之。」其孟德之謂乎！〔註6〕

> 靖雖年逾七十，愛樂人物，誘納後進，清談不倦。丞相諸葛亮皆爲之拜。章武二年卒。〔註7〕

〔註2〕 劉宋・范曄著，唐・李賢等注，晉・司馬彪補志，《後漢書・許劭傳》（北京：中華書局，2007年），頁2235。
〔註3〕 《三國志・蜀書・許靖傳》，頁963。
〔註4〕 《三國志・蜀書・許靖傳》注引《益部耆舊傳》，頁966。
〔註5〕 《三國志・蜀書・張裔傳》，頁1011。
〔註6〕 《三國志・蜀書・許靖傳》注引《山陽公載記》，頁966。
〔註7〕 《三國志・蜀書・許靖傳》，頁967。

　　司徒清風，是咨是臧。識愛人倫，孔音鏘鏘。〔註8〕

首先令人疑惑的是汝南月旦評。少年時期，許靖便以月旦評名聞遐邇，但許靖一則褒貶都未存，而許劭月旦陳蕃、陳寔、曹操之論卻流傳千古。再者，靖、劭「並有人倫臧否之稱」，亦是許劭被舉爲郡功曹。且從漢末至近代，論者多以許劭領月旦評，許靖總被冷落一旁，如魏曹丕云：「若（孫）權復黠，當折以汝南許劭月旦之評。」〔註9〕東晉葛洪云：「許子將之徒……有月旦之評。」〔註10〕民國余嘉錫云：「許劭所謂汝南月旦評者。」〔註11〕何以兩人一併崛起，月旦評卻以許劭爲代表？而范曄《後漢書・郭符許列傳》合郭泰、符融、許劭三位名知人爲一傳，亦略許靖不談。近代研究論郭、許品評典範轉移，亦以許劭爲典範。許靖知人能力不若許劭乎？二許月旦風格相同否？而世人所認知的月旦風格，是否僅是許劭個人之風格？

　　其次，是許靖出仕後，爲董卓「沙汰穢濁，顯拔幽滯」的舉才活動。雖許靖在尙書郎一職上，有機會發揮鑒識才華，但其所舉士人，後來紛起義兵討董卓，許靖懼禍，倉皇南奔，開始流亡。何以許靖替暴虐無道的軍閥舉才？又何以其所舉之才，反而討董卓？以知人聞名的他，是否預見這樣的結局？史家孫盛即曾因此譏諷靖云：「出身則受位非所……論識則殆爲釁首。」〔註12〕許靖是否眞如孫盛所云，實因識見不足，而爲自己埋下後患？

　　其三，許靖入蜀後，偏安二十餘年，留下五則品鑒資料。不論從許靖具體的評論實例，或從史家所側論的許靖，可推敲其品鑒風格主要以褒揚誘納爲主，所謂「是咨是臧」也；即使內心有所不滿，亦不嚴詞批判，比如其對曹孟德之評。若褒揚、委婉即是許靖早年的月旦風格，則其與冷峻犀利的許劭全然不同，那麼，兄弟爲何一同月旦評？且在三國亂世中，許靖何以一如風雅名士，清談不倦？諸葛亮又爲何敬重許靖？

　　由上可知，不論許靖之月旦風格或人物形象，皆頗爲模糊，但目前學界相關研究，或僅止於許劭，或籠統並論二許，鮮少有人關注許靖。因此，本

〔註8〕《三國志・蜀書・楊戲傳》，頁1080。
〔註9〕《三國志・魏書・鍾繇傳》裴注引「太子又書曰」，頁396。
〔註10〕東晉・葛洪，楊明照校箋《抱樸子外篇・自敍》下冊（北京：中華書局，2008年），頁680。
〔註11〕余嘉錫《世說新語箋疏・賞譽》「嘉錫案」，見南朝宋・劉義慶著，南朝梁・劉孝標注，余嘉錫箋疏《世說新語箋疏》（台北：華正書局，1984年），頁415。
〔註12〕《三國志・蜀書・法正傳》裴注引「孫盛曰」，頁960。

章即試著聆聽被淹沒的許靖之聲，為其建構較清晰的生命面貌。雖受限於許
靖品鑑資料之薄弱，使得本文研究，不得不多利用旁證來旁敲側擊，且論文
相當程度必須以許劭為主軸。然而，也唯有清晰勾勒許劭之品鑑內涵，才能
形成與許靖之鮮明對照。也因此，本章乃透過許劭的穿針引線，往外聆聽整
個社會的環繞聲場，再反覆交叉定位二許月旦評發聲之所在，而許靖弱勢之
身影，即可從中自然浮顯。

第一節　帝制結構下之汝南月旦評

據史料記載，許靖、許劭兄弟二人每逢月初，便進行鄉黨人物之評論，
漸漸在汝南郡嶄露頭角，而蜚聲海內，「汝南月旦評」因此成為東漢中末期最
具代表的地方性品評。做為汝南月旦評的代表人物之一，許靖是怎樣的一位
品鑑家？又為何品評人物？汝南月旦評既是許靖少年崛起的開端，便是我們
進入許靖的一個具有深層意蘊的理解結構。

蓋汝南月旦評本身即疊合著地域與品評雙重概念，其不僅建構在汝南的
地域文化上，亦牽涉人物品鑑興起之社會政治背景，而這些歷史條件，最後
在品鑑淵源深厚的許氏兄弟身上，碰出火花。因此看似單純的個人月旦行為，
實則映射了一個動蕩的時代氛圍，及知識份子置身其中的生存之道，試分析
如下。

壹、黨錮與月旦評

關於漢末人物品鑑新風氣之形成，張蓓蓓分析頗為細膩，其研究歸結出
三大因素：一，名教的反動。二，選舉不中的打擊。三，清濁對壘的激盪。
其中又以第三點最為重要，而士風也在此中變化消長。其文道：

> 選舉與名教使士風趨於激矯，招致厭倦，人情改趨慕道求達，德性
> 不復成為評斷人物之唯一標準。此第一點之所述。選舉日漸失實，
> 權戚貴宦子弟以人事得舉，佔滿仕途，橫行不法，士人激憤之餘，
> 欲自取銓衡人物之柄以代行；此第二點之所述。戚宦迫害士人甚烈，
> 士人起而對抗，意氣激揚，再非當初文儒之面目；而士人對抗多採
> 消極手段，亦各有影響，如「遁身」使隱逸成風，但又造成輕仕鳴
> 高之風氣；如「矯絜」使道德風範暫時復振，名士風流疆宇初開；

如「放言」使結黨題拂蔚然大起，人物品鑒形貌一新；此第三點之
　　所述。〔註13〕

汝南月旦評，便應此時風而起。那麼，二許所針對之時風究竟是什麼？其所
相應的社會土壤是什麼？又憑什麼條件，成為全國矚目焦點？甚至令曹操追
慕、袁紹畏憚、社會予以廣大迴響？劭、靖在其中的作用又是什麼？上述問
題，學界皆未能提出較深入之論述。故月旦評雖名聞古今，月旦人物甚至成
為批評人物的別稱，但圍繞月旦評之相關人事，僅是一模糊之印象，極有再
深入探索之必要。

　　而欲追問上述問題，首先得了解月旦評究竟起迄於何時？本文從許劭所
褒貶人物中，找到一些蛛絲馬跡。發現許劭初評對象，極可能便是清流陳蕃、
陳寔：

　　　劭嘗到潁川，多長者之遊，唯不候陳寔。又陳蕃喪妻還葬，鄉人畢
　　　至，而劭獨不往。或問其故，劭曰：「太丘道廣，廣則難周；仲舉性
　　　峻，峻則少通。故不造也。」〔註14〕

陳蕃葬妻於何年，史書未載，故由陳蕃（？～168）、陳寔（104～187）生卒
年判斷，月旦評不會晚於建寧元年（168 年），可知在此之前，許劭已開始評
論鄉黨人物。但許劭生於和平元年（150 年），故推敲月旦評應不會早於 164
年，否則許劭年未十五即已月旦評，而據史傳記載慣性，通常早慧之神童，
史書多記其年歲，〔註 15〕但二許月旦評並未標出年歲。由此，本文推論，汝
南月旦評約始於延熹七年至建寧元年（164～168 年）間。

　　而月旦評結束於什麼時候？從現存史料，無從精確得知。但月旦評應是
許劭出仕前的品鑒活動，故若以許劭出仕為界，則可訂出月旦評的時間下限。
許劭出仕於何時？可就袁紹來推敲。據《汝南先賢傳》：「廣陵徐孟玉來臨汝
南，聞劭高名，請為功曹。饕餮放流，絜士盈朝。袁紹公族好名，為濮陽長，
棄官來還。」〔註16〕袁劭由濮陽長棄官還鄉之時間不明，但此後袁紹於汝南

〔註13〕張蓓蓓《漢晉人物品鑒研究》（台北：花木蘭文化出版社，2010 年），頁 76。
　　　　本書第三章第一節詳細描繪當時之社會現象及士風轉變，可參看之。
〔註14〕《後漢書·許劭列傳》，頁 2234。
〔註15〕如《後漢書·黃琬傳》說黃琬「早而辯慧」，年七歲即能應詔，令祖父黃瓊大
　　　　驚。頁 2039。又《後漢書·荀爽傳》說荀爽「幼而好學，年十二，能通春秋、
　　　　論語」，頁 2050。《後漢書·臧洪傳》：「洪年十五，以父功拜童子郎。」頁 1885。
〔註16〕《三國志·魏書·和洽傳》注引《汝南先賢傳》，頁 658。

居喪六年，接著，何進大將軍辟袁紹爲掾，並於中平五年（188 年），轉任佐軍校尉。而何進任大將軍於中平元年（184 年），故可推出袁紹任大將軍掾，約於中平元年至中平五年（184～188）間，辭濮陽令歸則應往前推約六年，即光和元年至光和四年（178～182），月旦評應不會晚於此。由此可知，月旦評進行的時間範圍介於延熹七年至光和四年間（164～182），而這段時間最大的政治事件，即是兩次黨錮之禍（166、169），而黨錮前，正是清議最盛時期。故月旦評實際進行多久無法精確判斷，但其崛起於清議之風最烈時，而評於黨錮之際，則應無疑義。

但在動輒得咎的禁錮氛圍下，二許爲何還敢月旦評？且深受士階層歡迎？因此，本文擬站在張蓓蓓的研究基礎上，再針對黨錮與月旦評的關係，進行探索。

一、黨議之興

余英時曾簡扼勾勒桓帝誅梁冀前後的政局變化：

> 東漢之政治，自和帝永元元年（89 年）以降，大抵爲外戚宦官迭握朝政，且互相誅戮之局，然略加深察，又可分爲二大不同之階段，而以延熹二年（159 年），即桓帝與五宦官誅梁冀之歲爲其分水線焉。前乎此，外戚之勢爲強，後乎此，則閹宦之權轉盛，而東漢之士大夫亦遂得在其迭與外戚宦官之衝突過程中逐漸發展群體之自覺。清流集團似肇端於此際，而其後與宦官爭鬥時之結黨，則是更進一步之發展耳。〔註17〕

這條線清晰地畫分了外戚、宦官在延熹二年（159 年）前後的勢力消長。從引文，可引申推敲出幾個重要訊息：第一，戚、宦問題從和帝開始一直到桓靈之後，幾乎與東漢政局相始終。而學者向以和帝之前的光武、明、章三帝爲前期盛世，和帝至桓帝間爲中期轉衰，桓靈獻則走向末期。由此可見，戚、宦問題未能解決，是東漢政權走向滅亡的一大關鍵。第二，在外戚、宦官的迭相亂政下，士階層的群體自覺被激發，成爲另一股政治勢力，與戚、宦相抗爭。第三，對抗戚、宦時，東漢士大夫漸漸凝聚出所謂的清流集團。第四，桓帝誅梁冀後，清流士大夫更進一步結黨成派，形成與宦官相抗的政治集團。

從和帝十歲登基，竇憲以竇太后之兄輔政（永元元年，89 年），到靈帝死，

〔註17〕余英時《中國知識階層史論》（台北：聯經出版社，1980 年），頁 206～207。

何進、袁紹召董卓入京殲滅宦官止（中平六年，189 年），恰巧一百年的時間，東漢統治階層內部一直處在爭權奪利的動盪中。范曄曰：「東京皇統屢絕，權歸女主，外立者四帝，臨朝者六后，莫不定策帷帟，委事父兄，貪孩童以久其政，抑明賢以專其威。」〔註 18〕和帝即位後，由竇太后臨朝，竇憲總攬軍政大權，此後開啓了東漢外戚專政的局面。接著幾任皇后多無子，外戚爲了繼續掌權，以容易控制的外藩或昏幼者爲帝。幼帝長大，便聯合親近的宦官，剷除外戚勢力，以奪回皇權，並大封功臣，宦官因此得勢。然而東漢皇帝多短命（桓帝最長壽，36 歲），新皇后很快便晉登太后，臨朝親政，又開啓另一波外戚大姓的專權。

外戚之禍最烈者爲梁冀。陽嘉元年（132 年），順帝立梁冀妹梁妠爲后，父梁商爲大將軍，梁氏逐日貴寵。永和六年（141 年），梁商死，順帝續拜梁冀爲大將軍。直至延熹二年（159 年）梁冀被圍自殺，梁氏一門在位二十餘年，壟斷政權，「前後七封侯，三皇后，六貴人，二大將軍，夫人、女食邑稱君者七人，尚公主者三人，其餘卿、將、尹、校五十七人。……窮極滿盛，威行內外。」〔註 19〕梁冀個人更是性格貪殘，權錢一把抓，令「百僚側目，莫敢違命，天子恭己而不得有所親豫。」〔註 20〕士大夫中求政治改革的呼聲漸高，又以李固最有名望。

李固出身儒學世家，忠正梗直。陽嘉二年（133 年），他在對策中提出權去外戚、政歸國家、罷退宦官等主張，受有中興之志的順帝激賞，舉爲第一，然而，此後戚、宦屢向順帝進讒言，順帝只得將李固貶出。後李固因討賊之功，再入爲將作大匠，上疏陳事中，一口氣推薦樊英、黃瓊、楊厚、賀純、周舉、杜喬、楊倫、尹存、王惲、何臨、房植等多位朝野名士，數人獲得舉用升遷，其上任後，又積極拔擢士人，朝中逐漸匯聚一股清流。建康元年（144 年），順帝駕崩，梁妠無子，立虞美人之子劉炳爲沖帝，年僅二歲，梁妠因此以太后臨政。太后上台，以清流趙峻、李固與家兄梁冀參錄尚書事，梁冀竟上書推辭，可知朝廷清流聲勢頗高。但梁冀表面辭不肯當，背後卻挾著太后之勢，行徑侈暴，權勢日大。

半年後，沖帝病死，緊接而來的立嗣問題，使清流集團與梁冀的鬥爭白

〔註 18〕 《後漢書·皇后紀》，頁 401。
〔註 19〕 《後漢書·梁冀列傳》，頁 1185。
〔註 20〕 《後漢書·梁冀列傳》，頁 1185。

熱化。李固欲立年長有德的清河王劉蒜，梁冀不從，與太后定議，迎勃海王劉鴻之子劉纘爲質帝（永嘉元年，145 年），可知實權掌握在梁氏手中。不料質帝年僅八歲，卻聰慧過人，見梁冀作爲，竟指之爲跋扈將軍！「冀聞，深惡之，遂令左右進鴆加煮餅，帝即日崩。」〔註 21〕恰李固進殿，目睹帝亡，伏屍號哭。冀慮其事泄，惡之。而帝死，接著又是另一波立嗣之爭。這次李固聯合胡廣、趙戒及杜喬等多位士大夫聯合上書梁冀，於朝廷共議立帝。固等人主張立劉蒜，中常侍曹騰夜見梁冀，勸立蠡吾侯劉志。劉志爲梁冀妹婿，本爲太后、梁冀所欲扶植，曹騰則因劉蒜曾不禮之，故此嫌恨，於是戚、宦合拍。隔日臨朝，梁冀意氣凶暴，胡廣、趙戒懼而轉依梁冀，僅剩李固、杜喬堅守，冀屬聲曰罷會。李固復以書勸冀，冀愈激怒，游說太后策免李固，並迎劉志入爲桓帝。歷年餘，甘陵劉文、魏郡劉鮪各謀立劉蒜爲天子。梁冀趁機誣陷李固同謀篡立，李固下獄，引起數十人至宮闕請願。太后知李固冤，赦之，結果，「京師市里皆稱萬歲。冀聞之大驚，畏固名德終爲己害，乃更據奏前事，遂誅之，時年五十四。」〔註 22〕時爲桓帝建和元年（147 年）。

李固數度上書議事，激怒梁冀，但令梁冀大畏而引殺生之禍者，在其背後高呼萬歲的龐大擁護群。爲免後患，梁冀將李固、杜喬一起斬首除根，並暴屍城北，下令臨屍者死。本爲殺雞警猴、防堵勢力集結，結果此舉反引來士階層更大的反彈，李固弟子汝南郭亮，年始十二，詣闕上書乞求收屍；南陽人董班亦前往準備殉屍；杜喬故掾陳留楊匡爲之守屍驅蠅十餘日。三人視死如歸，太后憐，令其收屍安葬。

李杜的義正詞嚴，堅抗權暴，雖丟了性命，卻激起廣大士階層的同仇敵愾，凝聚起向來整合度不高的士階層。此後，士人迅速串連成一股大勢力，隨著「主荒政繆，國命委於閹寺……遂乃激揚名聲，互相題拂，品覈公卿，裁量執政，婞直之風，於斯行矣。」〔註 23〕品評愈趨激憤，士風愈趨婞直，終致黨禍發生，然而，效仿李杜精神死不悔者，仍層出不窮。可以說，「李杜之死眞正拉開了東漢後期黨錮之禍的序幕。」〔註 24〕

黨人之議興起，便與李杜之死的社會氛圍相連一片。據范曄記載，此風始於桓帝上臺後不久：

〔註 21〕《後漢書·梁冀列傳》，頁 1179。
〔註 22〕《後漢書·李固傳》，頁 2087。
〔註 23〕《後漢書·黨錮列傳》，頁 2185。
〔註 24〕萬青〈李固與後漢黨錮之禍〉，頁 39。

> 初，桓帝爲蠡吾侯，受學於甘陵周福，及即帝位，擢福爲尚書。時
> 同郡河南尹房植有名當朝，鄉人爲之謠曰：「天下規矩房伯武，因師
> 獲印周仲進。」二家賓客，互相譏揣，遂各樹朋徒，漸成尤隙，由
> 是甘陵有南北部，黨人之議，自此始矣。〔註25〕

這段話是有玄機的。舉用帝師合情合理，爲何引起譏刺？再則，前面鋪陳了
士大夫串連勢力，利用品鑒議事以對抗戚宦的政治形勢。然而，黨人之議，
卻始於周、房二家賓客的互相譏揣。何以黨議之初，竟是士大夫之間彼此較
勁？

　　先看桓帝拔周福，爲何引起軒然大波。針對此，秦蓁曾加以論述。他發
現周、房二家力量頗懸殊，房植由李固舉薦，上位後又引薦荀淑、趙歧等人；
但周植除了做爲帝師，似看不出其他背景。但若非勢均力敵，便談不上各樹
朋黨，分庭抗禮，因此，周福身邊應也形成了舉足輕重的力量，可合理推測
爲桓帝同學，故周福背後勢力應是親桓帝一派人馬。秦蓁繼而分析，黨議初
發於桓帝上位後，而桓帝對帝位極忐忑不安，因此，周、房二家勢力，便是
以認同桓帝權威與否畫分界線。支持劉志即天子之位者，除了周福門人，尚
有宦官曹騰及外戚梁冀，當然包括梁太后；另一派則以李、杜爲首，支持劉
蒜的清流陣營。兩大壁壘如此分明，各持己說，才有所謂「黨人之議」。〔註
26〕從秦蓁所分析，可知二家賓客互相譏揣，仍是桓帝即位前清濁抗爭之延續。

　　進一步看，周福因帝師而任尚書，相互攻訐最猛烈的，竟是二家賓客。
賓客成分複雜，但士階層必占多數，由此又可見以「清」自名的士階層內部
亦起戰端。緣故何在？房植是經學大師，受李固舉薦而位至河南尹。周福則
未聞其學術建樹，卻任尚書一職，實權凌駕三公。〔註27〕但是，即便學術地
位高的房植，政治實權不如周福，又何致鬧到甘陵分裂爲南北二部？

　　再看另一個黨錮的發源地汝南。「凡黨事始自甘陵、汝南。」〔註28〕黨事
始自汝南，說的便是范滂之例：

> 後汝南太守宗資任功曹范滂，南陽太守成瑨亦委功曹岑晊，二郡又

〔註25〕《後漢書・黨錮列傳》，頁2186。
〔註26〕參見秦蓁〈溯源與追憶：東漢黨錮新論〉，《史林》第3期（2008年），頁30。
〔註27〕東漢以來，尚書實權大於三公。《後漢書・仲長統傳》載《昌言・法誠篇》云：
　　　　「光武皇帝……政不任下，雖置三公，事歸台閣。」頁1657。台閣即尚書別
　　　　稱。
〔註28〕《後漢書・黨錮列傳》，頁2189。

為謠曰：「汝南太守范孟博，南陽宗資主畫諾。南陽太守岑公孝，弘
農成瑨但坐嘯。」〔註29〕

范滂少厲清節，「慨然有澄清天下之志」，〔註30〕在李固舉用埋沒十年的黃瓊
後，黃瓊又辟范滂為掾（約延熹二年，159年），朝中清流逐漸匯成大勢力。
范滂對打擊豪勢不遺餘力，曾經上奏刺史、二千石權豪之黨二十餘人，被尚
書責疑，范滂因此投劾而去。此時，汝南太守宗資聞其名，任之為郡功曹。
時為桓帝誅冀後，五宦官貪虐肆暴之際，故滂在汝南，嚴整疾惡。恰中常侍
唐衡以李頌相託，宗資欲舉，范滂拒用。宗資遷怒，鞭打書佐朱零。朱零仰
曰：「范滂清裁，猶以利刃齒腐朽。今日寧受笞死，而滂不可違。」〔註31〕從
小吏寧死太守笞下，不敢違逆范功曹之反應，可知范滂「清裁」之輿論威權，
已凌駕政治地位在其上的太守，鄉里才會流傳出「汝南太守范孟博，南陽宗
資主畫諾」的謠諺。

謠諺顯示，汝南與南陽，南陽與弘農間，彼此有些較勁的意味，而黨事
始自汝南，想必汝南議論聲浪更大。范滂以清為裁，既打擊權豪戚宦，也挑
起士階層紛爭，結果連汝南郡也籠罩在其清風的「掃除」範圍下，導致「郡
中中人以下，莫不歸怨，乃指滂之所用以為『范黨』。」〔註32〕若說打擊戚、
宦是以清抗濁，那麼，以自己所執之輿論權力，形成對太守的權位威脅，進
而刺激兩郡對抗，並掀起汝南朋黨相鬥，這些輿論譏諷、意氣之爭，還稱得
上「清流」乎？

以澄清天下為志的范滂，為何會在汝南郡引起如此大的反彈，甚至被指
為「范黨」？這跟前面甘陵分裂為南北部，頗有同質性，此即回到黨議為何
起於甘陵、汝南之探問。就上文所引張蓓蓓之研究，士階層興起品鑒新風氣，
是站在東漢中期以來，對選舉失實之反擊、名教之反動，及戚宦當道之對抗，
然而，為何甘陵、汝南發先端？以汝南而言，由於其地處洛陽附近，文化盛，
優秀人才多，人口密度高，而孝廉乃依郡國人口比例所推舉，故選舉競爭激
烈。〔註33〕換句話說，同樣面對東漢之政治形勢及選舉流弊，汝南士階層所

〔註29〕《後漢書・黨錮列傳》，頁2186。
〔註30〕《後漢書・黨錮列傳・范滂》，頁2203。
〔註31〕《後漢書・黨錮列傳・范滂》，頁2205。
〔註32〕《後漢書・黨錮列傳・范滂》，頁2205。
〔註33〕岡村繁指出，陳留、汝南、潁川三郡之鑒識家占半數以上，蓋因選舉辟召在
此競爭特別激烈。日・岡村繁著《漢魏六朝的思想和文學》，頁95～96。

面臨的仕進壓力相形嚴重，因而在愈演愈烈的清濁抗爭中，便牽引許多複雜的利益因素。何以范滂「清裁」，卻引來結黨之譏？蓋范滂居功曹，實掌人事權，又握輿論權，足以左右太守的決定，故汝南士之仕途，幾乎操縱在他一人手裏。此時，其所進黜，果真不夾雜一絲私心？對眾多不得其門而入之士人而言，便覺有范黨之嫌。

而甘陵產生南北之爭，則因周福背後勢力直接指向桓帝，而清濁對抗早在桓帝即位前的立嗣之爭中白熱化。桓帝即位後，欲集結勢力，鞏固皇權，致使戰火延燒到甘陵。因此周福、房植背後，既是清濁抗爭的延續，亦有皇權、士權的較勁，而周、房之政治地位，又牽動其下門生賓客之仕途。蓋房植身居河南尹，秩中二千石，可自拔人才。而周福任尚書，秩僅六百石，但因選舉制度早已敗壞，周福既親近皇帝，握有實權，拔擢人才可謂輕而易舉。然而僧多粥少，如何擠進政治窄門？〔註34〕因此，二家賓客互相譏揣，其中難免夾雜仕進升遷的利益考量。於是在原本的清濁對立中，又加入許多複雜因素，致使甘陵分裂為南北。

但此本是地方性的鬥爭，為何又演成全國性的黨議風潮？如前所說，李杜之死，激發士階層之精神意氣，致使士階層迅速串連，而本初元年（146年）太后之詔，更使太學集聚大量士子。其詔曰：「大將軍下至六百石，悉遣子就學……自是遊學增盛，至三萬餘生。然章句漸疏，而多以浮華相尚，儒者之風蓋衰矣。」〔註35〕梁太后放寬入學條件，使太學大為興盛，但也因入太學後，「歲滿課試，拜官有差。」〔註36〕而吸引不少紈袴子弟以此為入官捷徑；至於來自各地之士人，亦各懷抱心思，或交遊、或評論、或尋求仕進等等，不盡務在實學；在諸多條件促合下，太學湧進三萬士子，京師一時風雲詭譎。

在范滂引起二地為謠後，「因此流言轉入太學，諸生三萬餘人，郭林宗、賈偉節為其冠，並與李膺、陳蕃、王暢更相褒重。……並危言深論，不隱豪強。自公卿以下，莫不畏其貶議，屣履到門。」〔註37〕來自全國各地的太學

〔註34〕順帝時，河南尹田歆即曾求助名知人王諶：「今當舉六孝廉，多得貴戚書命，不宜相違，欲自用一名士以報國家，爾助我求之。」可知面對外部擠壓，士階層能運作者，僅僅不過六分之一。見《後漢書·種暠列傳》，頁1826。

〔註35〕《後漢書·儒林列傳》，頁2547。

〔註36〕宋·司馬光編著，元·胡三省音註，標點資治通鑑小組校點《資治通鑑》，（北平：古籍出版社，1956年），頁1705。

〔註37〕《後漢書·黨錮列傳》，頁2186。

生與朝廷清流士大夫迅速聯結起來，形成監督、左右政壇的輿論圈。桓帝上臺後，京師便發生了二次以太學生爲主體的大規模訟冤行動，桓帝先怒而後赦免，足見士人集團之氣焰，已對朝廷造成相當的威脅。〔註38〕這些危言嶷論之所以被指爲黨人之議，正基於士人群體強大的串連勢力。

二、黨錮、清議深層因素探究

上一節，鋪陳了順帝以來至桓帝誅梁冀前後的政治氣氛（132～159）。品鑒、清議之興，在此可先做個小整理，以緊接其下更猛烈的清議及黨錮之禍。

首先，我們可以看到，無論外戚、宦官或士人，看似身分不同，背後或多或少皆夾雜著權位利祿之爭。尤其在帝位轉移之際，通常也是各方勢力衝突最巨、論爭最盛時。以桓帝之立而言，外戚梁冀透過太后擴張權勢，繼而扶植十五歲的劉志，並以妹聯姻固勢，一連串政治手法，實爲操控幼帝，左右大局。其弄權行徑因此激起李固等清流大臣之對抗，故擁戴劉蒜爲帝，卻又激化皇族間，以及皇權與士權間之較勁。爲爭帝位，劉蒜須倚賴李固等一班大臣，劉志也得吞聲忍氣，依附梁氏。至於宦官，在此次皇位之爭中，扮演與外戚同盟的角色，蓋因曹騰一懼劉蒜爲帝，於己不利；二恨李固奏免宦者；三也迎合太后、梁冀心意。桓帝上台後，宦者唐衡、左悺爲剷除異己，又譖於帝曰：「喬與李固抗議言上不堪奉漢宗祀。」〔註39〕是乃助長桓帝與清流士人之對立，以借刀殺人。而李固、杜喬死於桓帝即位後一年餘，雖爲梁冀主導，背後亦有桓帝認可其奏才誅之。由此可知，不論皇族、外戚、宦官、士人，各勢力之集結或對立，極少基於眞正的道義而發。

其中，又以清流自名的士階層最難區辨。向來士人相輕，自傲難容，不易整合。但是，在東漢清濁抗爭的政治形勢下，士階層終能集結成一股力量，有機會拯救崩頹的政局。然而，何以培植了眾多清流的李固，依然敗於梁冀？深入來看，以李固爲首，擁立劉蒜的清流一系，背後所爲者何？胡廣、趙戒等人爲何又臨陣亂腳？朝中清流既已集結，爲何不能群策群力，以制衡梁冀？可知清流亦非同心齊欲，或夾雜意氣憤慨，或爲大勢所屈，甚或也有藉清流，

〔註38〕其一是永興元年（153 年），起因於朱穆剖宦官趙忠父之棺，帝聞大怒，將朱穆輸作左校。太學生劉陶等數千人詣闕上書。其二是延熹五年（162 年），宦官徐璜、左悺向名將皇甫規索賄不成，反誣告皇甫規侵吞軍餉。張鳳等三百多名太學生又詣闕訟其冤。可參見《後漢書‧朱穆傳》頁 1470～1471。《後漢書‧皇甫規傳》，頁 2135。

〔註39〕《後漢書‧杜喬傳》，頁 2093。

以標高自己；藉扶植劉蒜，以拉下梁冀而鞏固己位者。事實上，梁太后屢次重用李固，但李固空有機會，卻無策略，空有德才，卻無權謀，只有言辭激切，徒增對立，而無整合士階層之智。觀宦官爲何能伸縮靈活，士人卻手腕僵硬？蓋東漢士人多尚名節，〔註40〕清濁涇渭分明，難思與戚、宦共存合作之方，故四面樹敵，徒增政治改革阻力。既無通盤計畫，又陷入意氣之爭，如何拯救昏聵亂局，使國家回歸正位？可以說，李固個人之侷限，再加上利害當前，本爲同盟之士只能轉向自保，而導致抗爭失敗。結果，不但自己落得暴屍城北，又將一群人帶向黨錮之禍。由此可見，品鑒雖盛，知人群體激增，但眞正遠識之士並不多，而有識見又能兼具德行以領導士群者，更加難能可貴。

其次，鄰近洛陽的汝南、潁川、南陽、陳留等數郡，鑒識家輩出，可見士之佼佼者群聚於此。其中雖不乏正義有德之士，故能在戚宦亂政危機下，形成清流集團的監督對峙。然而，多數士階層內心之營求，仍是聲名權位，卻透過清流爲包裝。故其抨擊汙穢、互相標榜等政治意味濃厚的品鑒行爲底下，究竟是爲公義還是私利？便顯得複雜難辨。可以說，爲達名利所發之品鑒清議，不過亦是士人取得權位的敲門磚，這與戚、宦以權勢金錢把持選舉，有何差異？如范滂之「清流」，不思整合之道，反而憑恃輿論、人事雙權，使汝南士陷入朋黨卡位戰，刺激社會的衝突對立，竟至挾此清議之風，以輿論威權凌駕眞正的太守，儼然成爲背後的太守。可知，難得串連凝聚之士群，卻又夾雜各自之利益，而互相攻訐，無法群策群力，也給予對手反擊的縫隙。

外戚梁冀最後是被桓帝聯合五宦官一舉殲滅，但士人集團的清議並未停止。隨著五宦官並列封侯，專權選舉，貪暴橫肆，士人對宦官的抨擊也日益激烈，尤其在桓帝實掌政權後的延熹年間最爲凶猛。〔註41〕士人集團頻頻上書議政，桓帝是不悅的，黨錮可說一觸即發，但士人似絲毫不覺。延熹二年

〔註40〕 清·趙翼《二十二史箚記》「東漢尚名節」條云：「自戰國豫讓、聶政、荊軻、侯嬴之徒，以意氣相尚，一意孤行，能爲人所不敢爲，世競慕之……馴至東漢，其風益盛，蓋當時薦舉徵辟，必採名譽，故凡可以得名者，必全力赴之，好爲苟難，遂成風俗。」（台北：世界書局，2001年），頁61。

〔註41〕 徐難于曰：「清議之風在延熹年間（158～166）愈刮愈猛。延熹中（164～165），以范滂爲首的一批遊學京師的士大夫，在京師大造輿論……而清議活動熱火朝天是延熹末年的事。」見氏著《漢靈帝與漢末社會》（濟南：齊魯書社，2002年），頁51。

（159 年），白馬令甘陵李雲露布上書，藉聖人之語，指責桓帝：「孔子曰：『帝
者，諦也。』今官位錯亂，小人諂進……是帝欲不諦乎？」〔註42〕其奏書故
意不密封，又移送副件給三府公卿，內容迅速在朝廷上下傳開。桓帝得奏震
怒，詔李雲送黃門北寺獄。杜眾、陳蕃、楊秉、沐茂等士大夫紛紛上疏，卻
言辭激烈，杜眾甚至以願與李雲同日死爲脅，桓帝恚甚。宦官管霸怕眾怒難
犯，替李雲說情，帝曰：「帝欲不諦，是何等語，而常侍欲原之邪？」〔註43〕
李雲、杜眾因而死於獄中，成爲李固、杜喬後第二對被士人頌揚的李、杜。
李、杜死，陳蕃、楊秉等亦在此次被罷免，此後嬖寵益驕。由此可知，桓帝
本身早已不滿士階層，才會縱容宦官坐大，藉以遏抑士人氣焰。爾後，又有
朱穆深疾宦官，多次上書，帝怒，不應。朱穆伏地不肯起，桓帝令左右傳「出！」
良久乃趨而去。再有延熹六年（163 年），帝幸上林苑，陳蕃諫，不納……。
隨著宦官的恣橫、皇帝的漠然，士情愈益激憤，最終在李膺公然挑戰皇權後，
爆發第一次黨錮。

李膺是桓帝時聲望最高的清流領袖，士林予他「天下模楷李元禮」〔註44〕
的稱號。李膺個性簡亢，不妄交接，好舉薦才德之士，亦致力糾舉奸佞，「士
有被其容接者，名爲登龍門。」〔註45〕延熹九年（166 年），張成推占當赦，
遂教子殺人。李膺收捕其子，不久果然逢宥獲免。李膺極憤恨，漠視皇上赦
令而殺之。張成本以方技，頗得宦官、桓帝之歡心，事發後，即暗結宦官，
令弟子牢修誣告李膺等「養太學遊士，交結諸郡生徒，更相驅馳，共爲部黨，
誹訕朝廷，疑亂風俗。」〔註46〕桓帝聞之震怒，大捕黨人二百餘人。

桓帝何以震怒？從其即位前，至即位十餘年後的今天，一直處在帝位的
忐忑中。本初元年（146 年），桓帝即帝位。在此之前，李固等清流大臣反對
他。即位隔年，發生擁劉蒜篡位的謀反事件。和平元年（150 年）梁太后死，
始得親政，但仍受制於梁冀，連後宮都充斥梁氏耳目。延熹二年（159 年）梁
后死，帝始得機會誅滅梁冀。十二年間，桓帝處心積慮，欲奪回權力，此刻，
終於得掌皇權，因此，延熹年號的象徵意義頗大，它意味桓帝恢復自由之身。
但從桓帝大封功臣故舊的種種佈置開始，士人集團便不斷議政，甚至屢侵皇

〔註42〕 《後漢書‧李雲傳》，頁 1852。
〔註43〕 《後漢書‧李雲傳》，頁 1852。
〔註44〕 《後漢書‧黨錮列傳》，頁 2186。
〔註45〕 《後漢書‧黨錮列傳‧李膺》，頁 2195。
〔註46〕 《後漢書‧黨錮列傳》，頁 2187。

權。桓帝爲何震怒？一位文士都可指責皇上「帝欲不諦」，說其不能審察萬物，錯用諂諛小人。更有李膺等權臣，無視帝王赦令，自行下達殺旨。桓帝十二年來虎背受敵，長期掙扎之處境，士人曾設身體會乎？卻一再裁量執政，桓帝能不震怒？事實上，李膺等士人群體並非眞欲結黨叛國，然而，在其欲以「道」自尊，甚而以「道」逼「勢」時，漸漸目空一切，罔顧皇權，而失去政治判斷，致使重新掌勢之桓帝，透過宦官來反擊。

相較於士人之莽撞，反而桓帝心思頗爲縝密，權謀甚深。爲保帝位，桓帝故作貪淫好樂，放任梁冀專權，私下則布置天羅地網，伺機而動，一舉殲滅梁氏。〔註 47〕而相較於士人之無知，宦官對桓帝了解更爲透徹，其一紙誣告，立即引爆黨錮，正因迎合了桓帝欲置辦士人之心理。

第一次黨錮，在外戚竇武的奔走下，暫息桓帝怒火，於是黨人赦歸，禁錮終身。然而，黨禍後，士人卻未加收斂，效仿李杜之士者，頓成英雄被擁戴，如范滂於獄中，與袁忠爭受楚毒，放歸之時，士大夫相迎車馬數千輛。挑戰皇權者如李膺，聲名更噪，「天下士大夫皆高尚其道，而汙穢朝廷。」〔註 48〕士階層間興起另一波標榜之風，所謂三君、八俊、八顧、八及、八廚等，名士隊伍不斷擴充。陳啓雲曾歸納第一次黨錮期間，士大夫的活動主要有三：一，設館講學聚集生徒，如李膺「教授常千人。」〔註 49〕二，在地方交結官府，如杜密，「去官還家，每謁守令。」〔註 50〕三，在地方交結豪強大族，如陳寔屢訪潁川荀氏。於是他小結道：「這樣，批評朝政攻擊宦官的清議，漸漸形成一股政治力量，有社會根基，有地方勢力支持，鬥爭更爲激烈。」〔註 51〕也就是說，黨錮之後，士階層氣焰更高，清議更激，不到三年，便又爆發第二次黨錮。

至此，可以反思：黨錮眞起於清議嗎？難道不是圍繞著皇權問題，進而引發一連串的鬥爭嗎？宦官何以橫行霸道？背後乃以皇帝爲仗恃。桓帝爲何多封故舊恩私？不也與梁冀專權營私，鞏固自我勢力同質？士人爲何品覈公

〔註47〕可參見楊東晨《東漢興亡史》（陝西：陝西人民教育出版社，1998），頁 368 ～372。

〔註48〕《後漢書・黨錮列傳・李膺》，頁 2195。

〔註49〕《後漢書・黨錮列傳・李膺》，頁 2191。

〔註50〕《後漢書・黨錮列傳・杜密》，頁 2198。

〔註51〕陳啓雲〈關於東漢史的幾個問題：清議、黨錮、黃巾〉，收入《漢晉六朝文化・社會・制度——中華中古前期史研究》（台北：新文豐出版，1997 年），頁 60。

卿，裁量執政？在道德監督的背後，難道未夾雜意氣之爭、權位之私？由此可知，帝制本身即不穩固，當各個勢力無法取得平衡，便衝突迭起。而此利害關係，自秦始皇建立君主專制以來，便被框架在帝制的權力結構中。只要權位一變動，往下延伸各個層面之利害關係，都跟著變動。延熹二年（159 年）之前，梁冀號令天下二十餘年，是朝中的既得利益者。於是桓帝集結宦官勢力，拉下梁冀，宦官護持有功，又變既得利益者。爾後，士人集團加入，與外戚合流，再把宦官拉下台。拉下舊勢力，樹立新勢力，權力爭奪因此不斷循環。

第二次黨錮發生靈帝即位後二年（建寧二年，169 年）。何以清議更烈？何以黨錮再現？模式與前面如出一轍。竇太后與其父竇武定策奉迎靈帝劉宏，年僅十二歲，故竇太后臨朝稱制，竇武封大將軍。陳蕃因曾力主竇氏為皇后，升為太傅。竇、陳二人皆欲誅翦宦官，於是解除黨錮，復用黨人。士人與外戚合流，且大權在握，宦官形勢岌岌可危。於是宦官先發制人，建寧元年（168 年），陳蕃、竇武反遭宦官謀害。

宦官逆轉勝之關鍵，是其積極爭取竇太后支持，又預做種種緊急應變措施。相對的，陳蕃將欲誅宦官之奏章宣示天下，竇武則無心扶持漢室，行事多所遲疑，二人過度驕狂自信，致使最後慘死宮中，一干清流因此犧牲。而靈帝雖被曹節等宦官劫持以發令，但因竇氏專政，與其皇權有所矛盾，故十八名宦官仍因功封侯，氣焰頓時高張。宮中之變，海內之士一陣鼓噪，為陳、竇鳴冤，與宦官勢同水火。隔年，張儉破宦官侯覽宅第，藉沒資產，侯覽大怒，誣告張儉等人共為部黨，不久又上奏逮捕其他未禁錮之黨人，於是李膺、范滂等百餘人皆死獄中，死徙廢禁者，達六七百人，是為第二次黨錮。對比首次黨禍，這次誣告增加了「黨人」樹朋結黨的確鑿證據，列舉出張儉等二十四人別相署號，第一次黨錮後高漲的名號現象，成了宦官使出的殺手鐧。〔註 52〕

這次黨錮歷時甚久，從建寧二年到中平元年（169～184），直至黃巾賊起，中常侍呂彊勸帝：「黨錮久積，人情多怨。若久不赦宥，輕與張角合謀，為變滋大，悔之無救。」〔註 53〕靈帝才大赦黨人。整體而言，黨錮十五年間，宦官集團勢力大盛，而士人集團對漢政權的批判力道不減，如熹平五年（176

〔註 52〕本段主要參考徐難于《漢靈帝與漢末社會》，頁 61～74。
〔註 53〕《後漢書·黨錮列傳》，頁 2189。

年），曹鸞爲黨人訴冤，言辭激切，靈帝省奏大怒，禁錮擴及五屬。於是，士人之離心力更強了。〔註54〕

　　第二次黨錮發生在靈帝上台後不久，其時靈帝與士人之怨並不深，何以靈帝依然相信宦官之誣告？而士人一上書，何以便引得靈帝大怒？蓋靈帝本是外戚竇氏所扶植，竇武又廣結名士，深得士心，依理靈帝應與外戚、士人親近，但竇太后臨政，使靈帝與竇氏間產生權力矛盾。因此，在宦官集團誅殺陳蕃、竇武後，竇太后便被打入南宮。此後，靈帝得以親政，但初臨朝廷，諸事須仰賴宦官以立足，因此促成宦官集團極盛，於是又與想把持更多皇權之靈帝形成衝突。有鑒於此，王甫、曹節等一班老宦官，精心策畫勃海王劉悝之謀反事件。熹平元年（172 年），劉悝因此遭誅殺。謀篡事件後，靈帝對危及皇權之事更爲敏感，對「忠實」之宦官更加依賴。〔註55〕從這個角度來看，不論是曹鸞上書訟冤，靈帝擴大黨錮；或黃巾賊起，靈帝解除黨錮，二者皆與皇位不穩之恐懼心理有關。

　　以上鋪敘了桓帝誅梁冀到桓靈之際的兩次黨禍（159～184）。黨錮的實質究竟是什麼？是士人集團清議太激烈所致？是宦官對士人集團之政治迫害？還是范曄所謂的「主荒政繆」？細究其中，會發現這些看法都將問題片面化。上文從黨議之興，到清議激烈，再到黨錮的脈絡梳理，可清晰看到東漢統治階級內部，三大政治集團與皇帝間的權力衝突。從東漢光武帝起，幫助他建立政權的豪族大姓，逐漸在政治上取得地位，而變成外戚。外戚長期壟斷政權，促使皇帝以宦官爲打手，聯合拉下外戚，奪回皇權。宦官因此坐大，再被新外戚拉下。如此循環了幾代，順桓之際，士人集團漸凝聚起來，爾後更與外戚合流相抗宦官。也就是說，是帝權問題，引發外戚或宦官來助爭。打敗了，就拉下既得利益者；打勝了，就大封功臣。慢慢地，士人集團介入紛爭，利益重新分配，於是進入三系交互鬥爭的局面。因此，帝制本身即有其缺陷，促使每次改朝換代，便引發權力鬥爭，故責任不該由皇帝一人、或任一集團獨自承擔。但制度亦由人所建構，而權力之爭背後，其實是由貪婪之心所推動，因此，問題的根源又不在制度，而是起於人心。只要貪婪之心不

〔註54〕據陳啓雲歸納，二次黨錮期間，士人亦分三類：一，逃亡而深入民間；二，發展秘密組織；三，闡述革命思想。見氏著〈關於東漢史的幾個問題：清議、黨錮、黃巾〉，頁60～64。

〔註55〕徐難于《漢靈帝與漢末社會》，頁86～88。

改,從皇帝而下與各個集團間的權力矛盾終究無法解決,最後必走向滅亡。然後,又是另一輪的權力爭奪戰。

因此,回到士人集團的政治利器——清議。士階層所針對,乃戚宦當道、選舉失實及名教之弊,因而藉輿論權力以相抗衡,然而,深入其中,眞正爲國爲民、執道評議者少之又少,以清流爲標榜而鞏固自我權位者多,其末流更陷於意氣鬥爭,徒增國家動蕩,進而引發更嚴重的結黨樹勢,互評濫議。正是此際,代表在野身分,以清流發聲的月旦評,在汝南地方如火如荼地展開。

三、黨錮前後,知人典範之轉移

事實上,在黨錮之前,全國最知名的鑒識家,是太學生之首郭泰;黨錮之後,始歸許劭。首先留意到這個變化的,乃岡村繁。岡村繁指出,郭泰的品評旨趣在「寬宏濟士」,許劭則是「善善惡惡」,二人之差異「反映出以黨錮之獄爲中心的前後兩個時期的變化。」〔註56〕岡村繁道出郭、許品鑒精神有別,活躍時期亦有先後,並且是以黨錮爲分野。然而,他並未提出黨錮居間,牽動二人、甚至整個時代的品鑒關鍵何在?

而再細究,不但郭、許品鑒意圖差異極大,二人面對黨錮的反應,也截然不同。據上文分析,黨錮導火於士人集團清議太盛,屢觸皇權,故借宦官羅織結黨罪名,對其大加迫害。第一次黨禍,株連二三百人禁錮終身,第二次黨禍牽連更大,死徙廢禁者六七百人,時間長達十餘年,禁錮擴及五屬。然而,黨錮一發生,正周遊各方、獎拔士子的郭泰,立即杜口回鄉,閉門教授;此時,許劭不僅不加收斂,反而在汝南大肆撻伐。爲何在動輒得咎的黨錮氛圍中,許劭無懼人頭落地,並且還以月旦評活躍於世?

更奇特的是,黨錮前,郭泰以寬宏濟士,受到士人群體極大的推崇;黨錮後,眾人卻轉而讚揚性格苛刻冷峻、品評褒善貶惡的許劭。何以一場黨錮,士人眼中的知人典範,迅速從郭泰轉成許劭?

從郭泰的恂恂善導,轉向許劭的進善黜惡,反映黨錮前後,時代需求必定有所變異,以致於知人典範有所轉移。王仁祥曾注意到這個問題,他說:「士人階層在政治上的挫敗,似乎使得郭林宗『獎拔』式的品鑒方式暫時失去了光采,代之而起的,是對人物更直接而犀利的褒善貶惡。」〔註57〕他指出黨錮後,士人的政治挫敗,導致郭抑許揚的結果。但時變的具體內容究竟爲何?

〔註56〕 岡村繁〈郭泰和許劭的人物評論〉,頁186。
〔註57〕 王仁祥《人倫鑒識起源的學術史考察(魏晉以前)》,頁8。

其對士人階層又產生什麼影響？而同樣一場黨錮，爲何郭、許反應迴然不同？這些問題，似乎仍可再深探。

　　先看郭泰。郭泰品評的核心標準是「道」，他對「道」的堅持，從弱冠時便展現。當時他擔任縣小吏，嘆曰：「大丈夫焉能處斗筲之役！」〔註58〕故就成皋屈伯彥學，「衣不蓋形，而處約味道，不改其樂。」〔註59〕爲一安貧樂道、志向遠大之士。三年業畢，博通墳籍後，便遊學洛陽，深受李膺賞識，因此名震京師，很快成爲太學生領袖，時約二十四歲（元嘉元年，151 年）。公府徵辟，泰皆不就，或勸林宗仕進，對曰：「吾夜觀乾象，晝察人事，天之所廢，不可支也。」〔註60〕郭泰洞見漢朝不保，決定「仰慕仲尼，俯則孟軻，周流華夏，采諸幽滯。」〔註61〕實踐其「大丈夫」之志。

　　郭泰「性明知人，好獎訓士類。」〔註62〕若從二十四歲遊太學起，開始其知人獎訓活動，至三十九歲，因黨禍而閉門教授止（延熹九年，166 年），有長達十五年光陰，郭泰皆以人物評論爲生活重心。但他縱橫一生，大規模而頻繁的獎訓士子，究竟爲了什麼？

　　關於郭泰之品評動機，岡村繁頗得其要。岡村繁指出，郭泰之品評旨趣在「使人得其所適，或導人爲其所善。」故其品評對象多是未仕宦的青少年，態度審慎，徵驗再三，確認該人物的心性材質後，才給予「定品」。〔註63〕從郭泰細察而徵驗的態度，及品評對象多爲不知名的青少年二點來看，其品評頗不同於品覈公卿、裁量執政的清議風潮。觀其與中央權力最接近的洛陽時期，亦不曾留下對貴勢的褒貶，反倒多方撫平爭議，如陳蕃、范滂之衝突，便受其所調解：

> （范滂）遷光祿勳主事。時陳蕃爲光祿勳，滂執公儀詣蕃，蕃不止之，滂懷恨，投版棄官而去。郭林宗聞而讓蕃曰：「若范孟博者，豈宜以公禮格之？今成其去就之名，得無自取不優之議也？」蕃乃謝焉。〔註64〕

〔註58〕《後漢書・郭太傳》，頁 2225。
〔註59〕《世說新語箋疏・德行》注引《續漢書》，頁 4。
〔註60〕《後漢書・郭太傳》，頁 2225。
〔註61〕《後漢紀校注・靈帝紀》，頁 646。
〔註62〕《後漢書・郭太傳》，頁 2225。
〔註63〕岡村繁〈郭泰和許劭的人物評論〉，收於《漢魏六朝的思想和文學》，頁 180～181。
〔註64〕《後漢書・黨錮列傳》，頁 2204。

兩位個性剛烈的「清」流，彼此不相容，郭泰卻以片言化解之，既具知人之智，又有調和之德。而這樣的例子層出不窮，《後漢書‧郭太傳》中，范曄以一半的篇幅，臚列出受郭泰感染教化之青少年。而據〈郭泰別傳〉：「林宗有人倫鑒識，題品海內之士……後皆成英彥六十餘人。」〔註65〕由此可推想，郭泰風塵僕僕十多年，深入民間，四處獎拔士類的目的，正為了訓誨士子求學成德。他不分清濁雅俗，審慎鑒察人物之心性特質，並予以因材施教，所步履者即孔孟之道。他預見東漢衰頹不可救，故不將矛頭指向執政者，而是棲棲惶惶，為動蕩的亂世，培植良善之種子。

在東漢，郭泰是第一人如此自覺，如此投注生命熱情地獎拔士子，可謂以人倫鑒識為方法，以道為內涵，來實踐其救國濟世的理想。〔註66〕他以品評履踐道、傳播道，親力親為，不辭勞苦，可謂熱情。其品評又能細膩體察、眼光精準，「泰之所名，人品乃定。先言後驗，眾皆服之。」〔註67〕可謂冷眼。品評對象更能寬廣包容，不絕惡人，可謂平等。長年經營下來，因此感化了六十位年輕士子。可以說，郭泰以其知人之明，又利用其輿論權威地位，不斷引導青少年探究自我潛質，如此寬宏濟士的胸襟，與譁眾取寵以沽名釣譽、煽風點火以製造事端者，形成極大反差，亦有效安頓了諸多徬徨無依、名位無著的焦慮士子，因此成為眾所追仰的知人典範。

然而，得到廣大士群擁戴的郭泰，卻仍免不了遭受時人非議。范冉（112～185）便是其一。

> 冉好違時絕俗，為激詭之行。常慕梁伯鸞、閔仲叔之為人，與漢中
> 李固、河內王奐親善，而鄙賈偉節、郭林宗焉。〔註68〕

范冉親慕真隱士（梁鴻、閔貢）、清節士（勇於對抗戚宦的李固）、廉潔士（不交貴勢的王奐），〔註69〕自身則清貧自守，好違時絕俗，頗有美名，故被范曄收入《後漢書‧獨行列傳》。從范冉所立的三標準來反推，郭泰之所以被貶議，或在於不隱、不勇抗戚宦、好結交權貴等對立面的特質。不只范冉對他嗤之以鼻，據《後漢書‧郭太傳》，郭泰曾設酒勸慰犯法的左原，結果引來譏嘲，

〔註65〕《世說新語箋疏‧政事》注引《泰別傳》，頁180。
〔註66〕王仁祥說：「『鑒識』、『獎訓』是儒家性命、修身、成德之學的衍申與發展。」參氏著《人倫鑒識起源的學術史考察（魏晉以前）》，頁7。
〔註67〕《後漢書‧郭太傳》注引謝承《後漢書》，頁2227。
〔註68〕《後漢書‧獨行列傳‧范冉》，頁2688。
〔註69〕參岡村繁〈郭泰之生涯及其為人〉，頁209。

云其「不絕惡人」；又如林宗母喪，惡人賈淑來弔，威直「以林宗賢而受惡人弔，心怪之，不進而去。」〔註70〕在東漢中末期，如范冉一般好激詭，尚隱逸，持高道德標準責求人者，愈來愈多，《後漢書》甚至得增列〈獨行列傳〉、〈逸民列傳〉以收攝這類士群。在此時代意識張揚下，一旦言行不符應於此，便引來譏嘲，即使已是太學生之首的郭泰，亦不免遭受批評。

范曄曾對此現象加以論道：「漢自中世以下，閹豎擅恣，故俗遂以遁身、矯絜、放言爲高。士有不談此者，則芸夫牧豎已叫呼之矣。故時政彌惛，而其風愈往。」〔註71〕他精闢指出遁身、矯絜、放言，是東漢中末期以降的主流價值，故而引發士人對三種精神典型的追尋，表現在外，即成多元的士人姿態。於此，張蓓蓓有精彩勾勒：

> 范曄所謂「遁身矯絜放言」，正是東漢後期清流士人的典型寫照。也是消極對立的表現重點。「遁身」表現爲不應徵辟、隱退山林；「矯絜」表現爲不交戚宦、明察清濁、強爭善惡、自矜潔素。「放言」表現爲議論時政、譏評當道、臧否人物、標榜相高。〔註72〕

由此可知，在戚宦當道，清濁壁壘的時代氣氛下，郭泰不能「遁身」自修；不能「矯絜」斥惡；還「不爲危言覈論，故宦官擅政而不能傷。」〔註73〕於清高自命、疾惡如仇之士人而言，便顯得文儒。范冉、威直的反應，代表士人所執取的意識型態，當以此眼光衡量郭泰時，自然無法體察郭泰深入民間，教化青年之苦心。

在郭泰周遊獎拔士子時，黨錮消息傳來。郭泰立即噤口，回鄉閉門教授。二年後，陳蕃與竇武誅宦行動失敗，被閹人所害，林宗慟哭於野，「既而歎曰：『人之云亡，邦國殄瘁』。『瞻烏爰止，不知于誰之屋』耳。」〔註74〕隔年，即卒於家。從郭泰所引之詩，既充滿對陳、竇之亡及家國傾危之歎，又預見群雄逐鹿、百姓無依的亂世降臨。由此來推敲，黨錮一發生，他何以噤口還鄉？正因郭泰已預見言禍，站在此遠識下，他選擇閉門教授，以遠離是非爭端。果然，郭泰死後不久，即發生另一場更大的黨禍。

〔註70〕二則引文分見《後漢書‧郭太傳》，頁 2227、2230。
〔註71〕《後漢書‧荀韓鍾陳列傳》，頁 2069。
〔註72〕參見張蓓蓓《漢晉人物品鑒研究》，頁 69。張蓓蓓一一例舉三類士人典型，可詳見該書第三章第一節。
〔註73〕《後漢書‧郭太傳》，頁 2226。
〔註74〕《後漢書‧郭太傳》，頁 2226。

但多數士子依然未能洞察危機，黨錮竟使人心更爲奮迅感慨。黨錮後，士人標榜的三種典型更加鞏固，意識型態之爭大起，名號現象更盛，郭泰典範旋即被棄置，而完全符合遁身、矯絜、放言之社會形象的許劭，在此氛圍下，應勢而起。月旦評時，許劭以「在野」身分，「放言」高論。他的放言，並非一面倒的負面批判，而是善褒惡貶，有拔有黜。此既符應士人互相標榜之風，又能滿足士人裁量執政之清議需求。而許劭所評第一人，據上文所分析，極可能是汝潁清流陳寔、陳蕃。二陳是士人仰慕交結對象，但在許劭的褒貶下，陳寔「道廣，廣則難周」；陳蕃「性峻，峻則少通」；故許劭拒絕與二人交往。透過褒貶清流，以突顯自己更清流，此乃符應「矯絜」之道德標準。在朝野、士宦的激烈對抗中，符合士人意識型態的許劭，因此得到社會廣大的共鳴。

觀月旦評初試啼聲前後，汝南可謂風雲畢集。延熹三年（160 年），范滂任郡功曹，製造汝南內部分裂，流言並傳入太學，頓時，全國士子大串連，標榜成風，清議大盛。延熹三年至延熹八年（160～165）間，陳蕃不斷上書進諫，多次罷免又復用，他在汝南、洛陽兩地出出入入，個性方峻的他，想必掀起清議狂潮。而同居汝南之二許，即籠罩在陳蕃、范滂之利口清裁下。延熹九年（166 年），汝南黨人陳蕃、范滂、蔡衍、陳翔皆禁錮在家，汝南全鄉氣氛可想而知。正在此際，年少之許劭，對陳寔、陳蕃二位士人領袖發出犀利之評，因此引來注目。不久，又是第二次黨錮，月旦評依然繼續褒貶。何以月旦評幾與黨錮相重疊？且在黨錮氛圍中，竟敢月旦評？從上文一路鋪陳，可以說，正是這片社會沃壤，醞釀出月旦評，而許劭再利用這片沃壤汲取養分，繼續發展茁壯，故張蓓蓓道：「許劭乘時風而起，應運逢時，於是暴得大名；愈益雋傲，乃有遍覈鄉黨人物之舉。」〔註 75〕黨錮與月旦評可謂彼此取暖，互爲波瀾。

貳、汝南清鑒傳統

然而，月旦評爲何發生在汝南？汝南有何風俗民情，可以成爲人物品鑑最突出的地域？尤其自東漢中期以來，汝潁巧辯、汝潁多奇士等說法漸行於世，「汝潁」既被視爲一個地域整體，月旦評爲何未出現在潁川？

〔註 75〕張蓓蓓《漢晉人物品鑒研究》，頁 79。

　　從歷史的發展來看，汝潁二郡雖隔鄰而居，但其文化源頭並不同，直到東漢政治文化條件之變化，才促成二郡合流。其從分到合，其實歷經頗長一段時間。

　　就文化淵源而言，在先秦，汝潁二郡關係不深，民風差異頗大。汝南原為沈蔡故地，至戰國，沈蔡大部分為楚國所佔，故汝南有顯著的楚遺風。司馬遷謂：「夫自淮北沛、陳、汝南、南郡，此西楚也。其俗剽輕，易發怒，地薄，寡於積聚。」〔註76〕可知汝南土壤貧瘠，民情剽輕易怒。而這種風氣幾乎延亙了整個西漢，直到東漢初年，班固《漢書‧地理志》猶記載：「汝南之別，皆急疾有氣勢。」性格急疾有氣勢，仍不脫「剽輕，易發怒」的西楚遺風。〔註77〕

　　至於潁川，則為夏文化之發源地，《史記‧貨殖列傳》曰：「夏人之居也。夏人政尚忠樸，猶有先王之遺風，潁川敦愿。」〔註78〕由於夏朝曾建都潁川之陽城、陽翟，而夏禹節用尚儉，故潁川存有「忠樸」、「敦愿」等夏文化遺風。〔註79〕然而，到了戰國時期，潁川地處韓魏，法家與縱橫家特別發達，進入西漢，尚法風氣不減，刑名法學律令士見於記載者共十八人，此地獨占十一人，晁錯即出於潁川。〔註80〕故《漢書‧地理志》曰：「潁川，韓都。士有申子、韓非、刻害餘烈，高仕宦，好文法，民以貪遴爭訟生分為失。」〔註81〕由此可見，潁川郡既有忠樸敦愿之夏風，又加入戰國時期法家、縱橫家之影響，而發展出「高仕宦」、「好文法」、「貪遴爭訟」等特質。

　　我推敲兩郡關係進一步發展，應是透過經濟為其外緣。蓋戰國時代，汝潁即有天下之中的稱號，水陸交通便利，氣候條件良好，又有冶鐵、制陶、紡織等手工業，及宜於耕種的平原地貌。自漢武帝在汝南修建水利工程後，

〔註76〕西漢‧司馬遷著，劉宋‧裴駰集解，唐‧司馬貞索隱，張守節正義《史記‧貨殖列傳》（北京：中華書局，2009年），頁3267。

〔註77〕參見胡寶國〈漢魏之際的汝潁名士〉，《文史知識》第11期（2010年），頁23；余樂〈論汝潁文化〉，《許昌學院學報》第27卷第6期（2008年6月），頁32。

〔註78〕《史記‧貨殖列傳》，頁3269。

〔註79〕參見任群英〈汝潁名士論爭的深層蘊含〉，《許昌學院學報》第24卷第3期（2005年），頁34。

〔註80〕參見盧雲《漢晉文化地理》（陝西：陝西人民教育出版社，1991年），頁43～44。

〔註81〕東漢‧班固著，唐‧顏師古注《漢書‧地理志》（北京：中華書局，2007年），頁1654。

汝南便成為富饒的魚米之鄉。漢宣帝時，潁川陽翟更成為富冠海內的天下名都，並在周遭形成以陽翟為依託的強大的經濟區。〔註82〕至西漢末，汝南郡人口約 259 萬，潁川郡約 221 萬人，居全國一二名。〔註83〕而經濟富庶，進一步為汝潁的文化繁榮、士族成長等，創造有利條件。

但汝潁迅速發展及結合，是在東漢遷都洛陽後。由於兩郡鄰近京師，兼光武、明、章三帝好儒重經，於是兩郡大儒漸出，私學、遊學鼎盛，士人數量激增，並以儒學為紐帶，形成密切的交流網。而儒學既成入仕的重要條件，於是愈來愈多汝潁士人躋身政治，促成兩郡更深之結合。而到了順帝之後，戚宦問題日益嚴重，於是再促使慓悍易怒的汝南士，及貪遴爭訟、熱衷政治的潁川士，激發一股意氣，紛紛將重心從學術轉向政治中。在清濁對壘下，汝潁士結成利害與共的政治同盟，彼此關係更加緊密了。

推測就在順桓之際，「汝潁」被視為一個地理單位而並談。因據西晉解結所說：「張彥真以為汝潁巧辯，恐不及青徐儒雅也。」〔註84〕陳留張升（約 120～169），字彥真，正是順桓間人。以陳留郡角度來看，汝潁士人當時已予人巧辯之整體觀感。而至東漢末獻帝時期，曹操再發出「汝潁固多奇士」〔註85〕，亦將汝潁並置。由此可見，自東漢以來，從儒學交流到政治同盟，兩郡士人在政治文化的同質性、密切性，使其跨越地理區域而成一整體，並以「奇士」、「巧辯」被共同認知。

然而，以覈論鄉黨人物為主的月旦評，為何未出現在潁川？本文推敲其中因素，或在兩地楚、夏截然的文化淵源裏，可見其端倪。雖潁川後來法家、縱橫家特質鮮明，黨錮清流、鑒識名家亦高於他郡，但士人中仍存有敦愿、忠樸者，荀彧（字文若，163～212）身上尤能展現此夏風。蓋荀彧是靈獻之際潁川最重要的知人者，他出生不久，汝南開始月旦評，社會清議更盛。在此風下，荀彧亦培養出獨特的品鑒眼光。荀彧「見漢室崩亂，每懷匡佐之義。」〔註86〕他預見董卓之亂，帶領宗族北依冀州韓馥，至時冀州已為袁紹所奪。荀彧度紹不能成大事，而聞曹操有雄略，欲依之以扶漢，乃去紹從操，時為

〔註82〕 參考余樂〈論汝潁文化〉，頁 32～36、鄭長興、郭超〈兩漢時期的汝南郡〉，《天中學刊》，第 12 卷第 4 期（1997 年 8 月），頁 12～16。

〔註83〕 《漢書·地理志》於平帝元始二年之統計，頁 1560～1561。

〔註84〕 《晉書·陳頵傳》，頁 1892。

〔註85〕 《三國志·魏書·郭嘉傳》，頁 431。

〔註86〕 《後漢書·荀彧傳》，頁 2281。

初平二年（191 年）。爾後，荀彧陸續推薦戲志才、郭嘉、荀攸、鍾繇、陳羣、荀悅、杜襲、辛毗、趙儼等多位潁川士，不僅提拔同鄉，又忠心耿耿，一路為操獻計平天下。孰料二十餘年後，曹操僭稱魏公，篡漢野心外顯，此與荀彧執守之漢正統價值嚴重衝突，荀彧因此自殺。從荀彧匡佐漢室之舉，可知頗具政治理想及操守；而荀彧鑒操有安定海內的雄略之才，故不斷舉拔潁川士，共思安國良策，可知頗為忠厚樸實。其雖以知人名於世，卻未因月旦風氣，善惡異流，清濁兩分，製造同鄉分裂；反而能利用鑒識眼光，整合潁川士之力，助操以平天下。荀彧個人的胸懷，促使潁川士更加緊密團結，共同朝向政治發展，爾後並成為曹魏政權的重要組成。或者也因此，潁川未發展出月旦評。

至於汝南士人，其楚遺風直至東漢，仍十分鮮明，光武帝與戴憑的例子，可為說明：

> 帝謂憑曰：「侍中當匡補國政，勿有隱情。」憑對曰：「陛下嚴。」
> 帝曰：「朕何用嚴？」憑曰：「伏見前太尉西曹掾蔣遵，清亮忠孝，學通古今，陛下納膚受之訴，遂致禁錮，世以是為嚴。」帝怒曰：「汝南子欲復黨乎？」〔註 87〕

據劉蓉研究，所謂「汝南子欲復黨」，講的是戴憑之前的歐陽歙事件。光武帝建武六年，歐陽歙遷汝南太守，在郡視事九歲，教授數百人，卻因貪贓下獄。諸生為歙哀求者千餘人，汝南高獲甚至冠鐵冠，帶鈇鑕，詣闕請赦。帝雖不赦，而引見之。帝勸高獲宜改常性，高獲答以「臣受性於父母，不可改之於陛下。」〔註 88〕便揚長而去。在戴憑之前，劉蓉又舉汝南郭憲、汝南老父二個例子，〔註 89〕可知上自朝廷命官，下到鄉野老父，汝南士子慓輕易怒、急疾有氣勢之楚風，令光武帝印象深刻。此刻，戴憑直言不諱，指責光武帝過失，帝惱羞成怒，跳出他對「汝南子」結黨對抗皇權之記憶。

事實上，為歐陽歙請命的千餘人雖以汝南居多數，但也有來自各地的門生，如平原禮震等，而歐陽歙本身是樂安千乘人。若說真有結黨之實，那麼，

〔註 87〕《後漢書·儒林列傳·戴憑》，頁 2553。
〔註 88〕《後漢書·方術列傳·高獲》，頁 2711。
〔註 89〕一是建武八年，郭憲諫爭不合，「伏地稱玄瞀，不復言。」裝病耍賴，最後被強拉出殿外。二是光武巡幸汝南，汝南老父要求「賜賦十年」，帝言「恐不任」，汝吏反譏「陛下實惜之，何言謙也。」見劉蓉〈黨錮源起汝南的歷史原因探析〉，《青海社會科學》第 4 期（2009 年），頁 111～112。

它已然是透過門生故吏的橫向關係，跨越州郡的廣泛聯結，而不單是汝南黨，只因汝南子剛烈善說，形成與皇權的緊張關係，致使皇帝產生對汝南子的防衛。這樣的性格，爲汝南士子在仕途上增加許多不安因素，也徒然製造政治事端。

可知慓輕易怒之性格在汝南源遠流長，且直至東漢初，未曾眞正動搖，並在東漢中清濁對壘的政爭下，愈發性峻、激清。在月旦評之前，汝南儼然已形成「清」色調之知人傳統。以時代先後，從和、安帝時之許敬，順帝時之陳蕃，桓帝時之范滂、謝甄、許虔，再加上桓靈之際的許靖、許劭，而七位汝南「清」知人，竟有四位來自許氏家族，又可知平輿許氏早有深厚的家學淵源。

爲何許劭竟能以批評清流，崛起鄉里、甚至聞名四海？在汝南知人傳統中，其實已有蹤跡可尋，故從許敬以下簡述之，以明其脈絡。許敬是平輿許氏中許㬥一支。許㬥於和帝時官至公府掾，其子許敬、孫許訓、曾孫許相，連數代爲官，初具門閥士族雛形。〔註90〕其中，許敬便是善臧否的知人者。

> 許敬字鴻卿，汝南平輿人也。爲吏有誣君者，會於縣令坐，敬拔刀斷席曰：「敬不忍與惡人連席。」由是知名。舉茂才，除南昌令。以土地卑溼，不可迎親，親老，則棄官歸供養。辟司徒府，稍遷江夏、沛相，自光祿勳入爲司徒。敬以臧否爲己任，仕於和、安之間，當竇、鄧、閻氏之盛，直道而進，無所屈撓。三家既敗，多有染汙者，敬居然自適，引謗不及己，當世以此奇之。〔註91〕

仕於和、安帝時期的許敬，個性清高孤傲，「不忍與惡人連席」，卻「由是知名」。可知在外戚當權，貴勢滿路的時代，士人群體之道德要求愈益清高，幾近病態。許敬直道臧否，且嫉惡如仇，故廣受士人群體讚揚。但許敬雖善臧否，卻可穿梭戚貴，引謗不及己，這表示許敬立場頗爲超然，可不隨權勢盛衰起舞，故能一路官運亨通。然而，在朋黨惡鬥中毫髮無傷的許敬，最後卻敗在性格之苛刻。順帝永建四年（129 年），他因欺淩使者，司徒一職遭策免，領千石祿終身。〔註92〕

〔註90〕 朱紹侯〈試論汝南許氏望族的形成——兼論許劭月旦評〉，《黃河科技大學學報》第 2 卷第 1 期（2000 年 3 月），頁 35。

〔註91〕 《後漢紀校注·順帝紀》，頁 497。

〔註92〕 《後漢書·順帝紀》「冬一一月庚辰，司徒許敬免。」注引東觀記曰：「爲陵轢使者策罷，以千石祿終身。」頁 257。「陵轢」，《後漢書·朱浮傳》，唐·李賢注：「猶欺蔑也。」頁 1145。

從知人群體脈絡而言，許敬具有守分盡職之士人理想，亦夾雜孤傲不容的極端性格。一方面，許敬雖與惡人絕席，自視清高，但理由是此人為吏而誣君，而許敬亦事母至孝，曾為母棄官，足見許敬尚守本分、重禮制。但另一方面，許敬「以臧否為己任」，直道不屈，但基本上是從不滿政局出發，而非與戚宦激情對立。相較於許多名為士大夫，卻倚勢染汙、自取禍亡者，許敬的臧否中肯，故能安立朝廷，引當世之「奇」。許敬身上，已可看到東漢中末期品鑒風氣開展之端倪，及士人集團愈益標榜的清流身影。

許敬之下，則為清流領袖陳蕃（？～168）。陳蕃在順帝時嶄露頭角。時王堂任汝南太守，搜才禮士，委之為功曹。至桓帝，陳蕃已是朝中重臣。延熹二年（159 年），桓帝聯合五宦官剷除梁冀，結果「朝廷為空，唯尹勳、袁盱及廷尉邯鄲義在焉。」〔註93〕陳蕃因此積極為朝廷培植清流人脈，他力薦五位處士，結果五人皆不至。五人不至之現象，引起桓帝好奇而探問：

> 帝因問蕃曰：「徐稺、袁閎、韋著誰為先後？」蕃對曰：「閎出生公
> 族，聞道漸訓。著長於三輔禮義之俗，所謂不扶自直，不鏤自雕。
> 至於稺者，爰自江南卑薄之域，而角立傑出，宜當為先。」〔註94〕

陳蕃之答，透露出門第、地域對士人養成的重要性。「出生公族」乃家世好，「長於三輔」是地域文化深厚，而徐稺之所以得到陳蕃高評，正在於他無家族、地域背景卻脫穎而出。由此反推，士族政治之根苗，已於此時茁壯發展。但陳蕃所薦五人，均不應徵辟，此可印證上文所言，士階層以「遯身」為高的價值已悄悄成形，又或者說，在東漢激烈的清濁抗爭下，隱居避禍已成時代傾向。

陳蕃而下，乃以「清裁」聞名，震懾汝南一郡，連小吏都寧受鞭笞而不願違逆的范滂（137～169），上小節已提及，此處略之。

范滂而下，謝甄、許虔、許靖、許劭年紀應皆相去不遠。

先談有「明識人倫」之稱的謝甄。謝甄對許虔、許劭這對親兄弟，讚揚有加：

> 謝子微見許子將兄弟曰：「平輿之淵，有二龍焉。」見許子政弱冠之
> 時，歎曰：「若許子政者，有榦國之器。正色忠謇，則陳仲舉之匹；
> 伐惡退不肖，范孟博之風。」〔註95〕

〔註93〕《後漢書・梁冀傳》，頁 1186。
〔註94〕《後漢書・徐稺傳》，頁 1747。
〔註95〕《世說新語箋疏・賞譽》，頁 415～416。

經謝甄品評之後，虔、劭因此以「平輿二龍」盛稱海內，可知謝甄之鑒識在當時亦頗具權威。謝甄又稱揚許劭「希世出眾之偉人。」〔註96〕但卻未聞他對許靖之評價。僅管謝甄善談，他卻自知不如郭泰，而積極攀附之：「（謝甄）與陳留邊讓並善談論，俱有盛名。每共候林宗，未嘗不連日達夜。林宗謂門人曰：『二子英才有餘，而並不入道，惜乎！』甄後不拘細行，為時所毀。」〔註97〕郭泰對謝甄徒有英才卻無德行，深感惋惜，由此可知，郭泰品鑒核心，確實是德行，而其所鑒亦精準。相較之下，謝甄著眼處並非德行，其本身不拘細行，其對劭、虔之讚揚也偏重二人才幹。而他以許虔有陳蕃、范滂之風為美，又可見亦以清峻為高。可知陳蕃、范滂之所以深受士人擁戴，與其「性峻」、「清裁如利刃」之性格有極大關連，此即楚遺風在汝南之展現。

至於許虔，其弱冠時已享有盛名，又有大族背景，年輕時即被拔擢為郡功曹。《汝南先賢傳》云虔：「釋褐為郡功曹，黜奸廢惡，一郡肅然。年三十五卒。」〔註98〕上任後，他雷厲風行，掃除一幫奸惡，震動汝南，確如陳蕃、范滂，三人皆任汝南郡功曹，可說一脈相承。月旦評何以能盛行於汝南？與此風是相連的。再者，當時許虔名聲遠在許劭之上，但他卻認為許劭才華不在己下：「虔弟劭，聲未發時，時人以謂不如虔。虔恆撫髀稱劭，自以為不及也。」〔註99〕許虔既掌人事權，又掌輿論權，還曾撫髀稱劭，可以推測，其對許劭名氣之迅速傳播，應也發揮了相當的影響力。

以上臚列月旦評之前的汝南知人群體，依時間先後，有許敬、陳蕃、范滂、謝甄、許虔，而後接許靖、許劭之月旦評。由此脈絡可知：第一，從許敬以下，憑藉知人品評之才識、眼光，漸能悠遊政界與士群間，並予人「奇士」之嘆。第二，「剽輕」、「易發怒」的楚遺風猶深深影響汝南士子，且在戚宦濁惡的政局下，夾帶其識人才華，愈往清峻孤傲的方向發展。然而愈清，愈顯其「奇」，博取的名聲也愈大。第三，陳蕃、范滂、許虔、許劭等諸位名知人，先後擔任汝南郡功曹。蓋郡功曹一職向為地方大族所把持，但自東漢中期之來，汝南幾乎皆由知人者擔任之，且皆以「清」為主要特質。對清流及鑒識家之重視與日俱增，雖因應東漢政局所需，但特別在汝南形成以清為

〔註96〕 《三國志·魏書·和洽傳》注引《汝南先賢傳》曰：「召陵謝子微，高才遠識，見劭年十八時，乃歎息曰：『此則希世出眾之偉人也。』」頁658。
〔註97〕 《後漢書·郭太傳》，頁2230。
〔註98〕 《世說新語箋疏·賞譽》注引《汝南先賢傳》，頁415。
〔註99〕 《世說新語箋疏·賞譽》注引《汝南先賢傳》，頁415。

鑒的知人脈絡，可見楚遺風之影響。而此風再作用出許氏家族的鑒識傳統，隨著政治條件之推波助瀾，桓靈之際，名聞遐邇的汝南月旦評，於是誕生。

第二節　許靖、許劭月旦動機探究

　　汝南月旦評是許劭，同時也是許靖最具代表性的品評活動。但這麼一個聞名全國的活動，關於其本身的資料只留下一條：

> 初，劭與靖俱有高名，好共覈論鄉黨人物，每月輒更其品題，故汝南俗有月旦評焉。〔註100〕

結合《三國志》並看：

> （靖）少與從弟劭俱知名，並有人倫臧否之稱，而私情不協。劭爲郡功曹，排擯靖不得齒敘，以馬磨自給。〔註101〕

二則引文透露的明顯訊息是：靖、劭這對堂兄弟年少時便享有「人倫臧否之稱」，原因在於二人「好共覈論鄉黨人物」，喜歡一起審核評論鄉里人物；時間擇定「月旦」，每月初一進行；進行的方式是「每月輒更其品題」，評議內容往往一個月便有變動；造成的影響是「汝南俗有月旦評焉。」他們的品評活動引起了社會的注目及重視，月旦評也因此成爲汝南的地方特色。但這簡短的敘述仍留下許多歷史空隙，令人不禁好奇。

　　關於月旦評本身的資料雖不多，但後人對它的討論卻不少，且多半連結許劭來談月旦評，又或者只談許劭而未談月旦評。純粹談月旦評者，以下面二則史料爲代表：

> 若令善惡異流，貴汝穎月旦之評，誠可以屬俗明教，然恐未易行也。〔註102〕

> （祖）納嘗問梅陶曰：「君鄉里立月旦評，何如？」陶曰：「善褒惡貶，則佳法也。」納曰：「未益。」時王隱在坐，因曰：「尚書稱『三載考績，三考黜陟幽明』，何得一月便行褒貶！……必須積久，善惡乃著……。」〔註103〕

〔註100〕《後漢書・許劭列傳》，頁2235。
〔註101〕《三國志・蜀書・許靖傳》，頁963。
〔註102〕《三國志・吳書・陸瑁傳》，頁1377。
〔註103〕《晉書・祖納傳》，頁1699。

第一則，吳・陸瑁云「善惡異流」；第二則，東晉・梅陶云「善褒惡貶」，可知至魏晉之際，月旦評被人認知的風格是善惡分野清楚。但善褒惡貶是二許的共同風格嗎？果若二許同風，何以後人提及月旦評，多冠以許劭之名？如以下三則引文：

> 若（孫）權復點，當折以汝南許劭月旦之評。〔註104〕

> 漢末俗弊，朋黨分部。許子將之徒，以口舌取戒，爭訟論議，門宗成讎，故汝南人士無復定價，而有月旦之評。〔註105〕

> 許劭所謂汝南月旦評者，不免臧否任意，以快其恩怨之私，正漢末之弊俗。雖或頗能獎拔人材，不過藉以植黨樹勢，不足道也。〔註106〕

從三則評論來看許劭月旦評，第一則，魏曹丕以孫權若再狡詐反覆，當以許劭月旦評「折」之，由此語可推敲，許劭貶抑惡行已成風氣，且頗具權威。第二則，東晉葛洪以許劭評價反覆不定，且好為「爭訟論議」，至令「門宗成讎」。由此推敲，月旦一評在當時應引發不少質疑、紛爭、仇怨。第三則，清末民初學者余嘉錫以許劭月旦評「臧否任意」，但頗能「獎拔人才」。此指出月旦臧否獎拔，似無客觀標準，而有徇私植黨之嫌。上述三則評論，或指出許劭月旦風格，或已探及許劭月旦動機，但令人疑惑的是，從三國、東晉到近代，皆以許劭領月旦評，為何「並有人倫臧否之稱」的許靖，被掠置一旁？這是否暗示著，一，月旦評乃以許劭為代表。二，月旦評被人認知的風格，其實便是許劭的風格。三、月旦評之所以聞名於世，主要也是透過許劭這種風格的主導？而許靖的品評風格與許劭並不同。

果真二許月旦風格有別，其月旦動機又是什麼？因此，本文擬針對二許之月旦動機及風格，進行較深入之分析。

壹、許劭「清論」動機探究

綜合上述數則引文，關於月旦評一月便行褒貶、評論變化頗快的認識，大致無爭議，此亦其得名之所由。但對於許劭月旦動機之揣摹，卻呈現頗為矛盾的說法：一，陸瑁以為月旦評可以厲俗明教。二，葛洪、余嘉錫以為許

〔註104〕《三國志・魏書・鍾繇傳》注引太子又書曰，頁396。
〔註105〕東晉・葛洪著，楊明照校箋《抱朴子外篇校箋・自敘》，頁680。
〔註106〕《世說新語箋疏・賞譽》注引嘉錫案，頁415。

劭月旦評乃基於朋黨爭訟、植黨樹勢。三，余嘉錫又言許劭月旦評乃挾恩怨之私。究竟許劭之動機何在？以下擬由其月旦人物之實例爲主線，並以許劭之性格來輔證。

先看是否如陸瑁所說，月旦評「誠可以厲俗明教」？

三國時期，不僅陸瑁執此見，魏・周斐、吳・謝承亦有此說：

> 汝南中正周斐表稱：許劭高口遺風……若其看形色，目童亂，斷冤滯，摘虛名，誠未有如劭之懿也。嘗以簡別清濁爲務。有一士失所，便謂投之潢汙。雖負薪抱關之類，吐一善言，未曾不有尋究欣然。兄子政常抵掌擊節，自以爲不及遠矣。〔註107〕

> 許劭，仕郡爲功曹，抗忠舉義，進善黜惡，正機執衡，允齊風俗，所稱如龍之升，所貶如墮於淵，清論風行，所吹草偃，爲眾所服。〔註108〕

周斐云「簡別清濁」，謝承云「進善黜惡」，二人所勾勒的許劭風格，與陸瑁所云「善惡異流」的月旦風格相疊合，可見得眾人對月旦評的認知，大致就是對許劭的認知。至於許劭爲何月旦評？周斐云劭「斷冤滯，摘虛名」，「以簡別清濁爲務」；謝承云劭以「清論」「正機執衡，允齊風俗」；二人皆以「清」概括許劭。

許劭之品鑒，確實以「清」爲標榜，從旁人的反應可推之：

> 少峻名節，好人倫，多所賞識。……初爲郡功曹……府中聞子將爲吏，莫不改操飾行。同郡袁紹，公族豪俠，去濮陽令歸，車徒甚盛，將入郡界，乃謝遣賓客，曰：「吾輿服豈可使許子將見。」遂以單車歸家。〔註109〕

「少峻名節」的許劭，出仕前即以月旦評，在鄉黨間形成一股輿論約束力，才會初任郡功曹，便令小吏、大族畏懼之，而斂飾其行。然而，許劭簡別清濁，果眞爲了厲俗明教？若從許劭之人際應對來觀察，其待人接物頗爲孤傲，甚至連「清流」都畫清界線。外在行徑如此排他，內有興風化俗之心乎？此可再以陳寔、陳蕃之例爲說明：

> 劭嘗到穎川，多長者之遊，唯不候陳寔。又陳蕃喪妻還葬，鄉人

〔註107〕《世說新語箋疏・賞譽》注引《續談助・殷芸小說・許劭列傳》，頁415。
〔註108〕謝承《後漢書》，出自《八家後漢書輯注》，頁140。
〔註109〕《後漢書・許劭傳》，頁2234。

> 畢至，而劭獨不往。或問其故，劭曰：「太丘（陳寔）道廣，廣則
>
> 難周；仲舉（陳蕃）性峻，峻則少通。故不造也。」〔註110〕

許劭善於掌握人物獨具之特色，又能犀利指出相隨的侷限，評論頗為中肯。但是，何以因此便拒絕與二人交往？在士人群體間，穎川陳寔號為三君之首，素有名德，清流領袖李膺亦敬之為師。而汝南陳蕃「性峻」，與峻名節之許劭性格頗同。二陳均享有清譽，可視為清流中之清流，但號稱「簡別清濁」的許劭卻不與之遊，如此，誰能符合許劭交遊之標準？再者，許劭對二陳之評，雖有褒有貶，客觀中肯，但其人際應對卻顯得冷峻排他。既許劭之人際關係分裂不諧，乃欲以月旦二陳而屬俗明教乎？

據上文分析，二陳極可能是許劭最早月旦之對象。時陳蕃聲望正高，清濁抗爭激烈，士階層結交風盛。〔註111〕在士人迅速橫向串連之際，許劭對兩位清流卻不拜候、不弔喪，一反常態，在士人眼中頗不合流，故引來「或問其故」。許劭透過表述自我，藉機評論二人，他說「陳寔道廣」、「陳蕃性峻」，此正是二陳享譽的原因之一，但許劭接著馬上指出其背後隱含的缺陷。話一出，眾人不但無法反駁，細思之下，或許還會嘖嘖稱是。二陳名氣，加上許劭的獨到批評，再輔以時代對放言、矯挈之需求，三者相乘，可以推想此則短評在士林間，必然造成轟動，否則許劭何能繼續月旦一評？假若在許劭批評二陳時，立即遭受士人群起攻之，此後許劭出言必將三思。然而，許劭不但未得到反擊，還深受士階層嘆服，這才助長許劭氣焰，進而以月旦一評風聞全國。幾年後，又吸引了曹操卑辭厚禮來求目（熹平三年，174 年以前），這應是許劭留存第二早的品評資料：

> 曹操微時，常卑辭厚禮，求為己目。劭鄙其人而不肯對，操乃伺隙
>
> 脅劭，劭不得已，曰：「君清平之姦賊，亂世之英雄。」操大悅而去。
>
> 〔註112〕

許劭雖「鄙」曹操為人，卻仍為他作了目。相較於他對二陳之品評，這次月旦曹操所掀起的風潮，似乎更巨大，從鑒語流傳多種版本可見一斑。〔註113〕

〔註110〕《後漢書・許劭列傳》，頁 2234。

〔註111〕有關士階層如何橫向串連？更細緻的論述，可參考王仁祥《人倫鑒識起源的學術史考察（魏晉以前）》第五章第三節〈東漢的鄉論與人倫鑒識〉，頁 327～363。

〔註112〕《後漢書・許劭傳》，頁 2234。

〔註113〕如《三國志・魏書・武帝紀》注引孫盛《異同雜語》云：「太祖嘗……嘗問許子將：『我何如人？』子將不答。固問之，子將曰：『子治世之能臣，亂世之

當然，此則鑒語流傳之廣，也與曹操身分有直接相關。從這二則短評，得知許劭月旦的對象，一是以清流享譽的二陳，一是具英雄之姿的曹操。再從品鑒時機來看，以二陳而言，許劭先以「不造其門」，引發他人怪問，再出言褒貶之。正因他所切割的對象，是清流領袖，故能引起時人注意。而對曹操之評，史云乃受曹操威脅，但劭既以「清」樹立典範，又敢與社會聲望高的二位清流畫分界線，若眞鄙夷曹操，以其當時之輿論權力，難道不能閉門絕之？何以甘受其脅而評，而且還得到社會的廣大迴響？且許劭迂迴一番後，仍爲曹操作目，而題目曹操後，並未讓他因此玷汙「清」名，反而更加揚名四海。從二陳到曹操，許劭月旦評愈益揚名，這不禁令人懷疑，許劭是否利用被品評者之社會地位，將自己推向全國囑目的聚光圈中？

　　許劭透過社會名人，再輔以鑒識眼光，及犀利洗鍊之品評才華，很快地使自己聲名俱高，並因此得到郡功曹之職。爾後，許劭以其人事權，「排擯靖不得齒敍，以馬磨自給。」〔註114〕由此來看，許劭果眞意在正機執衡，允齊風俗乎？何以不但未拔舉共覈論鄉黨人物的許靖，反而排擯許靖，任其貧窮度日？而自己卻透過月旦評，名位富貴俱得之。由許劭待人接物之實情來分析，同宗許靖遭排擠，同鄉陳蕃、同居清流之陳寔皆斷往來，所鄙之曹操卻予以作目，種種跡象顯示，許劭被標榜爲「清」，但此與其行爲呈現極大的矛盾。如此清高孤傲而排他，其月旦動機，乃以「厲俗明教」爲出發？出仕後，許劭延續月旦遺風，在善惡間畫下嚴苛的分水線。謝承《後漢書》形容劭「抗忠舉義，進善黜惡。」〔註115〕《汝南先賢傳》云其令「饕餮放流，潔士盈朝。」〔註116〕似乎惡者尚未得到教化，許劭已然製造人際分裂，此可謂厲俗明教乎？

　　那麼，是否有朋黨爭訟之實？

　　上文曾引葛洪之論：「漢末俗弊，朋黨分部。許子將之徒，以口舌取戒。」余嘉錫亦論許劭「雖或頗能獎拔人才，不過藉以植黨樹勢，不足道也。」二人皆以許劭月旦評有植黨樹勢之嫌疑。因此，以下試列出許劭褒貶、舉黜之對象，並分析劭與所評士人之關係，以從中判定彼此是否有結黨關係。

　　姦雄。』太祖大笑。」頁 2。又如《世說新語箋疏・識鑒》：「曹公少時見喬玄，玄謂曰：『天下方亂，群雄虎爭，撥而理之，非君乎？然君實亂世之英雄，治世之姦賊。恨吾老矣，不見君富貴，當以子孫相累。』」頁 382。
〔註114〕《三國志・蜀書・許靖傳》，頁 963。
〔註115〕謝承《後漢書・許劭傳》，出自《八家後漢書輯注》，頁 140。
〔註116〕《三國志・魏書・和洽傳》注引《汝南先賢傳》，頁 658。

　　許劭曾拔舉六士（樊子昭等），褒揚四人（樊子昭、劉曄、荀靖、荀爽），有褒有貶者三人（曹操、陳寔、陳蕃），貶抑者三人（陶謙、笮融、袁術）。其中，陳寔、陳蕃、曹操三人，上文已分析，許劭雖對三人有褒有貶，但他與二陳斷絕往來，而曹操得卑辭厚禮來求目，故三人應無朋黨關係。至於其他人物，以下依序分析之。先看許劭拔舉之士：

> 劭始發明樊子昭於鬻幘之肆，出虞永賢於牧豎，召李淑才鄉閭之間，擢郭子瑜鞍馬之吏，援楊孝祖，舉和陽士，茲六賢者，皆當世之令懿也。〔註117〕

所拔六士中，除和洽（字陽士）有傳，樊子昭有幾條史料外，其餘四人沒沒無聞。和洽與許劭同鄉，其事蹟亦最具體，可以之來管窺。據《三國志》本傳，和洽有二件事值得特別留意。一，袁紹取得冀州後（約初平元年，190年），曾遣使迎汝南士大夫，但和洽判斷袁紹必遭兵禍，故前往荊州依劉表。袁紹後來果然敗給曹操，而曹操在建安十三年（208年）接收荊州，收攬群士，辟和洽爲丞相掾屬。可知，和洽判斷眼光頗精準。二，曹操尚節儉，屬下多迎合，選才以儉爲先。時朝廷之議，吏著新衣、乘好車，即謂之不清，和洽上表，云選用不宜專尚儉節，認爲儉素自以處身，立教觀俗則貴處中庸，勿爲激詭之行。〔註118〕和洽個人雖清貧自守，需賣田宅以自給，但站在教化用人角度，則主張通情合禮。大抵而言，和洽有德有節，案實核事，頗爲「清和」，雖不同於許劭之清峻，但亦爲許劭所拔用。

　　但有一事頗費猜疑，〈和洽傳〉末後，附上許混的一行傳：「洽同郡許混者，許劭子也。清醇有鑒識，明帝時爲尚書。」〔註119〕許混爲何被附在和洽傳末？計本列傳共六人，陳壽總評：「和洽清和幹理，常林素業純固，楊俊人倫行義，杜襲溫粹識統，趙儼剛毅有度，裴潛平恒貞幹，皆一世之美士也。」〔註120〕若以許混與和洽同郡而附傳末，理由稍薄弱；若以許混「清醇有鑒識」之特質，放在楊俊、杜襲下更合宜。和洽附許混傳，其間聯結何在？史料所及，似乎只有許劭曾舉拔和洽一事，使彼此發生關係。這不禁令人疑惑，許劭鄙曹操，許混爲何仕魏？難道許混仕魏，和洽是爲引薦？

〔註117〕《三國志・魏書・和洽傳》注引《汝南先賢傳》，頁658。
〔註118〕《三國志・魏書・和洽傳》，頁655～656。
〔註119〕《三國志・魏書・和洽傳》，頁658。
〔註120〕《三國志・魏書・和洽傳》，頁676。

接著，看許劭曾襃揚之四人，首先是樊子昭。

> 樊子昭幘貫（原作賣）之子，年十五六，爲縣小吏。劭一見便云：「汝
> 南第三士也，此可保之。」後果有令名。〔註121〕

在汝南，樊子昭以商人之子被許劭拔舉，而流傳美名。但入三國後，卻事蹟罕聞。許劭盛稱樊子昭爲「汝南第三士」，不知許劭心中的一、二名爲誰？惜史料未傳。名列第三的樊子昭是何等人物？史料僅存三事，一是許劭對他的評論；二是龐統間接評論他；三是蔣濟、劉曄論樊子昭、許文休優劣。劭評如上所引，二、三如下：

> （龐統）謂全琮曰：「卿好施慕名，有似汝南樊子昭。雖智力不多，
> 亦一時之佳也。」〔註122〕

> 蔣濟《萬機論》云：「許子將襃貶不平，以拔樊子昭而抑許文休。」
> 劉曄曰：「子昭拔自賈豎，年至耳順，退能守靜，進能不苟。」濟答
> 曰：「子昭誠自長幼完潔，然觀其舌齒牙，樹頰胲，吐唇吻，自非文
> 休敵也。」〔註123〕

綜合劉曄、蔣濟、龐統之論，樊子昭特質大抵爲進退有節、安守本分、好施慕名。但樊子昭具體事蹟並未存，《三國志》亦無其傳記，可知樊子昭雖因許劭鑒拔成名，但卻不詳所終，足見在三國並無突出表現。那麼，三人爲何要評論樊子昭？再看發話者的立場、價值。龐統（179～214）是在評全琮時提到樊子昭。龐統讚揚全琮好施慕名，雖有史實爲依據，但下一章將會論述，龐統仕吳一年，對江東士多所稱述，其實有其背後意圖。龐統以汝南樊子昭爲類比，可見得樊子昭亦以好施慕名揚聲四海，但此則龐統之意並不在評論樊子昭。

接著看蔣、劉。蔣濟（？～249）、劉曄（？～234）二人爲揚州名士，後皆仕魏爲名臣。劉曄是在蔣濟論許劭襃貶不公的情境下，對樊子昭做出評價。蔣濟亦以善察人物聞名，尤重觀眸法。他以許劭拔樊子昭、抑許靖（字文休），批判其襃貶不平。劉曄提出反駁，理由是樊子昭有德。蔣濟再答辯，認爲樊子昭雖「長幼完潔」，但其「舌齒牙，樹頰胲，吐唇吻。」〔註124〕就容貌、辯

〔註121〕《世說新語箋疏・賞譽》，注引《續談助・殷芸小說・許劭列傳》，頁415。
〔註122〕《三國志・蜀書・龐統傳》，頁953。
〔註123〕《三國志・蜀書・龐統傳》注引蔣濟《萬機論》，頁953。
〔註124〕此句源出《漢書・東方朔傳》：「是時朝廷多賢材，上復問朔：『方今公孫丞相、
　　　　兒大夫、董仲舒……之倫，皆辯知閎達，溢于文辭，先生自視，何與比哉？』

才，皆在許靖之下。從語氣中，蔣濟似從爲許靖抱屈出發，故以樊子昭爲例，證明許劭褒貶不平。但劉曄何以稱揚樊子昭？不知劉、樊關係如何，但劉曄與許劭卻有絲牽連：「汝南許劭名知人，避地揚州，稱曄有佐世之才。」〔註125〕由此，劉曄反駁蔣濟，極可能是針對蔣濟批評「許劭褒貶不公」之論而發。

關於蔣、劉二人之歷史評價，蔣濟善謀略，性格骨鯁忠心，後因失信於曹爽，自責而病死。〔註126〕劉曄亦爲高明策士，但品行、忠誠度皆遠不如蔣濟，陳壽評曄「高才而薄行」〔註127〕，正直的魏臣鮑勛亦評曄「佞諛不忠」〔註128〕，劉曄最後果然因爲迎合上意，失信於明帝。由此可知，劉曄所出謀策，並非站在國家立場，而是爲了一己功名利祿。在其巧詐之心被揭發後，劉曄竟因此發狂憂死，〔註129〕更可見其對名利執取之深，故無法接受此結果。從劉曄好功名的角度來看，劉曄名位顯高於樊子昭，無需借助樊子昭，但蔣濟論許劭不公，便牽涉其聲名評價。若不爲許劭正名，豈不間接承認許劭稱其「王佐才」，也褒貶不公乎？

許劭稱劉曄有王佐之才，可知是從才性角度鑒之。許劭雖能洞識劉曄謀策高明，能助君王爭天下，但卻忽視其德性頗劣，故所出謀策居心不良。至於許劭鑒劉曄時機，是避難揚州時的短暫之交，隔年，許劭即死於豫章，應可判斷二人無朋黨關係。而在樊子昭僅存的三件事蹟中，亦無法進一步判斷其與許劭之關係。

朔對曰：『臣觀其舌齒牙，樹頰胲，吐脣吻，擢項頤，結股腳，連胲尻，遺蛇其迹，行步偊旅，臣朔雖不肖，尚兼此數子者。』朔之進對澹辭，皆此類也。」師古注曰：「頰肉曰胲。」、「偊旅，曲躬貌也。」頁2863。東方朔以容貌行止不雅譏笑了眾多有辭辯的士大夫。後「脣吻」詞意在漢末三國之際，或轉換爲「口才」，如《三國志・吳書・潘濬傳》：「（樊）伷是南陽舊姓，頗能弄脣吻，而實無辯論之才。」頁1397。《抱朴子外篇・重言》：「或與聞見者較脣吻之勝負，爲不識者吐清商之談。」頁640。

〔註125〕《三國志・魏書・劉曄傳》，頁443。
〔註126〕蔣濟勸降叛變的曹爽，承諾只免其官，結果曹爽卻被司馬懿所殺。《三國志・魏書・蔣濟傳》注引《世語》：「初，濟隨司馬宣王屯洛水浮橋，濟書與曹爽，言宣王旨『惟免官而已』，爽遂誅滅，濟病其言之失信，發病卒。」頁455。
〔註127〕《三國志・魏書・劉曄傳》，頁448。
〔註128〕《三國志・魏書・鮑勛傳》，頁385。
〔註129〕《三國志・魏書・劉曄傳》注引《傅子》：「或惡曄于帝曰：『曄不盡忠，善伺上意所趨而合之。陛下試與曄言，皆反意而問之，若皆與所問反者，是曄常與聖合也。復每問皆同者，曄之情必無所逃矣。』帝如言以驗之，果得其情，從此疏焉。曄遂發狂，出爲大鴻臚，以憂死。諺曰『巧詐不如拙誠』，信矣。」頁448。

最後是號稱荀氏八龍的荀爽、荀靖：

> 或問汝南許劭「靖爽孰賢？」劭曰：「二人皆玉也。慈明（荀爽）外
> 朗，叔慈（荀靖）內潤。」〔註130〕

上文曾引，許劭「曾到潁川，多長者之遊，唯不候陳寔。」反推荀氏家族應
在交遊之列，此又喻二龍爲玉，以荀爽（128～190）外朗，荀靖（？）內潤，
足見他對潁川荀氏態度頗爲友好。荀爽在八龍中評價最高，潁川之謠曰：「荀
氏八龍，慈明無雙。」〔註131〕荀爽後來應董卓之徵，九十五日升司空。荀靖
終身隱居不仕，時人號爲玄行先生。許劭外朗內潤之評，一外顯，一內藏，
恰符合二人之動向。但許劭與荀氏關係究竟如何？亦無史料足以說明。

　　檢視上述五個獎拔者，就地域而言，和洽、樊子昭爲汝南同鄉，荀爽、
荀靖爲潁川士，足見汝潁交遊仍頗密切。唯劉曄爲淮南人，乃評於避難揚州
之際。就出身而言，和洽不明，樊子昭爲商販之子，其餘三人皆爲大族，劉
曄爲漢光武子阜陵王延之後，爽、靖則出自潁川荀氏。再就政權歸屬而言，
樊子昭無考，荀靖隱居，荀爽在軍閥割據亂起不久便過世，但荀氏家族卻是
曹氏政權中樞，和洽、劉曄亦入曹魏集團。由此可知，許劭確實獎拔多位中
下階層士人，故搏得「天下言拔士者，咸稱許、郭」〔註132〕之稱，但其所品
鑒對象，幾乎多是社會名望地位頗高之士，此與郭泰著意鑒拔無聞士子極不
相同，尤其在避難其間，又稱揚有宗室背景的劉曄，不免令人質疑其動機不
單純。

　　從許劭所獎拔的五人中，看不出密切的朋黨關係，那麼，許劭與所貶三
人之關係又如何？

　　許劭對此三人之評，皆發生在南奔避難途中。〔註133〕三人分別是徐州刺
史陶謙、丹楊笮融、及汝南袁術：

> （劭）乃南到廣陵。徐州刺史陶謙禮之甚厚。劭不自安，告其徒曰：
> 「陶恭祖外慕聲名，內非眞正。待吾雖厚，其勢必薄。不如去之。」
> 遂復投揚州刺史劉繇于曲阿。其后陶謙果捕諸寓士。〔註134〕

〔註130〕《世說新語箋疏・德行》注引陶淵明《聖賢群輔錄》引《荀氏譜》，頁7。
〔註131〕《後漢書・荀爽傳》，頁2051。
〔註132〕《後漢書・許劭傳》，頁2234。
〔註133〕見本章之末，附圖一，「許靖、許劭流亡圖」。
〔註134〕《後漢書・許劭列傳》，頁2235。

> 許子將謂蘇曰：「笮融出軍，不顧名義者也。朱文明（朱晧）善推誠
> 以信人，宜使密防之。」融到，果詐殺晧，代領郡事。〔註135〕

> 會稽富實，策之所貪，且窮在海隅，不可往也。不如豫章，北連豫
> 壤，西接荊州。若收合吏民，遣使貢獻，與曹克州（操）相聞，雖
> 有袁公路（術）隔在其間，其人豺狼，不能久也。足下受王命，孟
> 德、景升必相救濟。」〔註136〕

許劭首奔陶謙，預測「其勢必薄」，轉投宗室劉蘇。接著，許劭建議劉蘇棄會
稽而就豫章，理由是會稽必爲孫策所覬覦，而豫章則西連荊州、北通曹魏，
而以劉蘇漢室刺史之身分，既可西得劉表之濟，又可北奉漢獻帝，結援曹操。
居中雖有袁術，但其人豺狼，勢不能久。在許劭對人物、時務之分析下，於
是劉蘇前往豫章。未至豫章前，許劭又觀察笮融「出軍，不顧名義」，提醒劉
蘇遣使令朱晧密防之。從史實來看，許劭對三人之鑒頗精準；從鑒識時機來
看，此三人牽涉的是許劭的避難走向。由此，許劭確有知人眼光，甚至頗識
時務，但貶抑三人並非緣於朋黨爭訟，主要應是個人利害取捨。

進入軍閥割據後，許劭所褒揚、所依靠者多具宗室、大族背景，所貶者
則牽涉個人利害安危，那麼，其月旦動機何在？本文試著推敲許劭應亂世之
核心價值以爲輔證。據《後漢書》：「司空楊彪辟，舉方正、敦樸，徵，皆不
就。或勸劭仕，對曰：『方今小人道長，王室將亂，吾欲避地淮海，以全老幼。』
乃南到廣陵。」〔註137〕楊彪任司空在中平五年（189 年），該年董卓領兵入洛，
許劭預見漢室之亂，先向南方避禍。「以全老幼」極可能是其應亂世的優先順
位。據上文云，許劭似鄙曹操爲人，迫於其勢而爲曹操作目，然而，此刻他
卻建議劉蘇結援曹操，其子許混後來亦仕曹魏，官至尚書。由此來看，許劭
眞鄙曹操乎？而從許劭所依所鑒，似乎乃以勢力爲擇，以全身爲要。由此來
推論，其雖有相當的鑒識眼光，但鑒識背後乃以利害爲取捨，並非欲別清濁、
定善惡。果眞許劭以利害爲考量，以保全家族爲優先，早在他建議劉蘇奔豫
章的同時，其實也在爲家族子孫鋪路。

然而，爲何葛洪會有朋黨相爭、門宗成讎之說？這應該可以由二個層面
來看。一方面，許劭與宗族、鄉人之關係並不好：

〔註135〕《三國志・吳書・劉蘇傳》注引《獻帝春秋》，頁 1184。
〔註136〕《三國志・吳書・劉蘇傳》注引袁宏《漢紀》，頁 1184。
〔註137〕《後漢書・許劭傳》，頁 2235。

> 劭從祖敬，敬子訓，訓子相，並爲三公，相以能諂事宦官，故自致
> 台司封侯，數遣請劭。劭惡其薄行，終不候之。劭邑人李逵，壯直
> 有高氣，劭初善之，而後爲隙，又與從兄靖不睦，時議以此少之。

〔註138〕

首先，同宗許相賄賂宦官而得勢，許劭因此絕其門；其次，不知因何私情不協，許劭阻礙許靖出仕；其三，對鄉人李逵前後態度落差極大。由此，許劭在人際上結怨不少，且癥結點明顯是在他身上，因批評皆指向他。也就是說，許劭品鑒用人，確曾因個人恩怨而有所偏頗，否則時議不會以此少之。因此，在許邵任郡功曹後，以其實掌的人事權，進善黜惡，表面看似欲簡別清濁，但不免令人懷疑夾雜個人好惡，甚至牽涉朋黨之爭。

另一方面，前文提及，月旦評產生在兩次黨錮之際，雖然有人從此閉門著述、教授，絕口不談政事，但社會整體風氣反而是清議愈烈，甚至爭相入黨，如皇甫規上書自以爲黨，以別宦官；又如李膺考死，門生故吏禁錮，漏了名籍的景毅，自表其門，以求免歸。故趙翼曰：「其時黨人之禍愈酷而名愈高，天下皆以名入黨人中爲榮。」〔註139〕諸多私人恩怨亦乘勢興風作浪，「諸爲怨隙者，因相陷害，睚眥之忿，濫入黨中。」〔註140〕二許此時在汝南月旦一評，黨事又是起於「甘陵、汝南」，汝南陳蕃便爲黨人首領，范滂所用亦有「范黨」之說。在濃濃的政治煙硝之中，許劭進善黜惡之風格，因此易與人結黨之聯想。

但從上所述，大致可以得知，許劭月旦人物背後，乃以自己及家族利害爲出發，其心胸頗爲狹窄，於同宗多所排擠，於同鄉亦有爭執。若簡單畫分二陳爲清流，許相爲濁流，但許劭清濁皆疏離，似乎在人際上，已至水清無魚之境。且就其切割對象的結果而言，陳寔、陳蕃皆牽連黨錮，陳蕃甚至密謀誅殺宦官而慘死；而許相因親近宦官，在袁紹、何進誅宦行動中被誅。以「清論風行」於世的許劭，爲何能在延宕二十餘年的黨錮氛圍中安然無恙？是否因其孤傲特立於清濁之外，故皆未受災殃？而另一方面，許劭在曹操未顯時，目之爲「亂世之英雄」；在曹操挾天子後，又建議劉繇聯合之。歸納許劭之舉黜親疏，多有避禍趨吉之利害取捨，由此來看，其雖未有明顯的黨派

〔註138〕《後漢書‧許劭傳》，頁2235。

〔註139〕清‧趙翼《二十二史劄記》「黨禁之起」條云，頁65。

〔註140〕《後漢書‧黨錮列傳》，頁2188。

色彩，但或有黨同伐異之傾向。以其知人之眼光，凡意識型態同者、利害同者，聲氣便與之相通同。而由其所觀察、分析之局勢，實已可謂識時務者，否則他怎能一路避開黨錮之禍、董卓之難、又爲子孫鋪下曹魏的坦途？

　　然而，受時人非議的許劭，爲何仍可成爲月旦評代表？且太守徐璆亦敬任許劭爲郡功曹？從上述所引資料中，盛讚許劭者，異口同聲皆以「清」概括許劭，這表示許劭所處之黨錮時代，社會對濁流的反動已到了一種極端，因而激發出對清流的強烈需求。在許劭之前，與李膺並稱李杜的杜密，不惜到處請託權貴，以進善黜惡，甚至發出「知善不薦，聞惡無言，隱情惜己，自同寒蟬，此罪人也。」〔註 141〕之論調，以不薦善、不言惡者爲罪人。而與許劭同時，政壇出現不少位「酷吏」，以苛刻對付濁流的手段而痛快人心。上文亦提及，汝南郡清流之發展，早有跡可尋，數任郡功曹皆爲「清」色調，包括從陳蕃以降的范滂、許虔到許劭，汝南地域長期籠罩著對「清」的高標準要求，即使是外來太守徐璆，亦爲「少履清爽，立朝正色」〔註 142〕之「清」流。推敲許劭月旦評之初，任汝南郡功曹者，若非以「清裁」聞名天下的范滂，〔註 143〕便是令「一郡肅然」之兄許虔（生卒年均不詳）。爲何月旦評能發展成爲汝南盛事？爲何許劭又能成爲眾所矚目之焦點，其光環甚至可以淹蓋因私情偏頗而褒貶不平之微過？正因許劭清峻犀利之月旦，與大環境之需求緊密相連。對「清」近乎病態而責求他人的道德標準，至「清議」成風，至善惡取決於「清論」的輿論權大張，使「放言」批判、「矯絜」自清，又以「遁身」的在野身分進行月旦評的許劭，成爲社會主流。

　　許劭不到十八歲，便以評陳蕃、陳寔崛起。清流之士，何以不替二陳申辯？蓋清流之輩如陳蕃，亦性峻而好評。陳蕃與竇武密謀殲宦官，茲事體大，猶恐洩風，陳蕃卻向外宣示奏章，示後又遲不行動，予以宦官結盟反擊之機，致使陳蕃、竇武與太后雖結合莫大權勢，誅宦行動依然失敗。此是宦官先發制人乎？還是性峻之陳蕃，從郡功曹一路升遷，一味清裁，又小覷宦官權謀，致所上奏章皆狂妄失禮，此難道不是敗於士人之傲慢無知？而士階層中如陳蕃者層出不窮，甚至互相標榜爲「龍」，如平輿之淵有二龍，荀氏有八龍，更

〔註 141〕《後漢書·黨錮列傳·杜密》，頁 2198。
〔註 142〕《三國志·魏書·武帝紀》注引《先賢行狀》，頁 30。
〔註 143〕范滂於太尉掾後歸鄉，至遲則至黨禍起，故其任郡功曹約在延熹二年至九年間（159～166）。

甚者，登李膺之門號爲登龍門。蓋龍者，帝王之象徵。所謂「登龍門」，或指李膺輿論權柄之大，升李膺之堂即登上仕途之保證；然而，此話語亦隱喻著士人對李膺之尊崇，李膺即士階層之龍，登其門便是登龍之門。吳曉青曾云：

> 言論領袖的揄揚甚至被喻爲「登龍門」，……這種社會現象的意義，在於通過臧否人物來展現一種「素王式的權力」。……知識階層的領袖人物隱然以虛位元首的姿態君臨天下，足以和現實政治中的帝王將相分庭抗禮，各領風騷。〔註144〕

知識階層本欲撥亂反正，通過輿論的群體力量，以「品覈公卿，裁量執政」，但發展到最後，既失理性，亦失對現實條件之省察，反而助長狂妄氣焰，儼然虛位元首，而與現實帝王相抗衡，還有所謂「以道抗勢」之實乎？能不引起黨錮嗎？陳、竇死後，知識階層並未痛定思痛，反而更加刺激朝野士宦的對抗意識，不到三年，第二次黨禍便降臨。此後十餘年，知識階層便陷在不滿政局、抗議黨錮的情緒中。

　　而時年十八的許劭（建寧元年，168 年），開口成金，此後月旦成風。從他出仕前、仕郡功曹到病死豫章（建安元年，196 年），二十多年光陰，皆維持一貫的月旦風格。但在清濁惡鬥中，許劭何以能不涉危害，又深受歡迎？

　　首先，許劭對人物、時務之判斷頗爲精準，或許正因許劭眼見朝野、士宦之激烈對抗，故以「清論」迎合世俗之不滿，並從中反襯自己獨樹一幟。故看似執「清論」，實乃迎合黨錮後別清濁、定善惡之社會需求，並非眞欲興風化俗，甚至意圖以「清論」，掩飾自己對名位權力之追求。其次，社會不僅需求「矯絜」，亦需求「放言」，故許劭每月一評，舊人物可不斷引爆新話題，評論亦允許再三變動，如此，則可在汝南製造輿論的高潮迭起。正如今日之政論節目，不斷舊題新炒，換個頻道，立場瞬變，是非不明，卻稱之日名嘴。而許劭正是透過月旦評，成功打響知名度，進而引領輿論、操控輿論。

　　但月旦一評，只能針對表象言行來觀察，而非本質之鑒識，如何定出眞正的善惡？故上文引王隱謂《尚書》考績人物以三年爲準，故「必須積久，善惡乃著。」至少得三年的觀察期，才能對人物做出較準確的評論。王隱所說，其實頗合情理。但許劭乃是以月旦一評、進善黜惡而聞名，在如此短暫的時間內，他如何區辨出善惡？故余嘉錫批判許劭「臧否任意，以快其恩怨

〔註144〕吳曉青〈以「世說新語」看魏晉的人倫鑒識活動〉，《臺北科技大學學報》第 31 卷第 2 期（1998 年 9 月），頁 349。

之私。」又葛洪批判許劭月旦評「以口舌取戒」，非但不能興風化俗，更引來「爭訟論議」。若人物聲價隨著月旦評而不斷改易，善惡標準何在？更何況，許劭確實頗有徇私不公之傾向，他所謂的進善黜惡，能得到信服嗎？但這麼明顯的缺陷，爲何許劭仍可月旦一評？這正顯示月旦評與社會需求緊密相連。

總結來說，許劭月旦評，表面在屬俗明教，實際則迎合社會需求，背後則是目空一切，才智有餘，而德行不足。從品評到人際，許劭皆有千里獨行之孤傲特質，同時又能迎合時代之喜好趨勢。何以既能迎合時世，又保有孤傲？正因世俗需要發洩謾罵之管道，而月旦愈犀利、愈矯絜，愈能符合士人之意識型態。簡單說，月旦所評，不過是不滿的反擊聲音，並無鑒別善惡之實。而許劭在黨錮餘波下興風作浪，既促成其月旦專家之威權獨裁，又助長其孤傲性情，且向外激勵更多庸俗百姓之情緒。何以第二次黨錮歷時這麼久？從月旦評得到社會廣大共鳴，而縱橫於世，即可探測出士人之激情民風。

貳、許靖「清談」動機探究

一、德行篤厚

許靖月旦風格如何？由於其早期月旦評未留下隻字片語，故只能從他晚年之史料，來尋找蛛絲馬跡。許靖入蜀後，偏安二十餘年，留下了可貴的五則資料。分別是許靖對王商（？）、張裔（165～230）、曹操（155～220）的短評，以及陳壽、楊戲對許靖之評。先看許靖怎麼評王商、張裔、曹操：

> 許靖號爲臧否，至蜀，見（王）商而稱之曰：「設使商生於華夏，雖王景興無以加也。」〔註145〕

> 汝南許文休入蜀，謂（張）裔幹理敏捷，是中夏鍾元常之倫也。〔註146〕

> 建安十七年，漢立皇子熙爲濟陰王，懿爲山陽王，敦爲東海王。靖聞之曰：「將欲歙之，必固張之；將欲取之，必固與之。」其孟德之謂乎！〔註147〕

由一、二則簡短的人倫鑒識，可知許靖的品評風格主要有二。其一，以讚揚

〔註145〕《三國志・蜀書・許靖傳》注引《益州耆舊傳》，頁966。
〔註146〕《三國志・蜀書・張裔傳》，頁1011。
〔註147〕《三國志・蜀書・許靖傳》注引《山陽公載記》，頁966。

正向特質爲主。其二，喜以某輩譬比某人，並透過類比人物，使兩人相得益彰。第三則，許靖由漢分封劉氏諸子，預見曹操已在爲篡漢鋪路。然而，許靖僅言欲取固與，「其孟德之謂乎！」並未嚴詞批判。從三則短評看來，風格多褒少貶，言語委婉，如果此即是許靖早期月旦風格，那麼，其明顯與上述「善惡異流」的許劭風格迥然不同。

這三則品鑒資料，都是許靖入蜀後所評。就知人眼光來看，他對王商、張裔之褒揚，大致屬實。第一則，他以王朗比王商。王朗爲通經大儒，「文博富贍」〔註148〕；而王商「博學洽聞」〔註149〕、「以才學稱，聲問著於州里。」〔註150〕二人皆以博學稱。又王朗以寬仁治獄，「務在寬恕，罪疑從輕。」〔註151〕王商治蜀郡十年，表孝子、旌先賢、修學廣農，二人皆以治績聞。第二則，以鍾繇比張裔。鍾繇「開達理幹」〔註152〕、「刑理深遠」〔註153〕，張裔則「幹理敏捷」，兩人均有做事幹練、思維敏捷，理路實務兼長之特質。故二則應非出於作客他鄉之應酬辭令。而他對曹操之評，發生在建安十七年（212），該年荀彧因曹操僭稱魏公之事，立場相對而死，足見許靖之觀察，亦有其獨到處。從許靖晚年所評，頗有知人眼光，其簡阨概括之鑒識才華，亦並不下於許劭，但卻少了許劭之冷峻批判。

入劉備陣營後，許靖主司教化人才之職，留下二則蜀士對他的描述：

> 靖雖年逾七十，愛樂人物，誘納後進，清談不倦。〔註154〕

> 司徒清風，是咨是臧。識愛人倫，孔音鏘鏘。〔註155〕

第一則爲陳壽之評。陳壽（233～297）距許靖不遠，尙有老成耆舊可請教；且其曾仕蜀任觀閣令史，又有文獻可徵，所作之評採信度頗高。第二則爲楊戲之贊。楊戲（？～261）可能與許靖同朝過，其〈季漢輔臣贊〉作於延熙四年（241），距許靖之死不到二十年，贊文內容在推重蜀漢名臣之功績，其將許靖位列第三，僅在劉備、諸葛亮之下，而在關張之上。陳壽云靖「清談不

〔註148〕《三國志‧魏書‧鍾繇華歆王朗傳》陳壽總評，頁422。
〔註149〕《三國志‧華陽國志陳壽傳》，頁1475。
〔註150〕《三國志‧蜀書‧許靖傳》注引《益州耆舊傳》，頁966。
〔註151〕《三國志‧魏書‧王朗傳》，407。
〔註152〕《三國志‧魏書‧鍾繇華歆王朗傳》陳壽總評，頁422。
〔註153〕《三國志‧魏書‧鍾繇傳》，頁397。
〔註154〕《三國志‧蜀書‧許靖傳》，陳壽總評，頁967。
〔註155〕《三國志‧蜀書‧楊戲傳》，楊戲〈季漢輔臣贊〉，頁1080。

倦」，楊戲云「司徒清風」，二人不約而同，皆以「清」概括許靖之人倫風格，且此「清」，緣於誘納後進，緣於臧否人物。由此可知，人倫鑒識應是許靖於蜀廷八年，最突出的行為表現，且樹立了某種「清談」風範，致使二位史家以此定位許靖。

可惜在亂世中，許靖「清談不倦」之盛況，未能留下史料以資檢證，而許靖所誘納之後進，或可以他曾褒揚的王商、張裔為代表。王商被劉璋任為太守，由史料可推知，正是許靖之力。〔註156〕許靖又讚揚張裔「幹理敏捷」，對他深為嘆賞。張裔後來深得諸葛亮重用，雖不知許靖是否居中起過作用，但足見二位知人者所見略同。這表示在入劉備陣營前，許靖已以其鑒識眼光，在提拔、賞識後進。

然而，此畢竟是許靖晚年之評，是否與早期月旦風格相同？再則，許靖所評人物毫無缺點乎？以張裔為例，蜀大臣楊洪曾評價張裔「天姿明察，長於治劇，才誠堪之，然性不公平，恐不可專任。」〔註157〕以張裔才幹擅長處理繁重難辦之政務，但性頗不公平，易以私廢公，故不可專任，當時公論亦如此評價張裔。〔註158〕由此可知，楊洪的批評更中肯。那麼，許靖為何只褒不貶？筆者擬進一步就許靖之性格、價值，來推敲其月旦動機與風格。

先從當時人對許靖之評價，來看其特質。陳壽云靖：「夙有名譽，既以篤厚為稱，又以人物為意。」〔註159〕指出許靖頗享名譽，一因性格篤實寬厚，二以臧否人物頗為用心。許靖篤厚之事例，主要是指避董卓難，向南逃奔時期，對宗族之照顧。據《三國志》本傳載：「孫策東渡江，皆走交州以避其難，靖身坐岸邊，先載附從，疏親悉發，乃從後去。當時見者莫不歎息。」〔註160〕在逃難之際，多數人以保命為要，自顧不暇，許靖竟以疏親附從之安危為先，使旁人歎息不已。入交州後，許靖受到太守士燮厚加敬待，而又在此巧遇北

〔註156〕「許靖……見商而稱之曰：『設使商生於華夏，雖王景興無以加也。』璋以商為蜀郡太守。」《三國志·蜀書·許靖傳》裴注引《益州耆舊傳》，頁967。
〔註157〕《三國志·蜀志·楊洪傳》，頁1014。
〔註158〕北伐之際，諸葛亮將朝廷之事託付給張裔，可知他確實為治劇之才。但張裔「性不公平」，由二件事可證之。一是張裔少與楊洪親善，但楊洪對張裔之子「微過受罰，不特原假。」張裔因此深以為恨。二是張裔與岑述不和，至于忿恨。諸葛亮因此寫信責其因私廢公。參見《三國志·蜀志·楊洪傳》，頁1014。
〔註159〕《三國志·蜀書·許靖傳》，頁976。
〔註160〕《三國志·蜀書·許靖傳》，頁964。

方舊識袁徽，袁徽亦寫信與荀彧，盛讚「許文休英才偉士，智略足以計事。自流宕已來，與羣士相隨，每有患急，常先人後己，與九族中外同其飢寒。其紀綱同類，仁恕惻隱，皆有效事。」〔註161〕袁徽以許靖仁恕惻隱，其所根據亦是許靖先人後己，照顧群士之事。由此可得出靖、劭兄弟之差異，首先便在於德行上。許靖在危急關頭，依然寬仁有德；而許劭身居銓衡，卻挾其權位，遏抑同宗發展。

　　德行篤厚之許靖，會與許劭一同迎合清濁抗爭之激情，而著意製造善惡對立乎？從其晚年多褒少貶之風格，可知其對人物之月旦，頗吻合篤厚性格，而此仁恕惻隱之心，不可能突然出現於中年流亡之際，因此，推測其早年月旦評，大約也是以寬厚為風。既然靖、劭兄弟性格如此不同，如何一起主持月旦評？若見解不一，要以誰的意見去定位受評者？從性格來看，許劭孤傲排他，而許靖寬厚有德；從歷史的結果來看，月旦評以許劭為代表，這表示許靖之聲多被淹沒，或因此而使其月旦評論難以流傳。靖、劭兄弟私情不協，或正起於月旦評之衝突也未可知。

二、劉氏正統觀

　　除了性格差異外，許靖之政權依歸，亦與許劭不同。在董卓亂起後，許靖開始流亡，期間他曾遠董卓、避孫策、拒曹操、應劉璋、投劉備，由其出處抉擇，可以推知許靖具有劉氏正統價值，此與許劭以利害為取捨，以家族為優先，依倚勢力而逃難之走向迥然有別。雖在這十年流亡歲月，許靖未曾留下月旦資料，但其動向所透露之正統價值，實則深深影響其外在言行及月旦風格。以下試分析之。

（一）遠董卓、避孫策、拒曹操

　　上文曾考證，許劭出仕於光和元年至四年（178～182 年），此後阻擋許靖進入地方政府，使得靖以馬磨自給，時近而立，猶困苦度日。後來，許靖終於得到機緣，得以跨越地方層級，進入中央任選官。《三國志》本傳曰：「潁川劉翊為汝南太守，乃舉靖計吏，察孝廉，除尚書郎，典選舉。董卓秉政，以漢陽周毖為吏部尚書，與靖共謀議，進退天下之士，沙汰穢濁，顯拔幽滯。」〔註162〕劉翊任汝南太守之時無可考，董卓進駐洛陽則於中平六年（189 年），

〔註161〕《三國志・蜀書・許靖傳》，頁 964。
〔註162〕《三國志・蜀書・許靖傳》，頁 963。

許靖已年近不惑。弱冠之際，許靖即以月旦評聞名，但經歷十餘載，才有出仕機會，由此可知「清論」風氣延宕甚久，致使寬厚褒揚之許靖，未能得到知音賞識。

繼月旦評之後，許靖第二個聞名之品鑒活動，即是替董卓「沙汰穢濁，顯拔幽滯。」但董卓為何大規模進退天下之士？而許靖又為何替暴虐無道之軍閥舉才？

蓋董卓是在防禦西羌戰爭中培植起來的軍閥，他的涼州軍事集團戰鬥力極強。在董卓入洛前，朝廷已對他頗為忌憚，故欲將董卓調至京都，以奪其兵權，但遭董卓拒絕。靈帝病危時，又拜董卓為并州牧，令以兵屬皇甫嵩，董卓再度拒絕，並將大軍屯駐河東，欲觀時變。

中平六年（189年）三月，靈帝駕崩，外戚何進與大士族袁紹合謀消滅宦官，於是召丁原、董卓，將兵向京師，以脅太后。時董卓統帥的涼州兵屯駐河東，丁原的并州兵屯駐河內，并、涼兩支勁旅成為何進誅宦的主力。結果密謀外洩，何進被宦官所殺，接著宦官被袁紹所殺，董卓引兵急進，迎接被中常侍劫到北芒的少帝，迅速吸收何進、何苗之部曲。此時唯一可與董卓分庭抗禮者，只有丁原。董卓再利用呂布殺了丁原，兼併并州軍隊。〔註163〕

《後漢書》形容董卓「性麤猛有謀」〔註164〕，董卓確非一莽夫，他以軍、政手腕，成功控制東漢政府。首先是匯集軍力，其次是控制皇權，其三是拉攏士人。董卓吸附京師所有軍權後，以兵為脅，大會百僚，廢少帝，立董太后所養的陳留王為獻帝。此舉意在驅逐少帝母何太后（外戚）勢力，同時攀附董氏為同族，以營造董氏政權之合法性。接著，他一步步架高自己權力，先自封太尉，後進封相國，入朝不趨，劍履上殿，專斷朝政。爾後，又在人心方面下功夫。「董卓乃與司徒黃琬，司空楊彪俱帶鈇鑕，詣闕上書，追理陳蕃、竇武及諸黨人，以從人望。」〔註165〕董卓為諸黨人平反，意在拉攏士族、安撫黨人。但這也使他行徑頗為矛盾，一方面其放縱士兵燒殺淫虐，使洛陽城陷入恐怖的氛圍；另一方面，卻又忍性矯情，招賢禮士。但也因此，而有許靖所參與的這場大規模舉才。

〔註163〕董卓如何發展壯大，方詩銘有精要之分析。參氏著〈董卓的興起與覆滅〉，收入《曹操・袁紹・黃巾》（上海：上海社會科學院出版社，1995年），頁8～25。

〔註164〕《後漢書・董卓列傳》，頁2319。

〔註165〕《後漢書・董卓列傳》，頁2325。

　　這場選舉，乃以周毖爲主選，而在此前已任尙書郎的許靖，便順理成章擔任舉才副手。這是許靖在公部門裏頭次嶄露頭角，未料卻爲他埋下流亡後患。

> 　　（韓）馥等到官，各舉兵還向京都，欲以誅卓。卓怒毖曰：「諸君言當拔用善士，卓從君計，不欲違天下人心。而諸君所用人，至官之日，還來相圖。卓何用相負！」叱毖令出，於外斬之。靖從兄陳相瑒，又與伷合規，靖懼誅，奔伷。〔註166〕

董卓以涼州軍閥，故積極爭取中原士人之支持。然而，甫得權位之士人，不久卻奉袁紹爲盟主，發動討卓義兵。董卓一怒之下，殺了周毖。許靖雖非主選，但畢竟仍參與了選舉，況且，族兄許瑒還與反卓士人之一的孔伷「合規」，言下之意可能加入討卓行列，許靖更難脫同謀之嫌。許靖懼禍，於是舉家避難。從初平元年至建安元年（190～196 年），許靖從豫州輾轉逃到江東。孫策東渡後，他再遷往南境交州，直至建安六年（201 年），劉璋招許靖入蜀，靖才得以安頓於益州。

　　史家孫盛對許靖批判頗爲嚴厲，曾指責他有四失：「處室則友于不穆，出身則受位非所，語信則夷險易心，論識則殆爲釁首。」〔註167〕一云許靖未仕前，與許劭不睦，兄弟不能友愛；二云許靖出仕後，屈從董卓，擇非良木；三云許靖棄璋降劉備，實乃失信之舉；四云導致許靖流亡禍患之因，正源於識見不足。蓋孫盛以曹魏爲合法的漢統承續者，〔註168〕或因此對堅拒曹操、投降劉備的許靖嚴加譴責，但其批評多不符事實，裴松之已爲許靖提出辯駁。針對一、二點，裴云：

> 　　至於友于不穆，失由子將，尋蔣濟之論，知非文休之尤。盛又譏其受位非所，將謂仕於董卓。卓初秉政，顯擢賢俊，受其策爵者森然皆是。文休爲選官，在卓未至之前，後遷中丞，不爲超越。以此爲貶，則荀爽、陳紀之儔皆應擯棄於世矣。〔註169〕

裴松之指出靖、劭不協，責任在許劭；而靖任選官在董卓入洛前，非靖之主動抉擇。裴松之所言，是符合實情的。若再進一步探究，許靖在價值上，實視董

〔註166〕《三國志・蜀書・許靖傳》，頁 963。
〔註167〕《三國志・蜀書・法正傳》注引「孫盛曰」，頁 960。
〔註168〕孫盛「將曹魏視作三國時期無可憾動的唯一政權」。見王文進〈習鑿齒與諸葛亮神話之建構〉，《臺大中文學報》第 38 期（2012 年 9 月），頁 81。
〔註169〕《三國志・蜀書・法正傳》注引「孫盛曰」後「裴松之以爲」頁 960。

卓爲賊，由其〈奔孔伷自表〉可推知。許靖云：「黨賊求生，情所不忍；守官自危，死不成義。竊念古人當難詭常，權以濟其道。」〔註170〕許靖呼董卓爲「賊」，此乃其對董卓之價值定位。但在董卓入京前，許靖已在朝爲官，面對一淫暴軍閥，如何迴避其職？直至群士反卓，周珌被殺，許靖懼禍，這才倉惶南渡。許靖云黨同董賊，苟求生存，則違背內情；但堅守漢官，自陷危機，則徒然犧牲，因此，他選擇避難以權濟其道。相較於許劭在董卓入洛之前，即先向南方避難，許靖對政治局勢之把握，或許不如許劭敏銳，故得在陷入殺禍後，始倉惶南渡。但大難當前，許靖不做無謂犧牲，亦非一介迂儒。

　　許靖逃難路線上，先後投靠孔伷、陳禕，爾後又有許貢、王朗主動來接助他，可知許靖所依對象多是友朋關係。接著，許靖歷經四次抉擇。一，孫策東渡時，他避孫策而南走交州依士燮。二，在會稽、交州時，曹操兩次寫信招賢，許靖皆予以拒絕。三，在交州時，益州劉璋招靖，靖入蜀。四，劉備攻取成都時，靖欲踰牆降備。〔註171〕從許靖避孫、拒曹而投劉的決策中，其實已透露其價值取向。

　　興平二年（195年），孫策東渡，擊劉繇，下曲阿，隔年，退王朗。大約在此二年間，許靖南遷交州。許靖爲何避孫策、投交州？這其中有他對孫策的看法，亦有交州條件之召喚。從交州角度來看，交州太守士燮謙虛下士，且地處南鄙，相對安定於中原亂局，故吸引數百中國士人往依避難，陳郡袁徽亦是其中之一。袁徽向荀彧讚揚士燮「學問優博，又達於從政，處大亂之中，保全一郡，二十餘年疆場無事，民不失業，羈旅之徒，皆蒙其慶。」〔註172〕士燮高齡九十歲，在郡四十餘年，使交州文風、治安兩得，此自是吸引許靖前往的重要因素。然而，更關鍵的因素，恐怕是許靖對孫策的價值定位。據田餘慶研究，當時士人多視孫策爲袁術部曲，而袁術被視爲逆臣。因此，「流寓江東的北士，凡門望高者幾無一個情願留在江東。……他們寧願冒死遠走，

〔註170〕《三國志‧蜀書‧許靖傳》注引《蜀記》「靖後自表曰」，頁963。此表，《全三國文》載爲許靖〈奔孔伷自表〉，頁1378～1。

〔註171〕《三國志‧蜀書‧許靖傳》：「靖懼誅，奔（孔）伷。伷卒，依揚州刺史陳禕。禕死，吳郡都尉許貢、會稽太守王朗素與靖有舊，故往保焉。……孫策東渡江，皆走交州以避其難……鉅鹿張翔銜王命使交部，乘勢募靖，欲與誓要，靖拒而不許。靖與曹公書曰……後劉璋遣使使招靖，靖來入蜀。……先主克蜀，以靖爲左將軍長史。」頁963。見附圖一〈許靖、許劭流亡圖〉，置於本章末頁。

〔註172〕《三國志‧吳書‧士燮傳》，頁1191。

也不願留在江東屈從逆臣袁術。」〔註173〕許靖一聞孫策入江東，即與袁沛、
鄧子孝等浮涉滄海，而他確實也視袁術爲「逆」，其〈與曹公書〉便透露這樣
的價值：「袁術……扇動羣逆……正禮（劉繇）師退，術兵前進，會稽傾覆，
景興（王朗）失據，三江五湖，皆爲虜庭。」〔註174〕孫策當時依附袁術，先
後擊退漢室任命的揚州刺史劉繇、會稽太守王朗，自立於江東，使江東淪爲
「虜」庭，諸多流寓至此之士如許劭等，再避往他方，許靖只是其一。

　　然而，對許靖頗爲稱揚的裴松之，卻在許靖南奔交州一事上，持不同立
場，其云：

> 孔子稱「賢者避世，其次避地」，蓋貴其識見安危，去就得所也。許
> 靖羈客會稽，閭閻之士，孫策之來，於靖何爲？而乃泛萬里之海，
> 入疫癘之鄉，致使尊弱塗炭，百罹備經，可謂自貽矣。謀臣若斯，
> 難以言智。孰若安時處順，端拱吳、越，與張昭、張紘之儔同保元
> 吉者哉？〔註175〕

裴松之認爲許靖與其冒險泛海，遠渡疫癘之鄉，不若安時處順，與張昭、張
紘等士，共同扶持孫氏政權爲福也。裴氏此評，極可能出其統一觀，〔註176〕
故引孔子語，言許靖置己身於危地，在識見上實「難以言智」。但爲何許靖寧
冒生命危險，亦不事孫氏？下文將發現，許靖之去就，並非以「安危」爲擇，
而是有其價值判斷，而此價值，確實凌駕於其識見之上。

　　許靖入交州後，士燮厚加敬待。從董卓之禍逃難至今，已飄流近七載（190
～196）。這一路上，自身難保的許靖，卻對親里照顧有加，迥然於從弟許劭。
大約正是這份情義，故能促使王朗、許貢主動扶濟，又深得士燮、袁徽禮敬。
袁徽是許靖舊識袁渙之堂弟，二人竟在交州相逢。袁徽十分賞識許靖，寫信
向荀彧推薦，時約建安五年（200 年）〔註177〕。該年前後，北方正面臨幾場

〔註173〕田餘慶〈孫吳建國的道路〉，收於《秦漢魏晉史探微》（重訂本）（北京：中華
　　　　書局，2011 年），頁 271。
〔註174〕《三國志·蜀書·許靖傳》，頁 964。
〔註175〕《三國志·蜀書·許靖傳》裴注「臣松之以爲」，頁 965。
〔註176〕王文進云：「裴松之其實並不在乎正統屬誰，他只談統一與否，只關心何者能
　　　　早日成就霸業，六合爲一，免去中國爾後的分裂與戰亂。」見氏著〈論裴松
　　　　之的「統一觀」〉，《六朝學刊》第一期（2004 年 12 月），頁 56。
〔註177〕從《三國志·蜀書·許靖傳》許靖〈與曹公書〉得知。靖云：「駑怯偷生，自
　　　　竄蠻貊，成闊十年，吉凶禮廢。」頁 964。許靖於 190 年開始南奔，成闊十
　　　　年，約 200 年左右。

關鍵大戰。曹操東征劉備，盡收其眾，虜關羽，劉備敗走青州，暫歸袁紹。接著，袁紹與曹操相拒於官渡，操破紹，統一北方。曹操微時，曾卑辭厚禮向許劭求目，而今許劭已病死豫章（建安元年，196 年），曹操卻成挾天子以令諸侯之重臣，果如劭所鑒，乃「亂世之英雄」也。然大業未成，曹操仍積極求才。戲志才亡後，曹操曾問荀彧：「汝潁固多奇士，誰可以繼之？」〔註178〕對汝潁士人極為看重。此際，袁徽一紙書信，曹操特派張翔為使，千里入交州，勸募許靖。從招攬許靖之舉，可看到曹操求才之殷切及納賢胸襟，呼應其〈短歌行〉：「山不厭高，海不厭深。周公吐哺，天下歸心」〔註179〕之招賢志向。

其實，許靖在會稽時，曹操已招募過他，交州之招是第二次，然而許靖以道路阻絕、無法北上為由加以回拒。但細察〈與曹公書〉，裏頭實隱藏著許靖對曹操之看法：

> 昔在會稽，得所貽書……欲北上荊州……道路阻絕……欲上益州，復有峻防……知聖主允明，顯授足下專征之任，凡諸逆節，多所誅討……足下據爵高之任，當責重之地，言出於口，即為賞罰，意之所存，便為禍福。行之得道，即社稷用寧；行之失道，即四方散亂。國家安危，在於足下；百姓之命，縣於執事……願君勉之！為國自重，為民自愛。〔註180〕

許靖稱曹公「足下」，對丞相以平輩相稱，用語雖客氣，內容卻諄諄說教，以曹操身繫國家安危，而勉其自重自愛。且許靖不云曹操「專征」之過，而讚揚其誅討「逆」節之功，從中亦間接暗示其對篡逆之態度。再對照上文所引《山陽公載記》，許靖在曹操分封諸劉的動作中，預見其篡逆野心。因此，許靖言辭雖委婉，但行動堅決，內心自有是非，其二拒曹操，正如呼董卓為「賊」，以孫策為「逆虜」，應皆從劉氏正統觀出發，故其信中口尊「聖主」，流露出對漢室之關懷，亦勸勉曹操行道保社稷。然而，亂世勝王敗寇，梟雄皆以軍力取天下，曹操果能聽許靖之勸乎？

〔註178〕《三國志‧魏書‧郭嘉傳》，頁 431。

〔註179〕梁‧蕭統編，唐‧李善注《文選》，魏武帝樂府〈短歌行〉（上海：上海古籍出版社，1986 年），頁 1281～1282。

〔註180〕《三國志‧蜀書‧許靖傳》，頁 964～966。

（二）應劉璋、投劉備

　　建安六年（201 年）左右，〔註181〕劉璋派人入交州招許靖。建安十九年（214 年），劉備兵臨城下，許靖打算越牆投奔劉備，未果。後來劉璋開城投降，許靖入劉備幕下。爲何許靖先應劉璋之招？後又背璋降備？

　　在〈與曹公書〉中，許靖表達了二次欲北上荊州或益州的意願：

> 承此休問，且悲且憙，即與袁沛及徐元賢復共嚴裝，欲北上荊州。會蒼梧諸縣夷越蠢起……前令交趾太守士威彥，深相分託於益州兄弟，又靖亦自與書，辛苦懇惻，而復寂寞，未有報應。……令得假途由荊州出，不然，當復相紹介於益州兄弟，使相納受。〔註182〕

荊州、益州有何吸引許靖之處？荊州與汝南隔鄰，在許靖逃難後，朝廷任命劉室宗親、黨人名士劉表赴任荊州刺史，吸引不少士人前往避難，襄陽成爲新興的名士集聚圈，力薦許靖的宋忠亦在此主持學官，故此時許靖欲北上荊州依劉表，頗有可能。但若說欲上荊州，以奉朝貢使，至許都詣曹，恐怕是婉拒曹操的應酬之辭。至於益州，士燮曾「深相分託於益州兄弟」，自己又寫信求往，看來意願甚強。所謂益州兄弟指誰？據《三國志》：「祗字奉宗，許靖兄之外孫也。少孤，長於靖家。」〔註183〕陳祗於景耀元年卒（258 年），許靖入蜀爲建安六年（201 年），推測陳祗剛出生不久，應非許靖從汝南攜下，而是靖入蜀後，才長於靖家。由此，許靖之兄一家可能早已入蜀，此刻許靖或是前往益州依此兄，〔註184〕而劉璋亦爲漢宗室，符合其正統價值，便應其招而入蜀。

　　而在許靖入益州同年，劉備入荊依劉表。當時劉備勢微，且無立足之地，故許靖不可能依倚他。但從許靖欲往荊、益，後又投降劉備來看，其避難方向大抵依著劉氏正統價值而行。而此正統觀，直到入劉備集團後，才得到公開宣揚，〔註185〕且於許靖而言，執取極深，從舊識王朗、華歆、陳群等在魏

〔註181〕許靖初入蜀時，曾讚美王商，劉璋因此任王商爲蜀郡太守，「在郡十載，卒於官，許靖代之。建安十六年，轉在蜀郡。」即 211 年任蜀郡太守，故推測他約於 201 年入蜀。見《三國志‧蜀書‧許靖傳》注引《益部耆舊傳》，頁 966。

〔註182〕《三國志‧蜀書‧許靖傳》，頁 964。

〔註183〕《三國志‧蜀書‧陳祗傳》，頁 987。

〔註184〕蜀朝有一汝南許叔龍，不知與許靖有何關係？《三國志‧蜀書‧費禕傳》：「（費）禕遷留益土，與汝南許叔龍、南郡董允齊名。」頁 1060。

〔註185〕《三國志‧蜀書‧先主傳》：「秋，群下上先主爲漢中王，表於漢帝曰：『……周監二代，封建同姓。……臣等以備肺腑枝葉，宗子藩翰，心存國家，念在

國殷勤招攬，許靖皆不爲所動可以得知。既然如此，劉璋亦是漢宗室，又任許靖爲太守，爲何許靖最後卻棄璋而投備？此舉爲許靖引來不少爭議：

> 璋蜀郡太守許靖將踰城降，事覺，不果。……先主以此薄靖不用也。
>
> 法正説曰：「天下有獲虛譽而無其實者，許靖是也。然今主公始創大業，天下之人不可戶説，靖之浮稱，播流四海，若其不禮，天下之人以是謂主公爲賤賢也。……」先主於是乃厚待靖。〔註186〕

許靖身爲劉璋地方官，蜀郡臨難，太守卻棄城投降，故劉備因此輕鄙之，而法正也鑒其「獲虛譽而無其實。」此評因此使後人對許靖留下名不副實之印象。而前引史家孫盛，更譴責許靖「語信則夷險易心」，就許靖之政治立場反覆，指其非誠信之人。然而，許靖果無「實」才乎？果眞無「信」乎？

就太守一職來看，許靖行政能力似乎不甚出色。蓋許靖在劉璋幕下時，先後擔任過巴郡、廣漢、蜀郡三地太守，任內共十三年，但未留下特殊治績，遠不如王商在蜀郡之政聲斐然。許靖太守任內所爲，僅見一條史料，即廣漢彭羕向他推薦秦宓，〔註187〕表示許靖最突出之表現，是在人才鑒用上。而許靖對自己非太守材，似乎頗有自知之明。因早在他爲董卓拔擢天下名士時，即曾被任命爲巴郡太守，但許靖未赴任，故補御史中丞。郡太守秩二千石，御史中丞秩千石，何以許靖不就太守之職？推測其理由可能是，第一，當時出任地方官者，多爲野心之士，如韓馥、劉岱、張咨、張邈等，上任不久，群士果然紛紛起兵討卓。但許靖並非野心之士，亦不擅長帶兵打仗，而外頭局勢紛亂，更非許靖一介儒生所能控守。第二，太守爲行政長官，需要具備政策、執行各方面的領導才能；而御史中丞司監察、彈劾，〔註188〕這與許靖好覈論人物之志趣較貼近。或許正緣於自知之明，許靖不就太守之職。

弭亂。』頁885。魏文帝稱尊號，太傅許靖等又上言：「曹丕篡弒，湮滅漢室，竊據神器……人鬼忿毒，咸思劉氏。」頁888。

〔註186〕《三國志·蜀書·法正傳》，頁959。

〔註187〕《三國志·蜀書·彭羕傳》：「（彭羕）惟敬同郡秦子勑，薦之於太守許靖。」頁994。

〔註188〕據《通典》：「漢御史大夫有兩丞……中丞在殿中蘭臺，掌圖籍祕書，外督部刺史，內領侍御史十五員，受公卿奏事，舉劾案章，蓋居殿中，察舉非法也。……（後漢）與尚書令、司隸校尉朝會，皆專席而坐，京師號爲『三獨坐』，言其尊也。」頁662～663。

而南陽大儒宋仲子（宋忠）亦曾指出許靖之才幹在於「指南」，其寫信給蜀郡太守王商云：「文休倜儻瑰瑋，有當世之具，足下當以爲指南。」〔註189〕宋仲子希望王商以許靖爲「指南」，意指用其爲幕僚、顧問，他認爲這是許靖的「當世之具」。

即使許靖爲指南才而非太守才，亦有其「實」。但爲何法正評其「虛」？一旦深入之，會發現法正並非就許靖才性特質來評論，而是站在劉備創立大業之角度立說。第四章將論述，劉備價值偏好有實功之將士，而法正云許靖「獲虛譽而無其實」，其實是順著劉備價值而論，同時，再勸劉備利用其「名」，發揮招攬人才之效，以創大業。諸葛亮亦從同樣的角度勸說：「靖人望，不可失也，借其名以竦動宇內。」〔註190〕兩位大臣都切中劉備爭天下之欲求，於是劉備態度立轉，許靖從此位高榮重。

那麼，許靖無信乎？若其爲背主求榮之徒，爲何令忠心耿耿的諸葛亮敬拜之？從許靖事劉璋十三年，劉備甫至，立即踰牆降備一舉，顯示他對劉璋是有看法的，只是未曾透露。此言語內斂、行動堅決，一如他拒曹之模式，心中必有判斷。且從上文所引〈與曹公書〉及《山陽公載記》，得知許靖頗有爲國爲民之胸懷，其雖偏安益州，亦關注時局變化、人物動向。而劉備在荊州仁義、禮賢之聲遠傳，或許因此更符合許靖理想明君之條件。由此推敲，在劉氏正統價值之下，許靖對人物依然有其高下判斷，或以此識見而轉投劉備。

且從許靖仁厚的特質，及一路未曾動搖的正統觀，可知他實不同於趨炎附勢之輩，其變並非變節，而是在動蕩世局下的轉圜作爲。故其雖背璋投備，但並非出賣之舉。若許靖眞有出賣劉璋之心，何不以太守職權，舉兵獻城，反而隻身出逃？若許靖眞有出賣之心，應如法正、張松之輩，賣主以求榮。但觀許靖所爲，既不棄族人，又堅拒勢大之孫、曹，如有意享榮華，何不投靠勢力最強，且禮賢殷勤的曹操？可知其意不在此。

因此來看許靖背璋降備，爲何引來不少負面評價？如史家孫盛，實因站在曹魏正統立場，以致評論武斷、失實。而劉備，則以價值偏好有實功之將士，故輕視不能守衛城池的許靖。相較之下，陳壽、裴松之二位史家，能給予許靖較公允之評價。陳壽總評靖云：「既以篤厚爲稱，又以人物爲意。雖行

〔註189〕《三國志‧蜀書‧許靖傳》，頁966。
〔註190〕張澍輯佚《諸葛亮集》（台北：天山出版社，1985年），頁49。

事舉動，未悉允當，蔣濟以爲『大較廊廟器』也。」〔註191〕指出許靖具有篤厚之德、鑒識之才、朝廷之器三方面之美質，而僅以「未悉允當」輕輕帶過許靖降備一事，未過分苛責之，其評論相對客觀，亦更貼近許靖生命之實情。另如裴松之云：「文休名聲夙著，天下謂之英偉，雖末年有瑕，而事不彰徹，若不加禮，何以釋遠近之惑乎？」〔註192〕先以英偉稱揚許靖，再言靖降備之舉有微瑕，但又保留一些空間，云事實眞相未甚明。

　　然而，二位史家對許靖降備之舉，其實亦不敢正面稱揚。從中又反映，忠君觀之堅固不易動搖。但陳壽似乎又別有用心。在〈許靖傳〉中，陳壽完整載錄許靖〈與曹公書〉一信，幾占全傳一半之篇幅，就史例而言，極不尋常。陳壽爲什麼要大幅摘錄此信？推敲其因，陳壽乃借此信，暗示許靖之動向取捨，實受劉氏正統觀及家國關懷所驅動，與背主求榮，「不以德素稱」之法正不同，故不該承擔「不忠」之汙名。但身爲西晉史官，其史評又得「忠」於晉而尊曹魏爲「正統」，故於靖降備一事，只得輕譴其「未悉允當」，再借魏臣蔣濟之口讚揚其有廊廟才，表示許靖在蜀廷，不也發揮相當的作用嗎？事實上，亂世之中，君不君，臣不臣，何謂忠貞？又能忠於誰？能救天下、安蒼生、以國爲念者，即爲忠君。雖許靖逼於形勢，無奈屈寄非人，因傲骨不足，故予人背主之印象，但在亂世之際，又何能苛責一介書生之倉惶遷徙？雖陳壽不得不在司馬氏框架下迂迴評論，但其實已站在許靖角度，給予相當的理解。

　　而據本節分析得知，許靖德行篤厚，故月旦風格多褒少貶。但從其行爲取捨，又可知許靖對人頗有是非判斷，尤其表現在對董、曹、孫這類與他價值有重大衝突者。然而，即使有價值衝突，許靖亦不曾如許劭般犀利褒貶，如他婉拒曹操，語言迂迴不顯，但行爲一絲不苟。本文正是從其堅決的行動中，從中揣摹其價值。故許靖、許劭月旦動機、風格不同，一方面緣於二人德行迥異，一方面緣於二人價值取捨不同。當德行篤厚、堅持劉氏正統觀、兩拒曹操、深以家國爲念的許靖，眼見許劭切割二陳，製造善惡分流，爲曹操揚名四海等言行，他如何覈論人物？或許正因此，他以「清談」爲風，著眼於誘納後進，爲國家盡一分心力，只是在黨錮氣氛下，其「清談」顯得雲淡風輕，未能如許劭「清論」般狂掃天下，故雖以此聞名四海，卻非時代寵兒。

<hr>

〔註191〕《三國志・蜀書・許靖傳》，頁976。
〔註192〕《三國志・蜀書・法正傳》注引「孫盛曰」後「裴松之以爲」，頁960。

第三節　許靖出仕後之品評、動向及時代趨勢

許靖出仕後，有二個重要品評事蹟流傳下來。一是為董卓進退天下之士，一是入蜀廷誘納後進。

董卓入洛陽後，積極拉攏士階層，於是促成許靖所參與的這場鑒拔活動。初平二年（191 年），討卓義兵起，許靖懼禍南奔；建安六年（201 年）許靖應劉璋之招而入蜀，安頓於益州。這期間共流亡十年，幾與軍閥混戰十年相疊合。從許靖鑒拔到許靖逃奔，正可管窺汝南士在軍閥混戰中之處境，而其中亦隱藏了汝穎士從合到分之趨勢。

進入三國後，許靖擔任教化人才之職務，在蜀廷誘納後進，清談不倦，深受諸葛亮敬拜。在黨錮前，郭泰以寬宏濟士成為知人典範；黨錮之際，許劭以善善惡惡深受士人讚揚；進入三國，清談不倦的許靖始受禮敬，而許劭之清論，開始出現一些批評聲浪。從郭泰到二許之知人典範轉移，背後所反映的時代變遷為何？

本節即以月旦評後的二大品評活動為線索，追蹤許靖之動向，再由許靖之動向，推敲其背後的時代趨勢。

壹、汝南凋零，汝穎分流

據胡寶國研究，黨錮名士三十五名核心人物中，汝穎名士共七名，占五分之一強。黨錮後，汝穎名士雖一時凋零，在政治上仍不容忽視。而至袁紹與何進謀誅宦官時，清選賢良，為汝穎名士帶來生機。但「汝穎名士的全面復興還是在董卓入洛陽以後。……主持選舉工作的是吏部尚書周毖與汝南人伍瓊、許靖。周毖，漢陽人，『卓信之，而陰為紹』，地位同於汝南士。可以說，以袁紹為核心的汝南士操縱了當時的選舉。隨之而來的是大規模的官吏調動與任命。……以上八人中，荀爽、韓融、陳紀、張咨、韓馥均為穎川士。」〔註193〕這段引文中，胡寶國論述了汝穎名士在東漢末期的三階段變化：一，因黨錮而一時凋零。二，因袁、何大量擢用而現生機；三，因董卓籠絡群士而全面復興。但是，這群汝穎士人之實質，真如胡寶國所統稱之「名士」乎？他們被袁紹、何進，乃至董卓所拔擢，果真復現生機？而此時汝穎並論，且主選之汝南士多舉穎川士，意謂二地士人之緊密結合？

〔註193〕胡寶國〈漢魏之際的汝穎名士〉，頁 24～28。

　　在董卓「以從人望」的禮賢名單中，最為眾所週知者，應是陳留蔡邕及穎川荀爽。董卓聞邕名高，辟之，邕稱疾不就。卓大怒，以其宗族生命為威脅，蔡邕不得不就任。上任後，邕三日之間，周歷三臺，受到董卓之厚相遇待。另一大儒荀爽被徵時，亦欲遁命，但小吏嚴守在旁，荀爽只得上任，自其被徵及登臺司，僅九十五日，官位躍升。從蔡邕、荀爽之例可知，董卓拉攏士人之手法乃先威逼、後籠絡。威逼反映的是董卓身為軍閥之本色，籠絡則反映士階層不可小覷之力量。在董卓拉攏中原群士以鞏固勢力的過程中，即面臨多次殘暴與籠絡之快速變臉。

　　事實上，董卓入京前，外戚何進輔政，便曾串連累世寵貴的汝南大士族袁紹，博徵智謀之士，共同對抗宦官。士階層如何成為東漢末政治爭奪戰的一大勢力，已如第一節所述。凡有政治野心者，均著力經營士階層。然而，宦官黨羽盤根錯節，難以盡除，何進、袁紹想一舉消滅宦官，故再外調軍閥董卓。未料，袁紹本欲借刀殺人，反被董卓將一軍，朝政迅速掌握在董卓手中。即使如此，董卓見袁紹為海內所歸，亦欲籠絡之，但袁紹野心勃勃，乘機出逃。董卓大怒，又忌袁紹勢力，於是聽從群士建議，封紹為勃海太守。從董卓拉攏袁紹、拔擢群士，可知以一外來軍閥，故不得不借重中原群士，以立穩腳跟。結果，這群被拔擢之士人，後來紛紛奉袁紹為盟主，舉兵討卓。

　　且看董卓拔擢了哪些士人？此乃繼月旦評後，許靖第二個代表性的鑒拔活動。據《後漢書・董卓列傳》記載：

> 乃任吏部尚書漢陽周珌、侍中汝南伍瓊、尚書鄭公業、長史何顒等。以處士荀爽為司空。其染黨錮者陳紀、韓融之徒，皆為列卿。幽滯之士，多所顯拔。以尚書韓馥為冀州刺史，侍中劉岱為兗州刺史，陳留孔伷為豫州刺史，潁川張咨為南陽太守。卓所親愛，並不處顯職，但將校而已。〔註194〕

《三國志・蜀書・許靖傳》記載稍有出入：

> 董卓秉政，以漢陽周毖為吏部尚書，與靖共謀議，進退天下之士，沙汰穢濁，顯拔幽滯。進用潁川荀爽、韓融、陳紀等為公、卿、郡守，拜尚書韓馥為冀州牧，侍中劉岱為兗州刺史，潁川張咨為南陽

〔註194〕《後漢書・董卓列傳》，頁2326。

太守，陳留孔伷爲豫州刺史，東郡張邈爲陳留太守，而遷靖巴郡太
守，不就，補御史中丞。〔註195〕

合併二傳觀之，這波調動及任用的士人至少有十三人，許靖也在升遷名單中。
可以看出：第一，許多士人爲原本官吏之調動與任命。包括：周毖、許靖、
伍瓊、何顒、鄭泰、劉岱、韓馥等七人。第二，訴求重點既在「以從人望」，
而人心疾惡宦官已久，故多選拔黨錮名士，如荀爽、韓融、陳紀、張邈。第
三，拔擢之士人確實在社會上享有不錯的聲譽，如荀爽爲「碩儒」〔註196〕；
陳紀爲「三君」〔註197〕之一；孔伷「清談高論」〔註198〕；何顒以「知人」〔註
199〕爲名；張邈乃「八廚」〔註200〕之一；鄭泰「名聞山東」〔註201〕；而劉岱
爲漢宗室之後。第四，穎川士比例最高，有五人之多。

那麼，是不是如胡寶國所說：「以袁紹爲核心的汝南士操縱了當時的選
舉」？若選舉果眞爲汝南士所把持，何以不舉自鄉人，而多拔穎川士？

在這波名單中，袁紹之賓友明確可知者，有張邈、何顒、伍瓊三人，是
袁紹的「奔走之友」〔註202〕；而韓馥曾爲「袁氏故吏」〔註203〕再如何顒、鄭
泰、伍瓊、陳紀諸人，都是不久前何進納袁紹賓客建議，所清選之「賢良」，
故胡寶國說「袁紹在其中起了重要作用。」〔註204〕不管以上六人是否與袁紹
同派系，但至少也是袁紹主動拉攏培植之勢力。但爲袁紹所拔舉，並不意謂
即袁紹之忠實同盟，尤其在緊接而來的軍閥割據亂世，將看到昔日之盟友變

〔註195〕《三國志‧蜀書‧許靖傳》，頁 963。

〔註196〕《後漢書‧荀爽列傳》，頁 2056。

〔註197〕《後漢書‧陳紀列傳》，頁 2069。

〔註198〕《三國志‧魏書‧鄭渾傳》注引張璠《漢紀》：「孔公緒能清談高論，噓枯吹
生。」頁 509。

〔註199〕《後漢書‧荀彧傳》：「南陽何顒名知人，見彧而異之。」頁 2281。

〔註200〕《後漢書‧黨錮列傳》：「度尚、張邈、王考、劉儒、胡母班、秦周、蕃嚮、
王章爲『八廚』。」頁 2187。

〔註201〕《後漢書‧鄭太傳》，頁 2257。

〔註202〕《三國志‧魏書‧袁紹傳》注引《英雄記》曰：「（袁紹）又好游俠，與張孟
卓、何伯求、吳子卿、許子遠、伍德瑜等皆爲奔走之友。」頁 188。按：張
邈，字孟卓；何顒，字伯求。伍瓊，字德瑜。

〔註203〕《三國志‧魏書‧袁紹傳》頁 191。

〔註204〕前面提及何進拔擢天下名士，據《資治通鑑》記載，有「二十餘人」，胡寶國
考出了十三人：荀攸、何顒、龐紀（應爲逢紀）、鄭泰、陳紀、王匡、王允、
王謙、伍瓊、鮑信、劉表、華歆、蒯越。見胡寶國〈漢魏之際的汝穎名士〉，
頁 27～28。與這波人事重疊者有四人，除陳紀外，顒、泰、瓊皆應徵。

成今日之敵人，而這群士人，或避禍求生，無奈流徙；或各懷異志，自謀發展，許多「名士」，充其量不過是依利害而動的權謀政客罷了。

嚴格來說，這波人事變動應是以周毖（或作周珌）為主選，伍瓊輔之，許靖並非要角，他本身亦遭調職。首先，周毖既任「吏部尚書」，此乃負責選舉之機構，理所當然是由他來主導人才選拔。其次，除《三國志》本傳提到許靖參選外，其餘諸傳均無此記載，反而多並列毖、瓊二人。〔註205〕而當諸軍討卓，董卓所殺亦是此二人，足見兩人是主要舉薦者。

周毖何許人也？何以董卓重用他舉才？據方詩銘考證，周毖籍貫屬涼州，與董卓同鄉。而周毖父親周慎，與董卓曾是同僚，在張溫幕下一同打擊過邊章、韓遂。因此，董卓乃是攀附熟識同僚之關係，並借周毖擁有之名士頭銜，與中原名士搭橋。〔註206〕周毖父周慎曾任豫州刺史，周毖為靈帝末侍中，「侍中是漢代官僚貴族子弟入仕的重要特權途徑」〔註207〕，可推周氏頗有家世，且已二代為官，而侍中一職為皇帝近寵，大約在朝中累積不少人脈，憑此條件，可以為董卓拔擢士人。但周毖是袁紹密友？方詩銘以為周毖實忠於董卓，未曾與聞伍瓊等人之謀畫。他所根據乃《後漢書·袁紹傳》：「侍中周珌、城門校尉伍瓊為卓所信待，瓊等陰為紹說卓……乃遣授紹勃海太守。」〔註208〕從「陰為紹」的是「瓊等」，可知周毖不在列。〔註209〕但此理由似不夠充分。第一，若周毖心向董卓，為何他推薦之士最後皆反董卓？第二，袁紹出逃冀州，身在洛陽已久的周毖豈不知袁紹野心？且當群士建議封紹為勃海太守，表面是讓董卓居主控權，實際卻替袁紹取得割據封地。若周毖心向董卓，應該反對才是。第三，周毖父周慎曾任豫州刺史，汝南在豫州轄下，四世三公的袁氏，必有不少門生賓客在州郡為吏，或者因此周、袁二氏早有所交集也未可知。不過，這幾個理由亦無法證明周毖與袁紹為友好關係。

〔註205〕諸史多以周毖、伍瓊為首，如《三國志·魏書·董卓傳》記：「初，卓信任尚書周毖，城門校尉伍瓊等，用其所舉韓馥、劉岱、孔伷、〔張咨〕、張邈等出宰州郡。而馥等至官，皆合兵將以討卓。卓聞之，以為毖、瓊等通情賣己，皆斬之。」頁175。《後漢紀校注·靈帝紀》載：「任侍中周毖、城門校尉伍瓊，沙汰穢惡，顯拔幽滯。」頁728。《資治通鑑》曰：「命毖、瓊與尚書鄭泰、長史何顒等沙汰穢惡。」頁1906。

〔註206〕方詩銘《曹操·袁紹·黃巾》，頁21～22。

〔註207〕參見閻步克《察舉制度變遷史稿》（北京：中國人民大學出版社，2009年），頁21。

〔註208〕《後漢書·袁紹列傳》，頁2375。周珌、周毖史有異文，應指同一人。

〔註209〕方詩銘《曹操·袁紹·黃巾》，頁23。

　　另一主選伍瓊，史料明文與袁紹結爲「奔走之友」，二人又是同鄉，關係極密切，確實很可能爲袁紹班底。這波官員調動，周毖從侍中轉任吏部尙書，而伍瓊則由城門校尉接任侍中，伍瓊可能便是透過周毖入居核心，二人再共同謀議人選。周毖舉伍瓊，伍瓊與袁紹過從甚密，從周、伍關係，或較能顯出周毖與袁紹之親近。

　　舉拔的十三人中，只有伍瓊、許靖二人爲汝南士。何以潁川士獨占五位之多？此名單既是周毖、伍瓊所選，而周毖、伍瓊又與袁紹有些關係，那麼，便可再進一步推敲五位潁川士與袁紹的關係如何？史料所及，關係較深的只有韓馥曾爲袁氏故吏，其餘如韓融、陳紀、荀爽等，皆因享有高名盛德，在董卓入京前一年即以博士徵，〔註210〕董卓又徵，不得已始至。袁紹曾讓位陳紀、不殺韓融，皆因二人社會聲望高。〔註211〕看來潁川士之崛起，有其自身發展之因素。在兩次黨錮前後，潁川已有好幾個士族初具雛形。潁陰荀氏、長社鍾氏、許昌陳氏、舞陽韓氏是潁川四大士族，除了鍾氏「爲郡著姓，世善刑律。」〔註212〕發展較久遠外，其他三姓，包括荀淑、陳寔、韓韶，均以名士身分崛起東漢中末期。五位被舉的潁川士中，荀爽、韓融、陳紀皆黨錮清流，爲郡著姓的鍾氏反而不在列，可知勇敢抵抗宦官者，在當時擁有更高的社會聲望，容易成爲士階層核心，潁川李膺與汝南陳蕃便因此成爲士人群體領袖。自東漢中期汝潁名士合流，並且以知識清流之立場共同對抗戚宦，至東漢末的此時，二郡士人交遊依然頻繁。以汝南許氏而言，許劭嘗到潁川，多長者之遊。而許靖爲潁川劉翊所提拔，靖又「兄事潁川陳紀」〔註213〕。因此，表面看似由汝南士主持選舉，但由於汝潁士關係親密，仍爲政治同盟，故拔擢多位潁川士極爲自然。在當時以宦官爲主要打擊對象的清濁對壘中，汝潁二郡即使有競爭，也只是潛流而不顯。

　　至此可知，從東漢中期，汝潁士以對抗戚宦，而形成緊密的政治同盟，

〔註210〕《後漢紀校注・靈帝紀》中平五年：「己未，詔曰：頃選舉失所，多非其人，儒法雜揉，學道寢微。處士荀爽、陳紀、鄭玄、韓融、李楷，耽道樂古，志行高潔，清貧隱約，爲眾所歸。其以爽等各補博士。皆不至。」頁710。

〔註211〕如韓融，《後漢書・袁紹列傳》：「紹使王匡殺班、瓌、吳循等，袁術亦執殺陰循，惟韓融以名德免。」頁2376。又如陳紀，《後漢書・陳紀列傳》：「建安初，袁紹爲太尉，讓於紀；紀不受，拜大鴻臚。」頁2068。看來袁紹是以二人有名德，而須禮敬之。

〔註212〕《後漢書・鍾皓列傳》，頁2064。

〔註213〕《三國志・蜀書・許靖傳》，頁967。

直至董卓入洛時，從許靖的鑒拔名單，猶能反映兩郡合流親近的關係。而汝穎士或爲政治中堅，或爲社會清流，又是廣大士階層中之領袖。故當汝南士袁紹清選賢良，或許靖、伍瓊顯拔幽滯，便呈顯汝南士主持選舉，而多舉穎川士之現象。

然而，進入軍閥混戰後，情況就不再是如此了。初平元年正月（190年），關東舉著義兵旗幟，與袁紹同盟討卓，結果董卓任命之地方官，如韓馥、劉岱、孔伷、張邈、張咨等均在列。群士雖推形象良好、勢力龐大的袁紹爲盟主，然而各懷異志，行動多所遲疑，甚至彼此互鬥。以穎川士張咨、韓馥爲例說明之。時張咨派任南陽太守，因不提供軍糧給孫堅，結果爲孫堅所殺。孫堅持兵歸袁術，南陽因此爲袁術所占據。此時袁紹欲另立劉虞爲帝，術懷異志，故以義兵拒紹。由此可知，諸士雖同舉義兵以討卓，卻又互相廝殺。袁氏兄弟如此，袁氏故吏韓馥亦然。韓馥在這波拔擢活動中，得以出任冀州牧，但上任後，便對袁紹多加防備。據《英雄記》載：

> 于時冀州民人殷盛，兵糧優足。袁紹之在勃海，馥恐其興兵，遣數部從事守之，不得動搖。東郡太守橋瑁詐作京師三公移書與州郡，陳卓罪惡，云「見逼迫，無以自救，企望義兵，解國患難。」馥得移，請諸從事問曰：「今當助袁氏邪，助董卓邪？」治中從事劉子惠曰：「今興兵爲國，何謂袁、董！」馥自知言短而有慚色。……乃作書與紹，道卓之惡，聽其舉兵。〔註214〕

據劉蓉研究，冀州此時分成二大派，一派是穎川名士集團，包括荀彧、彧弟荀諶、辛評、郭圖等，其至冀州，或爲韓馥遣騎迎接者，或應韓馥招徠而往者。另一派是冀州本土名士集團，引文中的劉子惠便是其一。〔註215〕韓馥亦是野心家，意外得到兵糧豐足的冀州後，便回鄉迎接穎川士至冀州相扶。然而，他又猶疑不安，因爲他深知袁紹實力遠在他之上，而冀州乃袁紹爭天下之首要目標。韓馥原是袁紹故吏，此時成爲任勃海太守的袁紹之上司，開始遏抑袁紹發展。

然而，袁紹政治手腕頗高明，一連使出數招逼韓馥就範。如他利用書信詐術，使韓馥從袁紹同盟，舉兵討卓；又利用公孫瓚大軍壓境，使韓馥懷不

〔註214〕《三國志·魏書·武帝紀》注引《英雄記》，頁6。
〔註215〕劉蓉〈漢末名士集團的地域衝突及政治影響——兼論袁紹勢力的興亡〉，頁112。

自安；再使潁川荀諶等說服韓馥讓出冀州等。韓馥雖疏離冀州集團而仰賴潁川集團，但潁川集團很快發現韓馥平庸無能，決定背韓投袁，故極力主張迎接袁紹。當時，冀州士一致反對，但韓馥仍決定讓出冀州，以求自保。此時，袁紹再利用冀州士朱漢對韓馥的仇恨，進行分化。韓馥知其背後乃袁紹主導，憂怖之下，往依張邈，又見紹使前來，心中疑懼，遁至廁所，自殺身亡。〔註216〕從韓、袁鬥爭之過程，可知韓馥舉棋不定，心中反覆，使自己四處為敵，其雖有野心，實無謀略，從中亦證明周毖、伍瓊所舉之才，並非真才。

　　袁紹掌控冀州後，順勢收攏潁川名士，又遣使迎汝南士大夫，欲在冀州培植同鄉勢力，但並未能成功。其中原因，就胡寶國所推敲，可能有三：一，董卓入洛陽後，因地理便捷，不少汝南士已逃亡江東。二，北方時有黃巾軍流竄，士人不敢前往。三，冀州為野心人士覬覦之地，易啟戰端，為危險之地。〔註217〕儘管沒有汝南士相助，袁紹仍一步步擴張北方版圖，其勢力在建安四年（199年）滅公孫瓚後達到鼎盛，青、冀、幽、并四州皆入其手。然而，在這段期間，潁川士荀彧、郭嘉棄袁投曹，〔註218〕成為曹操最重要的智囊團。曹操調滿寵任汝南太守，鎮壓袁紹之門生賓客。隨著曹、袁之矛盾，汝潁之間的裂隙亦漸顯。建安五年，驕傲自滿的袁紹不聽謀臣建議，急於發動官渡之戰。這一戰，曹勝袁敗，奠定了曹操統一河北的基礎。而袁紹死後，二子袁尚、袁熙內鬥，最後在遼東被殺。

　　從初平元年（190年）袁紹發動討卓義兵，到建安十二年（207年）二子被殺，汝南袁紹集團徹底覆滅。汝潁名士在東漢中期的政壇上並享聲譽，在黨錮之爭、討卓聯軍中，猶是結盟友好關係；然而隨著逐鹿中原的軍閥割據戰開打，潁川士在董卓籠絡士人的舉拔活動中，得到不少政治資源，又在曹、袁鬥爭中，擇曹操而仕。當袁紹在官渡之戰中敗下陣來，汝南的政治勢力就此衰減。而以潁川士為主要幕僚的曹操，鞏固北方，往天下版圖跨進。可以推知，正是這十年的混戰奪權，汝南士與潁川士間的裂痕與日擴大。

　　至此，已可看到汝南士何以凋零。汝南第一大族袁氏在河北敗亡，其在汝南原鄉的門生故舊，先不北遷助袁紹，後受曹操所鎮壓。汝南第二大族許氏，許相這支因諂事宦官，在袁紹消滅宦官時一起被殺。而許靖、許劭兄弟

〔註216〕關於韓馥更精詳的論述，請參劉蓉〈漢末名士集團的地域衝突及政治影響——兼論袁紹勢力的興亡〉，頁111～117。
〔註217〕胡寶國〈漢魏之際的汝潁名士〉，頁28。
〔註218〕《三國志・魏書・荀彧傳》：「初平二年，彧去紹從太祖。」頁308。

則鳥獸散，各自奔逃江東。至於袁氏、許氏間，既袁紹懼許劭清格，二大望族似也隱含競爭關係，可知汝南士自身彼此頗爲內耗。王傳武曾針對東漢黨人的地域認同，做出分析。他以爲潁川士人地域認同最強，而汝南名士雖多，但內部矛盾多，整合程度不高。〔註219〕本文的探討，也可呼應其結論。從月旦評開始，內鬥傾向即十分明顯。在政局昏頹之際，汝南清流卻將矛頭指向汝南同鄉，製造內部分裂。如范滂懷恨陳蕃「以公禮格之」，許劭清論陳蕃「性峻」而不相往來。至大難當前，汝南士猶自相殘殺，有血緣之親的袁氏、許氏兄弟亦相鬥爭。汝南在慓輕易怒的地域文化中，發展出清峻、苛刻之月旦評，至與社會清濁對抗的意識型態互汲養分後，更加清高孤傲，延伸而下，即是肉搏廝殺之權力鬥爭。

而此時潁川士卻頗爲提攜互助，其中尤以荀彧爲代表。討董卓時，潁川集團曾投靠同郡韓馥，不久轉向汝南袁紹，不久再轉向沛國曹操。荀彧以曹操具有安定海內之雄才，故引領潁川士前來相扶，其鑒識眼光既不下於汝南士，又能整合地域勢力，不虛耗於內部之攻訐。爲什麼月旦評發生在汝南而非潁川？爲何潁川士後來能凌駕汝南士，成爲曹魏集團的大士族？從黨錮之際，許靖被許劭排擯而月旦不顯，至軍閥亂世，靖、劭兄弟分道揚鑣，其實已見端倪。

但更深一層來看，又豈止汝南士彼此內鬥，潁川士亦爲權力欲望所牽制，而觀討卓義兵，更不分地域，概皆彼此猜忌，致使聯盟迅速瓦解。袁氏兄弟先互鬥，繼而韓馥發出「今當助袁氏邪，助董卓邪？」之語，雖已加入義兵，但又盱衡袁、董勢力，遲疑不決。而潁川集團先依韓，後背韓投袁，後更投曹魏，可知士階層亦不乏野心之士，被各自的欲望所牽引。而在軍閥割據時代，武力即權力，故其又多以勢力爲定奪，各尋依靠，昔日因對抗戚宦而整合的群體力量，於焉分裂。如荀彧般具政治理想、又具政治操守；或如許靖般委婉勸諫曹操「國家安危，在於足下；百姓之命，縣於執事。」欲其自重自愛；或如冀州劉子惠所云：「今興兵爲國，何謂袁、董！」能心繫國家百姓者並不多。

從袁紹、何進邀董入京，最後袁紹出逃，興義兵討董卓，開啓軍閥割據亂世。爾後，中國分裂成數大軍閥勢力，權力重新分配，士階層亦各尋依歸，汝潁即在此時分流。以兩地特質相較，汝南士好逞一時口快，各自爲政，互相殘殺，使汝南士在內耗中逐漸凋零；而潁川士較重實利，未屬語批判，彼

〔註219〕見王傳武〈東漢黨人的地域認同研究〉，《中華文化論壇》第 4 期（2009 年），頁 13～19。

此無深仇大恨，故利害當前，尚有合作空間，而逐漸整合發展為曹魏中堅。然而，就其內在之欲望野心而言，兩郡並無高下。而縱觀整個士人群體，不僅汝穎分流，士階層亦四分五裂，隨著三國鼎立，又分成三大士群。回頭檢視胡寶國所說，袁、何召董入京，真的帶來汝穎士人之生機乎？還是權力欲望之陷阱？

故為何世局更加混亂？從汝南月旦現象，可發現士階層表面欲以「清論」進善黜惡，實際卻夾雜個人利益，致使月旦評為社會帶來不少負面影響。其非但不能移風易俗、教化黎民，更因迎合民憤，逞一時口舌之利，分化汝南，使汝南士彼此內耗，無法整合團隊，群策群力，終至身敗名裂，互相廝殺。爾後，軍閥割據時代降臨，個人英雄主義抬頭，野心人士借用名士為工具，表面遵循公義，背後潛藏私利，而士人亦以品評為進身工具，言行不一。相較於汝南，穎川士或較務實，能有整體合作空間，但亦以利害為核心。在亂世中，真正有道士人皆隱而不顯，如郭泰之流，早已洞見結局，故棲惶周遊，默默教化青年學子，播種於未來，但亦為世所排擯。可見月旦人物至末流，皆以主觀之見地，不斷強化內心之孤傲狂妄，漢室不可支明矣。

本小節以許靖出仕後，所參與的這場舉才活動為起點，論述董卓初入京時，汝穎士猶是跨越地域的政治盟友，關係尚佳；但自袁紹興義兵討伐董卓，東漢進入軍閥割據，至官渡之戰敗於曹操，這近十年的軍閥亂世，亦是許靖倉惶逃難之歲月。從許靖月旦不顯，至靖、劭分道揚鑣，其實已預示汝南之凋零。而從許靖及其所鑒拔士人之動向，又反映了汝穎士從合流走向分裂之趨勢。而再深入去看，在權力欲望的召喚下，不僅汝穎分流，好不容易串連之士階層再形分裂，於是東漢走向滅亡，而三國爭霸，開戰。

許靖一生堅守正統，表面似使其南奔之途顯得更為崎嶇，但最終結果並非如此。入蜀後，許靖從地方太守到朝廷三公，二十餘年偏安而位高，以七十四歲高齡壽終。而看似見識超群、名聲廣傳、以利害為驅動的許劭，一生僅任郡功曹，四十六歲病死豫章。以此而言，許靖真如史家所評，「識見不足」乎？但許靖雖心繫漢室，頗有家國關懷，但亦受限於漢正統的意識型態，而使目光窄化於劉備。為何交州士燮才德、各方條件俱佳，卻不為名士所歸？而許靖至後，亦思往荊、益，不圖久留？蓋領荊、益者均為漢胄，皆可相投，而交州在士人眼中，實為蠻夷之邦，故非久留之地，足見既定的價值觀，雖導引行動，亦深深束縛行動。它通常是人之所以成，亦是人之所以敗之處。

就歷史事實而言，劉備意在爭天下，實非仁義之君，且價值偏好能助他爭天下之武將，故看輕許靖，如此，不倒辜了許靖逾牆降備之強烈執著？但由許靖眼光鎖於劉備，亦可知其識見確有不足，而格局不夠寬廣也。

貳、從郭泰至二許

建安六年（201 年），許靖入劉璋幕下，擔任巴郡、廣漢太守，時約五十二歲，算是步入晚年了。建安十六年（211 年），許靖轉任蜀郡太守。這十年時光，許靖在益州偏安下來，而三國鼎立的局勢也在這段期間明朗化。建安十九年（214 年），劉備取得益州，許靖入劉備陣營，已六十五歲垂垂老矣。從依劉備後，至章武二年（222 年）許靖過世，這八年是他一生中備受尊寵的歲月，在蜀漢政權的禮敬眷顧下，愉樂而終。

在蜀漢，許靖先後擔任左將軍長史、太傅、司徒，可說位極人臣。許靖受此優寵，實因法正之勸。法正深知士人群體攸關天下大業，故勸劉備厚待之，胡三省以此稱揚法正有智謀，其云：「禮敬不替，而不以時務及之，此法正勸蜀先主以加禮許靖之智也。」〔註220〕然而，許靖所任之職，果真「不以時務及之」，位高而無實權乎？

當許靖初入劉備集團時，蜀漢帝業尚依循諸葛亮隆中對策，一步步打樁立基。益州剛攻下，但如益州咽喉的漢中尚未取得。建安十九年（219 年），劉備擊退曹軍，奪漢中。同年，孫權偷襲荊州，關羽敗死。章武元年（221 年），劉備稱帝立蜀，東征孫吳，夷陵一戰大敗，隔年病逝。在這連年爭戰的兵馬倥傯間，許靖先後所任三職，除左將軍長史掌征伐外，另外兩職，一為太傅，「掌以善導，無常職。」〔註221〕一為司徒，劉備策靖曰：「百姓不親，五品不遜，汝作司徒，其敬敷五教，在寬。」〔註222〕不僅位極三公，且主司人民之善導教化，對篤厚、愛樂人物的許靖而言，頗合情性矣，且正足以發揮其所長。且亂世雖以征伐為重要時務，但教化百姓，招募人才，何嘗不是內政大務？而從群士所上之表，許靖或領銜，或名列第二；許靖之死，在〈先主傳〉中亦附帶一提，可知其在蜀廷之殊遇非同凡響。

推敲太傅、司徒二職，極可能為諸葛亮所建議。亮曾云：「靖人望，不可

〔註220〕《資治通鑑》胡三省注，頁 3785。
〔註221〕《後漢書‧百官志》，頁 3556。
〔註222〕《三國志‧蜀書‧許靖傳》，頁 966。

失也。」陳壽又云：「丞相諸葛亮皆爲之拜。」〔註223〕可見諸葛亮對許靖之推重。諸葛亮既司蜀政，且有相當的知人之明，故以許靖司教化，善盡其才。而許靖亦盡其分，在蜀廷誘納後進、敬敷五教，否則陳壽、楊戲何以皆定其位於人倫？或許丞相、司徒二府中，曾徘徊兩人清談身影，爲蜀漢政權發展、人才培育而交流切磋。

陳壽云許靖好「誘納後進」，這是在黨錮前最有名望的鑒識家──郭泰立下之典範。郭泰洞識深遠，見漢室不久，深入民間，選擇教育一途做爲體道之實踐。他不絕惡人，寬宏接納生命，十六年來，爲社會培育六十位英彥。他以未仕宦青少年爲品評對象，避免挑戰權貴，製造對立。黨錮一發生，他立即杜口回鄉，知大難將臨。從中可知，郭泰有教無類、不涉名位、亦不自高，僅默默爲動盪世局做準備。更難得的是，當陳蕃、竇武死，郭泰哭慟。他雖有先見之明，預知國家衰頹難救，但聞黨人死訊，依然難受莫名，可謂既具冷眼、又有熱血之人倫家。在黨錮之前，郭泰是許多士子追慕對象，他因美容貌、好談論，而被視爲魏晉名士先聲。但多數士人所重視，似乎也止於其名士風流，而未能體察其人倫深意，否則何以在黨錮起，迅速樹立另一個鑒識權威，流行起善善惡惡的月旦風潮？

事實上，郭泰以道爲評，有教無類，此才是其獨特之生命典範。在郭泰訓獎滔滔、棲棲周遊的身影背後，蘊涵一股瀟灑熱情的道風。這是郭泰在動盪世局下的自覺，他深察帝制下的權力鬥爭，已使漢室走向末日，清議無用，只有深入人心，才能眞正善導成風，有益社會。故他刻意避免人身攻擊，而重在誘發青年學子之潛能，其人倫鑒識因此觸及形上、本質之探討，而被視爲魏晉清談先聲。但推其本，郭泰之意不在知識探求，而是著眼於人心教化，並導之修身成德以淑世，可謂深具孔孟遺風。故范曄在《後漢書‧郭符許列傳》評曰：「林宗雅俗無所失，將其明性特有主乎？然而遜言危行，終亨時晦，恂恂善導，使士慕成名，雖墨、孟之徒，不能絕也。」〔註224〕而嵇含亦云郭泰「知人則哲，蓋亞聖之器也。及在衰世，棲棲惶惶，席不暇溫，志在乎匡亂行道，與仲尼相似。」〔註225〕二人對郭泰之認識是較清楚的。

但黨錮之際，社會對「清」之需求，使許劭獲得更大共鳴。當清一色士

〔註223〕《三國志‧蜀書‧許靖傳》，頁967。

〔註224〕《後漢書‧郭符許列傳》，頁2231。

〔註225〕《抱朴子外篇‧正郭》，頁449。

人滙聚成流，集結成與戚宦相抗之勢力，但亦製造更多對立。蓋士人群體要求是非分明，務使清濁涇渭分野，不合清流標準者，即嚴屬批判，豈非另一種形式之朋黨？彼此卻互許爲清流。且當社會化約成唯一一套價值觀時，清流反成霸道。正是在這種主流意識掛帥的社會氣氛下，始促成許劭之徒興起。而許劭亦以其識時務之敏銳觸角，快速掌握世俗心理，於是月旦一評，清濁兩分，不但無畏人頭落地，反令士人畏懼之。蓋因士人需求許劭一評，以爲進身之階；而許劭亦藉激情民風，架高自己的權威聲名。故月旦評豈有善善惡惡？善惡不過是迎合社會主流，並依其標準所獨斷。

而許靖身處激情對立的時代，眼見士人標榜自高，耳聞社會狂亂叫囂，而許劭月旦清論一起，帶來更大紛亂，能無一絲省思？他旁爲許劭，謾罵成風，前有郭泰，恂恂善導，或因此擇郭泰之路，著眼於誘納後進，而多褒少貶。但在清濁抗爭的社會氣氛下，寬宏濟士之郭泰，已遭士人主流意識型態而否定；而篤厚臧善之許靖，亦受社會冷落忽視。直至入蜀廷，許靖始得其位，能爲蜀漢招攬人才。宋衷曾稱靖「倜儻瑰瑋」，這位年逾七十的老人家，頗類郭泰，不僅善談論，又儀態瀟灑，雖未周遊列國，但在蜀廷中誘納後進不遺餘力，「司徒清風，是咨是臧。識愛人倫，孔音鏘鏘。」褒揚之聲鏘鏘有力，樹立一股「清風」，但在急需政軍實才的亂世裏，像許靖這樣以提拔後進爲意之文士，並非人人看重。

謝承說許劭「清論風行」，陳壽說許靖「清談不倦」，二人談論的對象均是人物，並非老莊玄學，但細辨其「清」，內涵已然不同。許劭以高標準之道德品評爲清，其「清」意指德行之裁量，但深究其中，其「清」夾帶知識分子自視清流之孤傲，及掃除濁流之酷惡，並非眞正有德者，不過矯絜以邀名。再者，許劭雖有識人之明，但其清濁判斷，又多從利害出發，憑私情妄斷，並無客觀標準。既源於私欲而發，自然無益於救國淑世、澄清天下，只有徒增人際對立。相較之下，許靖避免怒罵，以褒揚之聲，化解紛爭，但卻淹沒在清論狂潮下。直至入三國，許靖始能再度月旦，且受諸葛亮之重視，身居教化人才之位，而得以清談不倦，誘納後進。在亂世中，許靖何如一介清談名士？推其清，並非身處閒職兩袖清風，而是以其特長，盡其本分，善導教化。

且進入三國爭霸戰後，群雄需才孔亟，許靖愛樂人物之清談風範，反在亂世中得到舞台，而許劭之清論亦開始出現貶抑聲浪。前文曾引，孫吳陸瑁云月旦評「恐未易行也。」諸葛恪云許劭「克己不能盡如禮，責人專以正義。」蓋許劭以聖人標準月旦他人，自己卻排擯其兄許靖，月旦評者本身即不仁，

卻責求他人以正義，如何服人心？又諸葛亮亦評「許子將長於明臧否，不可以養人物。」〔註226〕此論頗爲持平，指出許劭雖有褒貶之才，但無教化之德。由諸葛亮對許劭之評，可以反推其對許靖之敬仰，或正因許靖培育後進之用心。然而，對於爭逐天下的軍閥而言，其棄許劭之流而用許靖，亦非著眼於二許之才德，而是以能否滿足自我欲望爲取捨。

總的說，郭泰以「道」爲核心，周遊教化，針對本質，開發青年潛能，志在引其成德入道。許劭以「清」爲標準，既迎合世俗別清濁、定善惡的心理，又滿足個人孤傲之心性，看似清論風行，實則製造更多動蕩。許靖以「厚」爲出發，眼見國家傾危及許劭清論所帶來的紛擾，故多褒少貶，對後進多所提攜。然許靖雖能關心世局，但被劉氏正統觀所限，並未能如郭泰般宏濟天下百姓，而僅以蜀漢政權爲依歸。

從郭泰到二許，可以看到知人群體的發展脈絡。簡言之，清議引爆黨錮，黨錮又延燒出月旦評。郭泰居於其中，深知言語利弊，其一方面不爲危言覈論，避免製造人際衝突；另一方面恂恂善導青年士子，積極爲後世培養人才，不同流俗而起舞。但黨錮禍起，此聖人風流旋即被棄之角落，擅場的是迎合世俗民憤之許劭，因其善惡分流，與社會相共鳴，而成月旦評代表，亦促使朝野士宦對立更嚴重，清議更猛烈。另一月旦評發聲者許靖，目睹月旦激情亂象，默默依循郭泰之路，勸誘後進，但卻爲許劭清論狂潮所淹沒。至入三國，需才孔亟，許靖清談之風始受重視。

至此，可看到三種知人典型，因應時代需求及個人才性而開展。爾後進入兩晉，又在不同條件下，形塑殊異的人物風；再至南朝，學界的大致共識是，人物品鑒風氣衰微於此時，對具體人物的關注，漸轉爲對譜牒的重視。〔註227〕雖論者云人物品鑒已衰於南朝，但時至今日，帝制瓦解，民主時代降臨，月旦評議卻未曾眞正止息，轉由各類媒體引領、操控輿論。故東漢月旦風氣之所由，雖與帝制的權力結構息息相關，但推至根源，如無貪婪之心相呼應，何以好評濫議？故制度雖變，人心不改，月旦評亦將繼續下去。

〔註226〕張澍輯佚《諸葛亮集・論諸子》，頁47。

〔註227〕如胡寶國云人物品評衰於「南朝皇權的振興與門閥士族的凝固化。」又考察出「人物」一詞之轉變，在漢晉是形容「品評專家」的常用語，至南朝則指對家世婚宦特別暸解的「譜牒專家」，由此亦可證明人物品鑒衰於南朝。參見胡寶國〈雜傳與人物品評〉，收入《漢唐間史學的發展》（北京：商務印書館，2003），頁157～158。

小結

為何月旦評以許劭為代表，而許靖月旦之聲不顯？本章由此問題意識出發，一步步探索歷史真相及許靖的生命真相。

透過本文研究，發現月旦評發聲於兩次黨錮間，而許劭正是透過褒貶黨人陳蕃、陳寔而受注目。原來黨錮之後，士人極需發洩、謾罵的管道，於是許劭迎合民憤，進善黜惡，果然得到社會廣大共鳴，而促使知人典範從郭泰迅速轉向許劭。

相對的，許靖不受時人重視，可合理懷疑其月旦之聲不同於許劭。於是，本文再深入追索二人之別，推敲出靖、劭三大差異：一，靖具劉氏正統價值，並以此依歸劉備；劭無正統框架，其流亡時欲依曹操，其子許混亦仕魏，有依勢力行動之傾向。二，靖頗為繫念家國，故品評重在誘納後進；而劭褒貶對象經常指向權貴，重在形塑個人專家權威之名位。三，靖不棄親疏宗族，篤厚有德；而劭僅重保全自家，而排擠同宗。正因許靖清談溫和，不符應社會清濁激抗之時潮，故月旦之聲淹沒在許劭清論狂瀾下。直至晚年，許靖安頓於蜀廷，才能再度「誘納後進，清談不倦。」在亂世中，許靖雖稱不上中流砥柱，但從他積極招攬人才，實以蜀漢之安穩壯大為懷，此與圖一己之私、不惜興風作浪的許劭，迥然有異。

順著二許月旦評深入探究，發現其中實隱藏汝南士凋零之因，及汝潁士從合到分的趨勢。自東漢中期以來，汝潁經常被視為一個地理單位，但月旦評卻獨發於汝南，原因何在？本文在地域文化中找到端倪。蓋汝有慓輕易怒之楚風，潁則有敦愿忠樸之夏風，一慓一忠的性格，加上同處洛陽政治文化圈的外緣條件，致使汝潁士在清濁抗爭的政治運動中一拍即合。然而，在政治鬥爭中，汝南士愈發性峻、激清，具體表現在自東漢中期以來，汝南郡功曹的清鑒傳統。其或以性格孤傲而無結黨之實，但長期主宰汝南輿論、人事雙權，亦助長內部之朋黨分裂，月旦評便應此而生，甚至切割同鄉清流，致使汝南內鬥更形嚴重。相較於此，潁川士地域整合度高，名知人荀彧可為代表。他以鑒識眼光擇定曹操，並極力引進潁川士共事之。爾後，隨著曹操官渡一戰大勝汝南袁紹，汝南士日漸凋零，而潁川士卻成為曹魏集團的中堅。可知在軍閥割據亂世中，汝潁士分道揚鑣也。

但再深入探究，雖潁川士內耗不似汝南，故無月旦一評，但清議風潮早已發展成為全國性運動，無分汝潁，亦是這片社會沃壤，蘊釀出了月旦評。

一步步追蹤，便會發現帝制本身即有很大的缺陷，促使每次改朝換代，便引發各大勢力的權力衝突。而士人亦執清議爲利器，隨著主荒政繆，愈評愈狂妄，進至屢侵皇權，最終引爆兩次黨錮。從中可知，戚、宦雖貿易選舉，爭權奪利，但清流自居的士人集團，亦多以品評爲權位的叩門磚，透過輿論張揚威權，陷國家於四分五裂。由此又可知，權力衝突的根本原因，難道不是來自人心的貪婪？而東漢亦在此權力鬥爭中走向滅亡。

圖（一）：許靖、許劭流亡圖

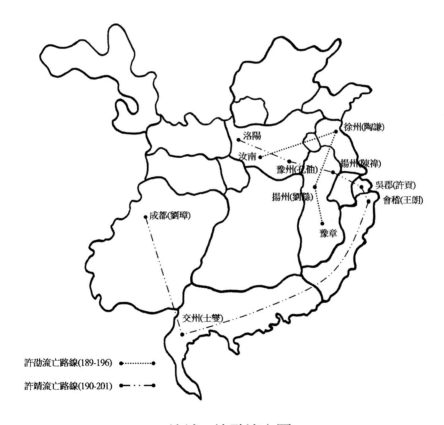

許靖、許劭流亡圖

圖（二）：漢末荊州簡圖

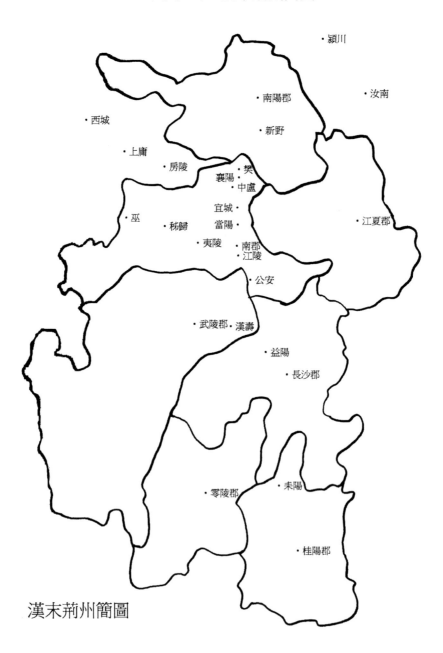

漢末荊州簡圖

圖（三）：龐統、諸葛亮活動簡圖

龐統、諸葛亮活動簡圖

第三章　龐　統

　　受羅貫中《三國演義》影響，龐統（字士元，179～214）的謀士形象深植人心，很少有人注意到龐統曾以知人形象聞名於世。

　　學界首先關注龐統有知人之明，且留意龐統知人形象與謀士形象間的轉化問題者，是林盈翔。其研究指出，陳壽《三國志‧蜀書‧龐統傳》曾載龐統擅長知人之術，《世說新語》亦有二則關於龐統善知人的記載，可知在南朝劉宋時期以前，龐統的人物形象，大抵圍繞在他的知人之明上，知人之術方是龐統的看家本領。但因《三國志演義》採用臥龍、鳳雛的並稱結構，而鳳雛之名與臥龍並稱，實出於習鑿齒之虛構，為使鳳雛才堪媲美臥龍，小說只得強化龐統出謀畫策、恃才傲物等形象，而淡化在史傳中雅號人流的龐統形象，以與諸葛亮相匹敵。〔註1〕

　　誠如林盈翔研究所指出，龐統的知人形象，在歷史上曾受到不少關注。但若仔細爬梳龐統一生，龐統以知人身分行於世，其實只在仕吳那一年，占其生命極小一段，何以名聲久傳？再者，龐統生命約略可畫分為三期：一，襄陽時期（179～209，31 歲前），隱居泛舟於沔水。二，仕吳任郡功曹（209～210，31～32 歲），性好人倫鑒識。三，仕蜀任軍師中郎將（210～214，32～36 歲），出謀畫策，為劉備取益州。可知龐統出仕共五年，其中一年仕吳，

〔註 1〕　林盈翔考論，鳳雛之名與臥龍並稱，獨見於裴松之《三國志注》所收錄的《襄陽記》一書，《襄陽記》為東晉習鑿齒所著，而習氏與龐統有同鄉、姻親關係，故林盈翔「考論之後發現《襄陽記》一書目龐統為鳳雛一事，實是習鑿齒在地方意識的影響下所虛構。見氏著〈習鑿齒《襄陽記》與臥龍、鳳雛並稱的源起──兼論《三國志演義》中龐統角色的成敗〉，頁 25、45。

主要以知人形象聞名江東；四年仕蜀，主要角色是謀士；而出仕前有三十一年光陰，竟一如隱居高士。爲何出仕前與出仕後，龐統從隱士、到名知人、到謀士，生命姿態差異如此大？又爲何出仕短短五年，卻歷經二次政權轉移及身分變化？究竟龐統的看家本領，是知人之術，還是出謀畫策？

龐統殁世後，有三位史家對他做過蓋棺論定，其中，陳壽、袁宏二位史家，皆以「知人」、「謀略」雙重才幹定位龐統。爾後，在梁、唐、明的書表中，又能發現幾則對龐統人倫鑒識之讚嘆。但就龐統三十六歲的生命來看，這仕吳一年的品鑒行爲，猶如曇花一現，爲何至明朝猶受到關注？是否龐統有意經營其知人形象？而後人對他的認知是什麼？

先就史家的定位來看：

> 蜀・陳壽：「龐統雅好人流，經學思謀，於時荊、楚謂之高俊。……擬之魏臣，統其荀彧之仲叔。」〔註2〕

> 蜀・楊戲：「軍師美至，雅氣曄曄。致命明主，忠情發臆。惟此義宗，亡身報德。」〔註3〕

> 東晉・袁宏：「士元弘長，雅性內融。崇善愛物，觀始知終。喪亂備矣，勝塗未隆。先生標之，振起清風。綢繆哲后，無妄惟時。夙夜匪懈，義在緝熙。三略既陳，霸業已基。」〔註4〕

除了楊戲僅強調「軍師」之忠情外，陳壽、袁宏皆指出龐統具有「謀士」、「知人」雙重內涵。陳壽云：「雅好人流，經學思謀。」以知人論士、經綸學問、出謀畫策三項特質概括龐統，並以曹魏集團的荀彧相比擬，可謂對龐統的高度肯定。相較於陳壽，袁宏筆墨更聚焦在龐統的知人事蹟上，極力稱揚其「崇善愛物」、「振起清風」的人倫風範，而對於龐統事功，僅以「三略既陳，霸業已基。」二句輕描過。看來三位史家各有所側重，但基本上不離知人、謀略二內涵；再者，三人皆以「雅」描述龐統，所謂「雅好人流」、「雅氣曄曄」、「雅性內融」，時人又評龐統爲「高俊」，似乎龐統之形象，更偏向風雅之儒生。

袁宏所指，正是龐統任郡功曹時的自我表述，其事蹟載於《三國志》：

> 後郡命爲功曹。性好人倫，勤於長養。每所稱述，多過其才，時人

〔註2〕 《三國志・蜀書・龐統傳》，頁962。
〔註3〕 《三國志・蜀書・楊戲傳・季漢輔臣贊》，頁1081。
〔註4〕 《晉書・文苑列傳・袁宏・三國名臣頌》，頁2396。

怪而問之，統答曰：「當今天下大亂，雅道陵遲，善人少而惡人多。
方欲興風俗，長道業，不美其譚即聲名不足慕企，不足慕企而爲善
者少矣。今拔十失五，猶得其半，而可以崇邁世教，使有志者自勵，
不亦可乎？」〔註5〕

在郡功曹任內，龐統性好人倫，且「每所稱述，多過其才。」因而引起時人
質疑。龐統解釋道：值逢亂世，善少惡多，而人心好慕聲名，若能以美評激
勵有志者行善，即使拔十失五，所得其五，不也能夠興風俗、長道業嗎？龐
統長於亂世，其人倫觀乃欲以美評興風化俗，這基本上是兩漢以名爲教的儒
家思維。而袁宏正是名教的擁護者，故對龐統推崇不已，甚至因此將龐統列
入〈三國名臣頌〉中。〔註6〕

　　但袁宏所強調的，主要是龐統的人倫風教觀，並非知人能力。再往下檢
索，梁、唐、明的書表，亦是針對龐統的人倫理念來評論：

　　梁・任昉：「漢魏已降，達識繼軌，雅俗所歸，惟稱許郭。拔十得五，
　　尚曰比肩。其餘得失未聞……」〔註7〕

　　唐・李翱：「且龐士元云：拔十失五，猶得其半，眞大賢之言也。」
　　〔註8〕

　　明・魏校：「昔龐士元爲郡功曹，以獎勸人才爲己任，稱之輒過其能，
　　或問其故，曰，當今人才衰少，宜獎勸以成就之……。」〔註9〕

從中反映，三人對龐統「多過其才」、「拔十失五」的人倫觀極爲讚嘆，任昉
以龐統是繼許、郭後之「達識」代表；李翱盛讚龐統爲「大賢」；而魏校認爲
龐統乃「以獎勸人才爲己任」。魏校（1483～1543）生年晚於羅貫中（1330～
1400）一百多年，表示在《三國演義》盛行後，龐統的知人事蹟，並未完全

〔註5〕《三國志・蜀書・龐統傳》，頁953。
〔註6〕張蓓蓓指出，袁宏大力鼓吹名教，並將嵇康所造非名反教的名教意義徹底倒
　　　轉，而賦予合乎儒家重名分、重教化的名教新義。而袁宏〈三國名臣頌〉用
　　　「名教」一詞達四次之多，在他之前，未有人如此大量使用名教一詞。參氏
　　　著〈名教探義〉，收入《中古學術論略》，頁30、38。
〔註7〕梁・蕭統編，唐・李善注《文選》，任彥昇〈爲范尚書讓吏部封侯第一表〉，
　　　頁1736。
〔註8〕清・董誥等編《全唐文》，李翱〈答韓侍郎書〉，（北京：中華書局，1987年），
　　　頁6408～2。
〔註9〕《正誼堂全書・魏莊渠先生集》，明・魏校〈與方時鳴書〉，（清康熙張伯行編
　　　同治左宗棠增刊本），頁2～1。

被忽視，但論述重點，主要是針對龐統寬容的舉才標準及風教目的，而將之典範化。

然而，龐統一年仕吳，以知人身分四處為人美評，果真如他所言，是為了興風化俗嗎？他的知人能力究竟如何？為何仕吳一年，要以知人身分應世？為何又有這一年短暫的仕吳？

目前學界對龐統的文學研究多過歷史關注，且集中在仕蜀後的事功，極少有人深入史料，探索其生命軌跡切換快速的真相。但龐統出仕僅五年，即亡於亂箭下，由於史料匱缺，究竟該如何理解其身分、政權轉移之玄機？

於是，本文回到龐統出仕前的歲月，試圖尋找蛛絲馬跡。蓋龐統未仕前，雖是隱居襄陽，但這段時光占其生命的 6／7，龐統的思想、性格，早在此時已定型。再者，其所接觸集團，表面看似遠離權力中心，實則臥虎藏龍，伺機而動，其中又以諸葛亮最出名。一旦深入了解該集團，會發現其中已預示龐統出仕後的動向，也隱藏著解開龐統仕吳真相之鎖鑰。而後人雖曾關注龐統四處美評的行為，但多從興風化俗的角度來認知，不明白龐統知人角色之扮演，實牽涉一場風雲詭譎的天下爭霸戰。

第一節　劉表政權下龐統的應世模式

以後設角度來看，劉備的勢力主要可分為四個集團：一，從涿郡起兵到寄寓荊州之前，以關張趙為主之舊部；二，荊州集團；三，客籍益州的東州集團；四，益州集團。其中，又以荊州集團勢力最大、人數最多，也是助劉備奠定帝業的主要貢獻者。龐統、諸葛亮便是荊州集團中的佼佼者。

所謂荊州集團，指的是劉備在荊州所吸收的人才。但仔細再區分，龐統與諸葛亮等一群士人，當時皆齊聚襄陽，彼此交遊甚密，且最後多數仕蜀，因此更精準的說，劉備的核心幕僚，主要出自襄陽集團。而龐統是襄陽本地人，諸葛亮卻是琅邪外籍士，可知此集團並不以地域為別，乃有其他因素為媒合。

那麼，襄陽集團究竟如何形成？何以諸葛亮要離開故鄉，遠至襄陽？深入探究，便發現當時的襄陽，並不只龐統、諸葛亮為核心的社群存在，尚有大量北士湧入襄陽，形成一圈圈的士人社群。襄陽士人集團現象隨著劉表掌荊而出現，又隨著荊州政權結束而瓦解。出仕前，龐統在襄陽蟄伏三十一年，他如何因應割據亂世之降臨？與劉表割據政權的關係又如何？此其一。

其二，這群齊聚襄陽的士人，學者或統稱爲「襄陽名士」，或稱「荊州文人集團」。然而，他們的本質是名士？是文人？只要稍涉襄陽交遊圈，很快會發現，並非所有流寓北士及荊襄士人都打成一片，在襄陽，約略可分三大士群，一是劉表核心幕僚群，主要由荊襄大族蔡氏、蒯氏組成；二是暫寓襄陽而思歸的北士，如王粲、司馬芝、裴潛、傅巽、杜襲等，此北士集團後來多投奔曹操。而第三，則是結合了荊襄本地士與外來流寓士，經常泛舟沔水，好論時務的士群，龐統、諸葛亮皆屬其中，本文主要探討的也是這個集團，因此或依其外在生活形態，簡稱泛舟集團；或依其內在特質，簡稱謀士集團；或就直接簡稱爲襄陽集團。

其三，出仕前，龐統的交遊圈，主要便是泛舟集團成員。在劉表政權下，他們以泛舟爲主要生活型態，經常齊聚沔水上的魚梁洲，看似遠離政治，生活圈小，實則多半是眼觀四方、口論時務，伺機而動的入世者。後來，他們也多半投入劉備陣營。爲何他們不仕劉表，不仕曹操，而皆一致歸向劉備？

出仕前，龐統與襄陽泛舟集團過從甚密，其間所見所聞所接觸，對往後的生涯已產生決定性影響。爲了解龐統出仕後身分及政權轉移等諸多疑惑，因此，本章第一節從龐統所處的襄陽泛舟集團切入，追問此泛舟集團怎麼形成？在劉表政權下的生存之道爲何？爲何集團成員多追隨劉備？他們的價值及對時務的看法爲何？既然龐統短短一生，留下的言行事蹟不多，那麼，是否能藉由集團共性，來推敲龐統出仕前之生命內涵及應世模式，以爲龐統出仕後突兀之動向，做出可能的論述。

壹、劉表割據政權之興衰

自黃巾之亂（中平元年，184 年）以來，中央已無力控制地方，靈帝末年（188 年），劉焉建議以清名重臣爲地方牧伯，[註10] 並加重地方治權，使地方有能力鎮壓民變。表象上，劉焉是爲鞏固中央，但實際上劉焉內懷異心，他先自請「有天子氣」的益州，不久便擬僭天子乘輿。中平六年（189 年），董卓入洛；初平元年（190 年），山東兵起，東漢進入軍閥混戰期。地方割據局面一開，劉家帝位更是岌岌可危。自劉焉領益州牧後，朝廷接連派遣劉室宗親入駐地方，又有劉虞掌幽州、劉表掌荊州、劉繇掌揚州，長江一線的戰

〔註10〕《三國志・蜀書・劉焉傳》：「刺史、太守，貨賂爲官，割剝百姓，以致離叛。可選清名重臣以爲牧伯，鎮安方夏。」頁 865。

略要地皆由劉氏主掌，以形成對中央的防衛線。未料，地方權勢擴增，或成為野心人士的利用工具，或劉氏自行擁兵自大，進而也成為割據一方之主，漢室已然窮途末路。

初平元年（190 年）正月，各路軍閥推袁紹為盟主，共討董卓，長沙太守孫堅率先進軍洛陽。北上途中，孫堅先殺對他無禮的荊州刺史王睿，又殺不支援軍糧給他的南陽太守張咨，荊州權力中空，朝廷迅速派劉表繼荊州刺史一職。建安十三年（208 年）秋，曹操南下攻荊，未至襄陽，劉表病終，子劉琮舉州投降。時駐紮樊城的劉備倉促奔逃江南，與孫吳聯盟，在長江赤壁與曹操對決。這一戰，促成三國鼎立之雛形，曹操據保荊北南陽、襄陽。孫、劉瓜分荊州中南部。從劉表入荊至病終（190～208），這十九年，恰是群雄割據開始到三雄底定，劉表亦是野心家，他身上便烙印著一方諸侯爭權的起與落。

劉表以一介儒生，為何能在軍閥混戰中，治荊長達十九年之久？其中必有相當優勢的主客觀條件。然而，隨著曹操南下，荊州政權卻瞬間瓦解。何以本來大有可為的劉表，又迅速走向衰亡？關於荊州政權何以偏安，史家大致有共識，但對荊州敗亡之因，卻有些歧義。比如陳壽《三國志》、范曄《後漢書》皆有〈劉表傳〉。陳壽認為荊州政權失敗，起於劉表的性格「外寬內忌，好謀無決，有才而不能用，聞善而不能納，廢嫡立庶，舍禮崇愛，至于後嗣顛蹙，社稷傾覆，非不幸也。」〔註 11〕由性格之善忌、無決斷，導致不能用才納諫，廢嫡立庶等問題。范曄則將重點放在劉表愚昧無知，他評曰：「劉表道不相越，而欲臥收天運，擬蹤三分，其猶木偶之於人也。……矜彊少成，坐談奚望。」〔註 12〕認為劉表坐談自守，卻妄想三分天下，猶如木偶有形無心，可知劉表不識時務，亦不自知。二人論述角度雖不同，但皆將荊州政權敗亡之因指向劉表，可知劉表有其個人限制。

但亦有些史家對劉表抱持同情的理解，所論似是而非。比如，一，認為劉表為儒生，其自知非勘亂之才，故重在推行仁義，而在戰略上採取守勢。如余鵬飛、陳麗等人。〔註 13〕二，認為荊州政權被蔡氏壟斷，致使劉表廢長

〔註11〕 《三國志‧魏書‧劉表傳》，頁 217。

〔註12〕 《後漢書‧劉表傳》，頁 2425。

〔註13〕 余鵬飛：「劉表是一個典型的儒生、名士……注重文化教育事業的發展……但在戰亂之際，就不一定是安邦定國、撥亂反正的人才。」見氏著〈劉表荊州政績淺議〉，《襄樊學院學報》1 期（2000 年），頁 92。陳麗：「劉表他自知非

立幼，其他人才亦無法進入政權核心。這個說法最普遍，陳壽、范曄都執此說。〔註14〕三，反果爲因，以眾多士人離棄劉表，是荊州政權衰亡的決定性因素，如王永平。〔註15〕

下文關於荊州政權興衰之探討，將試圖釐清以上論述之盲點，並指出劉表確實是荊州政權衰亡的主因。而其種種作爲，直接影響了在其政權下，襄陽數個小集團的發展與運作，包括士人之去留，其生活形態、生存之道等等，龐統所處的襄陽泛舟集團，便是一種獨特的應世模式。

一、劉表之長

當王睿、張咨被孫堅迅速斬殺時，兩人並未意識到軍閥年代已降臨，也小覷孫堅戰力。二人不明時務，不識軍閥本色，其死亦預示了，新時代對於人才需求之內涵，已悄悄轉移。

初掌荊州的劉表，其對亂世大局之掌握與因應，較張咨、王睿敏銳，政治手腕亦高明些。劉表（142～208）生於山陽高平，爲西漢魯恭王之後，乃第二次黨錮的核心黨人，既有正統家世背景，又在士人間享望甚高。黨錮期間，劉表消聲匿跡十五年；黨錮一解除，他被何進辟爲掾屬。不久，荊州出缺，劉表以宗室身分而得掌荊。

當時，荊州有二個嚴重問題。一是江南「宗賊」〔註16〕問題；二是全境尚處分裂狀態，如南陽爲袁術所據，吳人蘇代領長沙太守，貝羽爲華容長，各自屯兵作亂。劉表入荊，便「單馬入宜城，而延中盧人蒯良、蒯越；襄陽

勘亂之才，這迫使劉表在戰略上只得採取守勢。」見氏著〈論劉表的用人旨趣與爲政得失〉，《中央社會主義學院學報》第 3 期（2004 年），頁 47。

〔註14〕如陳壽《三國志・魏書・劉表傳》云：「初，表及妻愛少子琮，欲以爲後，而蔡瑁、張允爲之支黨，乃出長子琦爲江夏太守，眾遂奉琮爲嗣。」頁 213。范曄《後漢書・劉表傳》云：「表初以琦貌類於己，甚愛之，後爲琮娶其後妻蔡氏之姪，蔡氏遂愛琮而惡琦，毀譽之言日聞於表。表寵耽後妻，每信受焉。」頁 2423。

〔註15〕王永平認爲「割據政權興衰成敗的軌跡……地方大族及其士人代表依違去就的態度變化往往具有決定性的作用。」而「（荊襄）廣大士眾的離棄，這便決定了劉表政權衰亡的命運。」氏著〈士人去就與劉表興亡〉，《傳統文化與現代化》，第 6 期（1997 年），頁 57、67。

〔註16〕所謂宗賊，即境內大族土豪憑藉宗族、鄉里關係組成的武裝集團，原爲自保，後反趁亂打劫。唐長孺〈孫吳建國及漢末江南的宗部與山越〉，收於唐長孺著，朱雷、唐剛卯選編《唐長孺文存》（上海：上海古籍出版社，2006 年），頁 38。

人蔡瑁與謀。」〔註17〕以一介文士而言，此舉頗冒險，但劉表決策正確，蒯氏果然爲其出謀畫策，並迅速助其平定境內。這段對話可看出劉表之心機、手段，亦預示劉表政權與荊襄地方勢力的結合：

> 表曰：「宗賊甚盛，而眾不附，袁術因之，禍今至矣！吾欲徵兵，恐不集，其策安出？」良曰：「眾不附者，仁不足也，附而不治者，義不足也；苟仁義之道行，百姓歸之如水之趨下，何患所至之不從而問興兵與策乎？」表顧問越，越曰：「治平者先仁義，治亂者先權謀。兵不在多，在得人也。……」表曰：「子柔之言，雍季之論也。異度之計，臼犯之謀也。」〔註18〕

劉表以收服宗賊、徵集其兵爲前提，向蒯、蔡二氏諮詢良策。蒯良建議以仁義治荊，蒯越認爲治平用仁義，治亂用權謀。劉表結論是，蒯良（字子柔）乃「雍季之論」，蒯越（字異度）爲「臼犯之謀」。此乃用晉文公之典，意指先採蒯越詐術，待平定荊州，再用蒯良仁義之策。於是他以蒯越利誘宗賊，五十五人皆至而被斬，其下部曲盡歸劉表，其他宗賊則聞風解印綬，不費一兵一卒平江南。

爾後，劉表將治所北遷至襄陽，奉袁紹爲盟主，響應討卓。在董卓亂起時，二袁身懷異志，分道揚鑣，紹奔冀州，術入南陽。劉表受獻帝敕命掌荊後，有野心的袁術命孫堅攻襄陽，欲驅逐劉表。結果孫堅被殺，袁術引兵離荊。從撫平境內宗賊，到將袁、孫二大軍閥驅離，不到三年時光，荊州乍現強盛之勢，連挾持獻帝的西涼軍李傕、郭汜，都欲連表爲援。

事實上，荊州雖臨近中原，但向來戰亂較少波及，百姓足衣足食。自黃巾賊起，中原板蕩，接著又有董卓之亂，兗、豫、三輔地區先後陷溺。荊州以位置、經濟、安穩等條件，成爲大量流民徙居之地。〔註19〕不僅如此，荊州江山險固，控制長江中游，亦爲野心家所覬覦，於是它從邊陲一變而成群雄必爭之地。正如魯肅對孫權所說：「夫荊楚與國鄰接，水流順北，外帶江漢，

〔註17〕 《三國志‧魏書‧劉表傳》注引司馬彪《戰略》，頁210。

〔註18〕 《三國志‧魏書‧劉表傳》注引司馬彪《戰略》，頁210。

〔註19〕 當時主要有三條流徙路線，分別是：一，由豫州奔向徐州，再由徐奔向青州或兗州，再由兗州奔冀州幽州，乃至由青州浮海往遼東。二，由豫州奔向荊州，或揚州再往交州。三，由荊州奔并州、涼州乃至益州。參見費海璣〈用科學方法談三國志〉，收入《歷史研究集》（台北：臺灣商務印書館，1976年），頁41。

內阻山陵。有金城之固，沃野萬里，士民殷富，若據而有之，此帝王之資也。」
〔註 20〕袁術進據南陽，亦欲以荊州爲帝王之資，故當劉表占據此資源，袁術
一手揮揚討卓扶漢的義兵旗幟，另一手卻與漢政府官員，亦是討卓盟友的劉
表廝殺。未料劉表一介儒生，竟將他驅逐出境。

　　事實上，在劉表治理下，荊州確實走向偏安。再加上劉表具有宗室、黨
人、儒生之背景，對正統觀濃厚，甫經漢末黨錮之爭的士人而言，更具有強
大的召喚力。據史載，當時關中地區流入荊州者十萬餘家，而「關西、兗、
豫學士歸者蓋有千數。」〔註 21〕治所襄陽，一時人才濟濟。

　　那麼，劉表如何治荊，使荊州成爲戰火外的樂土？第一步，便是上述所
言，他利用襄陽大族蒯、蔡二氏平定江南，安穩內政。第二步，待「州界群
寇既盡，表乃開立學官，博求儒士，使綦毋闓、宋忠等撰五經章句，謂之後
定。」〔註 22〕這一步，尤其吸引大批學子湧入襄陽，聚集學官，交遊講學論
士，形成亂世中的學術重鎮。王粲《荊州文學記官志》曰：

> 有漢荊州牧曰劉君稱曰……夫文學也者，人倫之首，大教之本也。
> 乃命五業從事宋衷新作文學，延朋徒焉……五載之間，道化大行。
> 耆德故老綦毋闓等負書荷器，自遠而至者，三百有餘人。於是童幼
> 猛進，武人革面……。〔註 23〕

劉表禮聘大儒宋忠，改定五經章句，刪浮辭，除煩重，發展出簡明求實、
注重義理的新學風。劉表又廣求儒士，甚或主動招迎，來者皆以賓客禮之，
給予經濟支助。而他本人好《周易》，並博尋散落之典籍……種種興儒、重
儒舉措，吸引了古學大師綦毋闓，及遠近學子三百人前來，使其愛民養士
之聲更爲廣傳。但劉表開立學官之用意何在？眞如他所聲稱：「文學也者，
人倫之守，大教之本。」欲以儒學教化人倫，實踐仁義之道嗎？待下一小
節再探。

　　以上所述，可知劉表以本身優厚的條件，再加上有效結合當地大族、謀
士，故能三年平撫宗賊，驅逐軍閥。待安穩內政後，又開立學官，五載道化
大行。一連串政治舉措，吸引了大量北士南來。從治績來看，他促成荊州十

〔註 20〕《三國志‧吳書‧魯肅傳》，頁 1269。
〔註 21〕《後漢書‧劉表傳》，頁 2421。
〔註 22〕《三國志‧魏書‧劉表傳》注引《英雄記》，頁 211。
〔註 23〕唐‧歐陽詢撰，汪紹楹校《藝文類聚》（上海：上海古籍出版社，1999 年），
　　　　頁 965～1。

九年偏安；從學術來看，他促成荊州學派產生。如此一號人物，何以不能躍居群雄核心？

二、劉表之短

基本上，劉表的核心思想，乃以當下的利害爲權謀，正因著眼於當下利害，延伸到用人、政策上，便呈現種種侷限。以下試分析之。

（一）結合地方權貴

關於劉表的專論不多，〔註24〕雖多能指出劉表以地方大姓爲政權核心，但劉表爲何用荊襄大族？究竟怎麼用？則少有深入探討。

先從劉表單馬入宜城，所邀的蔡、蒯二氏談起。劉表爲何獨邀蒯、蔡二氏？利用他們平亂後，接下來如何用他們？

劉表政權與蔡氏的關係最深。他初邀蔡瑁與謀，後娶蔡瑁姐爲續絃，接著又廢長子劉琦，而立蔡氏所生少子劉琮。因此，釐清蔡家的主要特質，即可以反推劉表何以重蔡氏。

據《襄陽耆舊記》，漢末，諸蔡最盛。蔡瑁爲蔡諷之子，蔡諷之姐嫁太尉張溫，蔡諷長女適襄陽名士黃承彥，小女嫁爲劉表後妻。蔡氏尚有蔡瓚爲鄡相，蔡琰爲巴郡太守，與瑁同堂。蔡瑁一家住在沔水中的蔡洲，家甚豪富：

> 蔡瑁，字德珪，性豪自喜，少爲魏武所親。劉琮之敗，武帝造其家，入瑁私室，見其妻子……是時，瑁家在蔡洲上，屋宇甚好，四牆皆以青石結角，婢妾數百人，別業四五十處。……永嘉末，其子猶富，宗室甚強，共保於洲上，爲草賊張如所殺，一宗都盡，今無復蔡姓者。〔註25〕

蔡瑁與曹操爲少時好友，二人相識或因曹操祖父曹騰曾提拔南陽張溫，而張溫即蔡瑁姑丈。曹操接收荊州後，特來蔡洲拜訪舊友，由「入瑁私室，見其

〔註24〕 目前以劉表爲主題的專論，筆者覺得較有見地者，爲林榕杰〈荊州變局前後的劉表父子考論〉，《求索》第 5 期（2008 年），頁 211～214。以及「三國在線網」所載〈劉表綜合評估大全〉，http://www.e3ol.com/culture/html/2012-11/22714/22714_20121124.shtml。（2013 年 12 月 1 日檢索網址）；而王永平〈士人去就與劉表興亡〉及陳麗〈論劉表的用人旨趣與爲政得失〉二文，則較集中地論述了劉表與襄陽士人之關係，於本文多所啓發。

〔註25〕 東晉·習鑿齒著，黃惠賢校補《校補襄陽耆舊記》，（河南：中州古籍出版社，1987 年），頁 13。本文主要採用《三國志》裴注之《襄陽記》版本，如裴注不載，則採黃惠賢校補版本。

妻子。」可知極為親密，且以親訪蔡瑁，表示對他的高度重視。蔡氏宗族富強，凝聚力高，以部曲護衛家園，從漢末至西晉末，共保於洲上，儼然洲上小諸侯。蔡洲即因蔡氏而得名，勢力龐大由此可推。

　　儘管漢末諸蔡頗盛，相關史料卻極少，蔡瓚、蔡琰史皆不載，有一遼東太守亦名蔡諷，可能同名而非瑁父。〔註 26〕而蔡瑁史料僅數筆，難以取得更多事蹟，但從蔡諷姐及蔡諷二個女兒之所適，可知蔡家文化擅長結合權貴名士，藉以擴張門戶。再從其牆宇建材、婢妾、別墅可知，蔡氏宗族愈益富強後，族子傾向享樂，並以此驕豪於亂世。既有部曲自保，又重物質享樂，是否趁亂為宗賊到處搶掠財貨，也未可知。至西晉末時，蔡氏全宗盡滅於草賊張如。由漢末最盛至西晉末盡滅，僅約一個世紀半。

　　劉表入荊，主動邀蒯氏、蔡氏與謀，二計皆蒯氏所提出，蔡瑁似未出謀。不僅如此，當曹操勢大，內部出現降曹聲音時，也不聞蔡瑁之聲。蔡瑁既居權力核心，為何重大政見上，皆未曾表示意見？若從蔡瑁職務來推論，劉表曾任蔡瑁掌行政、掌兵，〔註 27〕曹操則拜他為長水校尉，二項職務皆非參謀顧問，或可知出謀畫策並非其所長。蔡瑁雖未表示意見，但當劉表政權分裂為親曹、反曹派時，他的立場是什麼？這可再從蔡氏擁護的少子劉琮來推敲。當曹操逼近襄陽，劉表卒，劉琮繼立後，核心幕僚皆勸劉琮降曹，劉琮答：「今與諸君據全楚之地，守先君之業，以觀天下，何為不可？」〔註 28〕劉表至死未降曹，而劉琮在曹操逼臨時，亦想「守先君之業」。可知在劉表生前，劉氏父子皆無降曹打算。由上文初步分析，蔡家擅長結合權貴，以擴張門戶勢力，且家族文化傾向物質享樂，既然如此，他何須表態降曹？一旦表明親曹立場，豈不自陷於劉氏父子疑忌？且從結果看，蔡瑁後來隨劉琮降曹，雖名正言順，但這表示他並不以劉氏政權為守。故蔡瑁雖無聲，從其行為取捨，可推知其內心是以自我利益為擇。既圖實利，故不堅持政治立場，亦不表露心跡。或者也因其處處服順，故能成為劉表第一親信。

　　劉表妻死後，劉表續娶蔡瑁之姐。在蔡瑁無謀，亦未聞其他特長的情況下，劉表卻積極強化兩家關係，可見劉表所重，非蔡瑁之才，而是他背後龐

〔註 26〕　這個蔡諷追擊鮮卑入寇而戰歿，死於安帝建光元年（121 年）。若蔡瑁與曹操年歲相當，曹操生於 155 年，此蔡諷若為蔡瑁父，年紀似早了一代。

〔註 27〕　他在劉表幕下所任者，有江夏、南郡、章陵太守及軍師等職，參考陳麗〈論劉表的用人旨趣與為政得失〉，頁 44。

〔註 28〕　《後漢書‧劉表傳》，頁 2424。

大的勢力。據上文所引史料，一旦劉表與蔡氏相結合，蔡氏有諷、瓚、瑁、琰數人或官或富，由蔡氏婚姻又延伸出張溫、黃承彥等權貴名士，張、黃再延伸出去，可知其裙帶勢力之大。

事實上，襄陽向來大族林立，或許這也是劉表將治所遷至襄陽的原因之一。據盛弘之《荆州記》，漢靈帝末年時，「襄陽郡峴首山南至宜城百餘里，其間雕墻峻宇……有卿士刺史二千石數十家，珠軒駢輝，華蓋連延，掩映於太山廟下，刺史行部見之，雅歎其盛，勅號太上廟，道為冠盖里。」〔註29〕襄陽在峴山南，由此往下至宜城，豪貴連綿百餘里。到了漢靈帝末年，便反映在襄陽廟會中，一片冠盖雲集的盛況。可知在劉表入荆前，襄陽便是大族集中區。劉表入荆，先單馬入宜城，邀蔡氏、蒯氏與謀，事實上蔡氏並無謀；平亂後，遷治所於襄陽；掌荆後，又特重無謀的蔡氏。可知劉表所重，即是大族之豐厚資源。否則以其儒生背景，何以不遷至文風最盛的南陽，〔註30〕而獨衷襄陽？又何以邀無智謀之蔡瑁與謀，並在日後多所倚重？

蓋靈帝末年，當官需至西園諧價，而襄陽豪富甚多，且卿士刺史二千石數十家，或亦有大族即是透過買官而入仕。入仕後，再利用權位以成巨豪，如此循環壯大。蔡瑁結合權貴以擴張權勢財富，便有此傾向。蔡家既以權貴，成為劉表積極攀附的對象，成為政權核心後，再拉進其姐，生子劉琮，爭取成為荆州繼承人後，蔡瑁便躋身更高之權貴。而劉表也是透過結合權貴後，迅速鞏固自己在荆州之權位，爾後，經營儒風、生活安定等條件，吸引十萬餘士眾入荆，並將自己推上帶甲十餘萬的大軍閥。然而，其眼光侷限於以荆州傳家，其子劉琮亦欲守先君之業，正因父子皆格局窄小，故淘汰於群雄爭霸戰中。劉、蔡兩家文化雖一拍即合，結盟互惠十九年，但荆州一降，蔡瑁立即降曹，證明彼此之間並無忠義。基本上，劉、蔡乃因利益當前而結合，其聚散亦因著利害權謀而聚散。

確定劉表重用蔡瑁之關鍵後，再來審察劉表對待蒯越前後態度之落差，便覺得極其合理，但學界未曾注意其中變化。

蒯氏有二大資源，一是謀略，二是大族背景。劉表先用其謀，後僅倚重

〔註29〕宋・李昉等奉敕編《太平御覽》（臺北：臺灣商務印書館，1975 年），頁 949 ～1。
〔註30〕當時荆州政治中心在武陵漢壽，文化勝地在南陽。蓋因南陽為光武帝鄉，貴戚遍布，遷都洛陽後，又鄰近首都，與汝、潁中原文化圈相接軌，故學風大盛。

其大族勢力，此從劉表鞏固權勢後，不再重視蒯越之謀，但依然讓蒯越居權力核心，可以推知。然而蒯氏與蔡氏之別，正在於蒯氏之謀智，且其源遠流長。蒯越之先祖，便是西漢聞名之策士蒯通。蒯通擅長分析長短利害，楚漢相爭時，曾令燕趙不戰而降者三十餘城，自己亦以舌辯避過劉邦殺害。〔註31〕傳至東漢末，又出了一位以「深中足智」遠近馳名的蒯越，他因此被何進辟爲掾屬：

> 越，蒯通之後也，深中足智，魁傑有雄姿。大將軍何進聞其名，辟爲東曹掾。越勸進誅諸閹官，進猶豫不決。越知進必敗，求出爲汝陽令，佐劉表平定境内，表得以彊大。詔書拜章陵太守，封樊亭侯。
>
> 荊州平，太祖與荀彧書曰：「不喜得荊州，喜得蒯異度耳。」〔註32〕

蒯越先仕何進、次佐劉表、後仕曹操，亦是熱衷仕途者。但蒯越頗有才智，他勸何進誅宦官，並從何進的猶豫不決預見其敗，故求出而回鄉。如他所料，何進後被宦官誅殺。他對劉表獻策，云「兵不在多，在得人也。」結果他不費一兵一卒，即平定宗賊。由此可見，蒯越有權謀，亦有遠識。但蒯越如何得人？其平荊之策接下來說：

> 袁術勇而無斷，蘇代、貝羽皆武人，不足慮。宗賊帥多貪暴，爲下所患。越有所素養者，使示之以利，必以眾來。君誅其無道，撫而用之。一州之人，有樂存之心，聞君盛德，必襁負而至矣。兵集眾附，南據江陵，北守襄陽，荊州八郡可傳檄而定。術等雖至，無能爲也。〔註33〕

蒯越分析荊州諸割據勢力，很快指出首要關鍵在宗賊。他觀察宗賊貪暴，故可利誘之；而其下部曲積怒已久，故可收撫之。基於此，他出一策，即平江南，可知對時局、人物判斷極精準。然而，這個謀略之所以成，還在於蒯越平日便「有所素養」，與宗賊關係良好，此刻才能誘出眾多毫無防備的賊首，一舉殲滅。可知蒯越乃以長遠利害爲謀，無怪乎曹操甫接收荊州，便喜孜孜道「不喜得荊州，喜得蒯異度耳。」

　　但如此足智善謀之才士，劉表卻只用不重。從官渡一戰，荊州方面之反應可以得知。此時，劉表已是治荊十年的大諸侯，政局偏安，擁兵十萬。雖

〔註31〕可參《漢書・蒯通傳》，頁 2159～2167。
〔註32〕《三國志・魏書・劉表傳》注引《傅子》，頁 215。
〔註33〕《三國志・魏書・劉表傳》注引司馬彪《戰略》，頁 210。

然看似頗有作為，但外在形勢之變化，卻讓劉表的權力核心，悄悄把目光轉向曹操。

（二）「雍容荊楚，坐觀時變」

建安元年（196年）是個多事之秋。該年，曹操迎獻帝都許昌。挾天子以令諸侯的他，形勢瞬間扭轉。但安立於荊州的劉表，似乎未意識到局勢變化。劉表掌荊後，便奉袁紹為盟主；當漢獻帝都許，劉表一邊遣使貢獻天子，一邊仍與冀州袁紹相結。蓋袁紹為四世三公的大士族，門生故吏滿天下，入主冀州後，勢力迅速擴張，可知劉表仍欲透過袁紹勢力，以鞏固自我，此與他結合蔡瑁之模式相同。但劉表一邊尊漢，一邊結袁的兩面手法，看似中立，其實矛盾。既尊奉天子以盡臣節，便不該暗結有篡逆之心的袁紹，治中鄧羲洞識其中危險，加以勸諫，劉表卻答曰：「內不失貢職，外不背盟主，此天下之達義也。治中獨何怪乎？」〔註34〕劉表認為此舉兼顧內外，乃「天下之達義」，可以通達於世，行遍天下。推敲其心，蓋荊州牧乃奉天子之命始得，故尊漢實乃名正言順，且亦為鞏固自己地位，故得遣使貢獻之。然而，此時漢獻帝為曹操所挾，而曹操兵弱將寡，相較之下，袁紹勢大，不結袁，則袁成強敵；結袁，則袁為強援，如將來袁紹成為天子，自己亦有利可圖。故劉表未聽諫，鄧羲因此辭職而去。

在鄧羲建言之前，劉表中立政策，已使荊州外於南北戰局而獲得短暫偏安，並令十萬士眾先後流入。對劉表而言，這豈非以逸待勞，令荊州勢力不斷擴張乎？觀望而坐大的心態隱然已現。可以推知，劉表所謂「天下之達義」，其實是「天下之達算」，他並非真尊漢，亦非真結袁，只是隨局勢變化，尋求一進可攻、退可守的雙贏之道。但劉表一邊旁觀戰火，一邊迎合討好，真能雙贏乎？鄧羲極力勸諫劉表，應是預見劉表外交策略之危險。而此危機，在官渡一戰時，明朗化了。

當時，曹操挾天子以令諸侯已四載，控制了黃河以南的兗、豫、徐三州，又向南延伸至荊北，向北進入河內。但袁紹更加氣勢如虹，短短幾年，併吞幽、并、冀、青等四州，雄霸北方，馬上就要揮兵南下。曹、袁決戰在即。建安五年（200年）正月，曹操決定先消滅在徐州立足未穩的劉備，以避免將來與袁紹作戰時，腹背受敵。他以迅雷不及掩耳的速度，攻破徐

〔註34〕《三國志·魏書·劉表傳》，頁211。

州，劉備逃奔袁紹。二月，袁紹領兵十一萬南下，曹、袁在官渡決戰。此
時，袁紹求助於盟友劉表，但劉表又走中立路線，許袁卻不助袁，亦不佐
曹操。劉表政權核心激起強烈反彈聲浪。二大幕僚韓嵩、劉先力諫，蒯越
亦隨之附議：

> 從事中郎南陽韓嵩、別駕劉先說表曰：「今豪傑並爭，兩雄相持，天
> 下之重在於將軍。將軍若欲有為，起乘其敝可也；如其不然，固將
> 擇所其所宜。豈可擁甲十萬，坐觀成敗，求援而不能助，見賢而不
> 肯歸！此兩怨必集於將軍，恐不得中立矣。曹操善用兵，且賢俊多
> 歸之，其埶必舉袁紹，然後移兵以向江漢，恐將軍不能禦也。今之
> 勝計，莫若舉州以附曹操，操必重德將軍，長享福祚，垂之後嗣，
> 此萬全之策也。」蒯越亦勸之。表狐疑不斷，乃遣嵩詣操，觀望虛
> 實。〔註35〕

何以劉表的核心幕僚，皆欲拱手讓荊與曹？首先，韓、劉皆洞穿劉表中立為
假，坐觀成敗以收漁利為真。但盱衡時局，若此時劉表再保持中立，不但不
能獲益，更將惹來「兩怨必集於將軍」，因曹、袁不論誰勝誰負，下一步皆要
出兵荊州，併吞劉表。相反的，劉表擁甲十萬，虎視於後，曹、袁決戰，雙
方皆忌憚之，故劉表不論援助哪一方，幾可決定勝負，此所謂「兩雄相持，
天下之重在於將軍。」因此，二人建議劉表，若欲有所作為，可趁此時偷襲
許都，爭奪天下。如欲「擇其所宜」，則以依附曹操為上，因曹操善用兵，必
勝袁紹，接著必南下荊州，若此時投降，猶能為曹操所重，長享福祚，此乃
萬全之策也。

　　從韓嵩、劉先對劉表、曹操及時局之分析，可知二人皆為深諳利害之謀
士，眼光精準，條理明白，劉表身邊可謂不乏人才。但當幕僚意識荊州之危，
紛紛表態降曹時，劉表依然狐疑不斷。最後，他決定派遣韓嵩一探究竟。韓
嵩以此差事難為，加以拒絕：

> 嵩對曰：「嵩觀曹公之明，必得志於天下。將軍若欲歸之，使嵩可也；
> 如其猶豫，嵩至京師，天子假嵩一職，不獲辭命，則成天子之臣，
> 將軍之故吏耳。在君為君，不復為將軍死也。惟加重思。」表以為
> 憚使，強之。至許，果拜嵩侍中、零陵太守。及還，盛稱朝廷曹操
> 之德，勸遣子入侍。表大怒，以為懷貳，陳兵詰嵩，將斬之。嵩不

〔註35〕《後漢書·劉表傳》，頁2422。

為動容，徐陳臨行之言。表妻蔡氏知嵩賢，諫止之。表猶怒，乃考殺從行者。知無它意，但囚嵩而已。〔註36〕

韓嵩之意甚明，朝廷在許，劉表乃天子敕命之牧，入許若受封，即需奉天子命（也就是奉曹操命），屆時無法再奉劉表為主。這不是為難我嗎？韓嵩說得直率、坦白，但劉表卻以韓嵩畏懼推託，故強行之。結果韓嵩出使回來，盛讚曹操，劉表憤怒異常，認為韓嵩有貳心，甚至陳兵要殺之，幸得其妻蔡氏諫而止。

至此，已可清晰顯示，劉表掌荊十年，其核心幕僚如韓嵩、劉先、蒯越等，一面倒向曹操，表示眾人皆洞見曹必勝袁，同時亦深知劉表之侷限，無法與諸雄並爭。而蒯越也在此時力諫，可知他佐劉表十年，仍在荊州居核心，故大事皆能與謀，但其建言劉表並未採納，可見，荊州政權實由劉表主導，智囊團雖可議政，卻無法左右劉表決定。之前有鄧羲，辭疾而去，此時又有韓嵩，幾致殺身之禍。而在劉表疑韓嵩不忠時，反而是劉表寵溺的蔡氏替韓嵩求情，其云：「韓嵩，楚國之望，且其言直，誅之無辭。」〔註37〕相較於劉表之昏昧，蔡氏雖一介女流，其諫言卻清晰有理，這才令劉表改而囚嵩。由韓嵩之例可知，生殺大權乃操控於劉表，劉表雖寵溺蔡氏，但蔡氏並未能壟斷政治，蔡家看似握有軍政實權，實則聽命於劉表，故荊州之敗，主因乃在劉表。

既然劉表身邊不乏謀士，且從謀士的分析論斷，又知皆為論利害之謀士，而劉表個人亦著眼於利害，故積極結合地方權貴，以鞏固自我勢力。既皆以利害為著眼，為何眾人一致親曹時，劉表依然狐疑觀望，且至死亦未聽從其議？此則可以回頭再來探討，劉表為何堅持中立？

劉表掌荊第十載，開始明目張膽，行起天子之事。他欲觀天子雅樂於庭，擅自任命交州太守之職等，〔註38〕且「不供職貢，郊祀天地。居處服用，僭擬乘輿焉。」〔註39〕由種種僭越行動，可知劉表內有天子之志。既有天子之志，為何據守一方，不積極爭天下？從韓嵩、劉先所分析，劉表「坐觀成敗……恐不得中立矣。」已洞穿劉表中立的背後，實欲坐觀鷸蚌相爭，以漁翁得利，

〔註36〕 《後漢書・劉表傳》，頁 2422。
〔註37〕 《後漢書・劉表傳》注引《傅子》，頁 2422。
〔註38〕 參見〈劉表綜合評估大全〉，「三國在線網」，2013 年 12 月 1 日檢索網址 http://www.e3ol.com/culture/html/2012-11/22714/22714_20121124.shtml。
〔註39〕 《資治通鑑》，頁 2040。

且此利益，指向帝王之業。如果劉表眞尊漢，此刻爲何行天子事？可見得表面尊漢結袁，實際則爲利害權謀。但核心幕僚一一指出坐觀成敗，將招致禍患。由此反襯出，劉表之權謀，實乃依眼前近利而權謀，雖能謀短暫利益，卻無法圖長遠江山。而此不僅劉表幕僚所獨見，當時寄寓襄陽之北士亦有目共睹，如河東裴潛私謂所親王粲、司馬芝曰：「劉牧非霸王之才，乃欲西伯自處，其敗無日矣。」〔註40〕山陽王粲亦曰劉表「雍容荊楚，坐觀時變。」〔註41〕諸多士人皆洞穿劉表據守荊州而幻想帝位之可笑，何以劉表不自覺？

　　劉表天子之志，在坐擁荊州十年後始外顯。數年經營下，荊州成亂世中的安定之地，致使大量人才流入，也將劉表帶向「地方數千里，帶甲十餘萬」〔註42〕的大軍閥。劉表之野心使荊州迅速穩定，但坐擁荊州後，似乎也使他自滿於此，而深陷安樂的小格局中。諸士指出劉表坐守荊州，「欲觀時變」、「以觀天下變」，但劉表卻無觀時變之眼光，他並非識時務者。從何可知？在曹操挾天子之前二年，劉表本有機會奪得先機。當時，漢獻帝從李傕、郭汜的魔掌中逃出，欲回洛陽。趙岐入荊，請求劉表助修殘破宮室，以迎獻帝還都。〔註43〕劉表立即「軍資委輸，前後不絕。」〔註44〕但劉表果眞忠於漢獻帝乎？如若忠於漢室，應在獻帝身陷魔掌時，即積極營救，並心繫獻帝安危，何待趙岐入荊求援，才前往資助？後來一連串的僭越之舉，更證明他有天子之志。既有天子之志，又有助資之功，並因此得以親近漢獻帝，爲何讓曹操占得挾天子以令諸侯的優勢？

　　從中便反襯出，劉表雖有爭權奪位之心，卻遠不如曹操識遠謀深。但當眾人指出曹操爲雄時，劉表卻猶疑不決，表示他無法洞識曹操實力。劉表不但無法鑒識人物，亦無法洞識時務，其未能預料曹操版圖擴張，荊州便相形弱小，自保尚難，猶欲坐收漁利？故在曹、袁勝負明朗時，劉表依然固守中立。從劉表的中立政策，呈顯其眼光狹隘，格局不大，故其雖使荊州偏安十九年，卻不能眼觀四方，洞見烽火激戰下，北曹東孫局面已成，荊州可謂腹背受敵。在群雄各自集結人才勢力，打下江山基業時，他卻因以逸待勞、坐

〔註40〕《三國志‧魏書‧裴潛傳》，頁671。
〔註41〕《三國志‧魏書‧王粲傳》，頁598。
〔註42〕《三國志‧魏書‧劉表傳》，頁211。
〔註43〕《後漢書‧趙岐傳》云興平元年（194年），頁2124。《資治通鑑》云建安元年（196年），頁1979。二書所載時差二年，但不影響本段論述重點。
〔註44〕《後漢書‧趙岐傳》，頁2124。

觀時變而屢失戰機。可以說劉表自滿於荊，也陷於荊，實乃自取敗亡。而當曹操攻入荊州，其所傳之子，竟亦欲「守先君之業，以觀天下。」對時局之無知可見一斑。然而，亦由此反映劉氏父子皆視荊州為家業，抱持坐守荊州、觀得天下之美麗妄想。

事實上，在官渡之戰前兩年，荊州內政、外交已浮現危機。建安三年（198年），長沙太守張羨聽從桓階之議，與曹操結盟而叛變，但因曹操與袁紹相抗，無法出兵南北夾擊，被劉表速攻，年餘平定之。建安四年（199年），流寓至荊、被劉表用為北藩的賈詡、張繡，在官渡之戰前夕降曹，荊州北門頓開。同年，孫策率軍攻江夏，大敗黃祖，荊州東門空虛。建安五年（200年），決定曹、袁勝負的重要戰役，在官渡展開。這不只牽動曹、袁及北方，更是攸關誰主控天下的關鍵戰，隔鄰的荊州尤當其衝。在層出不窮的危機中，劉表不思解決問題，竟在此時行天子事，足見其對時務之無知，及深陷於幻想中。

以劉表的條件，本大有可為，但隨著其個人侷限慢慢浮出枱面，荊州政權也每況愈下。在劉表治荊前十年，猶是荊州勢力發展上升的階段。但從上述之史料，其實已可總結荊州敗亡之因：

首先，可從劉表對蒯越的態度來看。深中足智如蒯越，在助劉表平定江南後，為何被棄置一旁？蓋因蒯氏是權謀家族，而劉表所重在權貴，故他可不斷結合蔡家，至於蒯越之謀，一旦無關利害，便棄置一旁。且蒯越多謀好諫，而劉表對於直諫之幕僚多所疏離，甚至不能相容，鄧義、韓嵩皆是顯例。但劉表既有天子之志，且知利用蒯氏計謀以平荊，何以不能再善用蒯氏計謀以得天下？足見劉表坐擁荊州後，自滿亦自困於荊，既不急圖天下，又無容諫雅量，自然置蒯越於一旁。

接著，再從官渡一戰，劉表堅持中立策略來看，此事呈顯了劉表多方面的侷限。曹、袁相爭，劉表卻欲坐觀天下之變，以收漁翁之利，此有其陰險。然而此舉只會集兩怨於一身，誰得天下，回頭都要併吞他，此有其無知。他不能聽從屬下建言，又害怕所說為真而失荊州，可知他不能穿透局勢變化，亦無法判斷曹操虛實，此為其眼光狹隘。他雖有天子幻想，卻限於荊州之格局，既無法積極有為爭天下，又不願拱手讓荊州，徒然妄想坐觀江漢，得取天下。多重缺陷下，劉表自斷送了荊州。

事實上，劉表亦心存利害，只因其著眼於荊州小利，而失去長遠謀略，可知目光短淺而因小失大。故劉表只能憑當下利害來行使權謀，而無法以長

遠利害來定權謀，一旦利害變調，權謀也隨之而變。從他對劉家天子、對袁紹陽奉陰違，背後皆在伺機圖謀更大的利益，顯示其乃以利害權謀爲核心思想，但敗在無長遠眼光以穿透時務，以權謀利害。

　　既著眼於利害，回頭看劉表初掌荊，爲何積極籠絡蔡、蒯二氏？可知二人最符合劉表當下之利益。果然，蒯越兩年爲之平荊州。然而，荊州立定後，劉表卻棄有謀而好議政的蒯越不用，讓無聲無謀的蔡瑁掌權，又可知劉表此時著眼之利，乃守荊觀天下。而對蔡、蒯二氏而言，蔡家擅長結合權貴，蒯家善以權謀爭利避害，故劉表一邀，皆能有所呼應。蔡瑁意在享樂，似善事劉表而無所諫，或因此而受信重。但荊州一降，蔡瑁立即轉向靠攏曹氏，繼續其無聲的謀利。而蒯氏洞見曹操之勢，勸表降操，實也著眼於自己之利害，故後來亦隨荊降操。但在荊州降之前，蒯越並未曾背主，尚爲忠諫之人。然觀其實質，劉、蔡、蒯三氏之結合，可謂以權謀爲主軸，以利害爲考量，彼此互利互惠的關係。

　　從這個角度，回頭檢視劉表開辦學官之意圖，眞如他所說，欲以儒學行仁義教化嗎？若眞有仁義之心，何以對助他平江南的蒯越如此冷淡？而他一死，蒯、蔡二氏又不假思索降曹？可知劉表看似在實踐治平用仁義之道，實則以仁義爲表，以權謀爲實。開立學官，假儒學爲號召，或者正欲藉此吸引人才，從中獲取龐大的人力資源。

　　劉表確實因此吸引眾多人才入荊，但觀劉表之核心幕僚，蔡瑁、蒯越、鄧羲、韓嵩、劉先，清一色皆荊州本地士人。身邊雖不乏人才，但僅結合地方權貴；雖用荊士爲政，卻又主控政權，固執己見，不聽臣諫。蒯越曾建言劉表「兵不在多，在得人也。」於劉表，其得人不難，難在用也。劉表政權下，不只蒯越受冷落，尚有許多人才因直言而見疏。而近僚多年事劉表，早已深知劉表雖存天子之志，卻無天子胸襟、謀略及行動，展現多重的矛盾及猶豫。相較之下，曹操志在天下，謀略深遠，尤其愛才重才，勢力日壯。以勢力做抉擇的荊州政要，自然倒向曹操，而此時，劉表依然沈浸荊州夢。群雄爭戰的勝負，早現端倪。

　　而眾多入荊求發展，卻被冷落一旁的士人，亦接二連三遠避劉表，尤其建安元年（196年）天子都許，北方局勢起了微妙變化後，集聚襄陽城內的北士集團，歸向更加明確。未能立即北歸者，或遁身於學官，表面談論講學，實則各有所思，各尋所好，伺機而動。雖然如此，劉表所造就的偏安政局，

仍促成一些北士與荊士的交融。在沔水河岸，即匯聚著一群士人，以魚梁洲為基地，以龐德公、司馬徽為精神領袖，其下有龐統、諸葛亮、徐庶及諸多襄陽大族，彼此往來甚密，經常泛舟襄裳，談笑歡暢，互動親切，並形成緊密的交遊圈。這些人的才智謀略不下於劉表核心幕僚，為何在亂世中，卻以泛舟為樂呢？

貳、襄陽「謀士」集團之特質

目前關於劉表時期襄陽集團的研究不算多。首先，將襄陽士人集團定位為「文人」或「名士」者，如張旭華〈漢末襄陽名士清議〉〔註45〕，將群聚襄陽之士人泛稱「名士」；唐春生〈劉表時期避難荊州的北方名士〉〔註46〕則以「名士」概稱流寓荊襄之北士。另有張甲子〈荊州文人集團與南北文化之交融〉，則以「文士」統攝之，但其文已能粗分荊州二大士群。〔註47〕事實上，當時群聚襄陽而後聞名於世者，主要特質皆不在「文人」或「名士」，且當時的襄陽，至少有三大士人交遊圈，唐春生一文，考出三十位北士，並交代其來去動機，對本文釐出襄陽三大集團之輪廓極有助益。其次，亦有學者從集團角度探究它對個人成才之影響，如漆福剛〈諸葛亮成才與襄陽隱士群體〉〔註48〕、黃燕平〈王粲荊州交遊考〉〔註49〕，本節探索出仕前的龐統，便以此為研究進路。

其中，漆福剛一文雖僅四頁，但文中曾界定集團成員，判斷集團屬性，不僅研究範疇與本文最疊合，且論述內容亦與本文極為接近，比如他定位諸葛亮所在的集團屬性「可謂隱士群體中的隱以待時者」〔註50〕，他認為諸葛

〔註45〕 張旭華〈漢末襄陽名士清議〉，《襄樊學院學報》第 10 期（2008 年），頁 20～23＋74。

〔註46〕 唐春生〈劉表時期避難荊州的北方名士〉，《湖南大學學報》（社會科學版）第 2 期（2001 年），頁 23～26。

〔註47〕 二大集團分別是：一，構成荊州政權基礎的荊襄世家大族，一，流亡至荊的各地文人，構成荊州文化基礎。參張甲子〈荊州文人集團與南北文化之交融〉，《湖北廣播電視大學學報》第 1 期（2009 年），頁 66～67。

〔註48〕 漆福剛〈諸葛亮成才與襄陽隱士群體〉，《伊犁教育學院學報》第 3 期（2005 年），頁 22～25。

〔註49〕 黃燕平〈王粲荊州交游考論〉，《中南大學學報》，（社會科學版）第 3 期（2009 年），頁 439～444。

〔註50〕 漆福剛〈諸葛亮成才與襄陽隱士群體〉，頁 23。

亮的成才大大得益於此集團，甚至「其《隆中對》很可能即是襄陽隱士群體諸人平日互相交流看法逐步形成。」〔註51〕但漆文並未能深究此隱士群體形成之因素，及其與劉表政權之關係，本文將有所分析。

上一小節已論述荊州前十年的政局變化，並指出劉表核心幕僚皆轉向曹操，直接原因在於劉表。本小節則繼續探討，第一，此隱士群體之所以隱，亦受劉表政權之影響。第二，此隱士群體之士人性質，基本上皆為「謀士」，亦即「識時務者」。只因身處劉表政權之下，群體不得不掩飾謀士內質，或泛舟沔水，儼然名士風流；或隱居深山，儼然高士胸懷。然其運作手法雖不一，背後都有權謀爭天下之意。第三，龐統從父龐德公、其師司馬徽，正是此隱士群體的精神領袖，諸葛亮與二位精神領袖亦長亦師亦友。可以說，此隱士集團蘊育出劉備的二大軍師，集團多數成員後來亦多跟隨劉備。

蓋因龐統史料有限，形象模糊，但做為襄陽謀士集團的重要成員，與集團成員交遊十數年，更受集團領袖龐德公培教三十年，其思想、價值、生存之道、政治依歸等的傾向，必深受影響。故而本文擬由集團共性，理解龐統之生命特質，以為龐統出仕後突兀之動向，做出可能的論述。至於集團之共性，則擬由兩大精神領袖，及年輕輩首腦諸葛亮為代表，透過三人之重要言行，來探究此集團在劉表政權下，其交遊、應世方式為何？既為識時務之謀士，何以不擇勢大之曹操，而集體歸向劉備？其所識時務究竟為何？因應什麼特質而群聚相結？

一、從龐德公、司馬徽推敲集團特質

（一）迴避劉表，隱以待時

襄陽謀士集團中，僅龐德公曾受劉表多次延攬，其餘劉表似不甚熱心。史云：「龐德公，襄陽人，居沔水上，至老不入襄陽城。躬耕田里，夫妻相待如賓，休息則正巾端坐，琴書自娛，睹其貌者蕭如也。荊州牧劉表數延請，不能屈，乃自往候之。」〔註52〕從引文中，得知龐德公與妻子躬耕田野，有意遠離權力中心，即使劉表數度延攬，但他依然不仕。為何他如此堅決？以下史料有跡可尋：

（劉表）謂曰：「夫保全一身，孰若保全天下乎？」龐公笑曰：「鴻

〔註51〕漆福剛〈諸葛亮成才與襄陽隱士群體〉，頁25。
〔註52〕黃惠賢《校補襄陽耆舊記》，頁7。

鵠巢於高林之上，暮而得所栖；黿鼉穴於深淵之下，夕而得所宿。
夫趣舍行止，亦人之巢穴也。且各得其栖宿而已，天下非所保也。」
因釋耕於壟上，而妻子耘於前。表指而問曰：「先生苦居畎畝而不肯
官祿，後世何以遺子孫乎？」龐公曰：「世人皆遺之以危，今獨遺之
以安，雖所遺不同，未爲無所遺也。」〔註53〕

《襄陽耆舊記》尚有後續對話：

表曰：「何謂？」公曰：「……周公攝政天下而殺其兄，向使周公兄
弟食藜藿之羹，居蓬蒿之下，豈有若是之害哉！」表乃歎息而去。
〔註54〕

仔細解讀二段史料，會發現劉表勸進龐德公之理由，極可能是他心裏的欲望
投射。劉表勸德公出仕，以保全天下（劉表有天子之志，欲爭天下）。劉表又
勸德公出仕享祿，以遺子孫（劉表欲以荊州遺子孫）。劉表以冠冕堂皇之辭勸
龐德公，德公則以迂迴方式婉拒之。首先，他以各得栖宿，表明人各有志，
而他無意於保天下。其次，他以「遺之以安」暗示爭天下者實禍遺子孫。劉
表追問原因，他答以周公攝政殺兄，不正因爲權力欲望而同室操戈？龐德公
結尾之語，似有弦外之音。蓋從上文分析得知，劉表坐擁荊州，欲以之遺子
孫，更欲以之爭天下，表面朝貢天子，實則僭越之舉層出不窮。身爲劉氏宗
族，劉表不也同室操戈？而爲爭荊州，劉琮、劉琦又兄弟相爭，不也是劉表
禍遺子孫？

龐德公耕躬之餘，琴書自娛，其貌肅如，可知並非一般野農。他回應劉
表之語，又知涵養頗深，表面似充滿道家自然的智慧，並以此爲由拒絕劉表，
但話裏似透露隱微的譏諷。據史載，後來龐德公「遂攜其妻子登鹿門山，因
采藥不反。」〔註55〕爲何龐德公要遠遁鹿門山？乃如史家所論，無意仕途，
虔心修道嗎？事實上他在襄陽城外的生活，已無異於隱居，又何須再遁向深
山？

且先止住。來看司馬徽與劉表的互動。

司馬徽是潁川人，與宋衷、綦毋闓三人，被視爲荊州學派的代表人物。
他名聲遠播，蜀人尹默、李譔等皆「遠遊荊州，從司馬德操、宋仲子等受古

〔註53〕《後漢書·逸民列傳·龐公》，頁 2776～2777。
〔註54〕黃惠賢《校補襄陽耆舊記》，頁 7。
〔註55〕《後漢書·逸民列傳·龐公》，頁 2777。

學。」〔註56〕但在劉表眼中，司馬徽只是個小書生，語氣間頗帶輕慢。爲何提倡儒學的劉表，卻不禮敬司馬徽？而司馬徽對劉表的看法又如何？先從以下引文探索之。

> 徽字德操，潁川陽翟人。有人倫鑒識，居荊州。知劉表性暗，必害善人，乃括囊不談議時人。有以人物問徽者，初不辨其高下，每輒言佳。其婦諫曰：「人質所疑，君宜辨論，而一皆言佳，豈人所以咨君之意乎？」徽曰：「如君所言，亦復佳。」其婉約遜遁如此。……
> 人謂劉表曰：「司馬德操，奇士也，但未遇耳。」表後見之，曰：「世閒人爲妄語，此直小書生耳。」其智而能愚皆此類。〔註57〕

劉表見司馬徽，是因有人推薦司馬徽爲「奇士」，他抱著好奇、質疑一見，結果以傳聞爲虛妄，認爲司馬徽不過小書生耳。但既知司馬徽爲書生，博求儒術的劉表，也應以禮待之，何以如此輕慢？相較於蜀士千里迢迢來求學，可知劉表內心並不眞正尊重儒者，不過藉標榜仁義以吸引群士入荊。但潁川司馬徽入荊後，劉表不見其奇，亦不能用其學，這呼應上文所分析，劉表著眼於現實利益，首重地方勢力之結合，目光短淺，亦不能洞識人物。因此我懷疑劉表並未禮聘司馬徽爲官學教授，即使有，司馬徽可能很快即離開，而以私學型態傳授思想。

從何判斷？首先，司馬徽對劉表頗爲批判。他云：「劉表性暗，必害善人。」認爲劉表個性陰險，善人亦遭加害。因此，他產生了二大應對策略，一是「括囊」，主動封口，不再談論時人。二是「每輒言佳」，被動反應，因應時人之問，什麼皆道好。向有「人倫鑒識」之稱的他，何以如此低調，渾沌裝傻？從他對劉表「性暗」的強烈批判，可知有明哲保身、保護善人之意。既如此，他可能長期任教於劉表學官中嗎？

其次，可從其居處、交遊來推斷。據《水經注·沔水》載：

> 沔水中有魚梁洲，龐德公所居。士元居漢之陰，世故謂是地爲白沙曲矣。司馬德操宅洲之陽。望衡對宇，歡情自接，泛舟褰裳，率爾休暢。〔註58〕

在龐德公隱居鹿門山之前，他與龐統、司馬徽三人，隔著魚梁洲南北相望。

〔註56〕《三國志·蜀書·尹默傳》，頁1026。
〔註57〕《世說新語箋疏·言語》注引《司馬徽別傳》，頁67。
〔註58〕《水經注校釋·沔水》，頁501。

龐德公住魚梁洲，龐統住洲南，司馬徽住洲北，彼此看得到對方的屋宇，三人隔鄰而居，經常泛舟共遊。而「德操年小德公十歲，兄事之，呼作龐公。」〔註59〕司馬徽不拘年歲，與德公兄弟相呼，也與德公之姪龐統極為親密。他們既為好友，亦為近鄰。不僅三人形影相連，沔水上的魚梁洲，尚有許多士人經常出入，熱鬧非常，如諸葛亮、徐庶等，都是龐府家中常客。

> 孔明每至其家，獨拜牀下，德公初不令止。德操嘗造德公，值其渡沔，上祀先人墓，德操逕入其室，呼德公妻子，使速作黍，「徐元直向云有客當來就我與龐公譚。」其妻子皆羅列拜於堂下，奔走供設。
>
> 須臾，德公還，直入相就，不知何者是客也。〔註60〕

至此，襄陽集團之雛形大致已浮現，包括精神領袖、主要成員、交遊型態、交遊內容等。司馬徽轉述徐庶所說「有客即來」，可知集團成員除文中所提德公、德操、孔明、徐庶四人外，尚有其他不知名數之客。「就我與龐公談論」，可知士人匯聚魚梁洲，正因有所談。其中「我」乃指司馬徽，他與龐德公可能即是論壇領袖。文中雖未提及龐統，但龐統既居洲南，又為德公之姪，應也經常出入龐府。就互動而言，德公、德操年差十歲，卻兄弟相稱，且主人不在，德操可逕入堂上，呼婦作飯，德公返家，宛如客人；飲食亦為日常黍飯，非預先張羅，可猜想彼此聚會頻繁、熟識異常。

在龐府展開之論壇，如此密集，可知大家極是熱衷談論。但究竟他們一整天所談論為何？是司馬徽講授古文經？或後來隱於深山之龐德公，在此談經論道？

（二）好論時務，熱衷仕途

196年，曹操挾天子以令諸侯，天下局勢起了微妙變化，有心之士不難嗅出其中風向。劉表核心幕僚鄧羲已預見其禍，辭疾而去。北士集團亦相繼發現劉表非「撥亂之主」，該年，杜襲、荀攸二人北歸投曹。相繼又有趙儼、繁欽、賈詡、張繡、杜畿等一一入曹營。而在魚梁洲上，卻聚集著一群士人，或泛舟沔水中，或談論龐府內，龐統正是其中一員，且與龐德公、司馬徽過從甚密。據《三國志》載：

〔註59〕《三國志·蜀書·龐統傳》注引《襄陽記》，頁953。
〔註60〕《三國志·蜀書·龐統傳》注引《襄陽記》，頁953。

龐統字士元，襄陽人也。少時樸鈍，未有識者。潁川司馬徽清雅有
知人鑒，統弱冠往見徽，徽採桑於樹上，坐統在樹下，共語自晝至
夜。徽甚異之，稱統當南州士之冠冕，由是漸顯。〔註61〕

關於此事，《襄陽記》所載略有差異：

（龐統）年少未有識者，惟德公重之。年十八，使詣司馬德操，與
語，自晝達夜，乃嘆息曰：「德公誠知人，此實盛德也，必南州士之
冠冕。」由是顯名。〔註62〕

曾經校補《襄陽耆舊記》的黃惠賢，指出陳壽、習鑿齒所載史料差異處有三，
一，陳壽不涉及德公與龐統的關係。二，陳壽言弱冠，習鑿齒言十八往見。
三，陳壽以龐統自「往見徽」，習鑿齒言龐德公「使詣司馬德操」。黃惠賢認
為習鑿齒所述可信度較高，因他是襄陽本地人，並總結說：「《襄陽記》把龐
士元的成長過程，與其從叔德公之教導、呵護緊密地聯繫在一起，更能生動
反映出事物的本來面目。」〔註63〕黃惠賢的推敲頗合理。第一，習鑿齒《襄
陽記》確實記載了許多正史未見的微細史料，這與他做為襄陽後代，較易取
得鄉里資料有關。第二，習鑿齒先祖，正是襄陽謀士集團之成員，且三代仕
蜀為官。由集團內部成員之後代，來追述此集團中二德、二龐、或其他成員
事跡，應該更能掌握成員互動及關係。第三，正也因為如此，《襄陽記》所立
傳主，近九成出自襄陽謀士集團（僅計漢末三國人物，不計先秦、西漢），而
呈現明顯的偏頗，但這也使此集團留下較鮮明的輪廓。

　　關於龐氏叔姪關係之緊密，可以提出更具體的內容來說明。從上文所論，
諸士以龐德公為中心，以魚梁洲為基地，彼此交遊甚密，可知龐統之生活圈、
交遊圈，乃以龐統公往外輻射，其中又以司馬徽來往最密切。至於龐統是自
己求見司馬徽，或由龐德公「使詣」之，其實不甚重要，因為龐氏叔姪都有
入世思想（下文將論述），故需透過名知人一評，以開展名聲。但二德相交如
此密切，德公在德操面前透露對龐統的看法，亦合情理，因此《襄陽耆舊記》
才會記載司馬徽之嘆：「德公誠知人，此實盛德也。」此話暗示，經歷這次「自
晝達夜」的深談後，司馬徽見識了龐統的真才實學，也驗證龐德公之前的評
價不虛。

〔註61〕《三國志・蜀書・龐統傳》，頁953。
〔註62〕黃惠賢《校補襄陽耆舊記》，頁10。
〔註63〕黃惠賢〈龐德公及其親友考釋〉，《武漢大學學報》（人文科學學院）第1期（2001
　　　　年），頁48。

在二人的深談中，《三國志》多了場景描述：「統弱冠往見徽，徽採桑於樹上，坐統在樹下。」由於二人不拘長幼禮法，故學界好以此例，說明三國的名士風流。事實上，他們之間並不需刻意表現風流，從上文之分析，他們之所以如此親切自然，正因彼此爲熟悉的近鄰，經常泛舟賽裳，故當龐統往見司馬徽時，長輩可繼續採桑樹上，晚輩亦安坐樹下一整天，彼此不以爲意，正如龐府中，司馬徽喧賓奪主，龐德公並無絲毫尷尬。更何況，深入其所談論的內容，可知他們所在意者，並非名士風流。

那麼，他們關注什麼？《荊州先賢傳》有些蛛絲馬跡：「龐士元師事司馬德操，不矜小名，眾莫知之。德操躬採桑後園，士元助之，因與談斷世廢興，其言若神，遂移日忘飡，德操於是異之。」〔註64〕這段史料補充二個訊息，一，龐統以司馬徽爲師。二，師生一整天所談，乃「斷世廢興」，即對世局興衰動向的看法。二人竟談到忘時廢餐，可見言談投契，又可知對時事之熱衷。

從龐德公、司馬徽及龐統間的談論、品鑒、互動，已經可以看到襄陽謀士集團運作的縮影。蓋這群士人乃以魚梁洲爲基，藉沔水爲媒，或歡情泛舟，一如名士；或採桑田園，貌似田奴。但事實上，他們所關注的是「斷世廢興」，他們所論述的正是時務。而龐統師事司馬徽，司馬徽能鑒龐統，表示司馬徽之見必在龐統之上，故能成爲集團領袖級人物。這樣一位奇士，劉表卻視爲小書生，既是他眼光侷限所致，也是司馬徽曚混策略成功。

蓋沔水是襄陽的重要水脈，依著沔水順流而下，帶狀分布了龐、蔡、楊、習數大家族，有的甚至住在沙洲上，出入交遊皆以舟船，因此也容易形成隔絕外界、內部認同強烈的小集團，如上文所云的蔡氏家族。而龐德公所居魚梁洲，地屬襄陽城東的沔水一段，在蔡家上游。習鑿齒〈與桓秘書〉曾稱「肆睇魚梁，追二德之遠。」〔註65〕對二德的追懷，緊繫魚梁州的場景。而龐府中，確實經常高朋滿座。從司馬徽、龐統師生移日忘餐之談，可以推想，龐府中的論壇並非學術論壇，亦非修道中心，而是政治論壇。他們遠離襄陽城，偏安沔水上，隔層遠水，也避開近禍。這看似襄陽特殊的人文景觀，事實上卻是在劉表政權下，一種不得不的應世之道。

到這裏，襄陽集團成員之特質及形成已愈益清晰，故可再回頭論述龐德

〔註64〕 《太平御覽》引《荊州先賢傳》，頁 4373～1。
〔註65〕 《晉書‧習鑿齒傳》，頁 2153。

公。范曄《後漢書》將龐德公定位為頗有道家風旨的隱士，故將龐德公列入〈逸民傳〉，並評贊他「江海冥滅，山林長往。遠性風疎，逸情雲上。道就虛全，事違塵枉。」〔註66〕但龐德公是隱居高蹈的道人？他果真無意出仕？

事實上，龐德公對龐統多所提攜。據《襄陽記》，「諸葛孔明為臥龍，龐士元為鳳雛，司馬德操為水鏡，皆龐德公語也。」〔註67〕龐德公鑒諸葛亮為「臥龍」，具王佐之才；目司馬徽為「水鏡」，能如實映照萬物面貌；評龐統為「鳳雛」，羽翼未豐但初具鳳凰之姿。龐德公所目，形象生動、簡潔傳神，透過《三國演義》，又廣傳至今。其中，龐統是他侄子，他不僅為龐統下美評，又在司馬徽面前盛讚龐統，而司馬徽與龐統深談後，分頭給予龐氏叔侄「知人」、「盛德」之鑒語。龐統得到二大領袖之肯定，而二德也互鑒對方知人，使二人對龐統的鑒識更具權威，年少樸鈍未有識的龐統因此名聲廣傳。

襄陽集團中，不只龐統追求名聲廣聲，龐德公周邊所與交遊者，亦多有強烈的功名心，如諸葛亮仕蜀，徐庶先仕蜀後入魏等。若龐德公有心修道，何以終日周旋襄陽士人間，彼此論士不論道？從他與士群互動頻繁，且熱衷談論世務，又透過彼此賞鑒以哄抬名聲，他應有入世思想。再從家族走向來看，其兒孫輩皆出仕為官。《襄陽記》載：「德公子山民，亦有令名……為魏黃門吏部郎，早卒。子渙，字世文，晉太康中為牂牁太守。」〔註68〕龐德公既欲「遺之以安」，何以不帶宗族兒孫入山避禍，竟令子孫求高官厚祿？又何以品鑒龐統為鳳雛，助他爭一席地？如此看來，龐德公亦有功名心，才會助龐統走上功名路。他婉拒劉表之託辭，看似頗有道風，但檢視其行及龐氏家族走向，便發現他是偏向入世的儒家價值。

龐德公既有用世之心，何不應劉表延攬，如此，則以他為核心的襄陽集團，不就直入劉表政權核心？或也可直接引薦龐統予劉表，何必輾轉透過司馬徽，以打開其知名度？不僅龐德公，圍繞著他的士群，也都不約而同地，繞過劉表政權，另圖他主，這表示整個集團對劉表的看法是有共識的。

整體而言，龐德公並非高蹈不仕的修道人，僅因他對劉表暗藏批判，故選擇隱居以避之，因此，將他定位為道家高士有所偏頗。而處在「性暗」的劉表政權下，如何一邊自保，一邊又圖謀發展？二大領袖各自找到自己的生

〔註66〕《後漢書·逸民列傳·龐公》，頁2777。
〔註67〕《三國志·蜀書·龐統傳》注引《襄陽記》，頁953。
〔註68〕《三國志·蜀書·龐統傳》注引《襄陽記》，頁953。

存樣態。龐德公明以隱居模糊焦點，暗渡子侄入仕途。而司馬徽明則耕躬田里，「每輒言佳」，以模糊焦點，防衛劉表害善人。他雖「括囊不談議時人」，但卻評了龐氏二代及諸葛亮。故雖用模糊焦點的方式繞過劉表，但在親近的襄陽圈中，便能與聞他心中之鑒。這是處在劉表政權下，既要滿足自己的知人好鑒，又要防害善人的應對方法。故二人一雖以隱，一雖品評「每輒言佳」，二者卻有異曲同工。而集團成員也追隨精神領袖，表面倚藉沔水，浮泛小舟，充當名士，實則高談闊論他們所關心的時局，甚而論斷劉表之類的敏感話題。既劉表不可仕，這個時期，便是他們醞釀、蟄伏、培植、觀察的時期，在情勢未朗、明主未現前，就繼續泛舟遊玩吧，暫以名士風流應世又何妨。

　　建安六年（201 年），劉備被曹仁擊潰，逃奔荊州依劉表。雖劉備當時勢單力薄，但他一為宗室之後，二與袁紹同盟，三有關張趙三大將相隨，故劉表心頗忌憚，但不收容自家兄弟，豈不落人口實？於是劉表命劉備屯駐新野，一方面防止其勢力在襄陽生根，另一方面又利用他駐守荊北，填補張繡投曹後的北門空虛。〔註69〕

　　劉表的隱憂並非空穴來風，因劉備雄心勃勃。入荊後，劉備明察暗訪，深入襄陽士林，發現其中臥虎藏龍。

> 劉備訪世事於司馬德操。德操曰：「儒生俗士，豈識時務？識時務者在乎俊傑。此間自有伏龍、鳳雛。」備問為誰，曰：「諸葛孔明、龐士元也。」〔註70〕

為何劉備訪世事於司馬徽？司馬徽既以「清雅有知人鑒」享名於世，欲求人才，當然先謀知人者。五年前，沒沒無聞的龐統，不就因此被發現？司馬徽雖為古學大師，但只要稍微進入襄陽士人圈，便可知悉他並非固守書本的小儒生，他更熱衷談鑒時局、人物。而劉備尋聲暗訪者，自非儒學，而是與他志業息息相關的「世事」。司馬徽指出儒生俗士無法因應亂世之所需，唯「俊傑」能洞見詭譎的局勢變化。儒生是劉表所博求，儒術是眾多官學士子所鑽研，兩漢通經致仕的記憶，猶深深刻畫在多數士人腦中。但要面對戰機萬變的亂世，顯然不是流於僵化、繁瑣的章句之學可以應付，唯有深識時務、足智多才者，能滿足爭天下的各類需求。司馬徽眼光所及，正好反映劉表治荊

〔註69〕〈劉表綜合評估大全〉，「三國在線網」，2013 年 12 月 1 日檢索網址 http://www.e3ol.com/culture/html/2012-11/22714/22714_20121124.shtml。

〔註70〕《三國志‧蜀書‧諸葛亮傳》注引《襄陽記》，頁 912。

策略之迷思，蓋劉表既重地方勢力之結合，又用儒學號召人才入荊，其所做所爲乃依循兩漢社會結構，故不能在亂世中勝出。

劉表居襄陽十數年，不知襄陽臥虎藏龍，奇士亦被視爲小書生。相對的，劉備一入荊，便明察暗訪。臥龍、鳳雛等人本在劉表視線所及，但他棄之不用，最後皆入劉備轂中，此已顯示劉備在眼光、格局上，都遠高於劉表，因此能吸引士人相投，如潁川徐庶便主動至新野投奔劉備，並推薦了臥龍：「諸葛孔明者，臥龍也……此人可就見，不可屈致也。將軍宜枉駕顧之。」〔註71〕於是劉備三顧茅廬，入荊六年後（建安十二年，207 年）請出諸葛亮，爲其陣營補上謀士的缺角。

不識諸葛亮的劉備，何以禮賢如此殷勤？表示劉備深知人才的重要性，即使是不可屈致之傲龍，他亦能紆尊就教，因此降得此龍。而司馬徽、徐庶爲何皆推薦人才給劉備？又顯示該集團意不在泛舟，而是窺伺良機、謀求發展。事實上，集團的其他成員，後來幾乎全都投靠劉備，成爲蜀漢政權的支柱。

那麼，襄陽集團究竟有哪些成員？由此，便可對龐統的交遊圈有更具體的掌握。上文提到，沔水是襄陽重要水脈，依著沔水順流而下，帶狀分布了幾大家族，依序有龐氏、蔡氏、楊氏、習氏四家。此外，又有襄陽黃承彥，中盧蒯氏、廖氏，以及宜城馬氏、向氏二族，均在襄陽文化圈內。其中，除了蒯氏、蔡氏爲劉表延攬外，其餘幾乎都與此泛舟集團相親近，仔細尋索各家交往的情形可知。而此泛舟集團中，除了向朗事劉表外，其餘皆未仕。

比如，龐統與向朗親善，二人同師司馬徽。「朗少師事司馬德操，與徐元直、韓德高、龐士元皆親善。」〔註72〕從這則史料談及的關係來看，龐統、徐庶、司馬徽既常會於龐德公家，向朗亦必爲常客。而劉表幕僚韓嵩亦與向朗親善，可知劉表對龐德公週邊的襄陽士，應不至於毫無所知。

向氏與馬氏亦極親密。向朗「奉馬良兄弟，謂爲聖人。」〔註73〕甚至仕蜀後，還因包庇馬謖逃亡，被諸葛亮免官。馬氏有兄弟五人，並有才名，其中以馬良名最高，鄉里諺曰：「馬氏五常，白眉最良。」〔註74〕因馬良眉中有

〔註71〕《三國志‧蜀書‧諸葛亮傳》，頁 912。

〔註72〕《三國志‧蜀書‧向朗傳》注引《襄陽記》，頁 1010。

〔註73〕《三國志‧蜀書‧廖立傳》，頁 997。

〔註74〕《三國志‧蜀書‧馬良傳》，頁 982。

白毛，故稱之。而馬良呼諸葛亮「尊兄」，馬良弟馬謖又深得諸葛亮器重，馬謖失街亭，臨終與亮書曰：「明公視謖猶子，謖視明公猶父。」〔註75〕二人可謂情同父子。龐統平日交遊之向氏、諸葛亮，皆與馬氏親密，馬氏或也是龐家座上常客。

又龐統弟龐林娶習珍女兒，故龐氏、習氏二家有姻親關係。習氏一宗「宗族富盛，世爲鄉豪。」〔註76〕在漢末三國之際的名人，據載者有習禎，「習禎有風流，善談論，名亞龐統，而在馬良之右。」〔註77〕而習禎三代皆仕蜀爲官。尚有習珍，爲報劉備厚恩，死不降吳。又有「習詢、習竺才氣鋒爽」〔註78〕、「習承業，博學有才鑒」、「習藹，有威儀，善談論。」習氏家族中只有習溫仕吳。

又有廖化世爲沔南冠族，是地方大族，後入蜀爲武將。至於黃氏及楊氏，都與諸葛亮極親密，黃承彥有沔南名士之稱，他主動把醜女嫁給諸葛亮。而楊氏以楊慮最出名，素有沔南冠冕之稱，十七歲即夭，門徒卻有數百人，號之爲「德行楊君」〔註79〕。楊慮弟楊儀、同宗楊顒後皆仕蜀爲名臣。

至此可知，這些集團成員因爲地緣近，交集密切，互動熱絡，且好爲彼此定名號，或稍加優劣比較，但絕非臉紅耳赤的較勁，比如龐統優於習禎，習禎優於馬良。從鄉里流傳的謠諺，大致可了解龐統、習禎、馬良三人在鄉里的名位排序。而向朗奉馬良兄弟爲聖，表示自屈於其下。馬氏五兄弟又以馬良爲佳。襄陽集團內部，互知彼此，唯劉表不知。而他們雖偶有高下排名，但多半是美評，諸如沔南名士、德行楊君之流。鄉里爲何盛傳名號？蓋他們既要迴避劉表，又要伺機而動，只得以名士掩飾內質，同時透過互賞互鑒結合同志，預爲仕途做準備。

劉備入荊，使襄陽群士摩拳擦掌。這是劉表治荊第十一年，襄陽原本地處邊陲，在軍閥亂世中，一躍而爲荊州權力中心。孰料劉表並無悍衛漢土之心，乃想以荊傳子，爲自家永久基業。其雖懷抱天子之志，卻無天子格局，亦無奪取皇位所需的經營謀畫。其在江漢的氤氳水氣間，在襄陽官學的薰薰儒風下，存著一絲美麗幻想。但這份雍容自保、坐觀時變的前景，恰成襄陽

〔註75〕《三國志‧蜀書‧馬謖傳》注引《襄陽記》，頁984。
〔註76〕《晉書‧習鑿齒傳》，頁2152。
〔註77〕《三國志‧蜀書‧楊戲傳》注引《襄陽記》，頁1085。
〔註78〕黃惠賢《校補襄陽耆舊記》，以下三則引文分別出自頁17、18、18。
〔註79〕《三國志‧蜀書‧楊儀傳》注引《楚國先賢傳》，頁1005。

群士之隱憂，荊州氛圍變得異常詭異。一方面，士人多模糊掩飾以保身；二方面，士人多有仕途發展之欲求；三方面，士人心中自有一把尺，結集自家集團。於是湧進的大批北士意識此地不宜久留，襄陽政要紛紛表態降操，而沔水河畔，三三兩兩的名士們，正率爾泛舟。然後，劉備入荊尋求安身之地。其身段柔軟，正統招牌正當，熱衷仕途的泛舟集團，此時加緊合縱連橫。而積極訪求名人世事的劉備，也需要大量人才。劉備得諸葛亮謂之如魚得水，同樣的，泛舟集團得劉備，亦可謂如魚得水，著實兩相歡悅。

但是，號稱識時務的謀士集團，何以選擇當時勢力最弱的劉備？以下再從集團之首臥龍來推敲。

二、從諸葛亮再探集團之「識時務」

（一）遨遊何必故鄉

> 亮在荊州，以建安初與潁川石廣元、徐元直、汝南孟公威等俱游學，三人務於精熟，而亮獨觀其大略。每晨夜從容，常抱膝長嘯，而謂三人曰：「卿三人仕進可至刺史郡守也。」三人問其所至，亮但笑而不言。後公威思鄉里，欲北歸，亮謂之曰：「中國饒士大夫，遨遊何必故鄉邪！」〔註80〕

這則史料出自魚豢《魏略》。據王文進研究，魚豢身爲北方史官，其《魏略》有不少仇蜀言論，且對諸葛亮多所詆毀。比如此則史料，諸葛亮在魚豢筆下，「反而成爲汲汲富貴的勢利之徒。」〔註81〕故裴松之於其下議論之，認爲諸葛亮「豈夫多士所能沈翳哉！……蓋以權御已移，漢祚將傾，方將翊贊宗傑，以興微繼絕克復爲己任故也。豈其區區利在邊鄙而已乎！」〔註82〕裴松之認爲諸葛亮不北向曹魏的關鍵，在於興復漢室的使命感，而非考量權位空缺與否的利益問題。因此，王文進又云，這則史料的眞實性，「裴松之並沒有完全否定《魏略》所言，……畢竟石韜、徐庶、孟建等人確有仕魏行跡，則孔明或有對之分析天下大勢的機會，但裴氏無法認同魚豢暗示著孔明實存有待價而沽的心態，刻意扭曲孔明的人格，並完全隱沒孔明興復漢室之志。」〔註83〕

〔註80〕《三國志‧蜀書‧諸葛亮傳》注引《魏略》，頁911。
〔註81〕見王文進〈論魚豢《魏略》的三國史圖象〉，《中國學術年刊》第33期（秋季號，2011年9月），頁13。
〔註82〕《三國志‧蜀書‧諸葛亮傳》注引《魏略》後「臣松之以爲」，頁912。
〔註83〕見王文進〈論魚豢《魏略》的三國史圖象〉，頁14。

且先不論諸葛亮為何棄曹投劉，若不完全否決這則史料的可能性，其中其實已隱涵諸葛亮識時務之特質。

興平元年（194 年），諸葛亮十四歲，隨從父諸葛玄入荊依舊識劉表。建安二年（197 年），諸葛玄死，諸葛亮離開襄陽至隆中隱居。〔註 84〕而這段史料，發生在建安之初（196 年），當時，襄陽官學熱鬧非常，而諸葛亮年約十六、七歲，已展現不凡氣度。

首先，諸葛亮以「觀其大略」的治學方法，迥異於「務於精熟」的傳統儒生。所謂觀其大略，亦即注重義理原則的具體運用，唯有如此，方能將注意力集中在吸取古人經驗智慧上，而非鑽研於繁瑣章句中。諸葛亮著重掌握思想大義，正表示他對時代之變局有清楚的認識，也希望能在瞬息萬變的天下爭奪戰中，培養出洞見時局的眼光。

其次，諸葛亮預測穎川石韜（字廣元）、徐庶（字元直）、汝南孟建（字公威）「卿三人仕進可至刺史郡守也。」這暗示齊聚襄陽的士人，雖偏安在襄陽官學中，交談賞鑒，但心中所欲在「仕進」。當時，孟建便欲北歸。孟建為何北歸？史料未直接描述，但從該年北歸曹營的杜襲所述，或可揣摩一二。

杜襲亦為穎川士，避亂荊州，劉表僅待以賓禮，同郡繁欽則以文才，數見奇於劉表。杜襲警告繁欽：「吾所以與子俱來者，徒欲龍蟠幽藪，待時鳳翔。豈謂劉牧當為撥亂之主，而規長者委身哉？子若見能不已，非吾徒也。吾其與子絕矣！」〔註 85〕杜襲等諸多北士，都有龍鳳之自負。但入荊不久，便發現劉表並非撥亂之主，此後韜光隱晦，暫蟠幽藪。杜襲北歸前，甚至先南適長沙，表示他對劉表之防衛。而當曹操挾得天子，所待之「時」至矣，杜襲於是鳳翔高飛，速逃險地。

孟建也在此時「思鄉里」，表面雖言懷鄉，內心所想是否正如杜襲之流？從孟建後來仕曹的結果，雖不中亦不遠矣。而從諸葛亮之反應，亦可輔證此推測。諸葛亮勸曰：「中國饒士大夫，遨遊何必故鄉邪！」此「中國」意指中州，即汝穎所在，時為曹操所占的中原文化區。汝穎向有多奇士之稱，鑒識

〔註 84〕諸葛亮躬耕於南陽或襄陽，爭論長達千年，但在習鑿齒將亮故居「隆中」與襄陽的方位、距離標示後，亮居「隆中」的說法「逐步升級而為後代史家正式承認。」包括原本在陳壽編纂的《諸葛氏集》中所稱的「草廬對」，也因此被司馬光置入正史《資治通鑑》中，改稱為「隆中對」。見王文進〈習鑿齒與諸葛亮神話之建構〉，《臺大中文學報》第 38 期（2012 年 9 月），頁 90～92。

〔註 85〕《三國志・魏書・杜襲傳》，頁 665。

家、黨錮人士泰半出自此,「饒士大夫」的壓力較他地大許多。中州濟濟多士,是不爭的事實,如曹操集團充斥著潁川士,又如潁川司馬徽稱龐統為「南州士之冠冕」,並未與中州士相比。因此,諸葛亮以「中國饒士大夫」暗示孟建,曹營雖充滿機會,但也得面臨莫大的競爭壓力,而他僅為「刺史郡守」之才,出頭更是不易,故委婉地以「遨遊何必故鄉邪」勸退之。從中也表示,他深知孟公威心之「所思」正在此。

事實上,諸葛亮「遨遊何必故鄉」一語,除了隱涵孟建家鄉人才濟濟的競爭壓力,尚有幾層言外之意。第一,從內容,透露了諸葛亮避難襄陽,實思「遨遊」的意圖。第二,從語氣,透露了諸葛亮不被故鄉所拘,可遨遊四方的自負。第三,話語背後,尚反映了東漢政局崩頹下的社會變遷。

從第三點說起,同時也就解釋了一、二點。自漢武帝確立鄉舉里選的文官仕進制度後,鄉里便成為兩漢士階層向上圖發展的第一道關卡。土生土長的故鄉,是士人飛黃騰達的基點;離開故鄉,即意味遠離有力的憑藉。「故鄉」結合血緣(家族勢力)、地緣(地方人脈),是士人向上升遷的盤石,是社會的底層結構。脫離此,便如無根浮萍,故劉表特重結合家族勢力及地方人脈,亦是深明鄉里乃利益所在。然而,自漢末以來,清濁對抗、選舉失序,為操控輿論及政治,名知人崛起。其時得名知人一語,可使名聲大噪,仕途展延,人才不必再循規蹈矩拔自鄉里。爾後,進入割據,士子倉皇避難,無奈轉徙,多數得面臨與鄉里切根斷線的處境。同時,群雄爭霸,需才孔亟,發展機會大增,也促使有志之士離鄉背井,擇主尋機。也就是說,亂世降臨,兩漢以來以鄉里為基底的社會結構已然動搖,「故鄉」做為出仕背景的重要性與日俱減,新的用才需求呼之欲出。

這個社會變遷,劉表並未能應變之,但在司馬徽「儒生俗士豈識時務,識時務者在乎俊傑。」的說法裏,可知已有清晰掌握。所謂「儒生俗士」,或可云司馬徽之自謙,故他向劉備引薦臥龍、鳳雛。但此語亦透露出他對亂世人才新需求的洞見。可就其語推衍之,從儒生、俗士到識時務者,其實可視為兩漢治世到三國亂世間,生命內涵之遞嬗。儒生是兩漢知識階層中的主流,或依賴鄉舉里選,或需求名知人一語,以增加仕進機會。而俗士可指亂世中被迫與鄉里切根斷線,膽顫心慌,隨處漂流的廣大士眾。只有識時務之俊傑,既不被鄉里所拘限,亦不需附名知人驥尾,而能憑藉自身力量,大展鴻圖,在群雄爭霸中嶄露頭角。

　　諸葛亮「遨遊何必故鄉」之語，頗帶自負，表示他並不依賴鄉舉里選的仕進管道，且具有多方發展的真才實幹。而歷史證明，他是亂世風雲中的佼佼者，否則司馬徽不會盛讚「識時務者為俊傑，此間自有臥龍、鳳雛。」而劉備也不致喻之如魚得水。那同為識時務的龐統，何以又求司馬徽一鑒？這又表示，循名仕進的舊勢力猶在，且多數人亦盲目跟從，少時樸鈍的龐統，不似諸葛亮等思辯靈活、口舌流利，故在群士間隱沒不聞。然而，透過名知人一語後，果得世人看重。而從上文已知，司馬徽不僅知人，更有識時務之眼光，他對龐統之鑒，也表示龐統確有時務之才，否則怎與臥龍並稱？而龐統輔借其名，只是使識時務之內涵，得以更順暢地表現罷了。

　　在勸完孟建的隔年，諸葛亮便隨著叔父之死，而至隆中隱居。既然諸葛亮意在遨遊，且有叔父之關係，又深具時務之才，憑此大好條件，為何不仕劉表？可知，對劉表近身觀察三年後，諸葛亮也以走為上策，其隱居正如龐德公，亦在遠避劉表。但名為隱居的諸葛亮，實則仍四處遠遊，尤其與泛舟集團諸士交遊親密，否則劉備何以得知臥龍而三顧茅廬？看來此龍雖臥，大有飛龍之勢，只是在劉表政權下暫擺臥姿。不只臥龍思飛，鳳雛亦希望鳳翔高舉，而齊聚襄陽之士，亦多圖謀發展，極少有真正隱居修道的高士。至於石韜、孟建後來仕魏，表示在諸葛亮隱居後，他們便分道揚鑣，二人雖同在襄陽游學過，不能視為同一集團。

　　在蟄伏、醞釀期間，諸葛亮在魚梁洲龐府裏，在沔水中小舟上，與襄陽謀士集團論述時務十年。爾後，劉備三顧，諸葛亮提出〈隆中對〉。從十七歲，他初現識時務者之胸襟，到二十七歲，他把所識時務公諸於世，可以說，〈隆中對〉雖是透過諸葛亮之口所出，但更應說是諸葛亮與襄陽謀士集團共振後的結果。那麼，他們對時務的看法何在？釐清了它，襄陽集團的未來走向，也就有了大致輪廓。

（二）〈隆中對〉對時務的看法

　　當劉備訪世事於司馬徽時，為何「括囊不談議時人」的司馬徽，卻毫不藏私，傾囊相授，把集團頂尖的二位識時務者推薦給劉備？為何號稱識時務的諸葛亮，不以時務為權衡，投向勢大的曹操，反而選擇勢力最小的劉備？而這群集會魚梁洲，待時欲飛的襄陽士，為何也都靠向劉備？

　　裴松之認為，諸葛亮實以「興微繼絕克復為己任。」從〈隆中對〉可知，

諸葛亮確實具有劉氏正統價值。其云：「將軍既帝室之冑，信義著於四海……則霸業可成，漢室可興矣。」〔註86〕他論述的前提是因劉備爲帝室之冑，目標是爲助他成霸業、興漢室，可知在價值上，諸葛亮確以劉氏爲正統。但既以劉氏爲正統，那麼，爲何棄劉表及劉璋？〈隆中對〉論道：「荊州……用武之國，而其主不能守，此殆天所以資將軍也。益州險塞，沃野千里，天府之土，高祖因之以成帝業。劉璋闇弱，張魯在北，民殷國富而不知存恤，智能之士思得明君。」〔註87〕可見諸葛亮雖持正統，亦深知亂世爭伐之殘酷，沒有根據地，不可能成就大業。而觀諸劉，劉表不能守，劉璋暗弱，劉備卻以信義聞名。再察形勢，北曹、東孫，只有荊、益二州有發展機會。因此，他建議劉備攻荊取益，做爲興復漢室的根據地。

如此一來，〈隆中對〉乃主張劉備吞併兄弟之國，雖是形勢不得不然，但也可知諸葛亮擇定劉備，雖有正統價值傾向，但亦是利害權衡之結果。而他所分析的天下三分之策，基本上便是以利害爲權衡。他云：第一，荊州乃「用武之國」，戰略地位重要，取之爲基，可將勢力擴大。第二，益州險塞，沃野千里，取之則後勤資源充足無虞。第三，劉備爲帝室之冑，深具正統號召力。第四，劉備信義著于四海，正統勢力最終必歸於他。從中可知，傾向正統的諸葛亮，確實亦將正統勢力算到大局的利害中了。正是在諸多權謀利害中，他看準劉備最具吸收正統資源之條件，而同具正統的劉表、劉璋因此被剔除在外。劉備聽完後大爲高興，從此與諸葛亮情好日密，可見劉備在意的是霸業，而非手足。

接著，諸葛亮再分析，跨有荊益後，則需「外結好孫權，內脩政理。」爾後，被動等待條件成熟，待「天下有變，則命一上將將荊州之軍以向宛洛，將軍身率益州之眾出於秦川。」二路出兵，攻向中原，天下始可入手。

從〈隆中對〉可知，諸葛亮雖以漢正統爲價值，但深識時務的他，亦看見正統的勢力龐大，因此擇定最能吸收正統資源的劉備。而其中以劉備爲中心所規畫的三大戰略：「跨荊取益，三分天下」；「外結孫權，內修政理」；「天下有變，兩路出兵」，雖由諸葛亮所提出，但以襄陽謀士集團好論時務、深交熟識的狀態來看，更有可能是一種集體的價值傾向及共識。比如正統價值，當襄陽習珍爲劉備抵抗吳兵入侵時，堅死不降，云「我必爲漢鬼，不爲吳臣。」

〔註86〕《三國志・蜀書・諸葛亮傳》，頁913。
〔註87〕《三國志・蜀書・諸葛亮傳》，頁912～913。

〔註88〕死亦爲漢鬼，可知正統觀深植腦海。又如向朗，本事劉表，後歸劉備。何以他所事皆劉氏，而非曹氏？又比如馬良、馬謖兄弟，好與諸葛亮論軍計，既經常交流，又互相欣賞，十年交遊，難道〈隆中對〉沒有他們的思想激蕩？因此可以說，〈隆中對〉實乃總結十年來集團聲音所發。

　　既是集團共識，何以諸葛亮有臥龍之稱？表示諸葛亮應是群士之首，不論其對時務之見解、出謀畫策之手腕等，或在群泛舟遊玩之際，或在至書達旦的交談間，自然流露而出，而被群士所認同。果然，劉備一聞〈隆中對〉，此後便視諸葛亮如魚得水。又可知，劉備亦頗識時務。三國鼎立之勢成，主力所依靠，皆是識時務之俊傑。不論曹、孫、劉三人或其集團，皆有臥虎藏龍。而勢弱的劉備能崛起爲一支力量，正是襄陽謀士集團泛舟蟄伏多年，步步爲營而成。在〈隆中對〉提出之前，集團謀士歡情泛舟，形塑一派名士風流，實則早以劉備爲中心，沙盤推演，擬定戰略，只待明主，伺機而出。

　　以上，可知襄陽謀士集團基本上是以挺劉氏正統爲中心價值。同時，也看到正統的強大號召力，並以此志同道合，結成緊密的關係。擇定明主後，接著便是如何扶植劉備坐大。多年的醞釀，他們共振出以荊益二州鞏固劉備勢力，再以孫劉聯盟爲外交謀略之大方向。也就是說，做爲集團重要成員的龐統，正是以聯孫抗曹、吞荊益二州，做爲他出仕劉備的基本藍圖。

第二節　龐統仕吳之角色扮演

　　第二節，正式進入龐統知人角色扮演之相關問題探討。

　　上一節鋪陳了龐統三十歲以前的成長環境，發現以龐德公爲中心的襄陽謀士集團，內處荊州劉表的偏安與壓逼，外受群雄割據的亂世紛爭，內外交逼相應的是，襄陽群士多想「遨遊」大展身手的欲求。於是，對外模糊掩飾以自保，在內互造名號而相推廣名聲，同時也暗結同志，凝聚集團勢力。外靜內動的矛盾行徑，乃因應遠近政局，又滿足內心欲求的夾縫生存之道。龐統的二大精神導師，一是家族大老龐德公，一是其師司馬徽，二人一邊提攜龐統，一邊泛舟隱居，便是上述矛盾又合理的行徑例證。他們的影響也作用在龐統身上。在襄陽時期，龐統便得「鳳雛」、「識時務者」、「盛德」、「南州之冠冕」等諸多美譽，名聲廣傳。然而，究竟龐統所識時務是什麼？何以爲

〔註88〕黃惠賢《校補襄陽耆舊記》，頁 19。

南州冠冕？欲深入龐統的實質內涵，此期卻無史料可資檢證。可知龐統雖爲「識時務者」，但在外也是無聲的，一如其師之裝愚顯笨。因此，從龐氏叔侄、司馬徽之言行顯隱，正可推擴解讀襄陽集團多數士人的應世之道。除非政局起變化，否則就繼續這套泛舟文化。

建安十三年（208 年）七月，曹操南攻荊州，未至，劉表死。魯肅借弔喪入荊，欲聯劉備。未至襄陽，劉琮舉州降曹，劉備倉促南逃，魯肅迎備於長阪，勸投吳。曹操則自江陵順東而下，一日三百里力追劉備，事急，諸葛亮隨魯肅入吳洽聯盟事宜。吳內部降曹聲浪大，唯魯肅、周瑜主戰。孫權意欲戰，遣三萬精兵予周瑜。十月，與曹操相遇赤壁。曹操戰敗，退回北方，留曹仁、徐晃據守江陵，樂進守襄陽。又歷經一年餘，周瑜攻退曹仁，奪得江陵，曹操防線北縮至襄陽。短短二年間，劉表政權瓦解，孫劉聯軍於赤壁、江陵二戰，阻擋了曹操的南進攻勢，荊州因此瓜分爲三。

江陵戰後，孫權命周瑜領南郡太守，周瑜辟龐統爲郡功曹，時爲建安十四年（209 年）十二月，一年後，周瑜病卒，荊州權借與劉備，而龐統送主喪回吳。喪畢，龐統西還，劉備辟龐統爲耒陽縣令。

從孔明出仕劉備，到龐統出仕周瑜，其間有二年餘（207〜209），龐統消失無蹤。當劉備倉促南奔時，荆楚之士從之如雲，並不見龐統追隨。而當曹操接收襄陽時，龐統不知所蹤，亦未現身赤壁之戰。江陵戰勝後，龐統突然化暗爲明，應周瑜之召而出仕南郡功曹。爲何他要與少時親近的襄陽謀士集團分道揚鑣？而更離奇的是，仕吳一年之後，又轉而仕蜀。既受周瑜重用，爲何不留在吳國發展？若無意仕吳，爲何不早隨劉備，而要迂迴繞道？

襄陽時期的龐統，因與龐德公、司馬徽等低調泛舟，出仕前的事蹟幾乎不傳於世。直到出仕，動向化暗爲明，言行才有跡可循。仕吳後，龐統抓緊機緣，善用郡功曹的人事權，積極品評，到處爲人造美名，史云其「性好人倫，勤於長養。每所稱述，多過其才。」（原文下面將詳引）。盡說好話的龐統，以知人名聲廣傳江東，並藉此結交不少江東士。何以出仕前的龐統，其事不傳，卻能出仕？而仕吳短短一年，何以又大逆轉，化暗爲明，積極造美名？

在襄陽時期，龐統乃以「識時務」之俊傑，被其師司馬徽推薦給劉備。然而，在郡功曹時期，江東士人所認知的龐統，似乎以知人聞名。若龐統深有謀略，爲何在郡功曹任內，不施展謀策，反而「性好人倫」，以知人角色行於世？

從龐統出仕周瑜，以知人者廣結江東士，最後落腳劉備，以謀士為劉備取益州，究竟龐統的內心欲求及角色扮演是什麼？何以呈現先仕吳後仕蜀的曲折走向？本節即以龐統郡功曹時期所留下的三則人倫識鑒史料，做為他的主要言行依據，再輔以相關史料，從龐統外在可顯之處境、交遊、動向，來揣摩其內心的真正意圖。如此，則可探求出龐統在知人群體序列中，做為割據亂世至三雄浮出間之知人代表，其產生的原因與展現風貌。

壹、龐統出仕周瑜郡功曹

關於龐統郡功曹一職，《江表傳》直道龐統為「為周公瑾功曹」〔註89〕，而《三國志》本傳云「瑜卒，統送喪至吳」〔註90〕；《襄陽耆舊記》亦云：「吳將周瑜卒，統送喪至吳。」〔註91〕可知其曾任周瑜郡功曹應是無疑的，否則他以何關係送喪？但龐統為什麼仕吳？

首先，看龐統在周瑜幕下，做些什麼？任期中，僅留下一則史料，正可以揣摩龐統在郡功曹時期的主要作為：

> 後郡命為功曹。性好人倫，勤於長養。每所稱述，多過其才，時人怪而問之，統答曰：「當今天下大亂，雅道陵遲，善人少而惡人多。方欲興風俗，長道業，不美其譚即聲名不足慕企，不足慕企而為善者少矣。今拔十失五，猶得其半，而可以崇邁世教，使有志者自勵，不亦可乎？」〔註92〕

這則史料在龐統任郡功曹後，接著云他「性好人倫，勤於長養。每所稱述，多過其才。」表示龐統任郡功曹時期，其主要活動為鑒識。他展現熱情的人倫態度，逢人即予以稱美，所讚往往超過該對象之才具。其品評行徑恐怕十分招搖，故引起「時人怪而問之」。面對社會質疑，龐統解釋道，其多過其才，乃為促成良善風俗。

但龐統一概給予美評，真如他所言，乃為興風化俗？由於郡功曹時期，並未留下任何品評實例，因此龐統曾品評過誰？用了哪些人？皆不得而知。然而，周瑜之死，龐統送喪至吳，還荊前，與吳士大會昌門，正好為郡功曹時期的美評留下二則實例。表面上，昌門之會似是為龐統餞行之宴會，然而，

〔註89〕《三國志·蜀書·龐統傳》注引《江表傳》，頁954。
〔註90〕《三國志·蜀書·龐統傳》，頁953。
〔註91〕黃惠賢《校補襄陽耆舊記》，頁11。
〔註92〕《三國志·蜀書·龐統傳》，頁953。

實質究竟是什麼？何以龐統欲西還，卻引來諸多江東士爭相送行？先看這場昌門會的內容：

> 瑜卒，統送喪至吳，吳人多聞其名。及當西還，並會昌門，陸勣、顧劭、全琮皆往。統曰：「陸子可謂駑馬有逸足之力，顧子可謂駑牛能負重致遠也。」謂全琮曰：「卿好施慕名，有似汝南樊子昭。雖智力不多，亦一時之佳也。」績、劭謂統曰：「使天下太平，當與卿共料四海之士。」深與統相結而還。〔註93〕

關於龐統針對陸績、顧劭的評價，裴注引張勃《吳錄》有後續的問答及互動：

> 或問統曰：「如所目，陸子爲勝乎？」統曰：「駑馬雖精，所致一人耳。駑牛一日行三百里，所致豈一人之重哉！」劭就統宿，語，因問：「卿名知人，吾與卿孰愈？」統曰：「陶冶世俗，甄綜人物，吾不及卿；論帝王之秘策，攬倚伏之要最，吾似有一日之長。」劭安其言而親之。〔註94〕

龐統何以吸引諸士前來？從引文中可知，吳人集聚昌門相送，乃因「多聞其名」。那麼，吳人所聞之名爲何？所聚爲何？宴會所留下，乃龐統對陸績、顧劭、全琮的品頭論足，甚至還從白天延伸到龐統的夜榻上。可知諸士會聚昌門的目的之一，在得龐統一語；反推諸士所聞之名，則是龐統知人之名。這也可從顧劭之語，得到直接證實。劭問龐統：「卿名知人，吾與卿孰愈？」可知龐統在江東擁有知人聲望。襄陽時期，龐統便曾求見司馬徽，助他名顯於世；此時又在江東迅速竄起，可知他必是有意識的經營。也就是說，龐統「每所稱述，多過其才」的美評風格，不論是否意在興風化俗，首先已爲他搏得知人雅號。那麼，龐統爲何要形塑知人形象呢？此其一。

其二，就品評風格而言，龐統對三人的評價，皆以讚語爲結，以模糊其所指出之缺點。如陸績雖爲駑馬，但有逸足之力；顧劭雖爲駑牛，但能負重致遠。而全琮雖智力不多，亦一時之佳也。比起其師司馬徽的「每輒言佳」，龐統品評較爲形象、具體，但仍有模糊焦點的況味。若有人進一步追問優劣，龐統可以馬上道出排序及理由，所謂「駑馬雖精，所致一人耳；駑牛一日行三百里，所致豈一人之重哉。」可知其心中早有高下，只是隱藏不發。

〔註93〕《三國志・蜀書・龐統傳》，頁953。本則史料中，陸勣又作陸績，本文統一爲陸績。另顧劭又作顧邵，本文統一爲顧劭。
〔註94〕《三國志・蜀書・龐統傳》注引張勃《吳錄》，頁953。

其三，龐統的自我認知是善於掌握利害，爲帝王出謀畫策，他對顧劭說：「陶冶世俗，甄綜人物，吾不及卿；論帝王之秘策，攬倚伏之要最，吾似有一日之長。」既然他的特長是謀士，爲何仕吳一年，不發揮其才性？

襄陽時期，龐統乃以識時務者爲號稱，並得龐德公、司馬徽力薦，龐統自己亦思鳳翔高飛。如今，他所出仕乃吳國大將周瑜，且身掌三強垂涎的荊州要地南郡，何不使出渾身解數，勤獻謀策，反而一如風雅名士，到處爲人造美名？且其品評風格又極似其師司馬徽。司馬徽爲迴避劉表，評人「每輒言佳」，以掩飾自保，但龐統何以在重用他的周瑜面前，隱藏眞才實學，隱藏對江東士的優劣判斷，逢人便說美話？

在第一節，曾鋪陳龐統出仕前與襄陽謀士集團之密切關係，並論述襄陽集團的基本定位、戰略大綱、及大致的未來走向。然而，出仕後的龐統，其所言所行，卻背道而馳。是他眞與少時師友分道揚鑣，抑或另有隱情？關於龐統爲何仕吳？仕吳一年，爲何以知人身分廣造美名？既有意於仕途，爲何在周瑜面前隱藏眞實想法及才幹？諸多疑惑，皆有待釐清。

下一小節，擬先跳開龐統出仕種種主觀作爲，而從龐統出仕的客觀條件之一：孫吳角度，來揣摩其何以用龐統？怎麼用？爲何又任龐統西歸？

貳、孫吳對龐統之用與不用

一、聯盟關係的爾虞我詐

建安五年（200年），孫策被許貢賓客擊傷。臨終，以事授權曰：「舉江東之眾，決機於兩陳之間，與天下爭衡，卿不如我；舉賢任能，各盡其心，以保江東，我不如卿。」〔註95〕孫策並未佩印授給呼聲高的三弟孫翊，令張昭等頗爲意外。〔註96〕然而，年僅十八的孫權，正如孫策所說，極擅長「舉賢任能」，此後，一步步帶領文武大臣「以保江東」，甚至還建號稱帝。

先不談建立帝業，當時要保住江東政權，已困難重重。在赤壁戰勝（建安十三年，208年）前，有八年餘，孫權是在內憂外患交相逼迫下，熬過來的。當時，江東內部存在著三股動盪勢力：「深險之地猶未盡從，而天下英豪布在州郡，賓旅寄寓之士以安危去就爲意，未有君臣之固。」〔註97〕田餘慶歸納

〔註95〕《三國志‧吳書‧孫破虜討逆傳》，頁1111。

〔註96〕《三國志‧吳書‧孫翊傳》注引《典略》曰：「（孫）翊名儼，性似策。策臨卒，張昭等謂策當以兵屬儼，而策呼權，佩以印綬。」頁1212。

〔註97〕《三國志‧吳書‧吳主傳》，頁1116。

為：一，山越長期據險犯吳。二，江東大族舊臣視孫策為袁術餘黨，態度疏離、對立甚至仇恨。三，流寓江東的北士對孫氏是否能長期立足，意存觀望。〔註98〕此語意味，孫權統事初期，要面臨山越不時的軍事騷擾，要處理江東大族因正統等價值的對抗意識，還有流寓北士，雖為孫策政權主體，但也以利害為盱衡，隨時準備北歸。

流寓北士中，又以張昭、周瑜為文武代表。孫策臨終時，周瑜在外，故將孫權託付給張昭。在孫策初死、人心惶惶之際，張昭率群僚輔權，「上表漢室，下移屬城，中外將校，各令奉職。」於是「諸侯賓旅寄寓之士，得用自安。」〔註99〕可知張昭以「漢室」為前提，輔佐孫權，北士因此暫安江東。武將方面，眾將亦輕忽孫權，「為禮尚簡」〔註100〕，獨周瑜執臣節甚敬，始助孫權樹立君主權威。孫策所遺命二人，使孫氏政權的改朝換代穩住陣腳。

但孫權很快面臨更大挑戰──曹操一統北方，局勢對他十分不利。掌政同年，廬江太守李術、同宗孫輔計畫叛吳投曹，孫權得到消息，或殺或制。先前入江東以觀時變的魯肅，因未得孫策重用，亦欲北歸，周瑜加以勸留。〔註101〕接著，建安七年（202 年），曹操遣使要求孫權質子，朝中文武分裂為兩派，以張昭為首的文臣，主張降曹稱臣；以周瑜、魯肅為首的武將則主戰。

孫權胸懷大志，自不欲質子於曹。但甫上任的他，江東大族深怨大仇未消，孫策舊部又分裂為二，再加上曹操外交逼迫，壓力之大可想而知。但從他執政之初，便能快速鎮壓叛逆，可知他早已深入各勢力，布下耳目，故能在禍亂未發之前，掌控大局。而這次質子的外交危機，乃聽魯肅之議，速令周瑜回江東，並請出太后，才暫息張昭等之口。

接著，是更大的危機，赤壁之戰。聲望、年輩皆在孫權之上的張昭，又率群僚力主降曹。張昭威嚴性剛，人脈廣闊，好倚老賣老，屢在孫權面前訾毀魯肅謙下不足、年少麤疏，勸勿為用。蓋因張昭之立場在尊奉漢室，以其

〔註98〕田餘慶〈孫吳建國的道路〉，收於《秦漢魏晉史探微》（重訂本）（北京：中華書局，2011 年），頁 272。

〔註99〕《三國志・吳書・張昭傳》注引《吳書》，頁 1220。

〔註100〕《三國志・吳書・周瑜傳》，頁 1264。

〔註101〕周瑜以二個理由勸留魯肅，一是孫權能親賢貴士，二是祕論流傳東南將代劉氏而興。原文見《三國志・吳書・周瑜傳》：「瑜謂肅曰……今主人親賢貴士，納奇錄異，且吾聞先哲祕論，承運代劉氏者，必興于東南，推步事勢，當其曆數。終構帝基，以協天符，是烈士攀龍附鳳馳騖之秋。」頁 1268。周瑜挽留魯肅的理由，也側面說明了他事孫權之因。

徐州大儒背景，可「還付鄉黨，品其名位」〔註102〕，前途無憂。孫權雖爲年少君主，卻深謀遠慮，自有主張，張昭之見在他看來，乃圖自我利益，且以「儒生俗士，豈識時務！」故表面對他「待遇尤重」，私下卻貴重魯肅。此次赤壁之戰，魯肅再建議請周瑜回朝，周瑜當廷分析曹操四忌，條理清明，震懾群臣，孫權順此勢，標榜漢獻帝正統，最後，拋下一句：「孤與老賊，勢不兩立。」〔註103〕宣布討賊宣戰，群臣勿再言！從中可知，孫權、周瑜對時務皆有相當掌握，一從利害考量，一以正統價值，成功壓服滿朝文武。安撫內部後，孫權這才無後顧之憂，全心抗曹。

因此，周瑜、魯肅可謂穩定孫吳政局的靈魂人物，尤其是魯肅。孫權初見魯肅，極爲相傾，獨邀之榻上對飲。席間，魯肅提出有名的榻上策，爲孫權規畫天下之計，深契帝心，策云：

> 漢室不可復興，曹操不可卒除。爲將軍計，惟有鼎足江東，以觀天下之釁。……北方誠多務也。因其多務，剿除黃祖，進伐劉表，竟長江所極，據而有之，然後建號帝王以圖天下。〔註104〕

這是建安五年，曹、袁決戰北方，孫權甫上任，江東局勢艱險之時，然而魯肅卻已洞見，一，漢室不可復興。二，曹操勢力大，不可能快速拔除。三，孫權有鼎足江東、進圖天下之條件。四，發展步驟是：趁北方多務之時機，沿長江而上，攻荊取益，而後，以江南之地與中原相抗，進而圖取天下。在江東政局動蕩、人心思動時，魯肅卻已爲孫權畫出帝業藍圖。從魯肅對時務之分析、掌握，可知他亦是深識時務者，不下於魏之荀彧、蜀之孔明。孫權一聽，內心極喜，往後便以它爲江東發展的主要戰略，但口上卻道：「冀以輔漢耳，此言非所及也。」〔註105〕從中可知，孫權剛執政，已懷藏天子之志；而他一見魯肅，即知不凡，表示亦有知人之明。更難能可貴的是，年紀雖輕，卻沈穩內斂，私下言及帝業，不透半點喜色。

內既有帝心，外又循榻上策前進的孫權，爲何不敢透露其天子之志？他答肅：「冀以輔漢耳，此言非所及也。」表示談建號帝王的時機未成熟，此刻

〔註102〕魯肅語，見《三國志・吳書・魯肅傳》，頁 1270。
〔註103〕《三國志・吳書・周瑜傳》，頁 1262。周瑜分析曹操四忌爲：一，北土未安，馬超、韓遂，爲操後患。二，舍馬仗舟，非中國之長。三，值盛寒，馬無蒿草。四，中國士眾不習水土。頁 1261～1262。
〔註104〕《三國志・吳書・魯肅傳》，頁 1268。
〔註105〕《三國志・吳書・魯肅傳》，頁 1268。

猶須以「輔漢」爲名義。蓋因孫權掌政後所遭遇，即江東大族的正統價值衝突。事實上，以漢爲正統，不只在江東，更是普漢土皆準。非劉氏而欲謀天下者，首當其衝即此頑強對抗勢力，否則，在榻上策提出前四年，曹操何須迎獻帝至許？曹操亦知漢室不可復興，他也無意輔佐漢帝，但當他迎得天子，立即吸引大批正統士大夫入許，可知曹操明則假借漢獻帝，以吸收正統資源，私則默默爲謀取漢室鋪路。勢力大如曹操，不敢公然篡漢，僅據江東六郡的孫權，敢明目張膽言及天下嗎？他說意在「輔漢」，不也如同曹操，一邊爭取江東士人支持，一邊偷渡自建帝號的大志？年甫十八的孫權，竟已如此識遠謀深。

　　榻上策中，魯肅明白揭示，荊州是孫權進圖天下的第一步，且最好搶在曹操北方未定前取下它。因此，赤壁戰前，孫權曾多次遣將西擊江夏黃祖，終於在建安十三年（208 年）初消滅之，雖因劉表之子劉琦迅速趕及，僅奪得江夏南部，但也將吳戰線順利推進至長江流域中腹。〔註106〕七月，曹操南下攻荊，八月，劉表病死。局勢緊急，魯肅勸孫權速至荊州與劉備結盟，其曰：

> 夫荊楚與國隣接，水流順北，外帶江漢，內阻山陵，有金城之固，沃野萬里，士民殷富，若據而有之，此帝王之資也。今表新亡，二子素不輯睦，軍中諸將，各有彼此。加劉備天下梟雄，與操有隙，寄寓於表，表惡其能而不能用也。若備與彼協心，上下齊同，則宜撫安，與結盟好；如有離違，宜別圖之，以濟大事。……今不速往，恐爲操所先。〔註107〕

八年前，魯肅本以長江爲線，由孫、曹二分天下，此時，則因應劉備之崛起，做了修正。劉備在荊州已醞釀七年，除關張趙三大將外，又擴充了諸葛亮及襄陽謀士集團，文武兩班總算有了大致雛形。榻上策中，魯肅云「剿除黃祖，進伐劉表」，並未將劉表視爲重要強手，可知魯肅亦有識人之明。若劉表能與劉備串聯，或可與曹操一較高下，但因劉表有天子之志，而劉備亦野心勃勃，故表「惡其能而不能用」，暗中防備之。在曹操強勢的時局下，劉表不思抗曹，而陰禦勢微的劉備，由此推敲，劉表大約是忌憚劉備也具有的正統優勢。幾年觀察下來，魯肅發現劉表猜忌陰禦，格局窄小，劉備雖羽翼未豐，卻難掩

〔註106〕黃曉陽〈從魯肅「鼎足江東」謀畫看「隆中對」得失〉，《成都大學報》（社科版）第 1 期（1998 年），頁 58。
〔註107〕《三國志・吳書・魯肅傳》，頁 1269。

梟雄之姿。而此時的曹操，也非孫吳所能抵擋，故其策略隨時勢而轉向聯盟劉備。

蓋曹操剿滅袁紹餘黨後，除西北方的韓遂、馬涼，其餘已盡入版圖，接著便是南進。曹操親統大軍，揮師南下，幾乎勢在必得。而孫權掌政雖已八年，但內部分裂、觀望、仇恨等諸多勢力尚未完全整合，軍力更與曹操懸殊。而劉備具劉氏正統身分，仁義之聲遠傳，在荊州經營七年，吸收不少荊士，最具共禦曹操的條件。且其時劉備勢力尚弱，一旦失去利用價值，也易併吞。其中利害，孫權馬上明白，速遣魯肅往荊州。

事實上，在此前一年，孔明〈隆中對〉已擬定聯孫抗曹的外交方略，但孫劉聯盟之局，卻由孫吳一方主動促成。甚至，當魯肅往見劉備，問其欲歸何處時，劉備道「與蒼梧太守吳巨有舊，欲往投之。」〔註108〕劉備集團既已擬好外結孫權之策，何以在曹操南攻荊州之際，未主動求救於孫吳？又何以在魯肅前來結盟時，又說欲投吳巨？蓋聯盟乃對抗強曹不得不的生存之道，乃孫、劉二方利害權衡之策，既以利害而聯盟，亦得預擬同盟內部之權力、利害關係。故勢弱的劉備，營造與曹賊相抗的仁義、正統形象，對孫吳無所求之態。即使諸葛亮隨魯肅求救孫權，言辭亦不卑不亢，力使孫劉聯盟保持對等關係。至於孫吳一方，聯盟雖由其促成，但亦營造仁義形象，以援助劉備立足爲說。事實上，孫、劉二方的合作關係，乃以利害爲前提，彼此心知肚明，亦深知無聯盟即無生存，卻都化身正義之師。從不得不合的趨勢來看，兩方已故作姿態，暗中較勁。聯盟之局未定，爾虞我詐的政治攻防已展開。

即使如此爾虞我詐，但孫劉聯盟幾乎綿亙了整個三國，從孔明以〈隆中對〉示劉備，到蜀漢滅亡之際，孫劉雖曾多次衝突，最終還是以合作收局。當時的有識之士，皆預見孫劉聯盟是三分天下最厲害的策略，尤其勢大的曹營，亦思謀略嚴待之。在赤壁戰前夕，曹操謀士程昱預言孫權必助劉備抗曹，而賈詡也建議曹操得荊後，暫緩東進，以免刺激孫劉合作。〔註109〕果然，孫劉首度聯軍，便在赤壁一戰上，攻退曹操。爾後，又以聯軍取得江陵，將曹操逼退至襄陽。〔註110〕

〔註108〕《三國志·蜀書·先主傳》注引《江表傳》，頁878。

〔註109〕本段主要參考沈驊〈魯肅權謀思想簡論〉，《中國歷史教學參考》第6期（2002年），頁18。

〔註110〕關於江陵之戰，林榕杰分析細緻，值得參考。見氏著〈赤壁之戰後的周瑜考論〉，《廈門大學人文學院》第32卷第4期（2001年8月），頁154～158。

攻下江陵後，孫權命周瑜領南郡太守，程普領江夏太守，劉備爲荊州牧。這樣的行政調度，表示由劉備擔任荊州最高首長，但由孫吳掌控長江戰略要地。就在此時，周瑜辟龐統爲南郡功曹。《荊州先德傳》曰：「周瑜領南郡，以龐士元名重，州里所信，乃逼爲功曹，任以大事，瑜垂拱而已。」〔註111〕南郡既是戰略要地，爲何孫吳讓一荊士管理之，並且「任以大事」？而龐統何以被周瑜看中？

蓋龐統被辟的時機極爲敏感，而荊州的政治氛圍更是詭譎。僅從聯盟角度看，孫劉雖號稱聯盟，但赤壁、江陵二戰皆以孫吳爲主力，因此戰後的權利分配似乎是由孫權主導，但又得兼顧聯盟關係，於是便呈顯上一段所說的，戰略要地由孫吳實掌，但以荊州牧之虛職安撫劉備。而孫吳出力多，勢弱的劉備也只能暫安於此，再思進展良方。此其一。其二，劉備集團及孫權陣營，皆以攻荊取益、孫劉聯盟爲戰略，也就是說，孫劉兩方都想謀取荊州，但在共同強敵之下，又須保持聯盟。這種既互相需求、又互相矛盾的關係，使得孫劉二方，或明、或暗、或模糊地，擴張自己在荊州的勢力，而曹操亦虎視在旁。正因爲政治角力的複雜度，故這段時期的史書記載特別紛歧，尤其從孫劉聯盟之局成，到周瑜死後荊州借與劉備，這二年之間，孫劉二方在荊州所發生之事，頗爲撲朔迷離，比如，劉備荊州牧是誰封的？劉備南四郡土地怎麼來的？

關於劉備荊州牧由來，〈吳主傳〉語焉不詳，云：「權以瑜爲南郡太守。劉備表權行車騎將軍，領徐州牧。備領荊州牧，屯公安。」〔註112〕〈先主傳〉則云是群下所推：「先主表琦爲荊州刺史……琦病死，羣下推先主爲荊州牧。」〔註113〕《資治通鑑》則以孫權任命劉備：「會劉琦卒，權以備領荊州牧。」〔註114〕蓋劉備奉漢獻帝爲正統，他表孫權領徐州牧，表劉琦爲荊州刺史，這應是無疑義的。但劉琦病死後呢？獻帝既由曹操所挾持，自不會讓具正統的劉備領荊州牧。若荊州牧是由群下共推之，則劉備必須標榜自己爲正統，以討賊興漢合理化自取荊州牧之舉，但孫權同意嗎？若劉備是接受孫權任命，表示承認其爲主，那又不符合其向來標榜的正統。因此劉備荊州牧究竟誰任命？

〔註111〕《太平御覽》，頁 1366～2。
〔註112〕《三國志・吳書・吳主傳》，頁 1118。
〔註113〕《三國志・蜀書・先主傳》，頁 879。
〔註114〕《資治通鑑》，頁 2099。

既要掌握實際利益，又要兼顧正統招牌及聯盟之義，只好保持相當的模糊空間，於是便呈現史書的多元敘述角度。

又南四郡是劉備所攻取，或孫吳分地予之？〈先主傳〉云：「先主……南征四郡。」〔註115〕〈諸葛亮傳〉云「先主遂收江南。」〔註116〕《華陽國志》云：「先主南平四郡。」〔註117〕《資治通鑑》於建安十三年云：「劉備……引兵南徇四郡。」〔註118〕建安十四年則云：「周瑜分南岸地以給備。」〔註119〕而《江表傳》亦曰：「周瑜為南郡太守，分南岸地以給備。」〔註120〕若是劉備趁江陵戰隙自取南四郡，就孫吳角度而言，周瑜在前線攻敵，劉備在後方爭地，此可謂聯盟乎？但劉備所思乃跨荊取益，即使取四郡，亦需尊孫吳，或在占領四郡後，擺低姿態，請求孫權分南岸地予之亦不無可能。如此既能顧及聯盟，又能取四郡之地。後來，劉備不也向孫權「求都督荊州」嗎？

這段時期史料呈現多重面貌，正可反映在孫劉聯盟之局下，既要維持友好關係，又想擴張自我勢力的複雜角力關係。〔註121〕故此聯盟是脆弱的，一旦敵人威脅暫解，同盟之間發生利益衝突，聯盟就可能破裂。即使在孫、劉兩家甫聯盟友好時，種種政治陰謀亦層出不窮。如孫權嫁妹與劉備，周瑜私下主張軟禁劉備，及魯肅權借荊州與備，三件事，皆發生在龐統任郡功曹這一年。

關於孫劉結親，二方皆清楚此乃為鞏固聯盟的政治婚姻，但鞏固背後，亦隱伏陰謀。史云孫權之妹「才捷剛猛，有諸兄之風。」〔註122〕身邊侍婢百人皆持刀侍立，劉備進房心常凜凜；諸葛亮亦云備「懼孫夫人生變於肘腋之下」，〔註123〕可知劉備君臣對孫夫人頗有防備。這是江陵戰後，孫吳再以婚姻

〔註115〕　《三國志‧蜀書‧先主傳》，頁879。
〔註116〕　《三國志‧蜀書‧諸葛亮傳》，頁915。
〔註117〕　《華陽國志校補圖志‧劉先主志》，頁363。
〔註118〕　《資治通鑑》，頁2094。
〔註119〕　《資治通鑑》，頁2099。
〔註120〕　《三國志‧蜀書‧先主傳》注引《江表傳》，頁878。
〔註121〕　王文進則從更大的三國爭霸的角度談。其云：因應三國爭霸戰，出現了立場、見聞各異的三國爭霸史，或黨吳（如《江表傳》）、或黨魏（如《華陽國志》）、或黨蜀（如《漢晉春秋》），彼此爭勝抑揚，因而呈現三國史書寫的多重面貌。見氏著〈習鑿齒與諸葛亮神話之建構〉，頁76、87。
〔註122〕　《三國志‧蜀書‧法正傳》，頁960。
〔註123〕　《三國志‧蜀書‧法正傳》，頁960。

深化與劉備之關係。從赤壁戰前至取得荊州戰略要地後，孫吳一直都是主動方，積極經營孫劉聯盟，蓋因孫吳智囊團深知，光憑江東之力，無法與曹操匹敵。

　　但赤壁戰後，孫吳內部卻分成吞劉及親劉二派，周瑜即是吞劉派代表。在龐統任郡功曹任內，周瑜曾提出二個主張。一是軟禁劉備，二是速攻西蜀。或許在赤壁戰中，周瑜見識到劉備終非池中物，故反對繼續孫劉聯盟。恰劉備進京求都督荊州，他上疏勸孫權扣押劉備為人質。孫權、魯肅皆以為不宜，因此作罷。從周瑜主張扣押劉備，最後又順孫權之議，可知周瑜所出謀略，背後仍需孫吳智囊團之審核，而孫劉聯盟亦是歷經集體思考，站在大局，審忖利害緩急後之共識。那麼，孫權核心為何不軟禁劉備？孫權、魯肅雖知劉備非池中物，但此時曹操力量更強。蓋赤壁之戰雖以小搏大，致令曹操狼狽竄回中原，但觀江陵之戰，曹操並未安置主力，孫、劉猶費一年退敵，且襄陽始終奪取不下，可知曹操勢力仍遠勝孫劉聯軍。故孫吳實乃一邊與劉備合作，一邊防範之，同時又伺機吞併對方。這時，孫權之妹即成最佳政治工具。透過結親，既可示聯盟真心，私下又可為枕邊間諜，監督敵情、傳遞消息，若生太子，劉家帝位即流著孫家血統，這應是孫吳之盤算，可謂一舉數得。由此可知，周瑜之謀略手腕不如孫權、魯肅深遠靈活，而孫權以妹妻備，以政治權謀而言，頗為高明。

　　軟禁劉備之議不行，很快的，周瑜又提出太守任內的第二個主張——速攻西蜀，他甚至特地進京見權，表示茲事體大，保密、布置皆得謹慎行事，尤其荊州尚有劉備虎視眈眈。此策馬上獲得孫權首肯，它與魯肅榻上策可謂謀合。一旦將勢力擴展至長江上游，不但吳國實力將大增，亦能阻斷劉備發展，屆時即使仍需借助劉備之力以抗曹，孫吳也穩坐優勢。此策若行，劉備集團則腹背受敵。然而周瑜卻在回江陵途中病卒，時為建安十五年（210 年）冬，赤壁戰後二年。

　　挾帶赤壁戰勝之餘威，又有強將周瑜，孫權本有機會在劉備之前，奪取益州，未料周瑜竟在此時病歿。周瑜之死，孫權極感傷心，素服舉哀，令左右感動。甫起步之帝業，又拉遠了些。而此時，南郡的戰略要地失去良將駐守，曹操蠢蠢欲動，孫吳該如何應對？於是魯肅建議將荊州借給劉備。表面看似劉備占便宜，但孫權亦從中得利，如：一，鞏固孫劉聯盟，使曹操不敢輕易南下。二，解除後顧之憂，使孫權能夠騰出手來解決一些境內問題。三，

在「借地」的名義下，可以將自己勢力擴展至劉備的占領區。〔註 124〕也就是說，孫權表面是釋出善意，促進聯盟關係，實際是將劉備推向前線，當孫吳砲灰；同時還可名正言順，伸張勢力入荊州；又可加緊內部安頓，以備外患強敵。表面逢迎合作，私下卻有許多暗盤算計。先前劉表曾用劉備守新野，此後劉璋又用劉備守漢中，事實上都是類似手法，既將對方當潛在敵人而有所防備，又貪圖對方的利用價值而表面合作，蓋皆以自己利益為出發。

因此，回到周瑜為何辟龐統？既然南郡戰略地位重要，所用郡功曹也必須有相當才幹。而荊州降曹後，荊士泰半北歸曹操，泰半隨劉備南下，而龐統名重南郡，卻懸而未用，可知周瑜乃借重其「州里所信」的條件而用之。但南郡攸關荊州之安危，而龐統何許人也？想必孫吳必經審核。一旦深入調查，即會發現龐統少時所親，是以龐德公、司馬徽為首的襄陽謀士集團，而襄陽集團所親，是此時亦友亦敵的劉備。龐統既為鳳雛，又為「識時務之俊傑」，何以落單？以孫吳角度而言，對龐統應是懷疑而有所保留。但也正因龐統少時交遊，如今皆仕劉備，如用龐統，亦可在吳蜀聯盟關係上，發揮相當的作用，故而大膽重用之。

為何孫權能鼎足江東，甚至進圖天下？時人一致指向他的用人之道。孫策說孫權能「舉賢任能」；周瑜勸留魯肅是因孫權「親賢貴士」；諸葛亮云孫權據江東，「賢能為之用」；而陳壽總評孫權「屈身忍辱，任才尚計。」〔註 125〕八個字，最能概括孫權。僅看聯盟關係，孫權時而聯劉，時而向魏稱臣，從道德角度言最為反覆，從利害角度言最為靈活。這表示孫權用人、謀略、手腕，都有出格之處，即使像龐統這類擁有親備派背景者，依然大膽用之。又比如諸葛瑾、亮之兄弟關係，在吳蜀聯盟上有其便利，但也易起嫌疑。孫權雖用諸葛瑾為外交使者，但讒言四處流布，孫權只得遙對諸葛瑾喊話，以安其心。〔註 126〕可知在詭譎的三國局勢下，對於通敵之隱憂、防備及應對，都得多一分小心。又如赤壁戰後，曹操曾派蔣幹招誘周瑜叛吳；劉備亦屢次離間權、瑜君臣關係，若無相當識見，很難穿透其中的政治陰謀。事實上，三

〔註 124〕孫權所得好處，可參見易中天《品三國》下冊（台北：泰電電業，2013 年），頁 94。

〔註 125〕《三國志・吳書・吳主傳》，頁 1149。

〔註 126〕《三國志・吳書・諸葛瑾傳》云：「孤與子瑜有死生不易誓，子瑜之不負孤，猶孤之不負子瑜也。」、頁 1233。又同傳注引《江表傳》云：「孤前得妄語文疏，即封示子瑜……孤與子瑜，可謂神交，非外言所閒也。」頁 1233。

十年後，魏之間諜隱蕃，即成功矇騙不少吳臣。事覺後，孫權考問有無黨與，隱蕃答：「孫君，丈夫圖事，豈有無伴！烈士死，不足相牽耳。」〔註127〕寧死亦不供出同伴。可知這是一場諜對諜之戰，如何在所需處用人，所疑處暗作防備，用到恰如其分，恰到好處，其中正所以反觀曹孫劉三強的眼光及手腕。

　　在三國爭霸戰中，不管此時合作或敵對，都是因應局勢調整，隨利害變化的短暫關係。因此，如何知己知彼，搶得作戰先機，祭出的謀略可謂千奇百怪，而在人才運用上，甚至要超越常理，既得膽大用疑人，又得心細疑用人。怎麼用，看格局、看手腕、也看手法。在三國陣營裏，多有知人之明者，多有深識時務者，彼此亦相知甚深，然後方出謀略。而曹孫劉本身更顯現不凡之格局，彼此爲搶占資源，使出渾身解數，這之間的爾虞我詐，非史書所能道盡，故有語焉不詳、說法混亂等情形。但實際進入三國爭奪戰中，並非輕描淡寫的簡單數字可化約，它是謀士心思費盡，武將頭破血流，一場場明爭暗鬥、蠶食鯨吞的角力戰。

　　如前所說，孫劉之所以聯盟，乃是因應共同強敵不得不然之策，而不得不合的背後，便隱涵不得不的變數。就二方首領而言，既得合作，又要防範，該如何走這盤棋？此正可謂孫劉過招也。在龐統任郡功曹時所發生的三件政治陰謀——孫權嫁妹妹，周瑜欲吞劉、魯肅借荊州，便清晰呈顯了聯盟本身不得不合，又不得不防的性質，由此更可見，孫吳之所以用龐統，也是因應聯盟而不得不之用。

二、荊州的特殊地位

　　上文已鋪陳龐統任南郡功曹時，孫劉聯盟之爾虞我詐，尤其赤壁、江陵二戰皆以孫吳爲主力，戰後對荊州的權利分配等問題，更成爲二國日後衝突的導火線。也就是說，赤壁一戰雖暫逼退曹操，但荊州背後，三路軍閥的折衝廝殺戰才要開始，正如孔明〈隆中對〉所預示，荊州爲「用武之國」；魯肅所說，荊州乃「帝王之資」，三強的天下版圖，圍繞荊州展開不少次激烈的爭奪。

　　而孫吳識時務之輩，早擬定孫劉合作之策，也預見荊州戰略地位重要，故聯盟是孫吳主動，用龐統亦是周瑜主動。但以孫吳要治理荊州，是有相當困難度的，理由有二：第一，孫吳與荊州多年爭戰不休。第二，荊州的正統

勢力甚大，而且多數已依歸在荊州經營八年餘的劉備。先談第一。自劉表殺孫堅後，孫吳屢以殺父之仇對荊州發動攻擊，實際上，是想取得長江中游的控制權。可想而知，多年征戰下來，荊民對孫吳累積之仇怨。周瑜病卒前，曾寫信向孫權推薦魯肅，信中提到孫吳的處境是「今既與曹操爲敵，劉備近在公安，邊境密邇，百姓未附，宜得良將以鎮撫之。」〔註128〕他指出北方強敵壓境，同在荊州的盟友虎視眈眈，而荊州士民又有反抗情緒，只有魯肅才能鎮撫之。周瑜所提及的三重外患中，曹操爲頭號大敵，劉備雖爲盟友，但得防衛其詐，至於南郡的反抗勢力，以身爲武將的周瑜而言，其所思所長在軍事擴張，大約也無心兼顧，恐怕只求暫時安撫。此時，「名重」、「州里所信」的龐統，便成爲孫吳以荊治荊的首選。因此，以龐統治理南郡，既因應強敵壓境的時局需求，亦受限於周瑜個人之條件，此亦爲孫吳不得不之策。

赤壁戰後，周瑜曾主張軟禁劉備，他認爲劉備非池中物，而孫吳應可獨當一面。然而，病卒前，他卻推薦親劉派的魯肅代之，他應預見，南郡失去大將，曹操大軍一揮，荊州岌岌可危，故得深識時務之魯肅，才能處理這燙手山芋。果然，魯肅一接手，便建議借荊州給劉備。而曹操聞之，不禁筆落地上，〔註129〕表示魯肅所出之招，連曹操都知難接。三強覬覦的「帝王之資」，何以魯肅大膽放手？他對孫權說：「初臨荊州，恩信未洽，宜以借備，使撫安之。多操之敵而自爲樹黨，計之上也。」〔註130〕劉備在荊州經營八年餘，吸引荊士如雲般相隨，而孫吳與荊州士民之間，仇恨積累近二十載，如何掌荊？而更重要的是，強敵當前，只有植黨勢以抗之，怎可自樹敵而分散力量。

細察之，孫吳之所以與荊民「恩信未洽」，除了多年戰火所結仇怨外，尚有正統價值從中作梗。蓋自孫策以袁術逆虜入侵江東，孫氏政權即遭遇正統儒生之疏離、對抗，而荊州卻在二劉的正統旗幟下飄揚二十餘年。此刻，孫吳又以入侵者接掌荊州，荊士心理能接受嗎？而且，荊人的反抗情緒延燒甚久。當劉備勢力不斷膨脹，孫劉矛盾日益激化後，圍繞著荊州的歸屬問題，分別在建安二十年、二十四年，及章武元年（215、219、221 年）爆發三次衝突。周瑜死後十年（建安二十四年，219 年），呂蒙以白衣渡江，偷襲荊州成功，荊州官員多歸附，但潘濬稱疾不見。孫權親自登門拜訪，潘濬涕淚交橫，

〔註128〕《三國志·吳書·魯肅傳》，頁 1271。
〔註129〕沈驊〈魯肅權謀思想簡論〉，頁 18。
〔註130〕《三國志·吳書·魯肅傳》注引《漢晉春秋》，頁 1270。

伏床不起，孫權軟語相勸，又派人以手巾拭面，潘濬這才感動歸依。不久，陸遜又上書孫權，建議以官位安頓荊士。〔註131〕何以孫權身段如此柔軟？何以陸遜要以利祿施恩百姓？可知孫吳君臣強烈感受荊士之不服，故需以情動之，以利誘之，多方籠絡。

而荊士的反彈何在？孫權得荊隔年，爲劉備堅守城池不降的習珍，云必爲漢鬼，而壯烈犧牲。再二年，劉備夷陵之戰大敗，傅肜負責殿後，吳軍勸傅肜投降，傅肜怒罵：「吳狗！何有漢將軍降者！」〔註132〕爲何曹操南下荊州時，要一日急追劉備三百里？爲何他一聽到荊州借予劉備，落筆震驚？正因曹操深知聯盟所帶給劉備的喘息空間，將使大量的正統資源歸向他。而歷史發展確實也如此，荊州豪傑如雲般跟隨劉備，爭奪戰中，許多士人願爲劉備赴湯蹈火，死亦標榜自己爲漢鬼、漢將軍。在劉備得荊後，不過八年光景，取益州、下漢中、稱漢中王，勢力扶搖直上，震動曹營，此即曹操深畏之正統勢力，而孫吳欲取下正統勢力雄厚的荊州，自然得有安撫荊民之對策。故荊州爲何借與劉備？周瑜爲何用龐統？事實上皆有主客觀情勢之不得不然。

既然孫吳需要借重荊士以安撫南郡反抗勢力，故龐統以「州里所信」之條件，出仕南郡功曹。上任後，周瑜「委以大事」，對龐統頗爲借重，甚至信任到可離開南郡，進京見權，可知龐統必符合孫吳所需，並且能安周瑜之心。然而，功曹僅任一年，周瑜便病歿。在周瑜生前，曾推薦過甘寧、魯肅等人給孫權，卻未推薦龐統。龐統既能治荊，荊州又是孫吳必取的「帝王之資」，爲何周瑜不薦龐統？而當龐統送周瑜喪回吳，孫權特地前迎至蕪湖，必與龐統有近距離接觸，何以孫權亦不留龐統？由孫權能進用賢能的寬廣胸襟來看，此應非囿於地域之見，如周瑜所推薦的甘寧，乃輾轉從益州投荊州、再投孫吳；且孫堅父子崛起於江北，孫策舊部多來自江北，可知孫權並未侷限在地方勢力之結合。

從上文論述得知，荊州士人因連年征戰及正統情結，而與孫吳有甚深的隔閡，如需用之，需要更多的禮遇，故孫權得親訪潘濬，陸遜需以高官厚祿安頓士人等等。而龐統少時所親近的襄陽集團，不僅正統思想濃厚，更在龐統仕吳之前，泰半追隨劉備。不管從正統價值，或從龐統的人際網絡來看，

〔註131〕《三國志·吳書·陸遜傳》：「時荊州士人新還，仕進或未得所，遜上疏曰：『……乞普加覆載抽拔之恩，令並獲自進……』」權敬納其言。」頁1346。
〔註132〕《三國志·蜀書·楊戲傳》，頁1088～1089。

孫吳對龐統應有所疑，即使爲之獻策，恐怕也不敢重用。而郡功曹任內，龐統亦以知人身分四處美評，隱藏謀士眞本事。也就是說，孫吳對龐統之用，乃因應荊州局勢所逼而暫用，他們用龐統安撫荊民，類似當權者與反抗者之間的橋樑。而這個過渡功能，隨著周瑜之死、荊州權借劉備，亦宣告結束，此後，便任龐統西歸。

而在龐統這一方，也知孫吳不可能信任他。既如此，龐統爲何仕吳？若他想在吳國求發展，眼前即吳國首要功臣，何不盡力發揮才幹？龐統仕吳之意圖何在？下一小節，再從龐統郡功曹時期所交遊之士來推敲。

參、龐統郡功曹時期之交遊

一、正統江東士陸績

在孫吳政權中，僅陸績於史料明言與龐統爲好友。「虞翻舊齒名盛，龐統荊州令士，年亦差長，皆與（陸）績友善。」〔註133〕當龐統送喪至吳，回荊前，有三位江東士前來送行，其中一位，即是陸績。龐統出仕前，蟄伏於襄陽沔水上，與師友泛舟談論，如何與遠在江東的陸績結爲好友？因此，兩人結交可能是在龐統仕吳後，甚至關係過從甚密，故可留於正史中。那麼，陸績究竟何許人？何以龐統仕吳一年，積極交往之？

陸績（187～219）所屬陸氏，從光武帝以來，便有多世任官。但陸績之父陸康任廬江太守時，卻遭遇孫策圍攻而病卒，陸氏百餘人更在此役中死之近半。陸績雖逃過一劫，從此與孫吳政權之間，存在著殺父侵族的深仇大恨。

孫策入江東後，與淮泗北士共論天下大計，獨邀江東陸績與會。時陸績年約十歲，竟可入席共議國事，雖只是敬陪末座，卻反映了陸績是陸氏代表，而陸氏在江東地位極高，〔註134〕否則孫策何須特別安撫陸績？但孫策在位四年，未曾辟舉陸績，直至孫權統事（200年），始用陸績爲奏曹掾。但此後十年，陸績不聞有何升遷，又可知孫權用之而未重之。

陸績爲何不得孫權重用？從他一生的言行事蹟可知，他與孫權之間一直有隔閡，主要表現在兩方面，一，殺父之仇；二，正統價值。從哪裏得知陸績對孫權是疏離的？蓋陸績仕孫權十年，未聞任何政治表現，甚至經常言忤

〔註133〕《三國志·吳書·陸績傳》，頁1328。
〔註134〕參李艷濤〈陸遜和孫權關係簡論〉，《蘇州文博論叢》總第1輯（2010年），頁140。

孫權，最後甚至「以直道見憚，出爲鬱林太守。」〔註135〕可知他無法眞正服順孫權。既然陸績內在仇恨無法釋懷，何以卻應孫權之辟？從他參與孫策共商大計，便有端倪。當張昭等老臣同聲主張以武力爭天下時，「績年少末坐，遙大聲言曰：『昔管夷吾相齊桓公，九合諸侯，一匡天下，不用兵車。……今論者不務道德懷取之術，而惟尙武，績雖童蒙，竊所未安也。』昭等異焉。」〔註136〕既與孫策有殺父之仇，爲何出席與會？需知，孫策初入江東，曾經大誅江東英豪，剷除異己。面對這樣一位軍閥，代表陸氏的陸績，身繫陸氏家族之命運，能夠任性不出席乎？陸績不僅出席，甚至大發議論。他暗比孫策於齊桓公，以表對孫策霸業之認同，所言意在傳遞陸氏忠心之訊息。從中可知，陸績年幼便有膽有識，因身繫家族興亡，不得不將仇恨暫擺一邊，並以出席建策，表示對孫氏政權之認同。同理，當孫權辟舉之，陸績亦得應辟爲官，以明陸氏宗族之忠誠。

　　陸績在孫策兄弟面前，刻意表現效忠，意味其知孫氏兄弟邀席、封官，乃別有居心。蓋孫氏兄弟表面拉攏之，卻又不重用，可知對陸氏之忠誠頗爲懷疑，故欲就近監控之。因此陸績應辟十年，內心仇恨雖未能化解，但亦不致叛亂，從其任官無特殊表現，可知是一種消極的抗議。然而，並非陸氏家族的所有成員，都與孫權保持距離，如陸遜便積極求表現，頗得權心。最後，陸績以直道被貶，而陸遜步步高升，先將後相。

　　關於孫權爲何貶陸績、用陸遜，李艷濤分析頗爲細膩，本段即借重其研究成果。李艷濤認爲這是孫權的政治陰謀。從孫權角度看，孫、陸必須聯合，而陸績因家仇，與孫權關係冷淡，陸遜卻積極參與孫權的各項建設，顯然陸遜比陸績更適合整合孫陸關係。再從陸氏家族看，陸、孫也需合作，以居安食飽，進而謀求長期發展。而陸績雖爲陸氏代表，但陸遜在家族中的認同感更高。從哪裏得知？在陸康遭廬江之難時，先遣兒陸績、侄陸遜等回江東，當時陸康門戶便是由陸遜綱紀。陸績年紀雖小陸遜四歲，但他是陸遜之叔，且六歲以懷橘遺親聞名，十歲在孫策會上反駁眾人之見，論輩分、論名聲，皆冠於陸遜，既可代表陸氏出席，爲何不是由他綱紀門戶？表示陸遜在性格、才能或價值上，必有比他更適合的條件，此無關乎年紀大小。不管從孫權、或從陸氏家族角度，陸遜皆是促成孫陸聯合之首選。但陸氏爲儒學大族，與

〔註135〕《三國志‧吳書‧陸績傳》，頁 1328。
〔註136〕《三國志‧吳書‧陸績傳》，頁 1328。

孫氏中間阻礙著道德因素（指家族仇恨），而陸遜又曾受陸康庇護，因此不能跨越陸績，過分向孫權示好。在此情況下，只有由孫權出手。於是孫權先貶陸績，接著爲陸遜妻以策女，然後才重用之，他一步步抬高陸遜地位，爲的便是加深孫陸之聯合。李豔濤的分析頗有見地，他又考出陸績被貶鬱林在建安十五年（210 年）之後，正因孫權此時有意加強與江東大族的合作，故向來直道的陸績，於此時被貶。〔註137〕據筆者考，陸績被貶的精確時間，應於建安十五年十二月後至十六年（210～211 年），〔註138〕即陸績與龐統會於昌門之後不久，被貶出。

　　爲何孫權此時要加強與江東大族的合作關係？李艷濤並未再深究，但放在孫吳政局來看，極爲鮮明。蓋赤壁戰後，孫權鼎足江東之勢成，外憂暫息，但內部尚有諸多亂局待整頓，此時所需，便是借重江東大族以安內。結果內部尚未整合，周瑜卻意外病逝，不僅西進川蜀之策暫緩，軍防馬上面臨曹操之挑釁。故此時，孫權更需加速團結，以共同對抗隨時可能逼境的外敵，故孫權隱忍陸績十年，但此刻因應政局需要，必須加速與陸氏結合。而對陸氏家族言，隨著孫權鼎足江東，也從敵對、觀望的姿態，轉而思考合作之道。周瑜之死，更帶來權力空缺，是個切入的好時機。他們雖想靠向孫權，但族長卻是心理長期憋扭的陸績，這多少造成一些尷尬及不便。於是便由孫權爲之清除障礙，滿足彼此所需。

　　陸績待在鬱林八年，最後死於邊地。臨終云「有漢志士吳郡陸績……受命南征，遘疾逼厄，遭命不永，嗚呼悲隔！」〔註139〕看來他並未再被調回中央。孫權雖以「加偏將軍，給兵二千人」〔註140〕做爲補償，但對於軍事，陸績並無積極作爲，而是終其餘生，著述不廢，注易釋玄。既然遠離軍政，爲

<hr />

〔註137〕本段主要參考李艷濤〈陸遜和孫權關係簡論〉，頁 141～142。

〔註138〕由於鬱林所在之交州，建安十五年（210 年）才歸孫權統治，故陸機貶鬱林必在此後。參李艷濤〈陸遜和孫權關係簡論〉，頁 142。又據筆者考，陸績女因生於鬱林，故取名鬱生，考其生年，乃 211 年，即昌門會後隔年。此乃據《三國志・吳書・陸績傳》注引姚信集表稱「鬱生……年始十三，適同郡張白。侍廟三月，婦禮未卒，白遭罹家禍……」頁 1329。陸績女嫁張白，張白爲張溫弟，所謂遭罹家禍，指的是孫權借暨艷事，廢溫及弟之事，時在黃武三年（224 年），而鬱生年十三歲，可知她生於建安十六年（211 年），表示陸績該年已在鬱林。

〔註139〕《三國志・吳書・陸績傳》，頁 1329。

〔註140〕《三國志・吳書・陸績傳》，頁 1328。

何臨終前，陸績卻又自稱有漢志士，將自己的政治傾向公諸於世？由此可知陸績從未認同孫權，但卻極低調小心，即使身處邊地，亦未顯露這份堅持。以這樣強烈的心志，回頭推敲他在孫權身邊十年的景況，想必不好受。一方面，陸績背負家族興衰大責，仕孫權乃不得不然；另一方面，抱持正統及父仇的雙重衝突，性格直道的他，並不能安份盡職於孫權。陸績之疏離、仇恨，孫權難道無知無覺？故雖隱忍陸績十年，當要加速江東化時，便不能不有所處理。然而，陸績的身分及背景，也不能過分嚴厲，只好貶出，且給予偏將軍名號及士兵二千，做出相當的安撫。但以孫權曾對叛臣李術、孫輔做出快速鎮壓，可知他耳目滿佈，或者這撥出去的士兵中，也有暗中監視陸績之意，否則陸績身處邊地，何須刻意遠離軍事，鑽研著述？陸績畢竟在孫權身邊十年，對其手腕略有所知，低調行事的背後，即有掩飾保身之意。只是，臨終之際，陸績無論如何亦要剖白自己的漢民立場，可知儒學士大夫所執之正統價值，是如此根深柢固。陸績死於建安二十四年（219 年），距魯肅榻上策又過了十九年，當時孫權回答魯肅「冀以輔漢耳，此言非所及也。」從陸績之例可知，孫權對正統勢力的認識是十分深刻的，這也是他遲遲不能稱帝的原因之一。

　　陸績六歲聞名，但在孫氏政權中未居高位，年三十二，短命客死他鄉，一生並沒有太大發揮，影響力亦不廣。但陸績年少有膽識，「星曆算數無不該覽」〔註141〕，甚至預見六十年後天下將一統，頗具才氣。這樣的才性及發展，與龐統所鑒極為吻合。昌門會中，上文曾引龐統鑒陸績「駑馬有逸足之力」，又曰「駑馬雖精，所致一人耳。」先定其性為「馬」，但此馬卻是「駑」馬；又從「馬」之性，判斷其負載之功不大。由上文分析下來，陸績本為陸氏代表，但孫權卻選擇用陸遜，陸氏也認同陸遜綱紀門戶，可知陸績雖有馬之性，卻存在一些侷限，比如父仇、比如正統價值，這些創傷及衝突，讓他無法正視孫權鼎足江東的事實，無法忘懷過去而跨足前進，因此不能領導陸氏家族，自己也抑鬱終於邊地，此正龐統所謂「駑馬雖精，所致一人耳。」

　　龐統所結交之陸績，是江東第一大族，身懷父仇及漢統，與孫權立場敵對。但孫權基於政權之穩固，對陸績不得不用，又不得不防。陸績也站在家族立場，不得不應辟，然而又放不下內心的糾葛，故常直道忤孫權。正因如此，他與孫權保持著既靠近又仇視的距離，如此周旋十年。若龐統真有意出

─────────────────────

〔註141〕《三國志・吳書・陸績傳》，頁 1328。

仕孫權，陸績顯然不是好的攀附對象，由此，他交好陸績的眞正意圖，似乎也漸漸鮮明了。

二、昌門會之其他參與者

龐統送周瑜之喪，特來與之餞別者皆江東士，而周瑜部下或流寓北士，卻無一前來送行。爲何龐統特別吸引江東士？以下再從另二位與會者顧劭、全琮來探究。

田餘慶曾論述孫氏政權江東化的三階段，第一階段是孫策入侵江東，誅殺英豪。第二階段是孫權統事後的建安年間，須用江東大族，以補充淮泗力量的不足。第三階段是淮泗力量後繼無人，故用江東陸遜爲將（建安二十四年，219年）、顧雍爲相（黃武四年，225年），此象徵孫氏政權江東化的完成。〔註142〕顧雍即顧劭之父。其被孫權任以宰相，一任十九年，在其帶領下，顧氏家族後期大有凌駕陸氏之勢。而顧劭此時的動向，自然也受其父之影響。

顧雍爲人內斂謹愼，從孫策時代即以地方治績聞，爾後入朝爲官，再至封侯，而家人不知。且從他出仕至任相，間隔近乎三十年。何以顧雍行事如此低調？官路如此漫長？他身上所反映，正是江東顧氏在孫氏政權初期的一種因應姿態——意存觀望又展現相當的配合度，同時藉著近身觀察，摸清孫氏政權，以做爲家族未來決策之籌碼。從顧雍任相後的作風，便可證明此心思。顧雍性柔，爲相謙敬不居功，「所選用文武將吏，各隨能任所，心無適莫。時訪逮民間及政職所宜，輒密以聞。若見納用，則歸之於上，不用，終不宣泄。」〔註143〕因此成爲孫權最佳的左右手。孫權舉相時，張昭呼聲最高，百僚二次舉之，孫權堅持不用，理由是「領丞相事煩，而此公性剛，所言不從，怨咎將興。」〔註144〕可知孫權自有獨斷，他需要的是輔臣，以支持他的大業；而非權臣，處處挑戰其權威。而顧雍在長期觀察、揣摹下，以性柔、謙敬成功切入。顧雍之孫顧譚，曾在孫權面前飲酒失態，雍責譚曰：「恃恩忘敬，謙虛不足，損吾家者必爾也。」〔註145〕顧雍之責，反映他長期事君，凡事都得多一份心眼，不敢稍有鬆懈。而其能如此謙下隱忍，正因考量家族長遠之計。由顧雍任相，意味顧氏根留江東，對孫權全力輔佐的家族走向。

〔註142〕田餘慶〈孫吳建國的道路〉，頁292。
〔註143〕《三國志·吳書·顧雍傳》，頁1226。
〔註144〕《三國志·吳書·張昭傳》，頁1221。
〔註145〕《三國志·吳書·顧雍傳》，頁1226。

事實上，顧雍之子顧劭出仕之前，孫權已主動與他聯姻。《三國志》本傳載邵：「好樂人倫……自州郡庶幾及四方人士，往來相見，或言議而去，或結厚而別，風聲流聞，遠近稱之，權妻以策女。年二十七，起家爲豫章太守。」〔註146〕顧劭（185～217）二十七歲任太守，推算時間，該年爲 211 年，竟也在昌門會隔年，也就是周瑜死後。顧氏爲江東第二大姓，顧劭又在士人間擁有極高聲望，故在此前，孫權已將孫策之女嫁與之，可知孫權拉攏顧劭在先，但顧劭遲未踏入仕途，這種若即若離，頗似其父。而周瑜死後，顧劭出仕，這反映顧氏對孫氏政權的態度有了調整。

蓋赤壁戰勝後，不僅三國鼎立之局成，孫吳政壇內部也起了很大的變化。首先，孫權在江東的地位大爲鞏固，其天子之志亦在此時外顯。〔註147〕其次，以安危去就爲意的淮泗北士不再搖擺不定，周瑜、魯肅成爲首要功臣，張昭等主降派，在孫權面前氣焰大減。至於疏離敵對，尚未在孫氏政壇占重席的江東士人，此時，也開始思索如何與孫權合作。從江東三士主動會龐統，欲求名知人一評的現象來看，至少他們對於名是熱衷的。而他們在赤壁戰後，尤其是周瑜死後特別活躍，可知孫權鼎足之勢成後，江東大族之綿延壯大，正如顧雍所說，還得「恃恩」，仰賴孫權才行。因此，第二階段的江東化，是江東士、孫權兩方面互相靠攏，且在周瑜死後，更爲加速進行。孫權貶陸績、用顧劭皆發生在此時，便是明證。

顧劭出仕於此敏感時機，但這與他來爲龐統餞行，有何關聯？

上文曾引，龐統西還前，顧劭不僅相送於昌門，又「就統宿」，與之夜榻而眠。他問龐統：「卿名知人，吾與卿誰愈？」表示他對知人能力是否得到認同頗爲在意。而龐統回應：「陶冶世俗，甄綜人物，吾不及卿；論帝王之秘策，攬倚伏之要最，吾似有一日之長。」他肯定顧劭人倫風教之能力，並說明自己特長不在興風化俗，而是出謀畫策。顧劭聽後，「安其言而親之。」從兩人反應可知，第一，龐統不諱言自己爲謀士，可見他雖以知人者應世，但江東士對他「識時務者爲俊傑」之名，亦早有所悉，因爲顧劭反應並無絲毫吃驚。且顧劭之舅即陸績，其對龐統之認識想必更深入。由此推敲，顧劭在出仕之

〔註146〕《三國志・吳書・顧劭傳》，頁 1229。
〔註147〕赤壁戰勝，孫權親迎魯肅，對之曰：「子敬，孤持鞍下馬相迎，足以顯卿未？」肅趨進曰：「未也。」眾人聞之，無不愕然。就坐，徐舉鞭言曰：「願至尊威德加乎四海，總括九州，克成帝業，更以安車輭輪徵肅，始當顯耳。」權撫掌歡笑。見《三國志・吳書・魯肅傳》，頁 1270。

前，特地前來見龐統，很可能欲聞謀士良策。第二，顧劭以人倫之稱遠近馳名，亦有知人能力，但聽完龐統回應後卻「安其言而親之。」可見他雖自知才幹，但如何因應亂世，以求發展，既非識時務的他所能把握，徬徨之餘，得到龐統之讚揚，始能安心於此道。

昌門會後不久，顧劭被孫權任以豫章太守。太守任內，他積極引導下士學習，「小吏資質佳者，輒令就學，擇其先進，擢置右職。舉善以教，風化大行。……世以邵為知人。」〔註148〕他拔擢下士，增長善風，發揮知人才幹，堪稱循吏，一如龐統所鑒能「負重致遠」之牛。然而，顧劭雖善提攜後進，但他任官五年即病亡，此又應了龐統所謂的「駑」。可知龐統雖好予人美評，但背後亦有知人之功力，從他對顧、陸優劣之判斷，更可見一斑。他說：「陸子可謂駑馬有逸足之力，顧子可謂駑牛能負重致遠也。」、「駑馬雖精，所致一人耳。駑牛一日行三百里，所致豈一人之重哉！」在江東，顧劭與陸績齊名，但就龐統來斷定，顧劭優於陸績。分野所在，陸具馬性、顧為牛性，負載功能大有所別也。果然，顧陸甥舅往後之發展，便應了龐統之評。如此鑒識精準，又擅長謀策的龐統，對於正思索如何與孫權合作的顧氏家族而言，自是極好的參謀對象，因此在龐統西還前，顧劭一整天圍繞著他不走。在輕鬆夜榻的氣氛下，恐怕二人無所不談，不單只是求個美評罷了。

而龐統所鑒，與孫權所任是吻合的，表示孫權亦深知顧劭之才。但孫權為何遲至周瑜死後才任用之？在顧劭一方，本有觀望，周瑜死後，態度轉而積極。在孫權一方，早先已與顧劭聯姻，但赤壁戰前，他忙於應付大敵，而顧劭才幹乃治世能臣，非亂世謀臣，故無急迫之用。而赤壁戰後，外敵稍歇，孫權才有暇安頓內政。周瑜一死，更須加速安內以攘外患，此時正是孫氏政權江東化的第二階段。由此可知，顧劭會於昌門，反映的是孫、顧君臣皆依時勢利害來權衡，而此時利害與共，故趨於一統。

而另一位江東士是全琮（198～249）。上文曾引，龐統評之「好施慕名，雖智力不多，亦一時佳也。」龐統送喪時，全琮甫十三歲，尚未進入孫氏政權，卻已因善施遠近馳名。全琮曾將數千斛米資濟窮困，而令「中州士人避亂而南，依琮居者以百數，琮傾家給濟，與共有無，遂顯名遠近。」〔註149〕全琮因善養賓客，使家族勢力迅速擴展。而後，孫權以長女妻之，甚受寵貴，

〔註148〕《三國志・吳書・顧劭傳》，頁1229。
〔註149〕《三國志・吳書・全琮傳》，頁1381。

但全琮依然謙虛接士，故龐統言其乃「一時佳也。」然而，龐統亦洞見全琮
「智力不多」。而這在十多年後，才有明證。太和四年（230 年），魏明帝使隱
蕃詐降，投奔吳國。隱蕃辯才出眾，尤善談司法，故孫權用之爲廷尉監。然
左將軍朱據、廷尉郝普等人盛稱其有王佐之才，認爲孫權小用，而全琮等亦
傾心接待。隔年，隱蕃謀叛，事覺伏誅，牽連吳國大臣甚廣，郝普因此自殺，
朱據免官禁足。由此可知，全琮雖慕名好施，卻無識人之明、分辨之智，幾
使災禍及身，此龐統所謂「智力不多」，在亂世中，全琮並非能擅場的俊傑一
流。全琮或因慕龐統名而來，也許交情不深，但龐統給予之評，卻頗爲中肯。
可知龐統雖以美評爲標榜，但對江東三士的評價誠懇、精準，甚至提供未來
方向之指引，頗有善意。因此，龐統以美評結交江東士，不論眞實意圖爲何？
至少在表面上，建立了和諧友好的關係。

從以上可知，周瑜病卒，孫權少了一位智才，卻爲江東士開啓良機。三
士的反應正可做爲孫氏政權江東化第二階段的實例考察。周瑜死後隔年，陸
績被貶、顧劭入仕，皆是孫權加速與江東大族結合的例證，唯全琮確切入仕
時間不可考，但也是在第二階段。爲何三位江東士對龐統熱情相送？正因赤
壁戰後，孫權鼎足江東之勢已成，這群安坐鄉土，與孫氏疏離抗拒，以致權
位不高的江東士，無法再敵對下去，否則個人仕途、家族未來皆無著落。而
三位江東士雖有大族背景，但未來方向如何？卻是徬徨未知。此時，名重荊
州的龐統渡江入吳，於是三位江東士會聚昌門，表面上求其一評，私底下也
望龐統分析指引一番，以利將來之仕途發展，於是才促成了這場江東英會。
而宴會將散，績、劭謂統曰：「使天下太平，當與卿共料四海之士。」可知他
們雖前往就教於龐統，但也深知彼此分屬不同陣營，故此時相談雖愉快，往
後也不便深交，要再一聚，要待天下太平之後了。於是宴散，彼此各奔西東。

第三節　由龐統仕蜀再探其角色扮演

壹、襄陽集團動向

關於龐統之遭遇，著實令人難解。上述曾引，司馬徽向劉備推薦臥龍、
鳳雛，但劉備僅用諸葛亮。臥龍、鳳雛既並稱，何以棄龐統不用？就劉備
角度來看，且劉備既主動訪世事於司馬徽，其意即在網羅人才。而司馬徽

有知人鑒，更爲襄陽集團領袖人物，其所推薦之二人，劉備無不用之理。而從第一節論述可知，龐統與司馬徽僅隔洲相望，近在咫尺，何以劉備三顧隱居隆中的諸葛亮，卻不見龐統一面？但最令人費解者，是龐統仕吳之舉，就劉備對人才的需求，何以任之仕吳？再者，龐統西歸仕蜀，爲何劉備亦僅用之爲耒陽令？且諸葛亮未力薦，反由魯肅寫信來反應？諸多發生在龐統身上之事皆顯怪異，但因龐統出仕五年即亡於箭下，以致於無足夠史料以資說明。

再就襄陽謀士集團角度來看，龐統在集團內部的排序，僅次於諸葛亮，然而除司馬徽外，並無人推薦龐統給劉備，如徐庶往見劉備時，只薦臥龍；諸葛亮仕劉備後，亦未推薦龐統。且諸葛亮成爲劉備軍師後，其他成員皆自動就位，卻獨缺龐統。〔註150〕不久，曹操入荊，襄陽集團隨劉備奔江南，龐統之弟龐林亦是其中一員，〔註151〕但龐統依舊不見身影。而曹操接收襄陽時，龐統之師司馬徽「爲曹操所得，操欲大用，會其病死。」〔註152〕但並不聞曹操延攬龐統，可知龐統早已離開襄陽，他並無意投曹，否則以曹操之愛才，他大可留在襄陽，以逸待勞。接著，赤壁、江陵二戰，孫劉聯盟退曹，劉備攻取南四郡，戰事皆發生在荊州本土上，龐統不知何蹤。爾後，劉備被任以荊州牧，諸多襄陽士在此時封官領職，如馬良，「先主領荊州，辟爲從事。」〔註153〕又如與龐統親善的向朗，「先主定江南，使朗督秭歸、夷道、巫山、夷陵四縣軍民事。」〔註154〕然而，這些龐統之親人密友，竟無一人主動招徠龐統以共事劉備。

龐統既是龐德公之姪，又深受名知人司馬徽讚揚，且與向朗親善，與習氏結親，又有一群士人經常聚會龐府中，表示他受襄陽集團老一輩領袖的認

〔註150〕 後來仕蜀之襄陽人才，如龐統、楊儀、馬良、馬謖、向朗、向寵、向充、廖化、習珍、習承業、習禎、習忠、習隆等人，由此反推沔水河岸邊的襄陽大族幾乎都隨備入蜀了。可參梁中效整理之「蜀漢政權中襄陽人才表」，〈襄陽在三國文化史上的戰略地位〉，《襄樊學院學報》第 6 期（2010 年），頁 21～27。

〔註151〕 龐林在曹操入襄陽前已離開，何以得知？據《三國志・蜀書・龐統傳》注引《襄陽記》：「曹公之破荊州，林婦與林分隔，守養弱女十有餘年，後林隨黃權降魏，始復集聚。」頁 956。龐林之婦即習禎妹，龐林、習禎皆仕蜀，可知倉皇間，龐林未能攜帶家眷便隨劉備南下。

〔註152〕 《世說新語箋疏・言語》注引《司馬徽別傳》，頁 67。

〔註153〕 《三國志・蜀書・馬良傳》，頁 982。

〔註154〕 《三國志・蜀書・向朗傳》，頁 1010。

定，又與年輕輩成員交集親切。諸種跡象顯示，龐統與謀士集團的關係絕對是緊密的，因此，更顯得襄陽集團對他如此疏離之突兀。

赤壁之戰是決定三國鼎立最關鍵的一戰，且是孫劉聯盟的重要促成時機，然而，龐統這位識時務者竟缺席。江陵戰後，龐統才化暗為明，出仕為周瑜郡功曹。而當時，劉備為荊州牧，南郡轄屬其下，故劉備亦為龐統上司，且劉備早聞龐統大名，核心幕僚亦皆龐統同鄉，彼此之間不乏攀帶關係。再者，孫吳用龐統，自然也是看重他與襄陽集團的關係，欲利用他居中聯絡吳蜀。但遍尋史料，未能找到他與劉備及襄陽集團之任何往來，似乎彼此之間保持某種疏離。龐統既以美評四處建立和善關係，何以卻對劉備集團如此生分？這更給人詭異之感。

從襄陽集團出仕劉備，來看龐統出仕孫吳，便呈現以上種種奇怪不合理之行止。究竟龐統為何仕吳？

貳、龐統仕蜀後動向

一、耒陽令不治

先看龐統耒陽縣不治，何以是魯肅率先推薦龐統？

送周瑜喪畢，龐統回荊，劉備辟為從事，守耒陽令。耒陽在荊州最南端的桂陽郡，是極偏遠的小縣。龐統走馬上任，不久就被免官。這是史料第一次明載劉備、龐統之交會，但僅以簡筆帶過：「先主領荊州，統以從事守耒陽令，在縣不治，免官。」〔註155〕二人初會情形如何？劉備何以用之守小縣？龐統何以在縣不治？皆無具體內容。有趣的是，龐統被罷免，卻由魯肅先醞酵，繼而才是諸葛亮的反應。魯肅特地寫信給劉備，為龐統解釋一番：

> 吳將魯肅遺先主書曰：「龐士元非百里才也，使處治中、別駕之任，始當展其驥足耳。」諸葛亮亦言之於先主。劉備見與善譚，大器之，以為治中從事，親待亞於諸葛亮，遂與亮並為軍師中郎將。〔註156〕

魯肅說龐統非百里才，乃治中、別駕之任，認為劉備錯用了龐統。龐統既是治中才，魯肅為何不推薦給孫權，反而寫信來指引劉備怎麼用龐統？況且，魯肅是孫吳謀士，蜀國內政他來插手，豈不是越界？再者，若龐統果真「展

〔註155〕《三國志‧蜀書‧龐統傳》，頁954。
〔註156〕《三國志‧蜀書‧龐統傳》，頁954。

其驥足」而使劉備壯大，不等於為孫吳樹立強敵？然而，我們知道魯肅對孫權忠心耿耿，又是為孫吳擬定戰略的識時務者，因此，他寫信推薦龐統，不能從他與龐統或劉備的個人交情來推敲，而得從孫吳的利益來揣摩。也就是說，劉備重用龐統，對孫吳有什麼好處？

龐統一免官，魯肅馬上發信給劉備，可知龐統回荊後的動向，孫吳密切注意中。孫吳既放歸龐統，何以又密切關注？從上一小節論述已知，江東士如顧劭等人，對於龐統的謀士身分並不訝異，而周瑜用龐統前，也必定調查過他的身家背景。而龐統在襄陽流傳著「南州之冠冕」、「識時務者」等名聲，應是名頂尖的謀士，但在孫吳卻以知人身分應世，未曾出謀畫策。龐統的真才實幹如何？他是刻意隱藏？還是名不副實？孫吳或也摸不清楚。再者，龐統來自襄陽集團，而襄陽集團與劉備十分親近，這關係孫吳雖能掌握，但龐統何以又與劉備如此疏離？不禁也令人起疑。正因諸種疑惑，孫吳僅用之治理南郡，不敢讓他深入江東。然而，對於龐統這位謎樣人物的潛在威脅，孫吳並不敢小覷，即使他回到劉備集團，亦得隨時追蹤。

從信所指，魯肅基本上認定龐統有才幹，且為具策畫、參謀能力的治中、別駕才，這符合龐統在襄陽傳出的名聲。既然是位謀士，為劉備重用，對孫吳有何好處？蓋魯肅是促成孫劉聯盟的主要推手。赤壁戰後，周瑜、甘寧、呂範、呂蒙等人皆不再主張聯劉，只有魯肅一直堅守，故王鑫義說，周瑜等將領顯然是把孫劉聯盟當作戰術，只有魯肅視之為戰略問題。〔註157〕可知魯肅之所以長期堅持，是站在更大的利害角度思量。因此，周瑜死後，魯肅不惜將南郡要地借給劉備，且當時他代瑜領兵屯於陸口，與關羽臨界，兩陣營時有犯界糾紛，但為保持和諧，魯肅一律讓步。從中可知，魯肅對三國形勢有深刻的認識，故以此擬定聯盟方針，而小利小害便放置一旁。由此推敲，魯肅力薦龐統，自然是站在聯盟的立場而發，畢竟借荊州是為防守曹操，而荊州不保，下游的孫吳亦有危險。既然孫劉利害與共，怎可將大好人才，埋沒在偏遠的耒陽？由此來看，魯肅性格極為穩健，且格局寬廣，權謀深遠，是三國一流之謀士。

接著，便得解決第二個疑惑。若龐統真有才幹，何以耒陽縣不治？或云龐統眼高手低，理想過高，而落實不足；或云才器不合，執此說者，皆以魯

〔註157〕王鑫義〈善「解大數」的東吳政治家魯肅〉《襄樊學院學報》第 10 期（2010年），頁 26。

肅「龐統非百里才，乃治中、別駕之任」爲依據；或云龐統恃才傲物，任性使酒，以抗議劉備輕慢，《三國演義》的情節便如此安排。

從龐統任南郡功曹的表現，其實可推翻上述一、二說法。南郡時期，龐統尚未嶄露眞才幹，但周瑜已「任以大事」。偌大南郡不聞龐統手慌腳亂，小小未陽卻「不治」？由此可知，能治南郡，必能治未陽，此非眼高手低或才器不合的問題。那麼，是因龐統恃才傲物嗎？這便連帶到第三個疑惑：孫吳魯肅皆知龐統之才，何以劉備小用他，諸葛亮亦不推薦他？

自諸葛亮入劉備陣營以來，未曾聽聞他稱讚龐統，接到魯肅信後，這才順勢「言之於先主。」但史料並未書其所說內容。諸葛亮一生只稱讚過龐統一次，而且是在外交場合上，下文將有所論述。何以二人少時共論時務於龐府，又以臥龍、鳳雛並稱，諸葛亮態度卻如此冷淡？而龐統在孫吳本以功曹之職，佐戰略要地南郡，歸蜀後，劉備如用之於南郡，最爲順理成章，怎麼反而調到南鄙小縣？而且，經魯肅推薦後，劉備態度瞬間大轉變，「見與善譚，大器之。」立即擢升爲軍師中郎將，「親待亞於諸葛亮。」從小用到大器，何以前後落差如此大？下一小節，再從龐統攻益州之謀略來推敲。

二、攻益州謀略

（一）攻蜀之時機與方式

龐統入蜀後，有一次君臣閒談，劉備問及周瑜是否曾想扣留他，原文是：

> 先主與統從容宴語，問曰：「卿爲周公瑾功曹，孤到吳，聞此人密有白事，勸仲謀相留，有之乎？在君爲君，卿其無隱。」統對曰：「有之。」備歎息曰：「孤時危急，當有所求，故不得不往，殆不免周瑜之手。天下智謀之士，所見略同耳。時孔明諫孤莫行，其意獨篤，亦慮此也。孤以仲謀所防在北，當賴孤爲援，故決意不疑。此誠出於險塗，非萬全之計也。」〔註158〕

這段對話反映了聯盟關係下的爾虞我詐，而龐統曾仕吳又仕蜀的角色，此刻展示出作用。首先，就劉備而言，他當時膽敢入江東求都督荊州，乃依恃北方有孫劉的共同敵人，彼此休戚與共，因此他判斷孫權必須仰賴他，所謂「仲謀所防在北，當賴孤爲援。」便逆著孔明，前往江東。而他之所以不顧危險，是爲了得取南郡控制權，亦即利用曹操爲脅，向孫吳索求利益。劉備假借聯

〔註158〕《三國志‧蜀書‧龐統傳》注引《江表傳》，頁954。

盟關係，以擴張自己勢力，自然亦會懷疑孫吳居心，否則何必追問龐統軟禁之議有無。劉備說：「孤到吳，聞此人密有白事。」但吳土上的「密」事如何傳出？可見劉備已在江東安插耳目。即使如此，究竟眞相如何？還是得透過曾仕周瑜的龐統來確認。他云：「在君爲君，卿其無隱。」表示這件事關係重大，他得確認聯盟關係是否可靠。果眞暗潮洶湧，往後他與孫權的合作關係，他對孫夫人的態度、甚至國家未來路線等等，都得有所調整。結果龐統答有，證實了孫吳枱面下的背叛、使詐。劉備嘆息一聲，確定孫權陣營內部有人起殺心，日後對孫吳更得小心防範，而自己則要加緊建立地盤。

事實上，孫劉聯盟是孔明〈隆中對〉早就確立的戰略方向。爲防止曹操各個擊破，孫劉必須聯盟。然而，正也因孫劉結盟是爲制衡強敵，一旦強弱形勢有所變化，或同盟內部面臨強大的利益衝突等，也就難保見風轉舵、趁火打劫、或者趁虛而入等等變數產生。那麼，在孔明定下戰略前，難道不曾針對這脆弱的聯盟關係，研擬相應對策嗎？劉備在江東事先安插的耳目，可以爲證。

其次，再就龐統角色來看。第一，龐統無意在吳國求發展，他也知孫吳不會重用他，但他卻仕吳了。第二，龐統既是傳聞中的識時務者，他也自我定位爲「論帝王之秘策，攬倚伏之要最」之謀士，但他卻不爲周瑜出謀畫策，反而以知人者四處美評，廣結江東士。第三，龐統仕蜀之後，因曾仕吳之經歷，而成爲孫吳情資的提供者。三事並置來看，更顯龐統仕吳一事，頗有蹊蹺。

接著，再進一步來探索，龐統是個「識時務者」嗎？假若他名不虛傳，那麼，劉備早已從司馬徽處得知他，不可能棄他不用；而龐統任郡功曹時期扮演知人者，即是刻意的掩飾。如此，龐統的角色扮演就可能暗藏玄機。

但司馬徽推薦臥龍、鳳雛之事，乃出自《襄陽記》，《三國志》並無此說法。如〈諸葛亮傳〉云諸葛亮乃徐庶所推薦：「諸葛孔明者，臥龍也，將軍豈願見之乎？」〔註159〕而〈龐統傳〉亦未提到司馬徽推薦龐統，只云徽對龐統頗爲讚嘆：「徽甚異之，稱統當南州士之冠冕。」〔註160〕但若從這二條資料所呈顯，再輔以本文對襄陽集團之論述，可推敲出：第一，徐庶跟司馬徽同屬襄陽集團，雖史料言徐庶僅推薦臥龍，但徐庶既仕劉備，相處日長，言語之

〔註159〕《三國志·蜀書·諸葛亮傳》，頁912。
〔註160〕《三國志·蜀書·龐統傳》，頁953。

間，難道全未論及集團其他成員？此亦不符合襄陽集團好談論之特質。第二，不論司馬徽是否推薦龐統給劉備，他對龐統頗爲讚嘆，亦經正史所記載。既然集團領袖予以「南州之冠冕」的評價，徐庶等晚輩會不予認同？且上文曾提及，龐統在集團內部排序極高，比如習楨「名亞龐統」，表示襄陽集團對龐統才幹頗有共識。故林盈翔雖提出鳳雛名號虛構於習鑿齒之說，但其文亦十分肯定龐統的能力與地位。〔註 161〕因此，不論劉備是否曾訪世事於司馬徽，既結識襄陽集團成員，對傑出的龐統毫無所知，甚至不用，頗不合情理。

　　就黃惠賢研究，正因習鑿齒是襄陽本地人，故能掌握較細微之史料，比如宗親史方面，便略及諸葛亮與龐山民、蒯棋、黃承彥；黃承彥與蔡諷、蔡瑁、劉表、張溫；李衡與習竺等等之婚姻關係，有很多不見於正史及注。〔註 162〕且其所敘大致符合史實，故宋代類書《通志》、正史《資治通鑑》皆以《襄陽記》爲本，採劉備訪世事於司馬徽之說。故《襄陽記》雖暗蘊著習鑿齒的「襄陽情結」，導致其對鄉里人物有過渡渲染虛構之傾向，〔註 163〕但上述所舉二則史料，大抵與陳壽《三國志》相符契，不致於完全不可信。蓋因龐統遭遇著實太怪異，故本文由襄陽集團之共性，試圖爲龐統做出定位。但關於襄陽集團之史料，又以《襄陽記》最爲充實，在無更多可靠史料出現前，本文擬暫取《襄陽記》之說，並盡量補充其他相關史料爲輔證，以俟後續研究者，能深入龐統政權、身分轉移之謎，而提出更爲紮實之解釋。

　　那麼，來看看龐統這位謀士，究竟有什麼本領。

　　建安十六年（211 年）三月，曹操遣鍾繇討漢中張魯，劉璋內懷恐懼，張松勸邀劉備入蜀共禦曹操，並薦法正爲使。法正入荊後，陰陳益州可取之策，劉備猶豫，此時，龐統進言：

> 統說備曰：「荊州荒殘，人物殫盡，東有吳孫，北有曹氏，鼎足之計，難以得志。今益州國富民彊，戶口百萬，四部兵馬，所出必具，寶貨無求於外，今可權借以定大事。」備曰：「今指與吾爲水火者，曹操也，操以急，吾以寬；操以暴，吾以仁；操以譎，吾以忠；每與

〔註 161〕林盈翔並不質疑龐統之能力，且認爲「正因爲龐統確實是一位傑出的人物，所以《襄陽記》中才會將二人以臥龍、鳳雛並稱。」見氏著〈習鑿齒《襄陽記》與臥龍、鳳雛並稱的源起——兼論《三國志演義》中龐統角色的成敗〉，頁 39。

〔註 162〕黃惠賢《校補襄陽耆舊記》序言，頁 4。

〔註 163〕參見王文進〈習鑿齒與諸葛亮神話之建構〉，頁 25～26。

操反，事乃可成耳。今以小故而失信義於天下者，吾所不取也。」
統曰：「權變之時，固非一道所能定也。兼弱攻昧，五伯之事。逆取
順守，報之以義，事定之後，封以大國，何負於信？今日不取，終
爲人利耳。」備遂行。〔註164〕

這是龐統第一次獻策，他主張「權借」益州以定大事。從引文可知，龐統所
言與孔明〈隆中對〉幾乎如出一轍。他說，第一，荊州戰略地位重要，曹、
孫二強隨時窺伺在側，此即諸葛亮所謂荊州「爲用武之國」。第二，益州資源
豐沛，不假外求，此與諸葛亮論益州「沃野千里」之意同。第三，跨荊後而
取益，二人方向亦同。但當時劉備聽完〈隆中對〉後，大善之，與孔明情好
日密，此刻卻對龐統建言有所遲疑。何以劉備猶豫不決？蓋龐統之策，實讓
劉備趁劉璋之危，奪其土地，但劉備向標榜仁義，並以此與曹操相別，故劉
備云：曹操以急、暴、譎，而吾以寬、仁、忠。如與曹操同流，豈不放棄自
己的優勢，「以小故而失信義於天下」，得不償失乎？

在劉備勢力薄弱、人才殊少之際，他就深知以帝室之冑及仁義爲號召，
而且乃以資源爲盤算，他欲以此與勢大的曹操爭天下。在劉琮降曹之際，劉
備把握時機，一方面以正統號召荊士，另一方面，展開仁義攻勢。蓋劉琮既
降曹，已自動放棄正統身分，但劉備從新野南下過襄陽時，諸葛亮曾勸備攻
琮以取荊州，備不忍，於是，「琮左右及荊州人多歸先主。」〔註165〕此即以仁
義化募荊士。離開襄陽前，劉備特地拜辭劉表墓，涕泣一番，又吸引荊眾十
餘萬相隨。曹兵一日猛追三百里，但荊眾隊伍龐大，僅能日行十餘里，或勸
速行，備又不忍相捨。連諸葛亮都勸他直取劉琮時，劉備依然堅守仁義招牌，
並對追隨者不離不棄，以致於事隔一百多年，執持正統觀的習鑿齒猶深受震
憾，評論道：「先主雖顛沛險難而信義愈明，勢偪事危而言不失道。」〔註166〕
雖然歷史最後證明，在當陽長阪危急之際，劉備棄妻子，週邊僅留諸葛亮、
張飛、趙雲等十餘騎。性命交關，唯謀士及大將不可拋，可知劉備所思是天
下大業，而非荊州百姓。反推他之所以不棄士民，不過是以仁義爲標榜，以
招攬群士罷了。

爲何劉備不採納諸葛亮直取劉琮之議？以劉琮當時條件，吞併他，荊州

〔註164〕《三國志‧蜀書‧龐統傳》注引《九州春秋》，頁954。
〔註165〕《三國志‧蜀書‧先主傳》，頁877。
〔註166〕《三國志‧蜀書‧先主傳》注引「習鑿齒曰」，頁877。

馬上成為自己根據地，許多正統派荊士亦樂意被劉備治理。但劉備不但不吞併，還至劉表墓地哭泣一番，而此舉令他吸收了大量士眾，可知這是劉備兼顧形象與利害之抉擇。由此更可見，劉備並非懦弱不學無術之輩，尤知如何善用正統、仁義招牌，亦可謂權謀甚深之輩。正因權謀深遠，他深知人才之重要，故義結關張，善任諸葛亮，使得蜀漢諸士一輩子為之鞠躬盡瘁，死亦不惜。

　　故劉備標榜之寬仁忠，所謂「以寬」，意指凡事得安排妥當，伺機而動。「以仁」，意指仁義形象猶得顧及，劉璋既為同宗，怎可同室操戈？而更重要的是，「以忠」，此時不以正統討曹賊，反以正統伐正統，那天下之人還會相歸乎？此刻如趁火打劫，不正自砸招牌？劉備因此猶豫不決。這時，龐統再勸進，一，亂世宜「權變」。二，五霸所為正是兼弱攻昧。三，事成再以信義安頓，不損名聲。四，今日不取，就拱手讓人吧！（曹操不是正進逼漢中，而孫權也在垂涎荊州嗎？）從前後所勸，可知龐統一方面以「權變」，顧及劉備政治形象，另一方面又扣緊「利害」，分析天下局勢。首獻謀策，龐統便為劉備提供權變之法，表示他對劉備心理已有細膩的覺察，可謂知人。他又預示不掌握時機取益州之後果，表示能洞見時勢變化，可謂識時務。而這樣的說法，劉備算是滿意了。於是，領著龐統，向益州進發。可知，正因龐統能知人，故能將所識時務順利推出，此乃所謂謀士也。因此謀士必涵蓋知人能力，而知人不一定能識時務，故龐統在郡功曹時期，不發揮謀士的功能，反而降格屈居知人者，實乃刻意之隱藏。

　　而在劉璋這方，闇弱的他一聽聞劉備相救，「敕在所供奉備，備入境如歸，前後贈遺以巨億計。」〔註167〕即使大臣死諫，他依然率步卒三萬人，從成都浩蕩往涪相迎。同時，卻有出賣劉璋者之陰謀私下運作。張松令法正白備襲璋，而龐統亦進策曰：「今因此會，便可執之，則將軍無用兵之勞而坐定一州也。」〔註168〕張松、法正、龐統三人所思，正可套用劉備對曹操的說法，乃以急、以暴、以譎，陰狠巧詐，故劉備以「初入他國，恩信未著。」〔註169〕而不納，並在涪城，與兄弟歡飲百餘日。還成都前，劉璋增先主兵至三萬人，車甲器械資貨俱盛，又令督楊懷、高沛二將所在的白水軍。三個月經營，劉

〔註167〕《資治通鑑》，頁 211。
〔註168〕《三國志・蜀書・龐統傳》，頁 955。
〔註169〕《三國志・蜀書・龐統傳》，頁 955。

備獲劉璋兵馬，又得統領其軍，成功搏取劉璋信任。這時，他才帶兵北至葭萌，「未即討魯，厚樹恩德，以收衆心。」〔註170〕明顯可見，劉備無意助璋討魯，不過藉此深入益州，步步在爲吞蜀做準備。相較於龐統、法正，劉備的權謀更爲深沈。

入蜀經營不到一年，機會來了。建安十七年（212年）十月，曹操南下攻孫權，權遣使求救。劉備藉機向劉璋求一萬精兵及資糧，結果劉璋僅予四千兵，其餘條件皆減半。劉備怒對士衆說：自己爲劉璋出生入死，劉璋卻吝惜以兵財相助，還值得爲他打仗嗎？〔註171〕引起群情不平，甚至還矇騙了張松，他誤以爲劉備欲回荊，發信阻止，結果信被松兄截獲，劉璋大怒斬松，敕文書勿復關通予備，二劉正式決裂。

從二劉決裂、獻三計、一路西進成都，可謂勢如破竹。而這期間的戰術、軍事調度等種種布署，想必多是出自於軍師龐統，因劉備雖權謀深遠，卻不諳帶兵之道，而屢戰屢敗。且看二劉決裂時機，即是因應時勢變化所發。當時，曹操帶領四十萬兵進軍濡須口，大有殲滅孫權之勢。孫權也率兵七萬御之，嚴陣以待。而劉備入益，最大的後顧之憂即是孫吳，不趁此時孫吳分身乏術，速攻成都，尚待何時？因此，向劉璋求一萬精兵，正爲激起劉璋狐疑。一旦劉璋不撥軍馬，即能爲他冠上無義之罪名，使自己師出正義。

正式決裂後，龐統提出有名的上中下三計，史家視之爲取得益州的主要謀策：

> 統復說曰：「陰選精兵，晝夜兼道，徑襲成都；璋既不武，又素無預備，大軍卒至，一舉便定，此上計也。楊懷、高沛，璋之名將，各仗彊兵，據守關頭，聞數有牋諫璋，使發遣將軍還荊州。將軍未至，遣與相聞，說荊州有急，欲還救之，並使裝束，外作歸形；此二子既服將軍英名，又喜將軍之去，計必乘輕騎來見，將軍因此執之，進取其兵，乃向成都，此中計也。退還白帝，連引荊州，徐還圖之，此下計也。若沈吟不去，將致大困，不可久矣。」先主然其中計，即斬懷、沛，還向成都，所過輒克。〔註172〕

〔註170〕《三國志·蜀書·先主傳》，頁881。
〔註171〕《三國志·蜀書·先主傳》注引《魏書》：「備因激怒其眾曰：『吾爲益州征強敵，師徒勤瘁，不遑寧居；今積帑藏之財而悋於賞功，望士大夫爲出死力戰，其可得乎！』」，頁881。
〔註172〕《三國志·蜀書·龐統傳》，頁955。

何以龐統出謀，一次要獻上三計？從他與劉備的幾次過招，他深知既要爲劉備獲取實際利益，又要滿足劉備的政治形象，否則以龐統角度，自是用計之上者。在二劉相會於涪時，他便建議直取劉璋，「無用兵之勞而坐定一州。」可知龐統著眼的是迅速擴張勢力，故計謀快陰狠。但劉備不同，他多了一層形象包裝，堅持以仁義，粉飾血淋淋的殺戮戰場。做爲謀臣，難道不了解嗎？因此龐統提供三計，讓主公抉擇。說穿了，龐統也知道劉備會選中計，因下計是退回荊州，徐還圖之。劉備入蜀便是爲取蜀，辛苦經營了一年，此刻怎會甘心無功而返？而上計是要劉備撕破假仁義面孔，快馬偷襲成都。對劉備而言，劉璋雖未給足兵馬助他抗曹，但畢竟未曾對他不仁；而張松叛璋之事被揭發，更指向他的不義，若選了上計，不就更證實他對兄弟無情？劉備果然選了中計。由此可知，龐統善於依人獻策，極爲機靈。

　　接著，便是一連串攻伐的舉動，從據涪城、破緜竹、圍雒城，不到二年便攻入成都，令劉璋出降。這之間的布署，在在證明龐統是位高明的謀士，比如他善用人，薦霍峻駐守葭萌，不但成功駐守一年，還大破劉璋之軍。又如用黃忠、卓膺爲先鋒進攻涪城，二人攻無不克，順利進駐涪城。從龐統所用霍峻、黃忠、卓膺等，除黃忠稍有名氣外，其他二位皆沒沒無聞，但龐統深知其才用，所用皆準，此再度說明謀士必具備知人之明，唯知人善任而後謀出。又比如，龐統戰術精準。其中計使劉備兵不血刃取得白水關。接著，兵分二路，一路遣黃忠、卓膺勇猛進攻；另一路讓劉備以白水軍諸將士卒妻子爲質，順利過關，最後二路兵馬會於涪城，將劉璋諸將逼退至緜竹。〔註173〕可知龐統知人甚明，謀略高竿，這正是劉備大器之的原因所在。

　　而攻下涪城時，劉備簡直喜出望外，得意忘形，致使慶功宴上君臣一度尷尬：

> 於涪大會，置酒作樂，謂統曰：「今日之會，可謂樂矣。」統曰：「伐人之國而以爲歡，非仁者之兵也。」先主醉，怒曰：「武王伐紂，前歌後舞，非仁者邪？卿言不當，宜速起出！」於是統逡巡引退。先主尋悔，請還。統復故位，初不顧謝，飲食自若。先主謂曰：「向者

〔註173〕關於龐統對人才配置及非凡謀略，可參考〈從「劉備取西川」看龐統的謀略水準〉，有細膩精彩的分析，本段主要參考之。「三國在線網」，2013 年 12 月 1 日檢索網址 http://www.e3ol.com/culture/html/2013-3/23362/23362_2013315_2.shtml。

之論，阿誰爲失？」統對曰：「君臣俱失。」先主大笑，宴樂如初。
〔註 174〕

這段史料，可看到龐統的二大特質。第一，性格直率。進據涪城後，劉備大開慶功宴，酒後竟大呼樂矣。初入蜀時，劉備尚以「恩信未著」拒絕龐統襲擊劉璋，此刻卻以奪璋之城爲樂，豈非自掌嘴巴？龐統忍不住譏諷劉備「伐人之國而以爲歡，非仁者之兵也。」由此可知，在龐統的觀念裏，爭天下本爲血淋淋之殺戮，乃以陰謀手段定勝敗。但劉備平日口道仁義，此時卻大言歡樂，豈非虛僞？故龐統忍不住酸他二句。劉備一時面子掛不住，生氣攆他出去，龐統便逡巡而退。不久，劉備自覺失言，又請他回座，他也不當一回事，飲食自若。反而是劉備心裏有瘩疙，問誰的錯？這時，龐統輕鬆回應：兩個都有錯，當場化解君臣尷尬。〔註 175〕由此可看到龐統的第二個特質，十分機巧，看人臉色，馬上改變辭令態度，正如他獻三略，保留彈性讓劉備抉擇一般機靈。

據涪城後，劉備繼續循龐統之計逼近成都，然而卻在雒城遇到瓶頸。劉備圍攻一年不下，龐統也在率眾攻城時中矢而亡。而另一頭，諸葛亮等人率張飛、趙雲泝流而上。《三國演義》將龐統之死歸因於他對諸葛亮的較勁，而諸葛亮入蜀在龐統死後。但在正史裏，諸葛亮入蜀時間也有多個版本，或云建安十八年（213 年），或云十九年。據李尚學考證，諸葛亮入蜀應是在二劉決裂後不久，即建安十七年底（212 年）以後。他分析劉備兵力不足與劉璋抗衡，而西川易守難攻，一旦劉璋採守勢，劉備必然斷炊自亂。因此，召諸葛亮帶兵入蜀支援是因應實際的需求。〔註 176〕李尚學分析益州攻勢合理，但諸葛亮能入蜀，亦得荊州情勢配合始可。而此時曹操正猛攻孫權，荊州暫無後顧之憂，正是天載難逢良機，於是諸葛亮率張飛、趙雲等數萬兵馬，「泝流定白帝、江州、江陽」，沿途收定諸縣，兵分三路，向成都進發。

從二劉決裂，諸葛亮即帶兵入蜀之舉，可知龐統、諸葛亮對攻益州的布

〔註 174〕《三國志·蜀書·龐統傳》，頁 956。
〔註 175〕這段君臣對話，後代史家看法歧異。習鑿齒認爲龐統故意「眾中匡其失」，不失直諫之風。裴松之認爲龐統自知「達義成功，本由詭道」，劉備言語不當，卻云「君臣俱失」，乃爲劉備「分謗之言」。筆者較認同裴松之的說法。參《三國志·蜀書·龐統傳》注引「習鑿齒曰」後「臣松之以爲」，頁 956。
〔註 176〕李尚學〈有關劉備軍事集團平定益州的幾個問題的考證〉，《樂山師範學院學報》第 19 卷第 7 期（2004 年），頁 99。

署並無歧見，而他們的策略是全面進攻，快速分化，並以此造成對成都的壓迫。法正寫給劉璋的〈勸降書〉便有證據。法正說：「今張益德數萬之眾，已定巴東……廣漢、犍為，過半已定……三分亡二，吏民疲困……而敵家數道並進，已入心腹。」〔註177〕可知此行幾乎已傾劉備全力，務要攻下益州。而劉璋最後出降，確實也迫於五路軍馬齊逼成都，諸葛亮三路，劉備一路，最後又有馬超投降劉備，成為第五路軍自北南下。消息傳來，震動成都，不到一旬，劉璋開城投降。

（二）攻蜀行動之掩飾

劉備攻蜀，算是對同盟國之背叛，因在周瑜死後、劉備入蜀前，孫權曾邀劉備聯合取蜀，但遭劉備拒絕。拒絕理由，〈先主傳〉云劉備聽殷觀建言，「贊其伐蜀，而自說新據諸郡，未可興動，吳必不敢越我而獨取蜀。」〔註178〕即不迎不拒，讓孫權知難而退。《獻帝春秋》云劉備以兄弟大義為由拒絕之，並說：「汝欲取蜀，吾當被髮入山，不失信於天下也。」〔註179〕於是布下重兵於長江沿岸。這兩種理由其實都有可能，相較之下，〈先主傳〉的說法較高竿，因劉備剛從孫權手中借得南郡，此時駐兵阻擋，於聯盟之義有虧。但劉備本以仁義相標榜，此時以同宗關係相拒，也合情理。他說「被髮入山」，意指不忍見盟友殺同宗，只好入山歸隱。總歸都是漂亮的外交辭令，掩飾劉備想獨取益州之野心。

果然，不久，劉備便大軍直入川蜀。這在孫權，像是背後被捅一刀，馬上派人接妹回吳。但劉備表面以助璋禦曹為名，所以孫權也無由責備。直到一年後，劉備西圖劉璋，孫權這才罵道：「猾虜乃敢挾詐！」〔註180〕從這裏顯示，在這一年中，劉備極小心隱藏其狼心。而觀其在益州，先與劉璋歡飲三個月，又厚樹恩德半年餘，不但沒有任何侵略行動，還樹立了仁義形象。這不但是做給劉璋看，也演給孫權看。此外，劉備又刻意隱藏攻蜀實力，當二劉翻臉後，曹、孫陣營對於劉備是否能攻下蜀國，皆心存疑慮。鄴下方面，趙戩、傅幹等人便有一場論辨：

> 初，劉備襲蜀，丞相掾趙戩曰：「劉備其不濟乎？拙於用兵，每戰則

〔註177〕《三國志‧蜀書‧法正傳》，頁959。
〔註178〕《三國志‧蜀書‧先主傳》，頁880。
〔註179〕《三國志‧蜀書‧先主傳》注引《獻帝春秋》，頁880。
〔註180〕《三國志‧吳書‧魯肅傳》，頁1272。

敗，奔亡不暇，何以圖人？蜀雖小區，險固四塞，獨守之國，難卒並也。」徵士傅幹曰：「劉備寬仁有度，能得人死力。諸葛亮達治知變，正而有謀，而爲之相；張飛、關羽勇而有義，皆萬人之敵，而爲之將：此三人者，皆人傑也。以備之略，三傑佐之，何爲不濟也？」
〔註181〕

蓋二劉翻臉，是在建安十七年（212年）十二月，二人辯論約在此後。趙戩認爲劉備拙於用兵，每戰必敗。傅幹以劉備寬仁，得諸葛、關、張三傑死力佐之，何爲不濟？注意，初隨劉備入蜀的謀士是龐統，將領是黃忠、魏延，但傅幹完全忽略龐統及黃、魏二將，這表示劉備入益州帶領之士將，曹魏集團不以爲意，而這正是劉備所欲營造之假象。劉備入蜀名義是助兄弟劉璋防禦曹操，若帶領名冠天下的軍師、勇將入蜀，不但劉璋起疑，曹魏、孫吳也必認爲居心不良。因此，劉備集團故布疑陣，掩飾攻取益州的目的及實力，尤其要做給曾邀他取蜀的盟友孫吳看。

而在此年十月，曹操四十萬大軍已向濡須前行。十二月，權呼備自救。劉備正是利用此時機，順勢與劉璋翻臉。從鄴下二士之論，可知曹魏陣營對劉備能否取下益州，頗有懷疑。而孫權陣營，也在推敲劉備的勝算：

及壬辰歲，範又白言：「歲在甲午，劉備當得益州。」後呂岱從蜀還，遇之白帝，說備部眾離落，死亡且半，事必不克。權以難範，範曰：「臣所言者天道也，而岱所見者人事耳。」備卒得蜀。〔註182〕

壬辰歲便是二劉決裂那年（建安十七年，212年），吳範預言甲午年（建安十九年，214年）劉備當得益州。吳範以善治曆數聞名於世，在此之前，他曾預言攻黃祖之利敗，言皆徵驗，此刻，他又預言劉備將得蜀。益州關係重大，自劉備入蜀後，孫權陣營密切關注其動向，從呂岱入蜀可以推知一二。此際，呂岱回吳，說「備部眾離落，死亡且半。」故不可能成功。孫權以此難範，意味孫權也無把握。蓋劉備甫得荊州，地基不穩，又僅將兵一萬入川，真能攻下沃野千里，險固四塞的益州乎？雖孫權陣營積極掌握敵情，但此時曹操大軍瀕臨長江對岸，即使孫權想有所防備，或阻撓、或參與，非但騰不出手來，甚至自身難保。因此，本來強行將妹妹接回，使孫劉關係陷入緊張的他，此刻特地遣使至荊交好。史云：

〔註181〕《三國志·蜀書·先主傳》注引《傅子》，頁882。
〔註182〕《三國志·吳書·吳範傳》，頁1421。

　　諸葛亮鎮荊土，孫權遣使通好於亮，因問士人皆誰相經緯者，亮答
　　曰：「龐統、廖立，楚之良才，當贊興世業者也。」〔註183〕

這段史料並未明言時間，只云諸葛亮鎮荊土時，推測應該就是曹操向東南進
發之後。由於孫吳岌岌可危，故入荊修好聯盟關係，同時也藉使者探聽劉備
消息。這是唯一一筆史料，記載了諸葛亮對龐統的稱讚。使者曰：「士人皆誰
相經緯？」探問劉備入蜀後的左右手。諸葛亮答是龐統、廖立，而且讚揚二
人是贊興世業的楚之良才。諸葛亮為何盛讚二人？或者應該說，他想傳遞什
麼訊息給孫吳？就劉備集團角度而言，劉備的大將、大軍師都留守荊州，一
方面要駐防重地，另一方面，也在掩飾狼心，混淆國際視聽。因此，劉備所
帶入蜀國者，多是荊州本地士將。其中的龐統，在此之前僅出仕一年，且以
知人聞名江東，而廖立不知何許人也。諸葛亮盛讚二人，這是站在同陣營的
正確外交應對，但同時也營造了劉備入蜀無棟樑之假象，從曹營諸士論辯時，
完全忽視龐統，而吳營呂岱亦以為事必不克可反證之。因此，孫吳聽到二人
之觀感會是什麼？僅是無名小卒，或許該無憂吧！畢竟他們對龐統才幹如
何，雖有幾分猜測，但未能完全掌握。而劉備集團對攻蜀行徑的種種模糊掩
飾，更讓孫、曹摸不著真相。

　　孫權之「難」，與其說是質疑，無寧更希望呂岱所見為真。然而吳範卻十
足把握的回答：「臣所言者天道也，而岱所見者人事耳。」他乃依據天象所預
測，至於呂岱所見，恐怕經過人為安排，或為劉備之障眼法也未可知。呂岱
所見，真為「人事」乎？

　　據《吳書》，建安十六年（211 年），孫權遣呂岱帶二千兵，誘張魯出兵。
結果張魯已先斷棧道，呂岱無功而返。〔註184〕而呂岱出蜀時，與劉備部隊遇
於白帝。從上文，得知呂岱回至吳，是壬辰年二劉決裂以後（建安十七年 12
月），此時劉備入益州已一年，部隊駐守葭萌，而白帝在今四川奉節，即荊益
交界，呂岱怎會在此碰到劉備部隊？而所見又是「備部眾離落，死亡且半」？
因此他在白帝所見部隊，必是劉備剛從荊州召調而來的諸葛亮大軍。此亦輔
證上文所說，諸葛亮是在二劉決裂後便入蜀支援。然而，諸葛亮帶領數萬兵

〔註183〕《三國志‧蜀書‧廖立傳》，頁 997。
〔註184〕《三國志‧吳書‧呂岱傳》注引《吳書》：「建安十六年，岱督郎將尹異等，
　　　　　以兵二千人西誘漢中賊帥張魯到漢興寨城，魯嫌疑斷道，事計不立，權遂召
　　　　　岱還。」頁 1384。

馬向益州進發，將領又是身經百戰的張飛、趙雲，怎會在白帝就「部眾離落，死亡且半」？可知必是諸葛亮演了一齣戲給呂岱看，正如吳範所說的「岱所見者人事耳。」而諸葛亮之舉亦證明，早在劉備帶龐統入蜀之前，該集團謀士群早已針對攻取益州一事，做了完備籌畫，所有策略皆統一而有默契。即便諸葛亮大兵入境，亦多所掩飾，誤導敵方之判斷。

　　至於呂岱帶二千兵入蜀誘張魯，其意究竟何在？據《資治通鑑》，劉備入蜀是在建安十六年十二月，與呂岱入蜀同年，但不知二事先後。但呂岱先劉備入蜀，揣摹孫吳之意，可能是欲誘張魯攻吳，以製造入蜀名義。蓋孫權聯劉取蜀之議不成後，不得不另想他法奪取益州，而劉備此時據有荊州地利，且以同宗為由相拒，如何名正言順入川？若張魯出擊孫吳，以他為名義要求盟友援助，便不可再以兄弟為由推託。從呂岱只帶二千兵，且明言「誘」之，可知是要引張魯主動出兵。再則，若純粹只是偵察劉備敵情，二千兵似乎過於龐大，而這也是諸葛亮能輕易掌握其動向，事先安排「人事」的原因。總之，呂岱停留時間長達一年餘，亦可藉機在此觀察、偵探益州。

　　從這一節的鋪陳可知，劉備攻益州，不到三年便取下，其實是襄陽謀士集團精密謀畫的結果。當龐統提議攻益州時，諸葛亮並未出聲。攻益州如此大事，身為劉備軍師首席，為何沒表示意見？正因龐統之見與其一致，自然無須多言。為何劉備入蜀帶龐統？一方面，荊州重地需孔明鎮壓，另一方面，也因龐統符合劉備需要製造模糊空間，掩飾攻蜀野心之形象。此後，不管在蜀的劉備、或在荊州的諸葛亮，皆刻意營造假相，以混淆孫、曹視聽。至於龐統，他本有意利用張松、法正為內應，「無用兵之勞」而平定益州，但了解劉備以仁義收攬人心的政治策略後，即機巧順從劉備之意。然而，一旦二劉決裂，龐統半年便逼近與成都犄角的雒城，可知龐統布署快狠準。而此時諸葛亮三路軍馬也已收定益州大半，正朝成都前進。可知龐統與諸葛亮之間並未存在著統亮情結，他們是劉備絕佳的左右手，彼此配合得當，默契十足。益州能迅速攻下，還得歸因於劉備集團政治策略奏效，用謀精準，合作無間。

　　至於攻益州期間，孫吳與劉備的聯盟關係，更是翻變無常。以孫吳而言，孫權先是欲聯合劉備以攻蜀，結果劉備獨入益州，馬上迎妹回吳。而在此前後，則遣呂岱另尋出兵益州的管道，同時也藉他偵探劉備動向。爾後，聽聞劉備攻打劉璋，憤甚，但因曹操逼進，只能遣使交好。可知孫劉雖聯盟，但彼此各有心思、計算，而且隨著時勢，不斷變化策略及態度。為了自己利益，

孫劉表面保持聯盟友好，私下偷渡其野心欲望，同時製造模糊空間，以掩飾
真實意圖。由此，孫劉亦得不斷揣測對方心思，並依利害調整合作關係。可
以說，這是一場詭譎的鬥爭，不能知己知彼，很難百戰百勝。從中又可知，
在三國爭霸戰中，一位知人又識時務的謀士，幾乎主宰了勝敗的關鍵。

參、龐統後事風光

　　當蜀將降的降、敗的敗，眼看就要逼近成都。未料龐統竟在雒城遭困一
年，並死在亂箭下。雒城乃成都屏障，城中兵馬糧草充足，蜀將張任與劉璋
子劉循閉城堅守，於是龐統令圍城，並分遣諸將瓦解周圍小縣。接著「進圍
雒縣，統率眾攻城，為流矢所中，卒。」〔註185〕龐統之死，在《三國志》本
傳中，僅以這四句帶過。「率眾」二字，或指龐統身先士卒，衝鋒陷陣，因此
壯烈犧牲。然而，合兵於成都的計畫仍得進行。建安十九年（214年）夏，五
路兵馬逼臨成都，劉璋出降。

　　劉備折損龐統後，極為傷心。《三國志》本傳云：「先主痛惜，言則流涕。
拜統父議郎，遷諫議大夫，諸葛亮親為之拜。追賜統爵關內侯，諡曰靖侯。」
〔註186〕以後事而言，可謂極為豐厚。首先拜龐統之父議郎，再升諫議大夫。
龐統父連名字皆未留下，竟可連升二級，又由諸葛亮親拜慰問。此其一。其
二，劉備追賜龐統為關內侯。劉備似在稱漢中王後，才開始有封爵行動，龐
統很可能即在此時追封。〔註187〕關內侯在民爵中僅次於徹侯，相較於關羽死
時，劉備並未封侯給他，此舉又極為殊勝。其三，後主再於景耀三年（260年），
追諡統為靖侯。同年追諡者尚有關羽、張飛、馬超、黃忠四人，可知是將龐
統之功績比擬其他四名虎將。雖龐統陳上中下三略，奠定霸業，可居前功，
但劉璋迅速出降，亦因五路兵馬之勢。既然如此，何以龐統受此厚賜？劉備
又何以如此痛惜？

　　如果龐統僅陳三略、基霸業一功，何以劉備言則流涕？又善待其後？且
上文亦證明龐統乃高明謀士，襄陽集團中除臥龍外，似無人能與龐統相提並
論。既然鳳雛名不虛傳，何以這樣一號人物，先是窘境連連，從被劉備忽視

〔註185〕《三國志‧蜀書‧龐統傳》，頁956。
〔註186〕《三國志‧蜀書‧龐統傳》，頁956。
〔註187〕如219年，封黃忠關內侯，見《三國志‧蜀書‧黃忠傳》，頁948。220年，
　　　　封法正子關內侯。《三國志‧蜀書‧法正傳》，頁961。

而仕吳，到仕蜀後之冷落、小用，而後地位大升，親待亞於諸葛亮，乃至於後事如此風光？

龐統死後，劉備經常緬懷，當時曾引起廣漢太守張存的不以為然：

> 處仁本名存，南陽人也。以荊州從事隨先主入蜀，南次至雒，以為廣漢太守。存素不服龐統，統中矢卒，先主發言嘉歎，存曰：「統雖盡忠可惜，然違大雅之義。」先主怒曰：「統殺身成仁，更為非也？」免存官。頃之，病卒。〔註188〕

張存位列楊戲〈季漢輔臣贊〉，有功於蜀漢，且地位舉足輕重。楊戲贊之為「處仁聞計……或才或臧，播播述志，楚之蘭芳。」〔註189〕特長是有計謀、有才氣、能臧否人物。在龐統歸蜀前，他已被劉備命為荊州從事，龐統雖後入蜀營，官位卻扶搖直上，或因此引起張存不服，故在劉備追念龐統時，竟云龐統「違大雅之義」等語。劉備一聽震怒，罷免其官。

劉備何以如此暴怒？雖張存出言時機不對，畢竟雒城尚未破，他卻一旁譏諷。但因出言不遜而罷免之，是否處置過當？況且雒城未下，還得仰賴人才之際。又張存說龐統「違大雅之義」，應是影射他率眾攻城一事，太過躁進，而自取滅亡。結果劉備甚怒，反駁龐統乃為國犧牲，此為非乎？

劉備的激烈反應，表示他對龐統之死，極為維護，不容張存指責一言半語。而他對龐統追念再三，與龐統仕蜀僅四年的經歷而言，又似乎頗不尋常。至於龐統曾事二君的行為，絲毫未曾造成他與劉備之間的尷尬、懷疑，甚至劉備還倚重他為攻蜀臂膀。何以這對短暫的君臣，既無桃園結義，亦無如諸葛亮般「情好日密」的魚水過程，劉備竟對他涕泣不止？

從第二節一路鋪陳下來，有太多怪事集中在龐統一人身上，其中緣故何在？因此，本文大膽揣摹，當劉備訪世事於司馬徽時，其實早已用了龐統。既然龐統有鳳雛之姿、謀士之質，這樣一號人物，劉備斷無道理不用，況且劉備也用了司馬徽推薦的臥龍，怎會拋置鳳雛。甚至，連司馬徽也可能早是劉備智囊團。蓋司馬徽毫不藏私，將人才介紹給劉備，表示他對備的高度認同。司馬徽亦是高明謀士，不但龐統奉之為師，曹操也欲重用之，難道劉備不曾延請入幕？或許在請出孔明之前，劉備早已與司馬徽師徒，在沔水上泛舟多回。

〔註188〕《三國志‧蜀書‧楊戲傳》，頁1085。
〔註189〕《三國志‧蜀書‧楊戲傳》，頁1085。

　　既然劉備用了龐統，何以又讓龐統消聲匿跡二年餘？且任他出仕孫吳？

　　這便得回到襄陽集團來說起。在〈隆中對〉中，孔明早就揭示外結孫權、取荊攻益等謀策，然而劉備集團卻處處被動反應孫吳之需求。這表示襄陽集團所擬定的謀略，是經過長遠且精密的規畫。

　　比如，有識之士皆預見孫劉聯盟勢在必行。而聯盟既是吳蜀的生存之道，對準曹操而發，一旦時勢條件變化，聯盟就有變數。因此，既要合作，又要防範不得不的變數，該如何應對？又比如，荊州戰略地位重要，野心家皆欲染指，而與之結盟的孫吳，卻與荊州關係惡劣。襄陽集團在擬定應對策略時，難道未見孫吳內憂外患，實無餘力再擺平荊民？否則為何龐統缺席赤壁、江陵二戰，而當孫吳一取得長江控制權，突然間化暗為明，被周瑜所辟？

　　也就是說，一方面既要利用孫吳抵禦強曹，另一方面又要為之安撫荊州反抗勢力，同時還得防範聯盟底下的爾虞我詐，在這多重目的下，劉備集團需要一個親善大使，他得有治荊本領，還要能臥底不被揭穿，誰能夠使這個角色功能發揮得最好？環視集團成員，龐統才幹居諸葛亮之次，名聲遠傳，能吸引吳國之用，又十分機靈，種種條件看來，皆是首選。於是，襄陽集團故意把龐統架空，以他為活棋，步步為營，靜候孫吳之所需，實則為龐統之臥底預留空間，也滿足孫吳治荊的需求。果然，周瑜以其名重，「州里所信」，主動辟之。

　　蓋周瑜以荊士治荊，有情勢上的不得已，故龐統仕周瑜後，該如何達到上述目的？一方面，他要取得周瑜信任，安撫南郡士民；另一方面，他要防備周瑜猜忌，掩飾自己超群謀略；而更重要的是，他身上肩負襄陽集團的摸底任務，亦得默默進行。於是，龐統以知人角色行於世，既能掩飾真才實學，又能利用美評廣結江東士，尤其與近在孫權身邊的正統派江東士陸績友好，從他身上，最能獲取有利情資。

　　但龐統既以美評建立親善關係，何以在郡功曹任職中，對於同處荊州，又同為襄陽集團的年少親友，彼此保持一種不招徠、不交往、又不推薦的怪異疏離？蓋赤壁戰後，周瑜主張軟禁劉備、獨吞荊州，故龐統與襄陽集團的關係更不能露出破綻。可知龐統的角色扮演並非獨角戲，而是整個襄陽集團都在掩護他。因此，劉備並非不用、小用、或錯用龐統，而是借著孫劉聯盟之大局，及吳之不得已，安插龐統這顆活棋，以待吳國之用，自己則從中取得所需情資。如此，則龐統種種迂迴行徑，及與襄陽集團間的怪異疏離，便

顯得極為合理。而也唯有這樣用龐統，才符合謀士之深謀遠慮。也就是說，襄陽謀士集團是基於對時務之掌握，而以甚深的謀略切入其中。且正是透過諸葛亮、龐統這樣高竿的識時務者，才能規畫這一場精密的騙術，令史家、學者百思不得其解，而成千年之謎。〔註190〕

至於孫吳，亦有識時務之輩如魯肅，早看準孫劉合作之勢，及荊州戰略地位之重要，也預見劉備的潛勢及其在荊州的號召力。當魯肅入荊邀劉備入盟，一拍即合，馬上以諸葛瑾好友之身分與諸葛亮定交。可知他對劉備集團已做過研究，難道他會不知龐統身分？故就孫吳角度，龐統只是他們因應荊州局勢所逼，而暫用之人，此早有集體共識。而從龐統所接觸的多是反抗、疏離之人士，也知他扮演的角色，類似當權者與反抗者間搭橋的人。正因孫吳深知龐統不可能忠心獻策，因此，龐統即使有再多能耐，也不敢重用之。而龐統也知不可能在孫吳有大發展，他也無意發展，並且還得刻意隱藏真才幹。而以知人身分切入，用美評結交江東士，便可同時達到為孫權搭橋，也為劉備臥底的雙重需求。於是當龐統送喪回吳，任務已盡；而孫權前迎至蕪湖，雖迎周瑜，亦等於對龐統盡了禮數，於是兩方各自結束一年的角色功能。

可知孫劉都因應時勢，設下謀略，彼此營造一個模糊地帶，而各取所需，隨勢調整。因此，當龐統歸蜀，劉備仍裝糊塗，彷彿從來不識龐統這號人才，故意錯擺至耒陽，諸葛亮亦低調不出聲。反倒是魯肅要劉備重用龐統，表示他對龐統的角色也猜到幾分了，但這是關鍵時期，不能拿荊州開玩笑。於是劉備順勢賣魯肅一個面子，從此大器龐統。事實上，劉備態度不是從冷落到重用，他早已重用之，只是先前為枱面下之用，此刻才化為枱面上之用。

因此，當龐統率眾攻城，身死箭下，劉備難過中帶有一絲虧欠，尤其對龐統之父過意不去，故二次升官，又由諸葛亮親拜致意。蓋龐統盡心盡力，長期當活棋被擺置一邊，不能張揚；仕蜀後出謀帶兵，征戰沙場，未曾享榮華，鳳雛就此殞落。此時竟有不識相之張存，在旁嘀咕龐統「違大雅之義」，劉備能不怒嗎？

〔註190〕臥底之說，乃顏師宗養根據前後相關史料，別具隻眼之見。如以此重新檢視在龐統身上許多可疑可怪之處，發現皆可迎刃而解。故雖由我執筆，實乃師之見也，特此說明之。

小結

赤壁戰後，龐統出仕周瑜。在郡功曹一年任內，提出以美評促成風教的人倫觀，因而受到名教意識強烈的儒生擁護，而後世舉才者更因其「拔十失五」的用人觀包容開闊，而標榜為選官之典範。然而，龐統出仕之環境，實乃詭譎的三國風雲戰。而在龐統未仕前，則是數大軍閥割據的亂象，這並不是可「與卿共料四海之士」的太平盛世，龐統卻以知人形象聞名江東。因此，本文回到龐統出仕前的歲月，尋找蛛絲馬跡。

在龐統十二歲，朝廷以宗親劉表駐防荊州，試圖鞏固傾頹不可支的漢室。自劉表治荊辦學以來，彷彿太學南遷至襄陽。來自各地的士子，或懷抱原鄉的缺欠，或遠避動亂，而齊會於此。襄陽濟濟一時多士，各自集結同伴，形成一個個的士人圈。然而，隨著劉表天子之志漸顯，性格缺限一一浮出後，原本熱聚襄陽府的北士集團，一一遠遁，荊州政要，紛紛表態降曹。

而龐統所親，乃以龐德公、司馬徽為首的集團，其下聚攏著諸葛亮、徐庶等外來北士，及向、馬、楊、習諸襄陽大族。他們雖執持正統價值，但劉表性暗，不僅不可仕，還得隱身避禍，於是諸葛亮效龐德公，二人以隱居為掩護；龐統效司馬徽，率爾歡情於沔水中。雖是因應荊州內部局勢逼迫而模糊掩飾，但士人注目的卻是外在時局，可以說內外交焦，在夾縫中求對策。而在模糊自保背後，襄陽集團內部依然名位次第井然，其間的合縱連橫未曾止息，可以說，這是他們的泛舟政治學，一方面防衛、掩飾、模糊焦點，以求避禍全身；同時又不甘寂寞，暗中集結勢力，伺機而動；而魚梁洲上的龐府，便是他們的沙龍。在蟄伏、醞釀的十來年中，群士激蕩思想，逐漸淬勵出洞識時務的眼光，就待時機降臨。

官渡戰後，曹操統一北方，緊接著便要南向擴展帝業。隔鄰的戰鼓緊催，逼著偏安的荊州。此時，劉備遁入襄陽尋龍訪鳳，而執持正統的襄陽謀士集團，也想要一展身手。兩方一拍而合，因此成就三顧茅廬的美談。諸葛亮以〈隆中對〉，為劉備分析「跨荊取益，三分天下」；「內修政理，外結孫權」；「待天下有變，兩路出兵」三大戰略，從此成為劉備進謀天下的方針。隨著諸葛亮出仕劉備，襄陽集團成員幾乎全部就位，但龐統卻消失無蹤。二年後，他才化暗為明，出仕孫吳。

既然諸葛亮、龐統同受襄陽集團精神領袖之培養、提攜，又與諸群士泛

舟共振思想十多年，一旦出仕，爲何卻與襄陽集團走向相背離？且以風雅的知人角色仕吳？其事極有蹊蹺。於是，本文再深入歷史，拉出五條線索，以交叉呈顯龐統之意圖。一，龐統仕吳時期之交遊，與襄陽集團保持某種怪異的疏離，又交好與孫權有殺父之仇、正統價值衝突的陸績；二，龐統仕吳時期之身分，一如風雅的名知人，四處美評，未曾爲孫吳出謀畫策；三，孫吳僅用龐統治南郡，隨周瑜死，亦任他回荊仕蜀；四，龐統仕蜀後，先是耒陽令不治，後在攻蜀行動上又多方掩飾，實際上他卻有治郡及出謀畫策的眞實本領。五，龐統後事極風光，從劉備的重賞手法反推，他的功績必極大。

　　從龐統出仕前後的六條線索，反覆來推敲，發現龐統極可能是襄陽集團謀深略遠的一顆活棋。蓋集團既預見孫吳有治荊之需求，又預見孫劉聯盟隱含的變數，於是，故意把機靈的龐統架空，以他爲活棋，步步爲營，靜候孫吳之所需，實則爲龐統之臥底預留空間，也滿足孫吳治荊的需求。然而，在風雲詭譎的戰局中，龐統以知人身分掩飾謀士內質，表面看似輕鬆美評，實則得多方察言觀色，審勢度局，才能將表裏角色扮演恰到好處，故這絕非太平盛世的名士風流，而是爾虞我詐的謀士戰術。

　　不只孫、劉間隱藏層層陰謀，三強皆因勢力的此消彼長，而展開不同的合作對抗關係。正因彼此利害糾葛甚深，因此所對應之策亦千奇百怪，而角色扮演也變化多端，莫測高深。也就是說，龐統的知人角色扮演，實乃因應三國爭霸戰，一個謀深識遠的聯盟應變對策。正因實質是臥底，必須保持相當的模糊空間，以致於歷代史家亦不能洞穿其中奧妙。而歷史的諸多空隙，不禁引人遐思，又促使小說家在此大做文章，如以龐統貌寢，試圖解釋重重疑點。然而，在需奇才的亂世中，容貌豈是雄主所在意？這已是識時務者擅場的年代，正是鳳雛遨翔的寬廣天地。

　　不意，鳳雛才剛展翼，三十六歲，便慘死亂箭下。當初龐德公欲遺子孫以安，然而卻鑒龐統爲鳳雛，助他走上功名路。而這條路正如他所說，充滿危險，龐統即在其中斷送了生命。可知襄陽集團之精神領袖，雖然隱遁鹿門山，但所執亦爲儒家入世思想。而集團中雖頗有知人、識時務之士，但並無法預見未來吉凶，也深被劉氏正統意識所框架，未見漢朝是劉氏自毀，才給予野心家機會，而劉表、劉備或劉璋，僅管包裝有異，內在亦野心勃勃，故襄陽集團雖在劉氏正統下得到發展，也在此自我設了限。而深入他們內心，雖有正統價值，但也不脫利害盤算，爲實現跨荊取益，不惜併吞劉備同宗，

可見得這些謀士都為利害拋仁義，實乃以權謀爭天下，而非心繫蒼生安天下之士。在三國亂世中，眞正能不被私利、不被意識型態所侷限的知人者並不多，而能以天下百姓為安之有德者又更少。

第四章　諸葛亮

　　本章扣住知人主題，探討兩個問題，第一，諸葛亮（181～234）知人乎？第二，諸葛亮是個謀略家乎？而第二問，在龐統一章，曾論述過：謀士必須知人而後謀出，但知人不一定善謀。若亮為謀士，即能知人，故第二問乃從謀略家角度，再回扣知人之問。

　　第一，諸葛亮知人乎？

　　諸葛亮知人之明遭受質疑，主要在他棄魏延用馬謖，造成街亭失守，首度北伐失利一事上。〔註1〕諸葛亮自己亦上疏責己「明不知人」。〔註2〕然而，諸葛亮不知人乎？他治蜀不久，即令「西土咸服諸葛亮能盡時人之器用也。」〔註3〕既能盡時人器用，可謂不知人？他曾鑒彭羕心大志廣，彭羕後來被貶，果然欲連結馬超叛亂。他所遺命蔣琬、費禕、姜維三人，亦被視為良相忠將。亮真不知人乎？

　　但亮若知人，何以用馬謖致敗？且又嚴法殺之？向來讚賞諸葛亮的史家習鑿齒，在此事上，亦嚴屬批判亮「明法勝才……將以成業，不亦難乎！」〔註4〕認為亮不能成大業，正以其重法制甚於重人才。然而，亮以「法」廢「才」乎？若亮不重「才」，何以能「盡時人之器用」？若亮重「才」，何以又殺馬謖？如此，亮重「法」甚於重「才」乎？若「法」是亮用人之嚴則，何以亮

〔註1〕　如清·王夫之《讀通鑑論》云：「武侯之任人，一失於馬謖，再失於李嚴，誠哉知人之難也。」（北京：中華書局，1975年），頁314。
〔註2〕　亮上疏云：「街亭違命之闕，箕谷不戒之失，咎皆在臣授任無方。臣明不知人，恤事多闇，春秋責帥，臣職是當。」《三國志·蜀書·諸葛亮傳》，頁923。
〔註3〕　《三國志·蜀書·楊洪傳》，頁1014。
〔註4〕　《三國志·蜀書·諸葛亮傳》注引《襄陽記》後，習鑿齒曰，頁984。

對擅殺傷人的法正，予以法外開恩？對叛蜀降魏的孟達又積極招誘？若法可通融，又何以說諸葛亮賞罰分明，嚴明法制？究竟，諸葛亮用人之道何在？其核心準則為何？

而在劉備死前，人事決策權在備手中。既如此，劉備為君之角色，於諸葛亮之品鑒用人，有何影響？比如馬謖，劉備臨終前，曾提醒諸葛亮不可大用馬謖，但諸葛亮依然重用之。亮為何重用馬謖？其依據是什麼？備為何如此鑒馬謖？其準則又何在？由此可延伸推敲的是，備、亮君臣互動如何？兩者「知人」角度之別，到用人手法之異，如何運作在治蜀上？再如夷陵之戰，劉備堅決攻吳，破壞了亮東結孫權之外交方針。然而，在君亂大略前，先是關羽為爭奇功而失荊州。時亮皆沈默無聲，直至夷陵戰後，他才輕嘆「法孝直若在……必不傾危也。」（後文將詳引）為何亮事前不語，卻當事後諸葛？從事前沈默到事後之嘆，亮的無聲之聲說了些什麼？而劉備為何君亂大略？關羽又為何爭建奇功？深入此問，將發現蜀漢態勢日益萎縮之主因。而亮處此「內變」，又臨外患，接下來該如何行動？

劉備死後，諸葛亮開府治事，「政事無巨細，咸決於亮。」〔註5〕正式執政之後，亮在鑒用人物上有何調整？此是緣於他獨攬大權？或因應蜀漢內外局勢之變化？如廖立、李嚴是劉備兩大愛將，其中李嚴更是託孤副臣，但同樣遭到廢民徙邊的命運，原因何在？又比如孟達是叛蜀魏將，姜維是魏營降將，何以亮積極結援叛將，甚至重用敵營降將為接班人？諸葛亮廢與用之準則為何？果真如田餘慶所說，在解決蜀政的新舊派系糾紛乎？

第二，諸葛亮是不是個謀略家？

此爭議主要圍繞在北伐之敗及陳壽之評。陳壽號稱良史，但他定亮為政治家，而非謀略家。《三國志》本傳中，他總評亮「連年動眾，未能成功，蓋應變將略，非其所長歟！」〔註6〕他上呈《諸葛氏集》予晉武帝時，又說亮「於治戎為長，奇謀為短，理民之幹，優於將略。」〔註7〕因此引來不少爭論。維護諸葛亮者，過度神話亮之奇謀兵法，神機妙算；〔註8〕而批判諸葛亮者，或

〔註5〕 《三國志‧蜀書‧諸葛亮傳》，頁918。
〔註6〕 《三國志‧蜀書‧諸葛亮傳》，頁934。
〔註7〕 《三國志‧蜀書‧諸葛亮傳》，頁930。
〔註8〕 陳翔華指出，從六朝到唐代，諸葛亮形象有從「名士」變成「名將」甚至「智將」之演變。參氏著《諸葛亮形象史研究》（浙江：浙江古籍出版社，1990年），頁70～71。

以其北伐徒耗民力，或以其性格謹慎守本，未敢用魏延奇謀而致敗等，紛就各角度，證明陳壽「奇謀爲短」之論不虛。〔註9〕

但亮不是謀略家嗎？何以他被鑒爲「臥龍」，號稱「識時務」之俊傑？又何以他二十七歲所分析之〈隆中對〉，終三國皆準？然而，亮若以時務爲謀，何以棄勢力最大的曹操，而就勢寡力單的劉備？若以時務爲謀，何以在備失荊偏蜀，依然堅持勝算渺茫的北伐大業？甘心服事昏昧信讒的阿斗？史家以北伐之敗而論其謀短，乃以成敗論英雄。但若云亮以謀短而敗，爲何連年動眾的他，死後數十年，依然令百姓追思懷念，祀火不熄？若云諸葛亮謀深，何以終其一生，勞多而功淺？諸葛亮究竟敗在哪裏？

以上之問，將從亮所鑒、所用的具體事例中，來深入探討之。論文將涉及法正、彭羕、李嚴、廖立、蔣琬、費禕、馬謖、魏延、孟達、姜維等十人之探討，並以亮入蜀後之時間流程，依次開展之。其中如觸及爭議論題，本文亦將從諸葛亮鑒用人才之角度，提出一己之管見。

第一節　諸葛亮鑒用核心探究

入蜀之前，諸葛亮只有二則品鑒人物實例，第一則是大家耳熟能詳的〈隆中對〉，他分析曹孫強三強之優勢：「曹操比於袁紹，則名微而眾寡，然操遂能克紹，以弱爲強者，非惟天時，抑亦人謀也。今操已擁百萬之眾，挾天子而令諸侯，此誠不可與爭鋒。孫權據有江東，已歷三世，國險而民附，賢能爲之用，此可以爲援而不可圖也。」〔註10〕他指出曹操有天時，又有人謀；孫權人謀、天時、地理、賢能等各種條件兼備；而在此情況下，劉備「既帝室之冑，信義著於四海，總攬英雄，思賢如渴，若跨有荊、益……」〔註11〕亮認爲劉備具有正統、仁義及納賢三大優勢，若再輔以客觀條件，足與二雄相匹敵，三分天下。果然，三國鼎立之局長達六十年，正如諸葛亮所鑒，可見他知己知彼，對三強的觀察頗爲精準。這是諸葛亮首次展現知人能力。

第二次品鑒人物，發生在外交場合上，諸葛亮答孫吳使者曰：「龐統、廖

〔註9〕 如王夫之、朱彝尊、王鳴盛、趙翼、盧弼等史家，皆以陳壽所評允當。參陳翔華《諸葛亮形象史研究》，頁31。
〔註10〕 《三國志·蜀書·諸葛亮傳》，頁912。
〔註11〕 《三國志·蜀書·諸葛亮傳》，頁912。

立，楚之良才，當贊興世業者也。」〔註12〕此則上一章已曾論述，龐統、廖立確有長才，但諸葛亮在此時稱揚二人，乃爲掩飾攻蜀之實力，以混淆孫吳判斷，故此乃一權謀性質之品鑒。由這兩個事例，已可簡單歸納，諸葛亮鑒識人物既有本質義，亦有應景語，端看場合需求，應人對事所發。

入蜀之後，諸葛亮鑒識人物之例倍增，被他鑒識過者不下數十人。觀其鑒識時機，通常都有實際需求，尤與人才任用有關，舉凡軍事、政治、或外交場合，評鑒實例信手拈來。可見亮之鑒，通常爲其用，功能取向大於風流雅趣，這反映諸葛亮個性頗爲務實。但在劉備死前，亮雖爲丞相，並未能開府治事，人事決策權握於劉備之手，故裴松之云諸葛亮「職爲股肱，事歸元首……慶賞刑政，不出於己。」〔註13〕那麼，備、亮君臣關係如何？劉備爲君之角色，對諸葛亮之鑒用有何影響？亮之用人核心又何在？

壹、內政由亮

關於備、亮君臣關係，主要有二派說法，主張備、亮君臣相得者，可以陳壽爲代表。壽評云：「先主之弘毅寬厚，知人待士……及其舉國託孤於諸葛亮，而心神無貳，誠君臣之至公，古今之盛軌也。」〔註14〕認爲劉備知人而託孤於孔明，並言其可自取，實乃至公無私之心。主張備、亮頗有嫌隙者，可以王夫之爲代表。其云：「先主之信武侯也，不如其信羽，明矣。諸葛子瑜奉使而不敢盡兄弟之私，臨崩而有『君自取之』之言，是有武侯而不能用。」〔註15〕認爲劉備讓關羽守荊州，正起於對諸葛亮的不信任。究竟備、亮君臣關係如何？劉備用諸葛亮司理蜀政，是爲了架空其軍權乎？因此，本文首先釐清諸葛亮司政之因，一方面可交代劉備君臣初入蜀之政治情勢，另一方面也略及備、亮君臣關係。

在劉備攻下成都前，益州已處在外來政權劉焉父子治下二十六載。劉焉入蜀，一爲避世亂，二聞廣漢董扶曰「益州分野有天子氣。」〔註16〕因此建議獻帝用宗室重臣鎮守地方，並自請外任益州牧。董扶及巴西趙韙皆趁機隨劉焉回蜀，時爲中平五年（188年），董卓入洛前一年。

〔註12〕《三國志・蜀書・廖立傳》，頁997。
〔註13〕《三國志・蜀書・諸葛亮傳》注引裴松之難郭沖之五事，頁917。
〔註14〕《三國志・蜀書・先主傳》，頁892。
〔註15〕王夫之《讀通鑑論》，頁300～301。
〔註16〕《三國志・蜀書・劉焉傳》，頁865。

　　劉焉父子治益手法，簡單的說，是先安撫各方勢力，壯大自己後，再壓制對方。據伍伯常研究，劉焉蒞政初期，並未馬上打壓益州大姓，而是先採溫和態度，周旋各大勢力間，連黃巾賊皆為其籠絡對象。但劉焉表面似在安靖地方，實則為擴張自己勢力，從接下來他對益州豪勢之壓制可知。〔註 17〕故陳壽云其「撫納離叛，務行寬惠，陰圖異計。」〔註 18〕

　　劉焉初入益州，乃透過地方大姓而立。時黃巾賊馬相聚眾萬餘人作亂，州從事賈龍領家兵數百人，攝斂吏民，得千餘人，破走馬賊。之後，賈龍更選吏卒，迎接劉焉。賈龍擁數百家兵，可知頗有勢力；賈龍又能迅速串連力量破賊，亦有相當謀略；而他又主動迎接荊州江夏籍劉焉，表示益州大姓對外來政權並非一味反彈，反倒有意結合之。然而，劉焉一穩定，便公然挑戰益州豪姓，為「立威刑以自尊大，乃託以佗事，殺州中豪彊十餘人。」〔註 19〕此舉激起賈龍與任岐等地方大姓之危機感，不惜引董卓兵以對抗劉焉。〔註 20〕對戰結果，劉焉獲勝，成功壓制當地豪強，時在初平二年（191 年），入益州第三年。

　　劉焉入益州，雖依靠賈龍之扶植，但懷抱天子野心的劉焉不欲為地方控制，故「先後倚仗黃巾餘黨、宗教領袖、青羌及東州人來打擊方土大姓。」〔註 21〕這說明益州內部向有多股勢力並存，治益並不簡單。而劉焉的慣用手法是，先取得對方信任，再利用集團利益間之角力，以彼制此。不僅對益州豪姓如此，對五斗米道傳人張魯亦如此。

　　劉焉原想利用張魯宗教領袖之號召力，據守咽侯漢中，故他先招安妖賊張脩為別部司馬，又拉攏張魯為督義司馬，並派二人將兵征討漢中。結果張魯自有野心，反殺張脩、殺漢使、斷谷閣，奪兵自立於漢中。於是劉焉再利用戰鬥力強的青羌兵防守之，此後稱雄益部，「意氣漸盛，遂造作乘輿車重千餘乘。」〔註 22〕在劉焉外顯天子之志時，首先反應的竟是隔鄰的劉表，他向

〔註 17〕伍伯常〈方土大姓與外來勢力：論劉焉父子的權力基礎〉，《漢學研究》第 19卷第 2 期（2001 年 12 月），頁 204。
〔註 18〕《三國志・蜀書・劉焉傳》，頁 866。
〔註 19〕《後漢書・劉焉傳》，頁 2432。
〔註 20〕《三國志・蜀書・劉二牧傳》注引《英雄記》：「犍為太守任岐自稱將軍……董卓使司徒趙謙將兵向州，說校尉賈龍，使引兵還擊焉。焉出青羌與戰，故能破殺。」頁 867。
〔註 21〕伍伯常〈方土大姓與外來勢力：論劉焉父子的權力基礎〉，頁 218。
〔註 22〕後漢書・劉焉傳》，頁 2432。

朝廷密告，董卓遣劉璋入益州以資警告，劉焉反將劉璋留下，未再返京覆命。
但劉焉另一子劉範，因與馬騰通謀襲長安而死，該年，治所綿竹又逢大火燒
毀，劉焉「既痛其子，又感袄災。」〔註 23〕雙重打擊下，癰疽發背而卒，時
為興平元年（194 年），入益甫六載。

從上可知，劉焉入益州後，先利用一方勢力以壯大自己，後又引青羌番、
東州兵等多股勢力再來抑制該勢力，結果引發內叛，又招致外兵，入益六年，
爭戰不休。益州本已成分複雜，不能融合，因著劉焉的野心，數大勢力間分
裂更形嚴重，百姓難得喘息。

其子劉璋繼位，亦是透過當地大族扶植。「州大吏趙韙等貪璋溫仁，共上
璋為益州刺史。」〔註24〕然而，趙韙扶植劉璋，乃「貪璋溫仁」，可知他亦別
有居心。果然，在劉璋繼位六年後，趙韙挾益州民怨，發動叛變：

> 先是，南陽、三輔人流入益州數萬家，收以為兵，名曰東州兵。
> 璋性寬柔，無威略，東州人侵暴舊民，璋不能禁，政令多闕，益
> 州頗怨。趙韙素得人心，璋委任之。韙因民怨謀叛，乃厚賂荊州
> 請和，陰結州中大姓，與俱起兵，還擊璋。蜀郡、廣漢、犍為皆
> 應韙。璋馳入成都城守，東州人畏韙，咸同心并力助璋，皆殊死
> 戰，遂破反者，進攻韙於江州。韙將龐樂、李異反殺韙軍，斬韙。
> 〔註 25〕

據《華陽國志》，賈龍、任岐叛反，「東州人多為致力。」〔註 26〕這表示東州
勢力應在劉焉時代，便受到扶植。但劉焉收編數萬流民，並非基於照顧之心，
而是藉此暗植自我勢力，最後再利用這股勢力，壓制地方豪姓。至劉璋時代，
東州人氣焰更高，竟「侵暴舊民，璋不能禁。」蓋東州以移民之姿，何以強
客逼主？正因劉璋須利用東州勢力，以打擊地方大姓，致使東州人倡狂至此。
東、益紛爭長達七八年，正因劉焉父子治益手法如出一轍。

事實上，趙韙回蜀已十二載，「素得人心」，可知頗為經營蜀民。他因「貪
璋溫仁」而扶植劉璋繼位，又表示勢力不小。未料溫仁之璋亦加以打壓，因

〔註23〕 《三國志‧蜀書‧劉二牧傳》，頁 867。
〔註24〕 《三國志‧蜀書‧劉二牧傳》，頁 867。
〔註25〕 《三國志‧蜀書‧劉二牧傳》注引《英雄記》，頁 868。
〔註26〕 《華陽國志校補圖志‧劉二牧志》：「獻帝初平二年，犍為太守任岐，與賈龍
惡焉之陰圖異計也，舉兵攻焉，燒成都邑下。焉禦之，東州人多為致力，遂
克岐、龍。焉意盛，乃造乘輿車服千餘，僭擬至尊。」，頁 340。

此轉思謀叛。趙韙代璋自立，〔註27〕三郡百姓迅速響應，可見益州民情對劉璋之不滿。而「東州人畏韙」，并力助璋，更證明其背後乃有劉璋之扶植，為了日後之生存及利益，得與趙韙殊死一戰。

利用東州兵平趙韙亂後，劉璋對地方大族的政策有些調整，但手法不變，一樣是扶植豪勢以壯大自己，再透過其他勢力打壓豪勢。可知劉璋的「性溫仁」，並非指其性格溫厚有仁德，而是指其在多股勢力之間，經常猶豫不決，拿不定方法，致使益州長期對立衝突不斷。至此可以得知，劉焉以強暴打壓，劉璋則是溫吞，手段不夠威猛，然而父子倆皆無法安頓各方勢力於適當位置，反而製造更多衝突，最終毀滅自己的政權。以劉璋之溫仁，雖能執政二十年，但欲應對亂世之暴亂，實顯應變不足，故劉備一入成都，只能束手投降。

然而，更往深處看，劉焉父子雖利用多股勢力壓制對方，壯大自己，但趙韙亦「貪璋溫仁」，頗有所圖；而益州三郡響應趙韙以求自立，背後所為何來？至於東州兵，亦利用劉氏政權以侵暴百姓……，從中可知，益州上下都在爭主導權，以維護自我利益。因此，在劉璋舉城投降前，益州士雖有黃權極諫、王累死諫，但也有張松賣主求榮、李恢主動投靠劉備。至於東州士，則有法正背叛劉璋為內應，李嚴、費觀等在作戰中相繼投降。在戰爭之中，本多依利害衡量，但趙韙先順後叛，張松、法正、李嚴等多人亦叛，此又反映主政者無能，民心長期不安，故當劉備攻入成都，無所謂集團差異，全皆以自我利益而結合之。

從劉焉父子試圖運用多股勢力，以壓服川中大姓，一方面顯示益州大姓長期不服，另一方面又反映蜀國內部成分複雜，治理難度頗高。但亂世人多自衛，劉焉父子未能妥善處理這些問題，才給劉備大好良機，而迅速取得益州。然而，劉焉父子所製造的集團鬥爭，也留給劉備，成為燙手山芋。

因此回到諸葛亮司理蜀政的問題。在劉備攻下成都後，「以亮為軍師將軍，署左將軍府事。先主外出，亮常鎮守成都，足食足兵。」〔註28〕備以亮鎮守成都，並擔任後勤補給，似乎諸葛亮是退居二線了。但事實上，諸葛亮之職權可掌兵柄，且在入蜀前，其職務可謂軍政並行。在得荊南三郡後，備

〔註27〕 劉增貴認為「趙韙的出兵與任岐、賈龍的擁戴中央心態不同，可視為益州人士企圖驅逐外力、自建政權的表現。」見氏著〈漢代的益州士族〉，收入黃寬重、劉增貴主編《家族與社會》（北京：中國大百科全書出版社，2005年），頁145。

〔註28〕 《三國志·蜀書·諸葛亮傳》，頁916。

「以亮爲軍師中郎將，使督零陵、桂陽、長沙三郡，調其賦稅，以充軍實。」
〔註 29〕計劉備死前，諸葛亮共任六年的軍師中郎將，入蜀後，再任七年的軍
師將軍。此二職，據胡三省曰：「軍師亦古將軍號……皆以一時軍事創置官名
也……中郎將則有兵柄。」〔註 30〕二職皆是劉備以當時之軍事需求所創置，
可見諸葛亮職銜是軍事首長，但同時他還得擔任鞏固後方的重責大任。蓋在
劉備創業之初，守住要地的重要性不言可喻，然而，一旦有軍事需求，諸葛
亮則得隨時應變調動。

　　故劉備用龐統攻益州，用法正攻漢中，實無架空諸葛亮軍權之意。且在
龐統一章即曾論述，龐統攻益州一方面是爲掩飾實力，另一方面則因荊州乃
「用武之國」，戰略地位極其重要，故得留亮鎮守之。再者，入蜀一年後，劉
備與劉璋正式決裂，諸葛亮亦率張飛、趙雲三路兵馬會成都，負責領將調兵，
軍權未曾被架空。

　　至於劉備取得益州後，據〈隆中對〉：「若跨有荊、益，保其巖阻，西和
諸戎，南撫夷越，外結好孫權，內脩政理。」〔註 31〕取益州後，對內需勤脩
政理，和戎撫夷；對外需東結孫權；同時再利用益州「巖阻」之天然形勢，
多方條件配合，始能鞏固自我，這是興復漢室的第二步，乃以「保」爲主要
方針。可知這是因應曹魏之強，不得不的守成之策。在此階段中，諸葛亮特
別提到和撫蠻夷，表示他對益州內政的複雜度極有遠見。從上述劉焉父子建
立的割據政權，已可見益州各大集團的權力鬥爭頗爲激烈。而劉備集團乃以
荊州外來勢力爲核心，要如何接掌民情陌生的益州？而原本便不融洽的多股
勢力，如何與劉備集團新勢力和平共處？簡單的說，舊問題再加上新問題，
益州內政，確實需要一位善治能臣來安穩之。正如孫權理荊，也得先用龐統
安撫不服之百姓。

　　且諸葛亮後方角色不僅不易，重要性亦不下於前線。如攻漢中雖有法正
爲謀臣，但若無諸葛亮「足食足兵」的後勤補給，漢中不能二年即攻下。且
就〈隆中對〉所分析，荊州乃用兵之地，而益州沃野千里，跨荊取益，立足
夠穩，才能爭天下。若爲取天下而丟失立足點，豈不本末倒置？因而，當劉

〔註 29〕《三國志·蜀書·諸葛亮傳》，頁 915。
〔註 30〕晉·陳壽著，劉宋·裴松之注，盧弼《三國志集解》（台北：漢京文化事業有
　　　　限公司，1981 年），頁 762。
〔註 31〕《三國志·蜀書·諸葛亮傳》，頁 913。

備在前線擴張土地時，正需有人在後面安頓益州之亂，並善用益州的沃野千里，供應劉備足食足兵，使前線進攻無後顧之憂。故第一線有龐統、法正為謀，第二線有諸葛亮固守荊、益，既是針對才幹的妥善運用，亦是應事應變之良策。而諸葛亮支援極佳，又表示對劉備頗效忠，君臣之間未見芥蒂。觀諸葛亮後來北伐，不正因軍糧不繼、諸郡多不支援兵力，而經常功敗垂成乎？可知兵糧實攸關勝負。

　　而諸葛亮不僅是後勤，更是後盾，下文將論述他如何協調新舊勢力，安穩後方。這兩大功能，皆非高明角色不能勝任。諸葛亮在襄陽時期，便與黃、龐、蔡、蒯、劉等諸大族建立姻親關係，極善結合各種利益關係，論人際、論手腕，環視劉備集團，僅他擁有足夠相才，足以坐鎮蜀都。故而內政由亮，乃因應主客觀之需求，而非劉備制衡諸葛亮之舉。然此分工，亦暴露劉備集團人才匱缺之問題。畢竟如諸葛亮般的相才匱乏，而亮又分身乏術，故戰略要地荊州只能由勇將關羽據守，結果最後葬送在其手中。荊州一失，劉蜀窘勢立顯，天下之爭難上加難，又可知第二線的諸葛亮，看似「退居」，實則是重要之「根本」。

　　因此，從曹魏強的三國局勢來看，「保其巖阻」、「內修政理」既是方針，也在保本以圖據天下；從劉焉父子割據政權留下的複雜問題來看，治益難度又頗高；而在劉備集團的人才中，也僅諸葛亮能擔綱，故內政由亮，實與君臣生隙無關。然而，君臣雖無制衡之實，但下文亦將分析，劉備並未真正體認內修政理的重要性，且隨著跨荊取益後，為求快速擴張版圖，亦漸棄諸葛亮之謀。從這個角度來看，劉備被速爭天下的野心所牽引，對諸葛亮確實已不似初出隆中時之言聽計從。

　　釐清內政由亮之因後，以下便正式從諸葛亮品鑒用人之實例，來探討諸葛亮知人與否的問題，並觀察在劉備握有人事權之下，亮之品鑒用人是否受影響？君臣具體的互動如何？

貳、盡時人之器用

　　先從以下兩段引文，來看劉備初領益州的政治手腕。這個手法其實也是劉備一貫的手法，它影響蜀漢發展至為鉅大，甚至成為諸葛亮執政時期的一大難題：

先主復領益州牧，諸葛亮爲股肱，法正爲謀主，關羽、張飛、馬超爲爪牙，許靖、麋竺、簡雍爲賓友。及董和、黃權、李嚴等本璋之所授用也，吳壹、費觀等又璋之婚親也，彭羕又璋之所排擯也，劉巴者宿昔之所忌恨也，皆處之顯任，盡其器能。有志之士，無不競勸。〔註32〕

賜諸葛亮、法正、關羽、張飛金五百斤，銀千斤，錢五千萬，錦段萬匹。其餘各有差。以亮爲軍師將軍，署左將軍府事。正揚武將軍，蜀郡太守。關羽督荊州事。張飛爲巴西太守。馬超平西將軍。……（許靖）以爲長史。龐羲爲司馬。李嚴爲犍爲太守。費觀爲巴郡太守。徵益州太守南郡董和爲掌軍中郎將，署大司馬府事。巴郡太守漢嘉王謀爲別駕。廣漢彭羕爲治中。辟零陵劉巴爲西曹掾，廣漢長黃權爲偏將軍。……皆處之顯位，盡其器能。有志之士，無不競勸。〔註33〕

合併二傳得知，首先，劉備對有功將士賞賜甚豐，從四大功臣依次而下，以金、銀、錢、錦段慷慨相送，這裏可以看到劉備超人之格局。其次，劉備極力安頓各大勢力，受其賞賜任用者，雖以劉備舊部及荊州集團最豐（如諸葛亮、關羽、張飛、麋竺、簡雍、孫乾、伊籍），但南陽、三輔遷入的東州集團（法正、李嚴、董和、劉巴、費觀），外地來的劉璋舊部（許靖、吳懿、龐羲）及益州本地士人（黃權、彭羕、王謀），尚有投降劉備的涼州勢力馬超等，亦皆有所擢用。這是跨集團、跨地域的任命，甚至連劉璋政權擯棄者，皆「處之顯任，盡其器能。」致使「有志之士，無不競勸。」可知劉備甫接收益州，便使數方勢力各安其位，內部衝突化爲和諧，甚至競相爲劉備所用。本來在劉焉父子政權下，各個勢力互不相服，但劉備卻以權位牽制彼此，又使其爲己所用。由此可知，他的政治手腕，比起劉焉父子靈活而圓融。

然而，劉備重賞功臣之手法，後來卻成爲蜀漢政權的一大亂源，從其初入成都的幾個決策，已可初見端倪。在入成都前，備曾與士眾約定：「『若事定，府庫百物，孤無預焉。』及拔成都，士眾皆舍干戈，赴諸藏，競取寶物。軍用不足，備甚憂之。」〔註34〕入城後，「蜀中殷盛豐樂，先主置酒大饗士卒，

〔註32〕《三國志・蜀書・劉備傳》，頁882。
〔註33〕《華陽國志・劉先主志》，頁367。
〔註34〕《三國志・蜀書・劉巴傳》注引《零陵先賢傳》，頁981。

取蜀城中金銀分賜將士，還其穀帛。」〔註 35〕竟掠奪百姓錢財分賜將士，甚至想將「成都中屋舍及城外園地桑田分賜諸將。」〔註 36〕幸而趙雲反駁才作罷。從中可知，劉備乃以重金賞誘將士為其爭天下，竟至掠奪百姓亦在所不惜。此舉已預示劉備得益後，漸棄仁義的政治形象，轉而利用益州的充裕物資，重賞勇將，爭奪天下。在下文，亦將分析，其重賞手法雖為蜀漢政權吸引不少勇將，但這些好賞之勇將多是莽將，為得更高的功名富貴，或爭建奇功而壞大事（如魏延）；或為貪賞，致使諸葛亮理政、北伐處處掣肘（如李嚴、廖立）。其帶來的負面影響，直至諸葛亮死前一刻，猶得費思處理。

至於安頓各大集團，確實使蜀漢政權暫時穩定下來。但這是具草莽性格，「不甚樂讀書，喜狗馬、音樂、美衣服。」〔註 37〕又好交結豪俊的劉備之所為乎？且初入成都的劉備，為厚賞將士，竟洗劫百姓，以致民心不穩，手法顯然相當粗糙。因此，安頓各大勢力如此圓融之做法，極可能來自諸葛亮。從劉巴之任命，便可得到證實。

劉巴對劉備向來忌恨，乃反劉派。在荊州時，劉巴即棄劉備而北投曹操。接著，曹操命他入荊招納南三郡，恰劉備奪得三郡，劉巴不得反北，便南下交阯，輾轉入益為劉璋部下。劉璋欲招劉備入蜀，劉巴多次進諫，惜不得用。直至劉備定益州，劉巴才「辭謝罪負，先主不責。而諸葛孔明數稱薦之，先主辟為左將軍西曹掾。」〔註 38〕從語氣中，可知劉備對劉巴三番二次遠避他，頗為介意，幸賴諸葛亮居間調和，備才辟為西曹掾。從劉巴之例可知，在劉備初入成都之際，雖他實掌人事權，但對於諸葛亮之議，多予以採納。至於諸葛亮如何調停雙方？從以下記載，可一窺孔明之細膩手法，及知人之精準：

> 張飛嘗就巴宿，巴不與語，飛遂忿恚。諸葛亮謂巴曰：「張飛雖實武人，敬慕足下。主公今方收合文武，以定大事；足下雖天素高亮，宜少降意也。」巴曰：「大丈夫處世，當交四海英雄，如何與兵子共語乎？」備聞之，怒曰：「孤欲定天下，而子初專亂之。其欲還北，假道於此，豈欲成孤事邪？」備又曰：「子初才智絕人，如孤，可任用之，非孤者難獨任也。」亮亦曰：「運籌策於帷幄之中，吾不如子

〔註 35〕《三國志．蜀書．先主傳》，頁 882。
〔註 36〕《三國志．蜀書．趙雲傳》注引《雲別傳》，頁 949。
〔註 37〕《三國志．蜀書．先主傳》，頁 871。
〔註 38〕《三國志．蜀書．劉巴傳》，頁 981。

初遠矣！若提枹鼓，會軍門，使百姓喜勇，當與人議之耳。」〔註39〕

劉巴對張飛等「兵子」素所不屑，或也因此而不喜劉備。但劉備所好，恰多是豪傑型將領，尤其張飛又有義弟之親。劉巴輕飛，引起劉備震怒，但從劉備怒語，「欲定天下，而子初亂之。」、「豈欲成孤事」，可知劉備所顧忌，乃劉巴之忠誠，尤其對他將壞天下大業，存有隱憂。此時，諸葛亮出面了。他先安撫劉巴，表明張飛有敬慕之意，再提醒劉巴「宜少降意」。背後語意似云：劉備實因心在天下，始包容各方，如巴所爲將壞備大事，則安危難料。這一提醒，劉巴此後行事低調許多，即使代法正爲尙書令，猶「自以歸附非素，懼見猜嫌，恭默守靜，退無私交，非公事不言。」〔註40〕另一方，諸葛亮則向劉備稱揚劉巴謀策高明，自己猶不如之。此乃站在劉備圖取天下之角度，同時切中集團謀臣匱缺的實際需求。劉備衡量利害，於是理性擢用之。諸葛亮能遊走兩方，化解君臣衝突，表示他有相當知人能力。

事實上，不只劉巴，其實多數人才進用皆由諸葛亮建議，再由劉備任命，且劉備幾乎照准亮議。如此的角色扮演，既保持君臣分際，又給予諸葛亮實際的運作空間，這已是在帝制下，極爲和諧而尊重的君臣關係。

釐清了君臣關係，以下，便從諸葛亮所升遷的二位太守，進一步探究知人相關問題。

在諸葛亮理政不久後，便得到益州士民信服。以一生疏的外州人，如何迅速發掘當地人才？他知人精準乎？又如何用人？楊洪、何祗之例，可以做爲討論的基礎。

> 始（楊）洪爲李嚴功曹，嚴未去至犍爲而洪已爲蜀郡。洪迎門下書
> 佐何祗，有才策功幹，舉郡吏，數年爲廣漢太守，時洪亦尚在蜀郡。
> 是以西土咸服諸葛亮能盡時人之器用也。〔註41〕

諸葛亮升楊洪爲蜀郡太守，是因發現楊洪極有識見，時機是在劉備攻漢中，急書要亮發兵，諸葛亮向楊洪請益之。洪曰：「漢中則益州咽喉，存亡之機會，若無漢中則無蜀矣，此家門之禍也。方今之事，男子當戰，女子當運，發兵何疑？」〔註42〕楊洪分析事理明白，一語道出漢中的戰略地位，使亮頗爲嘆

〔註39〕《三國志・蜀書・劉巴傳》注引《零陵先賢傳》，頁981。
〔註40〕《三國志・蜀書・劉巴傳》，頁981。
〔註41〕《三國志・蜀書・楊洪傳》，頁1014。
〔註42〕《三國志・蜀書・楊洪傳》，頁1013。

賞。恰蜀郡太守法正隨備攻漢中，故亮向劉備請示以楊洪代法正一職。楊洪之例，可知諸葛亮是以其識見，判察楊洪有理郡才幹。而任用後，楊洪果然「眾事皆辦，遂使即眞。」〔註43〕證實亮有知人之明。

　　楊洪本爲李嚴部下，但李嚴爲官貪圖享受，欲徙郡治舍，楊洪固諫不聽，遂辭功曹。後李嚴推薦楊洪爲蜀部從事，因此有機會至諸葛亮身邊，而憑其才識，快速得到升遷。時約在建安二十三年（218年），劉備集團入蜀後四年。楊洪不是唯一特例，楊洪部下何祗，亦被諸葛亮迅速拔升，因速度太快，連同鄉都忍不住出聲嘲諷。〔註44〕可見諸葛亮治蜀之初，便展現謙卑及尊重，對益州士積極請益，且大方擢用，可謂用人不拘地域。而楊洪、何祗分別任蜀郡、廣漢太守，又可知在地方吏治上，亮多借重當地人。

　　然而，亦有不少學者指出，蜀漢政權的中樞機構，控制在荊州、東州人士手中，益州人士僅能擔任地方吏治。〔註45〕而據《三國志・蜀書》來考察，五十九位傳主中，僅十九位出自益州，且益州士無人進入蜀漢最高決策機構；而蜀漢一朝丞相共六人，亦無一蜀地人士。〔註46〕這樣的人事安排，是基於集團本位思想？還是超越集團界限，就人才之用而盡其器能的分工？且先存疑，再看諸葛亮何以用何祗。

　　何祗有才策功幹，但在鄉里間名聲不佳，「爲人寬厚通濟，體甚壯大，又能飲食，好聲色，不持節儉，故時人少貴之者。」〔註47〕由此可見，諸葛亮不拘德行小瑕疵，而以才幹爲舉。諸葛亮曾對將領們提示「知人七道」：

　　　　一曰，問之以是非而觀其志；二曰，窮之以辭辯而觀其變；三曰，

〔註43〕《三國志・蜀書・楊洪傳》，頁1013。

〔註44〕《三國志・蜀書・楊洪傳》注引《益部耆舊傳雜記》曰：「每朝會，祗次洪坐。嘲祗曰：『君馬何駛？』祗曰：『故吏馬不敢駛，但明府未著鞭耳。』眾傳之以爲笑。」頁1013。

〔註45〕如許蓉生說：「劉備、諸葛亮對待益州地區的這三大政治勢力的基本原則，便是依靠荊州集團，極力籠絡東州集團，使二者融爲一體，成爲政權的組織基礎；對益州人士，則籠絡利用和戒備打擊兼而用之。從而達到牢固而有效地控制益州的目的。」見氏著〈蜀漢政權重要官員的地域構成及變化──兼議諸葛亮的「貴和」精神〉，《西南民族大學學報》（人文社科版）第12期（2005年），頁324。

〔註46〕張承宗、鄭華蘭〈蜀漢人士與蜀漢興亡〉，《襄樊學院學報》第3期（2002年），頁89。

〔註47〕《三國志・蜀書・楊洪傳》，頁1014。

咨之以計謀而觀其識；四曰，告之以禍難而觀其勇；五曰，醉之以
酒而觀其性；六曰，臨之以利而觀其廉；七曰，期之以事而觀其信。
〔註48〕

亮認爲將領的基本素養，便是知人能力。因此，他提示了七種人物考察的方
法。其中，志（價值觀）、廉（廉潔）、信（誠信）屬德之範疇；變（應變力）、
識（謀略識見），屬才之範疇；而勇（驍勇）、性（本性）則德才兩涉。七種
原則中，德之比例又高些，這表示諸葛亮是重德的。但有德行之缺的何祗，
爲何得以快速擢升？史傳又云：

時諸葛亮用法峻密，陰聞祗游戲放縱，不勤所職，嘗奄往錄獄。眾
人咸爲祗懼。祗密聞之，夜張燈火見囚，讀諸解狀。諸葛晨往，祗
悉已闇誦，答對解釋，無所凝滯，亮甚異之。出補成都令，時郫縣
令缺，以祗兼二縣。……汶山夷不安，以祗爲汶山太守，民夷服信。
遷廣漢。〔註49〕

從中可知，諸葛亮雖重德，卻以法治蜀，且用法峻密。然而，諸葛亮執法家
思想嗎？何以重德，卻又標榜法治？在下文的論述中，將慢慢呈顯諸葛亮以
法治蜀的背景及目的，而其用人核心及次第，亦可從中浮出。且先就何祗例
子來看。何祗上任後，一路升遷，這證明何祗確實有能力，諸葛亮評斷精準。
僅管才幹特出，何祗游戲放縱的舊習並未改，但讓何祗有所節制，並恪盡本
分的關鍵，是諸葛亮「用法峻密」。由此可見，諸葛亮之所以放膽用其才，正
因其後輔以法爲監督、檢核，因此有效防範了何祗「不勤所職」之缺弊，而
使其「才策功幹」發揮績效。

從諸葛亮的「知人七道」，可知亮是透過七道步驟來了解人，其中反映亮
對人心不同面向的敏銳觀察，亦反映亮在知人方法上的嚴謹周密。而楊洪、
何祗之例，也證實亮之用人，確實經過觀察、知才、定位的過程，在其上任
後，又以法爲核、以事驗效，做持續的追蹤。從知到用到核，又可見諸葛亮
性格之細膩、謹慎。何祗才幹出眾，又能盡責，既不違亮峻法，又能使民夷
信服，可謂行政人才。亮用之，也使地方得治，這對益州之穩定是有助益的。
可知亮知人頗爲精準，且不囿於地域之見，並能用在關鍵處。故劉增貴云「益
州士族對蜀漢政權的參與，絕不止限於掾史階層而已……九卿等官吏……居

〔註48〕張澍輯佚《諸葛亮集》，頁78。
〔註49〕《三國志‧蜀書‧楊洪傳》，頁1014。

其半……僅管權力核心掌於荊楚人士，但益州人仍有相當的入仕空間。」〔註50〕可知這是允論。

楊洪、何祗之例，已初見諸葛亮以才爲舉，以法爲核。從用人的角度來看諸葛亮之以法治蜀，可知其法的精神在於發揮人才，務使各方勢力和諧運作，並爲其所用。但事實上，謙順謹愼的亮，在用人上，大抵多順承劉備之意。而劉備死前最重視法正及李嚴，前者爲他取漢中，後者是他託孤的重臣，兩位都是東州士。而所謂「西土咸服諸葛亮能盡時人之器用也」，指的是諸葛亮對益州士之善用，那麼，諸葛亮與東州士之關係如何？面對劉備愛將，諸葛亮如何評價、任用他們？是否存在著權力制衡？下一小節，便以法正爲探討。

參、由法正推敲諸葛亮鑒用核心

法正（176～220），字孝直，是繼龐統之後，爲劉備所愛信的謀臣。

諸葛亮曾在二個時機下，評論法正。一是法正任蜀郡太守時，行徑過於縱橫，時人要諸葛亮向劉備反應，亮曰：「法孝直爲之輔翼，令翻然翱翔，不可復制，如何禁止法正使不得行其意耶！」〔註51〕因此繼續縱容法正。二是劉備夷陵戰敗後，亮事前未表示意見，事後諸葛說：「法孝直若在，則能制主上，令不東行；就復東行，必不傾危矣。」〔註52〕這二則評論，基本上都扣住法正與劉備的關係。那麼，諸葛亮之評有何深義？

一、法外開恩

法正助劉備取成都後，被任命爲蜀郡太守，行徑卻十分「縱橫」，因此引來時人抗議，但諸葛亮的反應卻是冷處理。向來賞罰嚴明，用人以法爲核的諸葛亮，何以對法正格外開恩？史云：

> 以正爲蜀郡太守、揚武將軍，外統都畿，內爲謀主。一飱之德，睚眦之怨，無不報復，擅殺毀傷己者數人。或謂諸葛亮曰：「法正於蜀郡太縱橫，將軍宜啓主公，抑其威福。」亮答曰：「主公之在公安也，北畏曹公之彊，東憚孫權之逼，近則懼孫夫人生變於肘腋之下；當斯之時，進退狼跋，法孝直爲之輔翼，令翻然翱翔，不可復制，如

〔註50〕劉增貴〈漢代的益州士族〉，頁147。
〔註51〕《三國志·蜀書·法正傳》，頁960。
〔註52〕《三國志·蜀書·法正傳》，頁962。

　　何禁止法正使不得行其意邪！」……亮又知先主雅愛信正，故言如

此。〔註53〕

　　自法正入荊邀劉備後，便一直跟隨在劉備身邊，二人有相當長的相處時間。
得益州後，法正在內朝是劉備心腹參謀，在外朝又任益州四要郡之一的蜀郡
太守，〔註54〕可知劉備對他極重用。但法正卻濫用其職權以行暴，有人因此
向諸葛亮舉發道：「將軍宜啓主公，抑其威福。」這反映用人實權在劉備手中，
又似乎暗示法正作威作福，與劉備有關。但諸葛亮認為，在劉備進退狼狽之
際，是法正助備脫困，又令備翻然翱翔，所謂「輔翼」也。言下之意，北曹、
東孫、孫夫人三危，皆法正之功始解之，不必計其小過。在諸葛亮解釋之後，
陳壽接著道：諸葛亮之所以包容法正，是因劉備「雅愛信正」。

　　劉備確實雅愛信正。那麼，劉備為何雅愛信正？此問題即轉移到劉備的
用人準則。而諸葛亮果真因劉備之雅愛，而縱容法正乎？諸葛亮對法正的處
理，其實已隱含他用人的核心價值所在。

　　先從三人的評論來歸納法正之特質，以推敲劉備的用人準則。首先，曹
操聽聞漢中被奪，乃法正之策時，大嘆「吾收奸雄略盡，獨不得正邪？」〔註
55〕其次，諸葛亮與法正「雖好尙不同，以公義相取。奇正智術。」〔註56〕再
者，陳壽總評法正「著見成敗，有奇畫策算。然不以德素稱也。」〔註57〕三
人皆以法正之長在謀策，甚至有奇智。而陳壽說正「不以德素稱」，曹操也說
法正為「奸雄」，由此可推測，亮與正「好尙不同」，所謂的好尙，可能也是
指向德行意涵，表示法正著眼處不在德行，而從德行好尙延伸至種種價值皆
有差異。簡單的說，法正是個頂尖謀士，且智術極其靈活，但德行頗有瑕疵。

　　法正是劉備攻取益州的大功臣，但卻是背叛劉璋為劉備內應的賣主之
徒，故張璠批判他與張松二人「兩端攜貳，為謀不忠。」〔註58〕但法正何以
離叛劉璋？

　　建安初，天下饑荒，正與同郡孟達俱入蜀依劉璋，久之為新都令，

〔註53〕《三國志・蜀書・法正傳》，頁960。
〔註54〕四要郡為蜀郡、巴郡、廣漢、犍為。參見許蓉生〈蜀漢政權重要官員的地域
　　　　構成及變化——兼議諸葛亮的「貴和」精神〉，頁89。
〔註55〕《三國志・蜀書・法正傳》，頁961。
〔註56〕《三國志・蜀書・法正傳》，頁961。
〔註57〕《三國志・蜀書・法正傳》，頁962。
〔註58〕《三國志・蜀書・劉二牧傳》注引「張璠曰」，頁870。

後召署軍議校尉。既不任用，又爲其州邑俱僑客者所謗無行，志意
不得。益州別駕張松與正相善，忖璋不足與有爲，常竊歎息。〔註59〕

法正遷入蜀後，在扶風同鄉及外地移民間的評價極差，致其在劉璋政權下「志
意不得」。而法正亦判斷劉璋不足與有爲，故常與張松私下歎息。從中可知，
他雖因饑荒而入蜀，但亦有在此圖發展之心。然而，爲何州邑俱僑客皆謗其
「無行」？從他入主劉備集團後，勸說劉備的二件事，可知「無行」之謗應
非空穴來風。其一，劉備入蜀後，群下勸納劉焉子劉瑁之妻，劉備怕有同族
之嫌，法正勸進曰：「論其親疏，何與晉文之於子圉乎？」〔註60〕從法正之勸，
可知他是站在劉備角度，揣摩劉備有娶瑁妻之意，但又懼怕道德批判，故以
晉文公爲先例。劉備聽後，果然安心娶同宗。其二，即第二章所論，法正勸
劉備重用許靖一事。許靖因「踰城投降」而爲劉備所輕，法正以許靖雖非亂
世之才，但可爲蜀漢招賢，而此關乎天下大業。法正之勸，亦是立足在劉備
爭天下之所欲。劉備聽完，馬上改弦易轍，禮敬許靖。

從法正成功勸說劉備二事，可知他既不被德行捆綁，又能看到對方需求，
因此可以智術靈活。陳壽說法正「著見成敗」，心思著眼於成敗上。可知法正
乃以勝敗論英雄之輩，其內心價值無所謂主從，見璋不可爲，便另謀出路。
或也正因如此，法正不受太多意識型態之羈絆，而善奇畫策算。法正不到二
年即奪下漢中，使劉備在跨荊取益後又奪漢中，氣勢震動中原，致使曹魏有
遷都之議。

然而，法正卻在劉備稱漢中王隔年去世，從法正入荊至死，君臣際遇僅
短短九年（建安十六年至二十五年，211～220年）。法正之死，劉備「爲之流
涕者累日，諡曰翼侯，賜子邈爵關內侯。」〔註61〕劉備生前，「惟法正見諡」
〔註62〕，連在法正前後一年相繼死亡的關羽、張飛，都未得此待遇。劉備諡
之爲「翼侯」，以輔帝成就天下大業之良翼，概括其一生功業，此與諸葛亮鑒
「輔翼」異曲同工，由此可知，劉備對法正之「雅愛」在於此，而所痛亦在
此。蓋法正取下漢中不久，關羽因急攻襄樊，致使荊州被孫吳所奪，關羽亦
敗死麥城。原本大有可爲的劉備，頓失要地及大將，由震動中原降縮爲偏蜀

〔註59〕《三國志・蜀書・法正傳》，頁957。
〔註60〕《三國志・蜀書・先主穆后傳》，頁906。
〔註61〕《三國志・蜀書・法正傳》，頁961。
〔註62〕《三國志・蜀書・趙雲傳》，頁950。

之主，他是不甘心的，而且極想奪回荊州，從後來他堅決發動夷陵之戰可知。結果，竟在此關鍵時刻，折損法正一翼，劉備能不痛哭流涕乎？從劉備追諡法正，一方面反映出劉備對功敗垂成之歎惋，同時，也可看出其價值乃是以功績爲評，故法正奪漢中而有諡，關羽雖親如兄弟，但亡失荊州，如何得諡？這是劉備向來的手法，對有功者厚賞之，不論生死。由法正之例，亦可旁證龐統後事豐厚，正取決於其所立之功。

可知劉備雅愛信正之關鍵，在於他有圖取天下之謀策，又可知劉備用人實不拘德行。尤其法正背叛劉璋，爲備之內應，讓備輕鬆奪益，可算建頭功，故攻入成都後，他是劉備厚賞的四大功臣之一。由此來對照許靖，同爲投降者，何以劉備輕視之？蓋許靖雖投降，但並非賣主求榮之徒，而是基於他對二劉的高下判斷；然而法正卻是見勢轉向之人，甚至出賣劉璋。相較之下，許靖頗有德行，而法正乃以勢力、功用爲衡量。然而，許靖卻被劉備所輕鄙，可見得劉備的價值，偏好能爲他爭天下之奇才。

由劉備愛信法正之例，可知劉備所重在天下，故用人亦以能助爭天下的奇才武將爲首要準則，因此，從關羽、張飛二勇將而下，先後又視諸葛亮如魚得水，對龐統大器之，對法正愛雅信之。而其對功臣的手法，則是重賞厚賜。然而，此一重賞策略，已悄悄埋下禍根，在以下兩節對廖立、李嚴、馬謖、魏延的論述中，將會浮出。

那麼，回到諸葛亮身上，法正擅傷數人，諸葛亮卻因其對劉備有大功而冷處理，致令尊曹史家孫盛得此機會，大力批判諸葛亮云：「安可以功臣而極其陵肆，嬖幸而藉其國柄者哉？……諸葛氏之言，於是乎失政刑矣。」〔註63〕認爲諸葛亮以功寵而亂法治。究竟諸葛亮的鑒用準則何在？爲何用法標準不一？

從何祗之例，可知諸葛亮以法治蜀，並用行政績效檢核所用之人，這表示「法」是諸葛亮鑒用人才的其一準則。但「法」是其用人主要核心嗎？從法正之例，又可知亮雖執法甚嚴，但卻保持彈性。那麼，令他法外開恩的主因何在？

或從集團利益及權力制衡的角度來論述者。如許蓉生云：「以法制嚴明著稱的諸葛亮，卻對法正採取了罕見的姑息態度。其主要原因就是，在亟需東州集團合作的時刻，制裁其政治代表，必然引起該集團人士的猜疑和離心。

〔註63〕《三國志·蜀書·法正傳》注引「孫盛曰」，頁960。

這一典型事例，反映出劉備集團對東州人士籠絡備至的心態。」〔註64〕此說是以東州集團勢力龐大，故不得不姑息籠絡。又如張鑫認爲，劉備對法正許以重權，又有意放任，是希望通過高官厚祿，穩定初步建立的蜀漢政權；又想通過諸臣間的派系鬥爭，以削弱功勳強臣勢力。故當劉備北征漢中，法正隨行時，諸葛亮立刻作出反應，表楊洪代領法正太守一職，待法正升任尚書令時，又將其轉正，此舉既削弱法正實權，又討好益州土著勢力。〔註65〕此說以劉備、諸葛亮君臣扮演不同角色，由劉備以高官厚祿來安穩政權，再由諸葛亮削其權，以平衡東州、益州勢力。

或從備、亮君臣不同調者，如方詩銘認爲法正敢於驕縱擅殺，正基於劉備對他的絕對信任，故諸葛亮也有無可奈何之感，因此亮後來借法正攻漢中之機，以楊洪取代法正的蜀郡太守職務，以削弱法正之權。而在此情況下，法正和劉備也無可奈何。〔註66〕

但經上文之分析，法正爲劉備所寵，乃因其謀能助蜀漢爭天下，連曹操亦大歎不能盡收此一「奸雄」，可知劉備、曹操之取捨，皆非著眼於集團的權力制衡，而是人才本身的作用；但劉備之手法，確實是希望通過高官厚祿，以穩定蜀漢政權，進而圖謀天下。至於諸葛亮用楊洪，乃因其有識見，即以「才」爲用。且亮將楊洪蜀郡太守一職轉正，是在法正升任尚書令後，尚書令直接對劉備負責，總攬事權，不可謂削權。也就是說，楊洪是以其「才識」被諸葛亮任命，並非做爲派系鬥爭之工具。

那麼，諸葛亮何以「姑息」法正？此可先澄清諸葛亮以法治蜀的目的何在。從諸葛亮後來堅斬馬謖一事來對照，一是法外開恩，一是不假寬貸，但兩者所執原則是相同的。據《襄陽記》載，亮流涕道：「孫武所以能制勝於天下者，用法明也。是以楊干亂法，魏絳戮其僕。四海分裂，兵交方始，若復廢法，何用討賊邪！」〔註67〕諸葛亮揮淚所論，指出法的最終目標在於討賊興漢。故嚴法治國，是爲了鞏固內部，而後收復中原。既然如此，當所執之法與此目標相違背時，豈不因小失大？

〔註64〕許蓉生〈蜀漢政權重要官員的地域構成及變化——兼議諸葛亮的「貴和」精神〉，頁88。
〔註65〕張鑫〈三國蜀漢政權派系動態分析〉，《巢湖學院學報》，第12卷第1期，總第100期（2010年），頁114。
〔註66〕方詩銘《方詩銘論三國人物》，頁204～205。
〔註67〕《三國志‧蜀書‧馬謖傳》注引《襄陽記》，頁984。

　　而諸葛亮以法正爲輔翼，認爲他能解劉備之困，甚至乘載劉備翱翔天下，可見亮用人的主要核心，顯然是繫著制勝天下之大利害而思維。故宋・眞德秀認爲諸葛亮是因看重法正之智謀能濟大業，故權其輕重，使展其才。其云法正「智謀若是，豈易得哉？……草昧之時，須才以濟……故孔明權其重輕，始略其過使展盡其才。」〔註68〕而清・何焯亦認爲亮乃因「艱難之初，權以濟事。」且「方以審配不容許攸爲鑒也。」〔註69〕意指亮初理益州，故須權變以濟大事，且審配不容許攸，而導致其背袁投曹之殷鑒不遠，乃欲逼法正背叛乎？現代學者朱大渭、梁滿倉亦云，諸葛亮不抑制法正，不僅由於法正功大過小，更重要的是他認爲法正是對「收復漢中鞏固益州能起重要作用的人。」〔註70〕收復漢中、鞏固益州，即是爲興復漢室做準備。而終諸葛亮一生，皆以興復漢室、還於舊都爲政治目標，故他連年發動北伐，最終死在五丈原。可知諸葛亮對法正法外開恩，並非全然站在劉備愛好法正之情，更是著眼於天下大業，而有所權宜。當然，諸葛亮也知劉備重在功勳，不拘小節，且人事權在劉備之手，恐怕也動不了法正。至於法正是否因此而叛？以劉備對其之寵愛，恐怕亦不至於。故主要還是因爲，若處理法正的小瑕疵，牽動的將是天下的大利害。尤其在龐統死後，放眼望去，除了臥龍，劉備集團再無出色謀臣，能法辦法正乎？既以爭天下之大利害，爲其執法的最高原則，故得天下爲本，執法爲用，自然不會爲法所框制。

　　但身爲蜀郡太守的法正，帶頭破壞法制，若肆無忌憚，恐怕也是一大隱憂。司理內政的諸葛亮，可以完全坐視不管嗎？事實上，諸葛亮並非不處理，而是迂迴的處理。據史載：「伊籍……與諸葛亮、法正、劉巴、李嚴共造蜀科。」〔註71〕諸葛亮將法正納入訂定蜀科的五人小組中，正是一種極高明的治術。法正既有仗勢施暴之傾向，那麼，讓法正參與立法，相對亦是要求他守法，至少也能起收斂作用。有一則史料，曾反映法正與諸葛亮對法的不同見解：

　　　　亮刑法峻急，刻剝百姓，自君子小人咸懷怨歎，法正諫曰：「昔高祖
　　　　入關，約法三章，秦民知德，今君假借威力，跨據一州，初有其國，
　　　　未垂惠撫；且客主之義，宜相降下，願緩刑弛禁，以慰其望。」亮

〔註68〕王瑞功主編《諸葛亮研究集成》，頁459。
〔註69〕盧弼《三國志集解》引「何焯曰」，頁822。
〔註70〕朱大渭、梁滿倉《諸葛亮大傳》上冊（北京：中華書局，2007年），頁259。
〔註71〕《三國志・蜀書・伊籍傳》，頁971。

答曰：「君知其一，未知其二。秦以無道，政苛民怨，匹夫大呼，天
下土崩，高祖因之，可以弘濟。劉璋暗弱，自焉已來有累世之恩，
文法羈縻，互相承奉，德政不舉，威刑不肅。蜀土人士，專權自恣，
君臣之道，漸以陵替；寵之以位，位極則賤，順之以恩，恩竭則慢。
所以致弊，實由於此。吾今威之以法，法行則知恩，限之以爵，爵
加則知榮；榮恩並濟，上下有節。爲治之要，於斯而著。」〔註72〕

這則史料出自《蜀記》，眞實性頗被質疑，裴松之亦在其下駁難之。但若回到
史料所述內容來看，其實頗符應人物特質及蜀情。首先，蜀科之訂定確實存
在，而法正既爲立法者，向五人之首的諸葛亮反應意見，是極有可能的。其
次，法正以高祖入關，僅約法三章，勸亮緩刑弛禁，垂惠百姓。諸葛亮認爲
秦暴虐無道，故高祖持政需寬；但劉焉以來文法羈縻，導致蜀土人士專權自
恣，上下無節，因此，嚴刑峻法實乃因應益州失序的政局所發。上述對話，
大致符合法正、諸葛亮之口吻，且蜀漢政權內部諸多勢力之衝突，確實從劉
璋父子由來已久，因此，即使《蜀記》所載有虛，或言辭稍有誇大，但大抵
精神應不會相去太遠。

而由這條資料，也可以推敲諸葛亮爲何邀法正訂蜀科。蓋諸葛亮極可能
是透過與法正共同立法的機緣，促成二人對法律寬嚴等問題之討論，並從中
揭示自己以法治蜀的難處種種，進而使法正尊重法制，或達到間接抑制法正
之效果。

從法正之例可知，諸葛亮鑒用人才，是站在國家大局立場，且以天下之
大利害爲主要衡量，其手法謹愼、圓融而細膩，既能照顧劉備、法正之君臣
關係，又能迂迴處理法正之縱橫不法，如此之心思，可謂不知人乎？而如此
之用人格局，似乎也不框限在集團本位思想中。故陳翔華云：「諸葛亮雖以荊
楚籍士族爲中樞骨幹，但是對當地人才團結和任用超過了前代。……因此蜀
國內部穩定，外來勢力與本地勢力矛盾緩和，沒有出現劉璋時期那種由於依
靠外來『東州士』、抑制巴蜀士族，而導致矛盾尖銳化，以至幾乎危及統治的
嚴重局面。」〔註73〕

〔註72〕《三國志‧蜀書‧諸葛亮傳》注引《蜀記》後，裴松之難郭沖，頁917。
〔註73〕陳翔華曾以陳壽《三國志‧蜀書》七十二名正附傳傳主及楊戲〈季漢輔臣贊〉
　　　　及陳壽注所提到之五十八名蜀官，統計蜀漢職官的來源與構成，發現「入蜀
　　　　後參加劉備集團者占總人數一半以上，其中又以益州本地人士爲最多，幾乎
　　　　與荊州時期參加者相等。」見氏著《諸葛亮形象史研究》，頁20。

　　那麼，劉備有意用東州士來制衡諸葛亮嗎？以下再由夷陵之戰進一步分析之。

二、夷陵之嘆

　　建安二十四年（219 年），呂蒙乘關羽北攻襄樊之際，偷襲荊州成功，關羽亦在此役中敗亡。一年半後，劉備堅持東征孫吳，羣臣多諫，一不從，諸葛亮卻沈默無聲。夷陵敗後，亮才歎曰：「法孝直若在，則能制主上，令不東行；就復東行，必不傾危矣。」〔註 74〕夷陵之戰影響所及，不僅蜀國耗損四萬餘兵，劉備鬱憤而死，蜀漢態勢更加萎縮。茲事體大，號稱識時務的諸葛亮，預見攻吳災難乎？其主張爲何？何以事前不表示意見，事後又以法正爲嘆惋？

（一）關羽爭建奇功

　　赤壁戰後，曹操向南方的軍事擴張受到遏制，於是轉向西北發展。建安二十年，（215 年）三月，曹操親征漢中，十一月，張魯投降。司馬懿、劉曄主張乘勝攻蜀。司馬懿說：「劉備以詐力虜劉璋，蜀人未附而遠爭江陵，此機不可失也。」〔註 75〕劉曄說：「劉備……得蜀日淺，蜀人未恃也。今破漢中，蜀人震恐，其勢自傾。」〔註 76〕結果曹操以不聽而退回中原。然而，眞正原因，就法正所觀察，是內部不安穩。他認爲曹操「身遽北還，此非其智不逮而力不足也，必將內有憂逼耳。」〔註 77〕此時的曹操，確實正因謀篡一事，而遭遇許多反彈聲浪。建安十七年（212 年），荀彧反曹操僭稱，自殺而死。建安十八年（213 年），曹操封魏公，建魏國。建安二十一年（216 年），曹操進爲魏王，崔琰出言諷刺，賜死。毛玠傷其無辜，被免黜於家。荀彧是曹操建業的頭號功臣，毛玠、崔琰素以清廉正直爲名，已爲曹操典選八年，朝廷重臣數人在數年間，因正統衝突或死或黜，可知曹操面對的阻力不小，故終其一生，未敢稱帝。

　　曹操喪失攻益州的時機後，建安二十二年（217 年），法正建議趁此天時取漢中，果然不到兩年即攻下。建安二十四年（219 年）七月，劉備自立漢中王，擁有荊益，勢達顛峰。八月，關羽發動襄樊戰役，水淹曹軍，曹仁據守

〔註 74〕　《三國志・蜀書・法正傳》，頁 962。
〔註 75〕　《資治通鑑》，頁 2140。
〔註 76〕　《資治通鑑》，頁 2140。
〔註 77〕　《三國志・蜀書・法正傳》，頁 961。

之樊城被重重包圍，孤立無援。而關羽聲威震華夏，魏營相繼有金禕、耿紀等「挾天子以攻魏，南引關羽爲援。」〔註78〕又有魏諷謀叛，坐死者數千。十月，曹營甚至商議徙許都，此時，司馬懿、蔣濟議曰：「許割江南以封權，則樊圍自解。」〔註79〕曹操內遭正統士大夫反抗，外臨以正統爲號召的劉備逼近漢中、襄樊，內憂外患之下，主動聯吳。

隨著劉備勢達顛峰，關羽威震華夏，不料七月劉備在成都歡慶，十二月竟傳來關羽失荊州、死麥城之惡耗。關羽失荊州，不但使〈隆中對〉跨荊取益爭天下的戰略計畫，缺失重要一角，並引發劉備執意攻孫吳之大敗。然而，關羽爲何失荊州？

關羽之敗，性格因素頗爲關鍵，它也成爲敵國切入謀略的缺口。蓋關羽個性驕矜自大，拒絕孫權爲子求婚後，首先破壞了孫劉聯盟，後並成爲孫吳攻荊之藉口。事實上，劉備得益後，孫吳已有取荊之意，建安二十年（215年），孫、劉對峙於荊；建安二十二年（217年），權詣曹操請降，曹亦報使修好。建安二十四年（219年），關羽一攻樊，呂蒙即陰計圖之。呂蒙先稱病，以鬆懈關羽防備；後用儒生陸遜代領之，陸遜則以書信吹捧關羽，羽覽遜意，「有謙下自託之意，意大安，無復所嫌。」〔註80〕故將大軍北調，全力攻襄樊。同時，孫吳應曹操之盟，以偷襲江陵。

蓋關羽乃一介武將，在諸葛亮入益州支援軍事後，只得由他坐鎮荊州，此突顯了劉備集團人才匱缺的問題。而關羽雖略有謀術，但當謀士輩出的曹、孫聯盟時，即捉襟見肘，立現窘狀。曹孫聯盟成後，曹操派徐晃救樊城之圍，又射權書予曹仁及關羽，曹軍因此士氣百倍，關羽頓起猶豫，軍心動搖。徐晃趁此時揚聲攻羽圍頭屯，實則密攻另四家，結果大敗關羽。而孫吳這方，呂蒙以白衣渡江，成功得取南郡。接著，呂蒙負責安頓將士家人，瓦解關羽部屬鬥志；孫權則紆尊屈駕，收服士大夫之心；〔註81〕爾後，用陸遜掌荊，以金銀籠絡蠻夷，以官位安頓士人。可以說，孫權君臣皆下了大功夫，務在爭取人心，穩定荊州局勢。從周瑜死後借荊州，至此刻襲荊州，整十年，孫權當時尤得借重龐統以理南郡，累積十年的經驗及認識後，已可獨力接掌荊州。

〔註78〕《資治通鑑》，頁2154。
〔註79〕《三國志·蜀書·關羽傳》，頁941。
〔註80〕《三國志·吳書·陸遜傳》，頁1345。
〔註81〕《資治通鑑》載權親至潘濬家，「呼其字與語……使親近以手巾拭其面。」此在龐統一章曾加以論述，頁2169。

　　然而，在關羽接獲孫權攻江陵消息而猶豫不決時，爲何採進攻而不是退保？關鍵一刻，影響其決策的關鍵因素是什麼？胡三省以爲「自恃江陵、公安守固……釋之而去，必喪前功。」〔註82〕這指出二個關鍵，一，關羽性格驕矜自負。二，關羽不捨放棄前功。從第一點來看，關羽輕視孫權而破壞聯盟，又素輕糜芳、士仁，竟命二人留守江陵、公安，致使二人臨陣投降，可見關羽自視過高，識人不深。從第二點來看，可見關羽亦有貪功之弊。然而，關羽爲何貪功？此即上文已略微提及的，劉備以重賞籠絡功臣，造成的後續問題之一。

　　在劉備定益州時，關羽爭功之心態，便有前兆：

> 羽聞馬超來降，舊非故人，羽書與諸葛亮，問超人才可誰比類。亮知羽護前，乃答之曰：「孟起兼資文武，雄烈過人，一世之傑，黥、彭之徒，當與益德並驅爭先，猶未及髯之絕倫逸羣也。」羽美鬚髯，故亮謂之髯。羽省書大悅，以示賓客。〔註83〕

據上文所引，劉備入成都時，封「關羽、張飛、馬超爲爪牙。」又署「關羽督荊州事，張飛爲巴西太守，馬超平西將軍。」皆將馬超與關、張同列，因此引來關羽之不滿。故意寫信予諸葛亮，迂迴地「問超人才可誰比類？」諸葛亮知羽恥爲人下，因此回信將馬超、張飛並列，而單提關羽在二人之上，關羽聽了大悅。這則史料，學者多從關羽性格高傲來詮釋，但關羽之反應，即是被劉備重賞手法所刺激。

　　再從劉備稱漢中王，封關羽前將軍，封黃忠後將軍一事來看，更爲鮮明：

> 諸葛亮說先主曰：「忠之名望，素非關、馬之倫也。而今便令同列。馬、張在近，親見其功，尚可喻指；關遙聞之，恐必不悅，得無不可乎！」先主曰：「吾自當解之。」遂與羽等齊位，賜爵關內侯。
> 〔註84〕

當時，諸葛亮已預見劉備厚賞功臣潛在的隱憂，他所謂「馬、張在近，親見其功，尚可喻指。」暗示這不只是關羽一將的問題，若馬、張「未見其功」而聞其厚封，反應亦可能與關羽相同。也就是說，劉備憑功與賞，凡建有戰功者，毫不吝惜予以各方面之褒獎，包括金銀、官職、權勢、榮譽、親密關

〔註82〕《資治通鑑》胡三省注，頁 2167。
〔註83〕《三國志・蜀書・關羽傳》，頁 940。
〔註84〕《三國志・蜀書・馬忠傳》，頁 948。

係等，如法正助取成都，立即升官、享銀、張權，且成劉備首大寵臣。在重賞誘惑下，亦引發諸將爭建奇功。關羽因守荊州，故益州、漢中二役皆缺席，見劉備先後厚賞馬超、黃忠，心裏頗不是滋味，這很可能促使他在北攻襄樊時，急於建功。故陸遜一美言吹捧，便將防守江陵的大軍北調；又在得知孫權襲江陵時，不甘心盡「喪前功」，而無法迅速回防，終失荊州。

由此可見，劉備厚賞之下，所招亦多勇夫、莽將一流，而莽將見有厚賞，又爭建奇功。尤其在亂世中，諸將所在意，其實是生存問題。而劉備以功績做為賞賜之依據，諸將自然爭功求賞。然而，為求個人豐功厚賞，卻忽失戰略大局，最後反折將損命，這應是諸將或劉備所無法預見的結果。

而相較於此，孫權的格局顯然不同。呂蒙本是莽將，但在孫權教以讀書開益後，非復吳下阿蒙，此典故耳熟能詳。呂蒙主張攻荊州，在此役中，不僅展現非凡謀略，又熟諳將士百姓心理，並於此下足了功夫。入南郡後，他約令軍中不得攪擾百姓，又「且暮使親近存恤耆老，問所不足，疾病者給醫藥，饑寒者賜衣糧。羽府藏財寶，皆封閉以待權至。關羽數使人與呂蒙相聞，蒙輒厚遇其使，周遊城中，家家致問，或手書示信。羽人還，私相參訊，咸知家門無恙，見待過於平時，故羽吏士無鬥心。」〔註85〕從呂蒙的安置，也可以旁證：在危急之際，生存問題、家人安危將勝過國家理念，這也是劉備僅以重賞籠絡軍將潛在的危機。且軍將不惜生命以爭奇功，背後所貪多是物質，一旦條件不足以支應時，反成軍將浮躁不安之因素。在劉備死後，爭奇功、求厚賞的後患一再出現，成為諸葛亮治蜀的棘手難題。

由於孫權之引領，呂蒙從莽將脫變為謀略家，成為孫吳謀將，甚至大敗威震華夏的關羽。由此可知，君之領導風格，影響將士甚鉅。而關羽跟隨劉備甚久，見後起者不斷建功得賞，高傲如他恥居人下，致使其務於北進，而輕防江陵，結果不但未能建奇功，更使蜀漢斷肢殘臂。劉備甫得漢中，卻失荊州，此似乎已預示蜀漢未來走向。難能可貴的是，關羽雖在刀下成怨魂，仍令後世讚嘆不已。其出格之處，在於臨敗之際，仍展現對劉備的忠心耿耿，不似一般士卒頓投敵營，故能留下忠義英魂長存人心。

（二）劉備破壞聯盟

劉備攻吳，首先壞了諸葛亮「東結孫權」的隆中大略。

〔註85〕　《三國志‧吳書‧呂蒙傳》，頁 1279。

　　諸葛亮早在〈隆中對〉中確立：一，曹操不可與爭鋒，孫權可以爲援而不可圖，而劉備可攻荊取益，與之鼎足三立。二，待取得益州後，需內脩政理，撫夷和戎；東結孫權，以抗曹操。三，而後待「天下有變，則命一上將將荊州之軍以向宛、洛，將軍身率益州之眾出於秦川……則霸業可成，漢室可興矣。」〔註 86〕就諸葛亮而言，天下之爭能完成，需擁有「用武之國」的荊州，再輔以「沃野千里」的益州，接著，需內脩政理，同時，外結孫權，而後待天下有變，這才能由荊、益兩路出兵，一舉收復中原。在隆中時，諸葛亮已透露：用心經營荊益及孫權，是劉備集團能努力的，但「天下有變」，則是劉備集團不能控制的。蜀漢有一半機會，另一半只能伺機而動。

　　這個分析謀畫，從後設角度看，十分精準。第一，亮頗知三強。第二，亮對三國局勢掌握佳。終三國，曹魏強盛，孫劉弱小的局勢未曾變動。第三，亮主張聯吳的外交方針亦多次奏效。比如赤壁之戰，孫劉聯軍成功擊退曹操。但其中，亦呈顯亮所未能掌控者，即「天下有變」，以及，即將發生的「內部之變」。

　　劉備得益州後，孫劉圍繞著荊州歸屬問題，發生三次背叛聯盟之舉。其中一次，已如上一小節所述，孫吳乘關羽北攻襄樊，襲取江陵。但關羽北攻襄樊，實由劉備所任命。而另兩次荊州之爭，劉備皆從益州出動大軍，與孫吳對陣。從中顯示，劉備在跨荊取益後，心性已產生變化。他雖重用諸葛亮治蜀，人才鑒用亦多所尊重，但在外交、爭天下的戰略上，已不再遵循〈隆中對〉。

　　第一次荊州之爭，發生在建安二十年（215 年），劉備取益州隔年。五月，孫權令諸葛瑾討荊州諸郡，備以「須得涼州，當以荊州相與。」〔註 87〕拖延之。權怒，命呂蒙襲奪南三郡，關羽盡逐其長吏。權大怒，調兵二萬，又使魯肅將萬人禦關羽。六月，劉備引兵五萬下公安，合關羽三萬兵，與魯肅對決，戰爭一觸即發。七月，曹操攻陷漢中首府，劉備聞，轉與孫權聯盟，兩家談判以湘水爲界，紛爭暫息。

　　荊州既是孫吳借與劉者，劉備以涼州定始還，實則無心償還，故孫權一強奪，關羽立即驅逐吳兵，又可知此軍事行動乃劉備所任命。在得益州前，劉備屢顧仁義，懼失人心。得益州後，劉備不僅依倚益州資源豪賞功臣，又

〔註 86〕《三國志・蜀書・諸葛亮傳》，頁 913。
〔註 87〕《三國志・蜀書・先主傳》，頁 883。

似以據荊擁益，頗有中原之望，而不再小心維護孫劉聯盟。於是漸與諸葛亮
外交戰略相悖離。

　　且入蜀不到一年，劉備便大軍東征，諸葛亮雖無聲，但蜀陣營卻有聲音。
劉備死後，廖立便曾大發牢騷：「昔先帝不取漢中，走與吳人爭南三郡，卒以
三郡與吳人，徒勞役吏士，無益而還。」〔註88〕連荊州集團將領都心生不滿，
更何況甫接掌的益州士將，已在劉璋幕下安逸多年，此刻甘心爲劉備喪命乎？
該年，魏營攻下漢中，司馬懿便是以「蜀人未附」，建議曹操趁機取益州。益
州問題複雜，但劉備對於安頓降地，卻遠不若孫權對荊州之用心，僅能依賴
諸葛亮一人安穩內政。此次荊州之危，雖因曹操得漢中而暫解，但二年後，
劉備又發動漢中攻勢。蜀士中，仍有人不滿。周群、張裕即以星象變化預卜
出征不利，張裕甚至預言劉氏數年後將被取代，可見得兩人對劉備入主成都，
並未能心服之。劉備竟欲處死張裕，即使諸葛亮表請其罪，張裕依然被棄市。
朱大渭、梁滿倉認爲，這是諸葛亮爲阻止「天命在魏」說之盛行，而努力爭
取星占讖緯觀象學者之支持，故爲張裕請命。〔註89〕但筆者以爲，諸葛亮應
是對劉備急於擴張頗有隱憂。透過張裕事件，以法迂迴諫備處置過當，同時
也暗示蜀人未服，猶須內脩政理。然而，張裕之死，其實已反映劉備對諸葛
亮不再言聽計從。而劉備一旦心意已決，以諸葛亮之性格及立場，亦不再表
示意見。由張裕事件，諸葛亮既爲蜀士發聲，又顧全君權，再度證明其謹慎、
圓融。

　　第二次乃由孫吳發動攻荊，時機是乘關羽出兵襲襄樊。但從〈隆中對〉
得知，諸葛亮欲待「天下有變」，始發動攻勢，由荊益兩路，出兵中原，何以
關羽此時卻北攻襄樊，挑戰曹操，而促成曹孫聯盟？但從關羽北攻襄樊而失
荊州，到劉備發動夷陵之戰，諸葛亮皆無聲，反而令人懷疑有弦外之聲。至
於劉備在此戰中角色爲何？據張作耀分析，劉備攻漢中時，命當時在荊州任
宜都太守的孟達北攻房陵，取上庸、西城，此三郡乃東擊曹魏、南趨江陵的
戰略要地，故「關羽北上取襄陽，正是劉備試圖有效控制荊州北部的戰略組
成部分。」〔註90〕此說法頗能成立，也就是說，漢中、東三郡（房陵等三郡
慣稱）、襄樊若連成一線，對曹魏將形成莫大威脅。而東三郡之攻取既由劉備

〔註88〕　《三國志·蜀書·廖立傳》，頁997。
〔註89〕　朱大渭、梁滿倉《諸葛亮大傳》上冊，頁308。
〔註90〕　張作耀《劉備傳》，頁212。

下達命令，襄樊一役，也極可能是劉備任命，而鎮守成都之諸葛亮未涉此謀。故張大可云備得漢中後「利令智昏，急於求成，在條件未備之時令關羽北伐。」〔註91〕應為荊州之失負主要責任。從北攻襄樊到失荊州，劉備已自作主張，壞隆中大略，以諸葛亮之立場，能表示什麼？

第三次荊州之爭，發生於章武元年（221年），劉備稱帝後，以為關羽報仇為名，帶四萬餘兵馬取荊州，雙方對峙於夷陵。然而，劉備為何東征？其與諸葛亮同調嗎？

事實上，在劉備出征前，群臣多勸諫，荊州集團如趙雲，益州士如秦宓，結果是一被邊緣化，一下獄。趙雲認為「國賊是曹操……子丕篡盜，當因眾心，早圖關中，居河、渭上流以討凶逆，關東義士必裹糧策馬以迎王師。不應置魏，先與吳戰。」〔註92〕劉備不聽，留趙雲督守江州。連武將趙雲都知矛頭應對準強曹而發，尤其在曹丕篡漢之際，更是號召正統之師的大好時機。事實上，趙雲謂「關東義士必裹糧策馬以迎王師」，已是美化劉備。畢竟征戰多年，劉備以擴張土地為務，早已撕下仁義面具，連蜀士都不能盡數收伏。再者，赤壁戰時，正統勢力龐大，劉備尚能以此為號召，而今又過了十餘年，曹丕已篡漢，漢室實亡，正統之聲更加微弱。在劉備稱帝時，益州便有費詩、劉巴、雍茂等人執反對意見。可知此時的劉備既無仁義，又號召不了正統勢力，關東義士是否裹足相隨？趙雲此說，既忠心勸主，又迎合劉備欲爭天下之心，但仍因阻止劉備東征而被邊緣化。至於益州士秦宓「陳天時必無其利」〔註93〕之說，下場更慘，入獄幽閉。

既然劉備東征之意如此堅定，何待一年半後？蓋劉備亦是以利害為衡量的。觀建安二十年（215年）荊州之爭可知。當時，劉備擁有更多優勢。以兵力言，劉備與關羽合兵八萬，孫權兵僅三萬；以根據地言，劉備掌握荊州要地，孫吳須從越界來攻。以士氣言，劉備剛占領益州不到一年，跨荊擁益，孫吳頓顯江東之促。然而，劉備甫聞曹操定漢中，立即恢復吳蜀聯盟，這表示劉備不致為了護荊而失益，仍以利害為優先衡量。

但荊州失後，蜀漢重創，而劉備得千里迢迢由成都領兵出擊，且不得不分兵漢中，以防魏趁火打劫。至於孫吳，雖據有荊地，以逸待勞，但孫權卻

〔註91〕 張大可《三國史研究》（北京：華文出版社，2003年），頁245。

〔註92〕 《三國志・蜀書・趙雲傳》注引《趙雲別傳》，頁949。

〔註93〕 《三國志・蜀書・秦宓傳》，頁976。

不敢大意，反是積極布署，以防劉備報仇。張作耀云，其在政治方面，加緊與魏的聯盟；在軍事上，做了三個動作：一，移都武昌，以利督戰。二，遣使請和，示弱於蜀。三，重地部兵，嚴陣以待。於是在劉備大軍東征時，孫權馬上命陸遜爲大都督，領五萬人分三道防線拒之。而其餘諸將，隨孫權駐武昌待命。〔註94〕未戰之前，孫權即已做好嚴密準備。可知天時、地利皆已失，劉備勝算極低。且從內部群臣多諫的反應來看，劉備連攻數年，結果卻丟失荊州，連荊州廖立都有意見，更何況東州、益州人士？可謂人和亦失。劉備正思重整旗鼓，隔年，法正卻死，劉備大慟。再隔年，終在諸臣運作間，劉備稱帝即位，他擇此時東征，或欲利用此天時、人和聚攏之機，奪回荊州。

　　然而，從諸多條件來看，東征於蜀百害而無一利，劉備既亦以利害爲盱衡，何以群臣諫阻，一不聽？由此可推敲，劉備似乎是急了。原本威震華夏之勢，在半年內，驟縮成偏蜀之主，這個結果，怎令人甘心？從他冷趙雲，囚秦宓的反應，可知頗爲情緒化。但東征攸關蜀漢大利害，何以諸葛亮竟未表示意見，直到夷陵戰後，亮才出聲嘆法正。爲何諸葛亮保持沈默？多數學者皆認爲諸葛亮反對東征，但不便言，主要理由是爲避嫌，王夫之《讀通鑑論》可爲代表。他說劉備「疑公交吳之深，而並疑其與子瑜之合。」〔註95〕蓋亮、瑾雖分仕蜀、吳，但兄弟情誼極爲深厚，如亮未有子前，瑾以第二子送亮爲子；而孫劉需結盟時，亦屢派二人爲使；而二人亦經常有書信往返等，諸種跡象，表示二人感情極佳。然而，關羽失荊州，諸葛瑾亦從征，後以功領南郡太守，這便使兄弟立場顯得極爲尷尬。從中又可知，孫權早已利用瑾、亮關係，打起心理戰，以防備諸葛亮領軍攻吳。

　　諸葛亮確有避嫌之意，但此並非君臣關係出問題。從前面所分析，亮謹愼、圓融、細膩，且出手精準，而背後極重要的，乃以利害爲衡量。此處他不發言，與上述特質極爲密合。在襄陽時期，諸葛亮便有不言之前例。時劉琦多次問計於他，亮始終封口。直至劉琦上閣去梯，亮始以「君不見申生在內而危，重耳在外而安乎？」〔註96〕暗示他遠離。蓋諸葛亮既與襄陽各大仕紳多有關係，故所說極易牽動背後利害，甚而陷入劉表政權內部派系鬥爭，故謹愼如他，並不輕吐意見。而一旦出言建策，既能助劉琦生存，又利劉備

〔註94〕本段主要參考張耀《劉備傳》，頁240～243。
〔註95〕清・王夫之《讀通鑑論》，頁306。
〔註96〕《三國志・蜀書・諸葛亮傳》，頁914。

發展，可謂思慮周密，出手圓融精準。而事實上，諸葛亮在夷陵戰前，早已謹慎行事，他與瑾「俱公會相見，退無私面。」〔註97〕此即主動避免可能的爭議。更何況，此次戰爭干係重大，家兄與主公之弟有殺身之仇，如何發言？且家兄身在前線，自己能站上前線乎？向來嚴謹圓融的諸葛亮，連表示意見都沒有，自然退居二線最圓滿，否則各種通敵、獻策錯誤、背主投敵等流言，都可能成為戰爭中不穩定的因素。因此，亮不言，應非就劉備「疑公交吳之深」的角度來解釋，而是就亮之立場反過來看，是亮怕自己「交吳之深」，為人所疑，故不語。

　　除了避嫌外，備不可勸亦是原因之一。從前面分析下來，劉備心意已決，群臣之諫全不聽，由此觀之，還有誰可阻擋劉備？即使諸葛亮表示意見，劉備此時亦聽不進去，先前張裕事件已為明證。既如此，何須多言？故亮不言，應基於對劉備之了解。然而，更關鍵的原因是，東征孫吳，隆中戰略的大方向已變，諸葛亮之立場已不穩，該如何建言發議？因此，在劉備敗後，諸葛亮嘆法正若在，「必不傾危矣。」這表示劉備攻吳之前，諸葛亮早預見此乃「傾危」之舉，唯法正在，始可避免之。且環視集團，只有法正敢諫能阻，這有例可尋：

> 先主與曹公爭，勢有不便，宜退，而先主大怒不肯退，無敢諫者。
> 矢下如雨，正乃往當先主前，先主云：「孝直避箭。」正曰：「明公
> 親當矢石，況小人乎？」先主乃曰：「孝直，吾與汝俱去。」遂退。
> 〔註98〕

從中可看到法正為何深受劉備喜愛。蓋法正不動口，乃直接以身為劉備擋箭，遑顧個人生命危險，云「明公親當矢石，況小人乎！」其亦心知劉備為護將，必同退，果然劉備因此退兵。此乃亮之所以奇正智術也。但由此例亦可見劉備脾氣頗硬，小戰役猶不免意氣用事，何況夷陵大戰？由此可旁證，劉備對失去荊州，必是有情緒的。故在劉備一意孤行時，諸葛亮能表示意見嗎？

　　果然，劉備失敗主因之一，即是連營七百里。稍有謀識者，皆知此為兵法大忌，如曹丕云「備不曉兵，豈有七百里營可以拒敵者乎！」〔註99〕陸遜

〔註97〕《三國志・吳書・諸葛瑾傳》，頁1232。
〔註98〕《三國志・蜀書・法正傳》注引，頁962。
〔註99〕《三國志・魏書・文帝紀》，頁80。

得知，亦上書孫權：「臣初嫌之，水陸俱進，今反舍船就步，處處結營，察其布置，必無他變。伏願至尊高枕，不以爲念也。」〔註100〕據守一年後，陸遜反擊，僅費時兩月，蜀軍大潰。蓋劉備集團人才匱缺，此行可謂無大將，黃忠已死，魏延、馬超守漢中，趙雲邊緣化；而謀士亦僅馬良、黃權等諸人。故法孝直若在，必不致傾危矣！諸葛亮之嘆，正呈顯他對劉備、法正之知，對主客觀條件之判斷亦是清晰的。他嘆法正，實非事後諸葛，而有其無奈之聲。

陸遜以「意思深長，才堪負重，觀其規慮，終可大任，而未有遠名。」〔註101〕得呂蒙推薦。夷陵之戰，孫權再度用之爲將，然而，宗室及孫策舊部皆不滿。當陸遜決定反攻時，諸將頗多質疑：「攻備當在初，今乃令入五六百里，相銜持經七八月，其諸要害皆以固守，擊之必無利矣。」〔註102〕可知孫吳內部，亦不明陸遜之才幹，孫權用陸遜爲將，應是混淆劉備視聽之權謀。縱觀孫權爭荊州種種舉措，從鞏固內部到外交經營，先去除腹背受敵的隱憂，順利取荊後，又用心安頓荊士，同時嚴陣布署，以逸待勞，故夷陵一戰，大勝劉備，可知孫權深謀遠慮，且手法周嚴細膩。更難得的是，孫權雖打勝仗，戰後卻主動請和，表示孫權完全站在對抗強敵曹魏的大利害來行事，身段既柔和，眼光又長遠，相較於劉備攻孫吳之情緒化表現，其性格穩健許多，故能政權久長。而夷陵戰敗後，劉備始恢復清醒，承認出征之誤，再度與吳聯盟，然而，蜀已元氣大傷，一蹶難振。

從荊州的三次爭奪戰，可反映孫劉聯盟之脆弱。上一章曾論述，孫劉聯盟是因應共同強敵，不得不的一種短暫平衡關係，一旦形勢有所變化，聯盟就有變數。雙方心知肚明，這是形勢使然，站在利害所發，並非建構於情誼。然而，終三國，曹魏強大的形勢不變，但吳蜀除魯肅、諸葛亮堅守外，各有分歧主張，又可知二人之洞見。至於曹孫之聯盟，曹操雖以襄樊之危而聯吳，其間卻曾背信，故意洩露孫權密信，後又縱放關羽，意欲孫劉結下深仇。可知曹魏聯吳，乃欲解己危，又借吳手殺關羽，以促成孫劉廝殺。而孫吳聯魏，亦是爲取荊鋪路；一旦得荊，立即轉而聯蜀。從荊州之爭已證明，曹孫劉三方之合作與分裂，無一不是隨著利害轉。

〔註100〕《三國志‧吳書‧陸遜傳》，頁 1346。
〔註101〕《三國志‧吳書‧陸遜傳》，頁 1344。
〔註102〕《三國志‧吳書‧陸遜傳》，頁 1346。

　　而自上文分析下來，蜀漢態勢日見萎縮，一因君亂大略，二因將爭奇功，責任似不應由諸葛亮來擔。繼關羽失荊州後，劉備似乎急了，不顧群臣，一意征東，錯估陸遜及孫吳，致使蜀漢損兵折將四萬餘，劉備亦鬱憤而死。顯然，劉備已棄亮之外交方針，而自行主導戰局。天下未變，「內部之變」已先亂了亮之精密謀畫。而這兩次攻吳保荊之舉，皆未聞諸葛亮之聲，以亮之知人、識時務，君臣聲音自是不同。直到夷陵戰敗後，劉備才恢復聯盟，而諸葛亮亦回到隆中對主軸。雖諸葛亮於戰後始嘆法正，然此並非事後諸葛，應說是事後劉備，而事前諸葛也。

　　不僅東征之舉，諸葛亮已預知傾危之敗；對於劉備之重賞手法，亮亦預見其患，故而借劉備重賞黃忠之機，勸備稍行收斂。但如東征一般，群臣諫，君行如故，以諸葛亮之角色及立場，能再多言乎？只能居間協調衝突，而思應變之策。從赤壁勝至夷陵敗，征戰十五載，一切似乎又重頭來過，但也幸賴諸葛亮費心收拾，蜀漢才能繼續延祚四十年。

肆、彭羕之死

　　本小節最後，談談彭羕（184～220）之死，以進一步證明諸葛亮鑒用人物的核心觀點，正是上文所說的「利害」，並從中反映備、亮之君臣關係，及其共同執取之價值。

　　這是在劉備死前的重大案件。這段期間，雖大權握在劉備手中，但劉備對諸葛亮之人事建議多照准。諸葛亮為鞏固蜀漢政權，廣為安頓各集團之人才，自己亦因此搏得「盡時人之器用」的美稱。正在招攬人才之際，諸葛亮卻對向無實際犯行的彭羕，處以死刑。其中緣故何在？

　　彭羕並非諸葛亮挖掘之人才，他在劉備入蜀後不久，主動投靠劉備。但在未見劉備前，彭羕乃先往見龐統，顯然彭羕已對劉備集團做過研究，而往見龐統最易達成其目的。先從以下引文，來觀察彭羕特質：

> 統與羕非故人，又適有賓客，羕徑上統牀臥，謂統曰：「須客罷當與卿善談。」統客既罷，往就羕坐，羕又先責統食，然後共語，因留信宿，至于經日。統大善之，而法正宿自知羕，遂並致之先主。先主亦以為奇，數令羕宣傳軍事，指授諸將，奉使稱意，識遇日加。成都既定，先主領益州牧，拔羕為治中從事。羕起徒步，一朝處州人之上，形色囂然，自矜得遇滋甚。諸葛亮雖外接待羕，而內不能

善。屢密言先主，羕心大志廣，難可保安。先主既敬信亮，加察羕
行事，意以稍疎，左遷羕爲江陽太守。〔註103〕

從彭羕與龐統素不相識，不顧龐統賓客在堂，徑上統牀臥；未及言，又先挑
剔食物，可知是驕狂、不拘禮度之人，然而龐統對此並不以爲意，二人可謂
一拍即合，相談數日，統大善之。法正宿知彭羕，並薦與劉備，備亦奇之。
而實際用於宣傳軍事後，羕又奉使稱意，因此擢升爲治中從事。扶搖直上後，
彭羕驕矜自傲起來，此後形色囂然，漸露「心大志廣」之意，而引起諸葛亮
之懷疑，故亮雖「外接待羕」，卻密勸劉備疏遠之。

由此可知，龐統不拘小節，而諸葛亮則善由小處見大。龐統率直，有話
直說；而諸葛亮內斂謹愼，暗中審察。在亮觀察出彭羕有野心，難爲人下時，
「屢密言先主」，表示諸葛亮並非一概沈默無聲，一旦攸關利害，即使與劉備、
法正、龐統看法皆相背，仍會出言警訊之。所謂「屢密言」，「密」表示茲事
牽連體大，故極保密；而「屢」，表示給予劉備相當的觀察空間，而需多次告
知；直至劉備審察有異後，備始將羕外調至南鄙。

彭羕聞當遠出，既訝異且不滿，往詣馬超，二人酒席間對話，成爲諸葛
亮殺羕的憑藉：

超問羕曰：「卿才具秀拔，主公相待至重，謂卿當與孔明、孝直諸人
齊足並驅，寧當外授小郡，失人本望乎？」羕曰：「老革荒悖，可復
道邪！」又謂超曰：「卿爲其外，我爲其內，天下不足定也。」超羈
旅歸國，常懷危懼，聞羕言大驚，默然不答。羕退，具表羕辭，於
是收羕付有司。〔註104〕

彭羕何以往見馬超？蓋馬超一是涼州勇將，二乃功大位高，三又有反叛背景，
棄張魯而投備。彭羕找他訴苦，居心叵測。而幾杯黃酒下肚後，竟然罵出「老
革荒悖！」這番無禮至極的話，不僅推翻了劉備一路對他的識遇提拔，甚至
已經目中無君。接著，又說出欲與馬超內外相應、以定天下之語，這便有逆
反之意了。酒後之語，果然相應於孔明所評的「心大志廣」。馬超曾叛主之經
歷，使他心常懷危懼，此時，彭羕之語若傳出去，豈不令他難脫嫌疑？馬超
自危，於是告密以自清，彭羕因此下獄。

〔註103〕《三國志·蜀書·彭羕傳》，頁995。
〔註104〕《三國志·蜀書·彭羕傳》，頁995。

　　獄中，彭羕寫了一封長信，爲自己辯白。內容極是能言善道，先稱說自己對劉備入蜀有功；再分析劉備爭天下，正是需才之際，豈有殺才之理；接著撇清酒後之語的謀逆意圖，最後是柔情攻勢，言曾與龐統共相誓約，而今「統不幸而死，僕敗以取禍。」〔註105〕欲以情感打動諸葛亮。此嘴上功夫，正符應他善於宣傳軍事，指授諸將的特質。然而，諸葛亮依然建議劉備處死之。羕死時，年僅三十七歲。

　　彭羕尚無謀反之實，且其所辯說之第二點，劉備極需人才，恐怕是最具說服力之論點。尤其彭羕能得龐統、法正二大謀士之認可，想必曾提出不少軍事策略，令二人折服。而觀劉備後來的夷陵之戰，正以謀臣匱缺，而致大軍傾危。劉備確實有人才需求。然而，諸葛亮爲何堅決處死之？張作耀認爲諸葛亮此舉乃「根據自己的好惡，律外妄殺。」〔註106〕殺得無理。但由彭羕酒後之言，可證明諸葛亮知人。而亮之考量重點，是彭羕「心大志廣」，故「屢密言先主」，表示諸葛亮乃以爭天下爲大利害，並依此而決策。從彭羕平日負責指授諸將，軍將關係極好；且又能言善道，極能搧動人心；而龐統、法正、劉備三人皆奇彭羕，可見必有奇謀，果眞如他所言，馬超在外，他在內，裏應外合，奪占益州也非不可能。蓋爭天下乃劉備核心價值，怎可因奇羕，反奉送江山予他？備審察後，當機立斷，遠貶羕入江陽。

　　由彭羕之例可知，備亮君臣互動頻繁親密，且兩人所重皆在天下，並以此利害來決策。不同的是，劉備洞見彭羕有爭天下之才幹，卻不能洞見彭羕有奪他天下之野心。而龐統、劉備、法正及彭羕一拍即合，可見四人之價值皆是看實力打天下，故彼此能互相欣賞，卻不見對方之盲點。唯有諸葛亮，對人的內心世界特別敏銳，且亦用心觀察，故其知人之明甚於其他三人，尤其龐統亦以知人爲名，從知人角度，可證明臥龍、鳳雛之次第並不虛。而當彭羕自我辯解，云酒後之語難免糊塗，諸葛亮並未因此猶豫。從上文所引亮所歸納之知人七道，其中之一便是「醉之以酒而觀其性」，酒後反而是見其本性的最佳時機。可知亮已歸納出一套精密的察人法，因此，亮誅死彭羕，並非根據好惡之妄殺，而是有憑據、依利害而取捨的結果。

〔註105〕《三國志・蜀書・彭羕傳》，頁996。
〔註106〕張作耀《劉備傳》，頁154。

第二節　劉備死後，將相廢用探究

　　劉備死後，亮雖大權在握，但亦可謂內外交煎。《三國志》本傳云：「建興元年，封亮武鄉侯，開府治事。頃之，又領益州牧。政事無巨細，咸決於亮。南中諸郡，並皆叛亂，亮以新遭大喪，故未便加兵，且遣使聘吳，因結和親，遂爲與國。」〔註107〕諸葛亮以丞相兼領益州牧，大小政事一肩扛。先是南中諸郡叛，亮以息兵安定爲策，同時遣使與孫吳結親。繼有魏營數位大臣紛紛來信招降，「陳天命人事，欲使舉國稱藩。」〔註108〕祭出心理戰，藉由鼓動亮投誠，製造蜀漢君臣之猜忌、不安。於是亮不論公私，俱不答覆，而以〈正議〉絕之，強調蜀漢乃「據道討淫，不在眾寡。」〔註109〕並用漢光武推翻王莽之例，表示自己所據之「道」，正是劉氏正統，故無論寡眾，必能匡復漢室，一統天下。

　　亮以〈正議〉自剖心志，表明無降曹魏之意，亦無自取劉蜀之心，可謂絕外又安內。而終其一生所據之道，最鮮明的是漢賊不兩立，故他不斷北伐，可謂鞠躬盡瘁，死而後已。且在後主無能的情勢下，未曾謀篡自立。亮說欲「據道討淫」，但蜀漢有道嗎？從上文分析下來，劉備無道，諸將無道，順此而下，劉禪更無道。到最後，諸葛亮所據之道，只有他自己還堅持不已。而他堅持漢賊不兩立，一生爲劉氏賣命，卻不見劉氏乃自毀帝業，互相賊取，這才引外賊入盜。故漢與賊皆淪爲匪，何能再持此劉氏正統之道，以匡復漢室，一統天下？既無道，勝敗取決便在眾寡，便在勢力大小。而蜀漢自劉備君亂大略，關羽將爭奇功，已失荊州戰略要地，而蜀雖沃野千里，但地處邊陲，而接連敗戰，國庫亦漸耗損。繼而劉備死，劉禪昏庸，蜀漢態勢只有日益萎縮，其命運實已定之。

　　而在此情況下接手的諸葛亮，竟還能執政十一年，著實不簡單。尤其在劉備初死之際，蠻夷、外交、忠誠度等各方面考驗相繼出現，但諸葛亮之沈穩、圓熟亦在此彰顯。然而，三國情勢早異於亮初出隆中之時。自赤壁戰後至今，已屆十五載，三雄爭鋒，首重謀策。而以蜀漢而言，劉備策略居末，既攻吳又伐魏，可謂兩面樹敵，雙面夾擊。孫吳則身段柔軟靈活，或聯魏、或結蜀，隨時伺機而動。至於曹魏，時而聯吳，時而攻吳，時而攻蜀，時又

〔註107〕《三國志‧蜀書‧諸葛亮傳》，頁918。
〔註108〕《三國志‧蜀書‧諸葛亮傳》注引《諸葛亮集》，頁918。
〔註109〕《三國志‧蜀書‧諸葛亮傳》注引《諸葛亮集》，頁918。

招蜀，可謂穩紮穩打，厚植實力。在策略運用上，劉備反被漢賊不兩立所限，內無道可據，外又以一攻多，以弱敵強。蜀漢由其正統號召而興，但也被正統所框制。

而諸葛亮之手腕，自然是比劉備靈活。首先，他先確認自己的外交定位。他以正統自絕魏營，並回到隆中主軸，謹守孫劉聯盟。此方針終其一生不變，即使是在孫權稱帝，議者以爲宜絕盟好時，諸葛亮依然堅守。在亮把握住外交方向，息兵休養二年後（建興三年，225年），親征南中，春去秋回，使蠻夷問題暫時得到解決。結果，回到蜀漢內部，卻發現問題層出不窮，極爲棘手。

田餘慶曾以〈李嚴興廢與諸葛用人〉、〈蜀史四題——蜀國新舊糾葛的歷史追溯〉二文，論述新舊衝突一直貫串蜀政。而此現象，起於劉備占領成都後，喧賓奪主，主客地位顚倒，此後愈演愈烈，致使「新舊」、「客主」的政治派系糾紛，成爲劉備、諸葛亮治理蜀國的大難題。〔註110〕接著，田餘慶又指出「諸葛亮當政後，其用人策略首先就是要鞏固新人地位，穩定舊人，協調新舊關係以求安定，並進一步消滅新舊界線。」〔註111〕田餘慶對諸葛亮之角色扮演及定位，分析頗爲精闢，他指出：一，亮善於協調關係。二，亮超黨派之格局。但是，關於蜀政之難題，根源起於新舊派系之爭嗎？

〈李嚴興廢〉一文，即以李嚴、廖立、來敏三人爲例，指出三件看似互不相涉的孤立事件，其實皆以新人舊人之問題貫串其間；而諸葛亮用人核心，就是在消泯新舊衝突。然而，自劉備接掌益州，諸葛亮便用心安頓各大勢力，故使集團權力既得到制衡，亦能爲己所用。至劉備死，經營已近十載（建安十九年至章武三年，214～223年），自荊入蜀的這群新人，還算新人嗎？新舊間的政治角力，是諸葛亮治蜀的主要難題嗎？貫串蜀政問題之根源，究竟是什麼？

因此，本節試圖扣住「知人」主題，從諸葛亮廢李嚴、廖立二將，用蔣琬、費禕二相，進一步檢驗蜀政問題是否起於主客易位的新舊之爭？而諸葛亮廢將立相之取捨又何在？從中以歸納諸葛亮用人之核心及次第。

〔註110〕所謂「舊」和「主」，指劉璋部屬（主要有兩股外來勢力：南陽、三輔來的東州人及其他外地人，以及兩股益州勢力：益州本籍豪強及隨劉焉回籍的官僚）；「新」和「客」，指劉備由荊入蜀所領人物。參田餘慶〈李嚴興廢與諸葛用人〉，頁193；〈蜀史四題——蜀國新舊糾葛的歷史追溯〉，頁214。收入氏著《秦漢魏晉史探微》（重訂本）（北京：中華書局，2011年）。

〔註111〕田餘慶〈李嚴興廢與諸葛用人〉，頁204。

壹、廢廖立

廖立坐謗訕朝廷，建興三年（225 年）被諸葛亮廢為民、徙邊。此後，廖立躬率妻子，耕殖自守近十年，至亮死時（建興十二年，234 年），廖立「聞亮卒，垂泣曰：『吾終為左衽矣！』……冀亮當自補復。策後人不能，故感憤焉。」〔註112〕故陳壽評亮執法「用心平而勸戒明也」〔註113〕。

廖立是劉備愛將，年未三十，備即擢之為長沙太守。但呂蒙取南三郡時，廖立擅離職守，逃回益州。即使如此，劉備「素識待之，不深責也，以為巴郡太守。」〔註114〕備稱漢中王，又徵立為侍中。廖立在荊州之危中，不但未建功，甚至還應論罪，然而劉備卻因愛識其才，從地方太守再到內侍，日近核心。從上文分析，劉備對於能助爭天下之才，不惜以金銀職位重賞，且自備入益州、稱漢中王、稱帝，每逢權力上升，即又豪賞一番。不論是廖立或法正，都可看到劉備對其之縱容，可知劉備所重在天下，而不拘小節。反觀諸葛亮為何嚴法治國？其實已現端倪。

劉備死後兩年，廖立問題即爆發。先看廖立為何謗訕朝廷？再看諸葛亮如何處置他？為何處置他？

據《三國志》本傳，廖立因為不滿職位過低，向丞相掾蔣琬、李邵大發牢騷，欲其評評理。二人把話傳給諸葛亮，亮因此上表後主，廢之為民。事情始末如下：

> 廖立，字公淵，武陵臨沅人。……後主襲位，徙長水校尉。立本意，自謂才名宜為諸葛亮之貳，而更游散在李嚴等下，常懷怏怏。後丞相掾李邵、蔣琬至，立計曰：「軍當遠出，卿諸人好諦其事。昔先帝走與吳人爭南三郡，卒以三郡與吳人，徒勞役吏士，無益而還。既亡漢中，使夏侯淵、張郃深入于巴，幾喪一州。後至漢中，使關侯身死無子遺，上庸覆敗，徒失一方。是羽怙恃勇名，作軍無法，直以意突耳，故前後數喪師眾也。如向朗、文恭，凡俗之人耳。恭作治中無綱紀；朗昔奉馬良兄弟，謂為聖人，今作長史，素能合道。中郎郭演長，從人者耳，不足與經大事，而作侍中。今弱世也，欲

〔註112〕《華陽國志校補圖志・劉後主志》，頁 399。
〔註113〕《三國志・蜀書・諸葛亮傳》，頁 934。
〔註114〕《三國志・蜀書・廖立傳》，頁 997。

> 任此三人，爲不然也。王連流俗，苟作掊克，使百姓疲弊，以致今
> 日。」邵、琬具白其言於諸葛亮。〔註115〕

劉備死後，後主徙立爲長水校尉，統領宿衛兵，官高職顯。但廖立自視頗高，認爲依才名，宜次諸葛亮，未料更「游散在李嚴等下，常懷怏怏。」舊人李嚴被委重，因此激起新人廖立之妒火，故田餘慶將之歸攝於新舊之爭。〔註116〕然而，檢視廖立所臧否，卻無一指向李嚴，而其攻擊最烈者，竟是劉備。他批評劉備三個錯誤的軍事調度：一，劉備遠征南三郡，徒勞無益；二，劉備爲攻漢中，幾喪一州，又使關羽失救。三，劉備遣劉封統孟達，造成二人交惡，致使孟達降魏，上庸覆敗。此外，他又批評關羽治軍無法而喪師；批評文恭、向朗、郭演長（疑即郭攸之）三人才弱，不宜任於弱世；最後，他批評王連掊克（搜括聚斂）百姓。數人中，除文恭爲益州士、王連爲東州士，其餘皆屬荊州集團的新人。若爲新舊之爭，爲何所臧否者多劉備集團？

　　廖立對劉備之論斷，雖抨擊猛烈，但他所言，多有事實爲依據，如劉備三大敗績，又如今世爲弱世，所用多弱人，所言也有部份是眞。廖立之批評既有事證，也不算誣賴造假，爲何諸葛亮要徙廢他？諸葛亮所上表文中，有極爲清晰的說明。

> 亮表立曰：「長水校尉廖立，坐自貴大，臧否羣士，公言國家不任賢達而任俗吏，又言萬人率者皆小子也；誹謗先帝，疵毀眾臣……凡如是者不可勝數。羊之亂羣，猶能爲害，況立託在大位，中人以下識眞偽邪？」〔註117〕

> 亮表曰：「立奉先帝無忠孝之心，守長沙則開門就敵，領巴郡則有闇昧闒茸其事，隨大將軍則誹謗譏訶，侍梓宮則挾刃斷人頭於梓宮之側。陛下即位之後，普增職號，立隨比爲將軍，面語臣曰：『我何宜在諸將軍中！不表我爲卿，上當在五校！』臣答：『將軍者，隨大比耳。至於卿者，正方亦未爲卿也。且宜處五校。』自是之後，怏怏懷恨。」〔註118〕

從諸葛亮所上之表，始知原來廖立「長水校尉」一職，乃向諸葛亮索討而來。

〔註115〕《三國志·蜀書·廖立傳》，頁997。
〔註116〕田餘慶〈李嚴興廢與諸葛用人〉，頁197。
〔註117〕《三國志·蜀書·廖立傳》，頁997。
〔註118〕《三國志·蜀書·廖立傳》注引《諸葛亮集》亮之表，頁998。

廖立不滿其封職隨比爲將軍，「面語臣」，當面找諸葛亮理論，要求直升爲卿，至少也得爲校。亮以李嚴（字正方）亦未爲卿也，故以校尉與之。可知亮掌有實際的人事權，故廖立直搗黃龍，而諸葛亮爲保持和諧，以校尉妥協之，結果廖立依然不滿足。

　　廖立先向諸葛亮要求升官，再對著丞相掾臧否群士，雖多了一層迂迴，仍在藉亮掾屬以傳達不滿。廖立正乞側討，有「莽」將之資；而他討得理所當然，又可見劉備重賞已慣養他成習。但廖立卻不見諸葛亮手法已然不同，不再以賞餵將，而是以法治國，故臧否群士，大發牢騷，孰料竟被廢爲民。可見得廖立性傲而無知，看不見外在條件之變化，猶任性索求。

　　從亮所上表文，再度證明諸葛亮手法之謹愼、細膩、圓熟。他先搜證，再一一列出其罪狀，從昔日的失職不忠，到今日的毀謗譏刺，務使廖立體認種種過犯，而俯首認罪。最後，又明確指出其將造成之影響，以表示處置勢在必行，審判至此定讞。表文顯示，諸葛亮對廖立一直在觀察，也不斷給予機會，直至不得不出手，這才列出平日觀察之證據，令之心服口服。故廖立徙邊後，收拾高傲的心性，與妻子耕守近十年。可知諸葛亮之處理，令廖立無話可說，且爲廖立留下一絲希望，廖立始能安分守己，不致成爲邊陲的動盪因素，可見亮所思極遠、極周密。

　　然而廖立大肆謾罵之影響何在？諸葛亮評廖立「坐自貴大，臧否羣士。」其臧否猶如「羊之亂群」，足以混淆眞僞，尤以廖立所處位高，影響更深，如不處置，將致禍害。觀廖立之目的是想升官得重賞，而其臧否群士，則因權位不如預期，故上從劉備，下到東、荊、益群士，或數落其職不稱能（如向朗、文恭、郭演長、王連）；或指責其能力不足，致吃敗仗（如劉備、關羽）。史載：「立自荊州，與龐統並見知，性傲侮。」〔註119〕在荊州，廖立與龐統並爲劉備所知，立更以爲才名僅在諸葛亮之下，可謂自視極高，言語又好鄙侮眾人，更兼其所說多有事實爲依據，以其所居高位，豈不是在朝中形成輿論，徒增紛亂嗎？

　　再者，廖立對劉備指責最嚴厲。這或許是因諸葛亮以李嚴抵制其位，而李嚴是先帝所拔擢。又或許廖立亦覺國庫空虛，昔日豪賞之光景不再，而將蜀漢帶向窘迫之元凶，正是劉備，因而對之重炮攻擊。從這裏可以看到，廖立是以成敗論英雄，此特質與劉備極類似。但劉備爲爭天下，可包容其瑕疵，

───────────────

〔註119〕《華陽國志校補圖志‧劉後主傳》，頁388。

依舊重賞不斷；而廖立被寵慣成習，此刻不得滿足，即以成敗論斷劉備。可知廖立乃爲個人權位交相指責，雖所說爲實，但既不念故主恩情，亦無國家之念。尤其荊州之危，廖立私逃，劉備不但不予追究，尚封其巴郡太守，結果廖立卻指責劉備「勞役吏士」，而不反省自己失職之誤。故亮總結廖立乃「坐自貴大」，目中無人，只有自己；只見人短，不見己短，若以此而影響庸俗凡人之是非分辨，不是製造更多衝突嗎？

然而，廖立何以爲劉備所包容，卻被孔明廢爲民？劉備有草莽之氣，又爲了爭天下，以能攻城略地者爲上，而益州沃野千里，任他豪賞。至孔明則內憂外患，以穩定爲主，而漢中、荊州敗後，國力大耗，再無法揮霍如前。尤其廖立所廢該年（225），亮南征四郡，和戎撫夷。南中平，又思引外援孟達，預爲北伐做準備。在此之際，廖立卻臧否群士，聲討官位，故在北伐前三年，諸葛亮處置了廖立。

從廖立一事可看到，諸葛亮的核心價值實乃「匡復漢室，一統天下。」而以此利害爲肝衡，亦成爲其鑒用人物之核心標準，只要不違反此目標，小有瑕疵，可以接受；假如違背此目標，又以私害公，則須有所處理。但諸葛亮並不將廖立處死，僅以徙邊廢民，留他一條生路。這與處死彭羕的手法、判斷有別。劉備尚在時，諸葛亮是建議者，故他屢密言備，但決策權是在劉備手中。而羕下獄後，誅死，史書簡言帶過，未記錄諸葛亮之說法，表示亮無須擔責，因有劉備爲背書。然而，到廖立時，已由諸葛亮執政，亮雖上表予後主，但後主皆依他議處。故賞罰服不服眾，影響社會安定甚鉅，以諸葛亮之謹慎，故表文一一條列處置理由，這是亮前後手法之差異。至於處置結果，爲何一死、一徙？蓋彭羕之野心，可使天下易手；而廖立僅貪個人權位，雖在朝中惑亂視聽，尚不致於撼動根本。從諸葛亮留生路予之，可知亦頗念舊情而惜其才，但爲了一統天下之大利害，仍須以徙邊法辦之。

就廖立事件，諸葛亮用人原則漸顯清晰。一，重才；二，重情；三，執法；四，利害。四者皆爲其所重，但爭天下之利害爲最後之抉擇。面對不同人事物，亮亦能因地制宜。下文論及馬謖時，更可看到四者之次第，乃重利害爲首，情義爲次，法、才皆在評估之範圍內。可以看到諸葛亮亦有劉備以勝敗、利害爲先之價值取向。

諸葛亮曾向孫吳使者說廖立是「楚之良材」，表示廖立必有其長，但從廖立不忠、失職、自傲、貪婪、直接索求權位等表現，又可見諸葛亮之鑒，有

本質之論，亦有應景之言。欲知其眞正之鑒，得先分辨其所應對之場合、人事。然而至此，基本上已可確認諸葛亮，一有識人之才，二有君臣之義，三有利害之別，且三者他皆把握極好。以下，再由李嚴來深探。

貳、廢李嚴

　　劉備遺命李嚴輔孤，爲諸葛亮之副，結果，李嚴不但未發揮助力，反成爲諸葛亮的棘手問題，最後因罪而廢民徙邊。因此，首先要問的是，爲何劉備以李嚴爲副手？且其所重之左右手，皆被諸葛亮廢民徙邊？

　　李嚴本在劉表政權下任秭歸令，曹操攻荊，李嚴西詣劉璋，任成都令，有能名。劉備西攻成都時，李嚴棄綿竹降劉備（建安十八年，213 年）。劉備入成都後，用李嚴爲犍爲太守。任內，李嚴以兩次突出表現，受到劉備注意。一，劉備征漢中之際，李嚴以五千兵馬，平定盜賊馬秦、高勝所聚部伍數萬人。二，越嶲夷圍新道縣，李嚴赴救成功。李嚴平亂救圍，以少敵多，又獨立完成，未牽動漢中之役，故劉備大爲賞識，加輔漢將軍，領郡如故。從法正、彭羕到李嚴，在在證明劉備以功爲賞、以功爲識的價值。

　　然而，李嚴深得劉備歡心，亦與他善逢迎有關。在劉備未即位前，李嚴抓住武陽赤水的自然現象，廣造輿論，動員蜀國官員八百人簽名勸備即帝位，並作〈黃龍甘露碑〉。劉備爲帝後，又規畫天子至武陽籍田。武陽今名爲籍縣，可知象徵意義之大。〔註 120〕從中可知，李嚴應有兩大特質，擄獲劉備之心。一，政軍能力強。二，迎合討好劉備稱帝。這兩個特質，皆與劉備爭天下之目標相契，故即使李嚴曾背棄二主，劉備亦不以爲意。

　　李嚴犍爲太守一任長達八年，至章武二年（222 年）八月左右，劉備突然召李嚴至永安，拜尙書令。章武三年（223 年）二月，「嚴與諸葛亮並受遺詔輔少主；以嚴爲中都護，統內外軍事，留鎮永安。」〔註 121〕然而，劉備安排李嚴掌軍權、駐永安，恐怕是有些問題的，因李嚴握有軍事大權，可用此軍隊將諸葛亮架空。但李嚴又是被置於邊境永安，除非如董卓般有正當理由入京，否則諸葛亮必有所防禦。由此推敲，劉備此安排，應是看重李嚴善戰，故以之駐守前線，而諸葛亮則於後方負責足食足兵，兩人角色搭配如同之前

〔註 120〕羅開玉〈諸葛亮、李嚴權爭研究〉，《成都大學學報》（社會科學版），第 6 期（2006 年），頁 5～7。
〔註 121〕《三國志‧蜀書‧李嚴傳》，頁 999。

的備與亮。但劉備識人不眞，只見李嚴之長，不見李嚴之短；只知自己爭天下之欲，未知李嚴亦起天下之想，一如他不見彭羕之「心大志廣」。

李嚴之野心，在他勸諸葛亮稱王時，首度顯露出來。

（嚴）勸亮宜受九錫，進爵稱王，亮答書曰：「吾與足下相知久矣，可不復相解！足下方誨以光國，戒之以勿拘之道，是以未得默已。吾本東方下士，誤用於先帝，位極人臣，祿賜百億，今討賊未效，知己未答，而方寵齊、晉，坐自貴大，非其義也。若滅魏斬叡，帝還故居，與諸子並升，雖十命可受，況於九邪！」〔註122〕

此事，《全三國文》繫於建興四年（226年），劉備死後三年。李嚴爲何勸亮受九錫？推測其居心有三：一，劉備臨終託孤時，曾謂亮曰：「若嗣子可輔，輔之；如其不才，君可自取。」〔註123〕李嚴見劉禪無能，便順劉備之遺命，勸亮取代之。二，李嚴勸亮，可能也有試探之意，由亮之回應，來決定自己的下一步。三，李嚴勸亮，也間接投射出自己之需求，他認爲「能者」可爲王，甚或可稱帝，可知李嚴並不爲正統觀所拘。事實上，劉備這話是對著諸葛亮說的，結果亮無動作，李嚴卻反應了。諸葛亮豈不知李嚴話外之話，故答以「討賊未效」、「知己未答」，且「坐自貴大，非其義也。」一方面剖白自己，另一方面也責斥對方。而在後文之分析中，可知諸葛亮一生討賊，未曾篡逆，且其原因，果眞如他所自剖，乃爲答知己之情，執臣子之義。故亮與嚴書，並非虛僞作態之辭。

雖李嚴透過勸亮稱王，間接投射自己的需求及價値，但畢竟未化諸實際行動。然而，在諸葛亮北伐之後，他卻兩次扣兵要脅，開始露出狐狸尾巴：

八年春……表進江州都護李嚴驃騎將軍，將二萬人赴漢中。嚴初求以五郡爲巴州，書告亮，言魏大臣陳群、司馬懿並開府。亮乃加嚴中都護，以嚴子豐爲江州都督。大雨，道絕，眞等還。丞相亮以當西出征，因留嚴漢中，署留府事。〔註124〕

從引文可知，李嚴利用亮北伐的用兵需求，再三拖延出兵，先曾要脅任巴州刺史，後又以司馬懿開府，暗示自己亦想比照之。田餘慶對李嚴的心態，分析極佳，他說：「李嚴不得入成都，只是居永安爲外鎮，實際上無法起到劉備

〔註122〕《三國志・蜀書・李嚴傳》注引《諸葛亮集・嚴與亮書》，頁999。
〔註123〕《三國志・蜀書・諸葛亮傳》，頁918。
〔註124〕《華陽國志校補圖志・劉後主志》，頁398。

原來許諾於他的輔政作用，中都護統內外軍事也成爲具文。他退而求其次，力圖在江州擴大實力，鞏固分陝之勢。」〔註125〕

　　事實上，李嚴本是貪圖享樂之人，所駐之地，必大動水土。如治犍爲時，嚴「更造起府寺，觀樓壯麗，爲一州勝宇。」〔註126〕竟使郡府成爲觀光勝地。他又徙郡治舍，屬下楊洪固諫不聽，憤而離去，可知李嚴對於個人享樂之堅持，甚於對人才之重視。領江州時，亦「更城大城，周迴十六里。」〔註127〕從李嚴對城池郡舍之經營，已可見其貪婪、浮誇的一面。而在劉備以李嚴爲託孤副臣後，更催化其權力欲，正如田餘慶所言，不斷擴張勢力，以鞏固分陝之勢。

　　至於諸葛亮，田餘慶指出，自亮執政以來，一直在協調新舊，如他「通過委重李嚴以表示對舊人的尊崇，暫時緩和了舊人新人的矛盾。」〔註128〕但卻激起了新人廖立的嫉妒，故亮廢徙廖立，「目的是懲罰和防備發難鬧事的人，以求維持平衡和安定，然而這還不是最終解決新舊矛盾的辦法，最終的辦法已經在諸葛亮思考之中，要等待有利的時機才能實現。」〔註129〕田餘慶道出了諸葛亮角色之難爲，及性格之內斂謹慎，也突顯蜀漢內部人才對峙的問題。但田餘慶接著分析，廢李嚴是諸葛亮解決新舊之爭的關鍵。爲使李嚴離開長期盤據的江州，故亮任李豐爲江州都督，以促使李嚴北上至漢中，而後，便「假借了一個難以置信的口實。」〔註130〕以李嚴糧運不濟，廢民徙邊。他說亮解決李嚴之後，新舊矛盾雖有餘波，但已大致告終。

　　然而，眞如田餘慶所言，亮徵李嚴至漢中，是爲調虎離山，而後再以李嚴供糧不力爲藉口，以徹底解決李嚴及新舊問題嗎？爲了釐清事情始末，先錄出陳壽所載：

> 九年春，亮軍祁山，平催督運事。秋夏之際，值天霖雨，運糧不繼，平遣參軍狐忠、督軍成藩喻指，呼亮來還；亮承以退軍。平聞軍退，乃更陽驚，說「軍糧饒足，何以便歸！」欲以解己不辦之責，顯亮不進之愆也。又表後主，說「軍僞退，欲以誘賊與戰。」亮具出其

〔註125〕田餘慶〈李嚴興廢與諸葛用人〉，頁196～7。
〔註126〕《華陽國志校補圖志・蜀志》，頁173。
〔註127〕《華陽國志校補圖志・巴志》，頁28。
〔註128〕田餘慶〈李嚴興廢與諸葛用人〉，頁197。
〔註129〕田餘慶〈李嚴興廢與諸葛用人〉，頁199。
〔註130〕田餘慶〈李嚴興廢與諸葛用人〉，頁200。

前後手筆書疏本末，平違錯章灼。平辭窮情竭，首謝罪負。〔註131〕

關於這段史料，許多學者存疑，主要理由正如田餘慶所說，相關史料，皆諸葛亮一面之詞，未能見李嚴之說，而李嚴之說詞前後反覆，「舉動畢竟過於乖謬，不符常情。絲毫不像一個素來『以才幹稱』、『有能名』、被譽爲『部分如流，趨舍罔滯』，在蜀國地居分陝的人。」〔註132〕故歷史眞相如何，令人懷疑。

李嚴舉動是否不符才名及常情？若從李嚴平日待人處事來觀察，會發現李嚴既是政客型人物，亦是如廖立一流之莽將，並不以謀略善長。首先，他善迎合長官，除了動員連署劉備稱帝，又積極展現治郡績效，包括增擴城府規模，替百姓鑿山通道等等，行政才幹似乎一流。但這是李嚴對長上虛榮的一面，據史料，他對屬下及其他人際關係皆不然，李嚴「性自矜高……不與親褻。」〔註133〕其性頗爲傲慢、孤癖，如上文所述，他不聽楊洪之諫，使楊洪憤而離去，但楊洪是諸葛亮諮詢重用之蜀士。又如部將王沖不知因何事，「爲嚴所疾，懼罪降魏。」〔註134〕竟恐懼至投降敵營以求生路。李嚴亦曾替屬下強聘寡婦，導致該婦「自投水，救援不死。」〔註135〕但最鮮明的例子，是李嚴與諸葛亮之互動，李嚴竟利用亮用兵需求，要脅以此升官擴勢，行徑近乎流氓。種種跡象顯示，李嚴行徑霸道，手法粗糙，亦不修掩飾。

至於諸葛亮讚他「部分如流」之語，其實是在招降孟達的背景下所發。據史載：

> 四年，轉爲前將軍。以諸葛亮欲出軍漢中，嚴當知後事，移屯江州，留護軍陳到駐永安，皆統屬嚴。嚴與孟達書曰：「吾與孔明俱受寄託，憂深責重，思得良伴。」亮亦與達書曰：「部分如流，趨捨罔滯，正方性也。」其見貴重如此。〔註136〕

建興四年（226年），亮已積極部署北伐相關事宜。亮先將李嚴升爲前將軍，又調李嚴至江州，並招誘降魏的孟達回蜀。李嚴招達，卻刻意彰顯自己與孔明平起平坐的地位，屬驕矜外露型。而孔明稱揚李嚴軍事調度流暢靈活，能幹俐落，意在表示他能賞重人才，以吸引孟達回蜀，屬大局爲重型。當然李

〔註131〕《三國志·蜀書·李嚴傳》，頁999。

〔註132〕田餘慶〈李嚴興廢與諸葛用人〉，頁200。

〔註133〕《三國志·蜀書·楊戲傳》，頁1082。

〔註134〕《三國志·蜀書·費詩傳》，頁1017。

〔註135〕《華陽國志校補圖志·廣漢士女》，頁593。

〔註136〕《三國志·蜀書·李嚴傳》頁999。

嚴軍事才幹亦不差，否則不能以五千兵敵數萬賊匪，但他並非以謀略取勝。
總的說，李嚴心思不嚴密，處事亦非內斂型，因運糧不繼，懼諸葛亮嚴法處
置，而導致後續種種卸責、圓謊的粗劣行徑，也頗有可能。運糧之事，據《華
陽國志》：

> 九年春，丞相亮復出圍祁山，始以木牛運。參軍王平守南圍，司馬
> 宣王拒亮，張郃拒平。亮慮糧運不繼，設三策，告都護李平曰：「上
> 計斷其後道，中計與之持久，下計還住黃土。」時宣王等糧亦盡，
> 盛夏雨水，平恐漕運不給，書白亮宜振旅。夏六月，亮承平指引退。
> 張郃至青封交戰，爲亮所殺。秋八月，亮還漢中。平懼亮以運不辦
> 見責，欲殺督運領岑述，驚問亮何故來還？又表後主言亮僞退。亮
> 怒，表廢平爲民，徙梓潼。〔註137〕

從這段引文可知，這是建興九年（231年），諸葛亮第五次北伐，兵二出祁山。
由於多次出征皆敗於糧草，故亮製作木牛，首度以之運糧。但亮仍擔心糧運
不繼，故出征前，特向李嚴表明上中下三計，上計意在斷魏後道；退求其次，
則與之持久相戰；除非不得已，才會退兵。亮用牛馬，又鄭重交代李嚴督辦，
務求糧食無憂，已有長戰企圖，觀其最後一次北伐，在五丈原屯田即可知。
且此次北伐，諸葛亮連戰皆勝，並在上邽大破魏軍。結果，竟傳來軍糧不繼
之消息，只得撤兵離去。李嚴運糧不繼，招還諸葛亮，卻先殺督運領岑述，
將罪推給屬下；又佯驚軍糧富足，亮何故還？此不但爲自己卸責，亦有將責
轉嫁與諸葛亮之意。同時，他還從漢中發信給後主，僅云退兵乃僞退，隻字
不提糧運不繼之事，或許嚴以後主昏昧，可矇騙過去。總之，糧運不繼而敗
北伐是實，且又有陷害諸葛亮之意，亮不得不出手了。

　　正如田餘慶所說，諸葛亮一直在安撫衝突，協調關係。從亮對李嚴的妥
協中，可看到諸葛亮給予李嚴極大空間，只要李嚴不影響大利害，基本上諸
葛亮皆願意滿足其所需，以維持平衡穩定。然而，糧運不繼事件，李嚴的作
爲顯然已經跨越諸葛亮底限，於是他上表後主，廢民徙邊。茲將表文列出，
以明諸葛亮鑒用人物之核心原則、手法：

> 於是亮表平曰：「自先帝崩後，平所在治家，尚爲小惠，安身求名，
> 無憂國之事。臣當北出，欲得平兵以鎮漢中，平窮難縱橫，無有來
> 意，而求以五郡爲巴州刺史。去年臣欲西征，欲令平主督漢中，平

〔註137〕《華陽國志·劉後主志》，頁398。

說司馬懿等開府辟召。臣知平鄙情，欲因行之際偪臣取利也，是以表平子豐督主江州，隆崇其遇，以取一時之務。平至之日，都委諸事，羣臣上下皆怪臣待平之厚也。正以大事未定，漢室傾危，伐平之短，莫若褒之。然謂平情在於榮利而已，不意平心顛倒乃爾。若事稽留，將致禍敗，是臣不敏，言多增咎。」乃廢平爲民，徙梓潼郡。〔註138〕

亮對嚴之妥協，是站在「大事未定，漢室傾危」的大局，故容忍嚴「偪臣取利」；而亮處置李嚴，是因他糧運不繼，致使北伐功敗垂成，且又「心顛倒乃爾」，不僅卸責，還欺君惑眾，陷害諸葛亮，「若事稽留，將致禍敗。」前後對照，不管容忍或處置，著眼點皆在取天下之利害。

但李嚴爲何陷害諸葛亮？就諸葛亮而言，李嚴「情在於榮利」，重個人享樂，本來「安身求名，無憂國之事。」不意後來卻要脅升官，以擴張自我勢力，欲與成都之亮抗衡。此舉不只求「利」，還在分「權」，又讓諸葛亮北伐處處掣肘。田餘慶說，諸葛亮早在思索解決之道，這是對的，但並非因李嚴激起了新舊衝突。在李嚴勸亮進爵稱王時，其實已間接投射了能者代之自立的價值，以諸葛亮之聰敏，難道不知其意？故也答書自剖之。爾後，李嚴兩次擴張權勢，諸葛亮爲顧全北伐，亦滿足其欲。然而此刻，李嚴運糧不繼，又陷害諸葛亮，這便嚴重擾國，甚至危害天下大業了。李嚴若眞有自立之心，諸葛亮便成爲他唯一阻礙，由嚴欲害亮，可見李嚴確有取代之意。

而從亮所上之表，可清楚看出亮之手法：在李嚴外露狐狸尾巴之時，兩害相權取其輕，先順嚴所需，後觀察其情，同時不動聲色，搜求證據，直到李嚴未改其心、顛倒如故時，才擺出所有證據，讓對方無所遁逃。此與處理廖立手法雷同，可見亮出手細，用心深，處事嚴的特質。總結來看，諸葛亮識人頗明，但因以天下爲業，故可概括承受李嚴之缺失，且給予改善空間。在應對眾多衝突時，諸葛亮多是被動反應，且出手謹慎，務求圓融，故而廢徙李嚴不可說是諸葛亮之陰謀設計，反倒是李嚴有意陷害諸葛亮，只是李嚴手法粗糙，漏洞百出，未料諸葛亮心思細密，最終將眞相攤開，令其辭窮情竭，無從再辯。

事實上，在事發前二年，陳震曾提醒諸葛亮防備李嚴，但亮著眼北伐，

〔註138〕《三國志・蜀書・李嚴傳》，頁 999～1000。

尚有委重李嚴之處，故仍給予機會。此又突顯蜀漢後繼無人之困境，面對脅利奪權之將領，只要不影響大局，亮仍得涵容用之。事發後，亮即寫信與蔣琬、董允，讚嘆陳震曰：

> 孝起前爲吾説正方腹中有鱗甲，鄉黨以爲不可近。吾以爲鱗甲但不當犯之耳，不圖復有蘇、張之事出於不意，今李平復爲之，可使孝起知之。〔註139〕

陳震，字孝起，隨劉備入蜀，屬荊州集團，因與李嚴同鄉，深知李嚴在鄉黨間的看法。鄉謠流傳「李鱗甲，難可狎。」意指李嚴懷裏藏刀，不可親近。鄉人既可看穿其腹中有鱗甲，更何況頗有知人之明的諸葛亮？而李嚴行徑未能瞞過鄉人，表示他確非內斂型、謀略家。但李嚴雖腹有鱗甲，卻胸無大略，故雖有自立之心，但無謀以顛覆劉蜀帝業，因此諸葛亮只是架空其權力，而不似彭羕般予以處死。可見諸葛亮鑒用人物，乃以利害衡量，而依法處辦，但亦惜其情、才，而不殘暴斷絕人之生路。

　　最後要問的是，爲何李嚴前後落差如此大？劉備在時，李嚴政軍能力頗強；到了諸葛亮執政，李嚴不但毫無建樹，還貪官求惠，最後又因運糧不繼，敗北伐大事。若將李嚴、廖立兩相對照，李嚴脅求巴郡太守、開府辟召，廖立面討卿校，兩人皆在求賞賜。諸葛亮雖稍做妥協，畢竟不能完全滿足他們，於是兩人變成蜀漢亂源。可見得此問題，在劉備重賞手法下，已埋下禍根。而諸葛亮接手蜀政時，蜀已連吃數場敗仗，國力大耗；兼北伐連年征戰，國庫更是捉襟見肘，即使亮有心給賞，條件顯然已不足。就算國庫富足，而後主無能，佞臣圍繞，亮也不似劉備那麼自主，可任意揮霍。也就是說，劉備厚賞高位，故李嚴賣命；而諸葛亮嚴法薄給，故李嚴怠慢。所謂重賞之下有勇夫，既無利誘，何以唯諸葛亮是聽？

　　故諸葛亮爲何廢徙廖立、李嚴二將？蓋廖立、李嚴是劉備爭天下之猛將，卻也是內亂之莽將，定位早在未戰之初劉備的人格中。先是劉備爲爭天下，用重賞，開始引攻城莽將入；結果戰事不順，厚賞缺，莽將本缺乏自省能力，又性莽撞，故向外攻擊，製造動蕩。接著，劉備死，厚賞絕，將不從命。爾後，連年戰爭，民不聊生，後主無能，內憂外患，諸將心態多已是自顧不瑕，只爲自己出征。由此看來，孔明會走到嚴法治國，有其宿命。劉備遺留之患，

〔註139〕《資治通鑑》，頁2273。

皆由亮一手收拾，至劉禪更加昏昧，治蜀難爲。僅管如此，亮依然出將入相，鞠躬盡瘁，更在臨終之前，扶植蔣琬、費禕二善臣輔佐後主，忠情可謂至死而不已。

參、遺命蔣琬、費禕

本小節最後，以蔣琬、費禕二位文相之任用，簡單收攝諸葛亮之知人問題。

蔣琬（？～246），零陵人，隨劉備入蜀，但劉備並不重視他，任之爲廣都長。後劉備視察各地，恰蔣琬麋醉不理事，備大怒，本欲處死，幸賴諸葛亮說情，始得以免官收場。事在《三國志》本傳：

> 先主嘗因遊觀奄至廣都，見琬眾事不理，時又沈醉，先主大怒，將加罪戮。軍師將軍諸葛亮請曰：「蔣琬，社稷之器，非百里之才也。其爲政以安民爲本，不以脩飾爲先，願主公重加察之。」先主雅敬亮，乃不加罪，倉卒但免官而已。〔註140〕

由劉備「雅敬亮」而遵循其建議，再度證明備對亮頗信任，而二人互動，正如彭羕一節之分析，可謂彼此尊重，先由一方拋出意見，並給予對方「察之」的空間，待對方察驗後，也通常予以採納。劉備本欲處死的蔣琬，諸葛亮評價卻極高，說他是「社稷之器」，又讚他爲政「以安民爲本，不以脩飾爲先。」認爲蔣琬是務實重本、不虛榮、不做表面功夫之人，而且才幹足堪社稷器用，格局頗爲寬廣。正因亮對蔣琬之讚賞，備察後，僅予以免官。在劉備死前，亮任之什邡令；劉備稱漢中王，再用琬爲尚書郎，一步步領他進入政務中樞。亮開府治事後，蔣琬一躍而出，擔負重任。

由蔣琬、廖立相比較，蔣琬只因醉酒不理事，劉備便欲罪戮之；而廖立棄城遁走，卻得到太守之職。爲何劉備對兩人差別待遇如此大？由劉備不重蔣琬，可旁證劉備所愛，確實是能爲之攻城略地的大將。正因劉備眼光侷限在爭天下，因此他善知武將，卻不識文相，其鑒人、用人，便與諸葛亮呈現很大的落差，由此延伸，君臣二人對外的合縱、連橫策略自然亦不同。故而從上文分析而下，劉備君亂大略，又重賞彭羕、廖立、李嚴等爭天下之才，導致莽將慣養成習，一一要脅諸葛亮，不得滿足，便從爭天下之猛將，變爲

〔註140〕《三國志·蜀書·蔣琬傳》，頁1057。

製造內亂之莽將。此三人皆受劉備賞識，其中李嚴更是託孤重臣，但在諸葛亮細膩審察下，三人結局是一死二廢。由此可見，劉備知人不眞，而諸葛亮識人頗明。

蔣琬後來表現可圈可點，而諸葛亮早在十年前，即已看出蔣琬乃「社稷之器」，又可見亮對人的先見之明。從亮開府治事該年，便命蔣琬爲丞相東曹掾，主管二千石長吏及軍吏的任免升遷。建興五年（227 年），諸葛亮上出師表，進駐漢中，蔣琬與長史張裔統管丞相留府公務。建興八年（230 年），張裔卒，諸葛亮又升蔣琬爲丞相留府長史，加撫軍將軍。亮北伐六年間（228～234），「琬常足食足兵以相供給。」〔註141〕亮每言：「公琰託志忠雅，當與吾共贊王業者也。」又密表後主曰：「臣若不幸，後事宜以付琬。」經過諸葛亮執政十一年考驗，證明蔣琬既是內政良才，又是北伐最佳後勤支援，最終成爲諸葛亮託付後事的第一宰相人選。

而在諸葛亮死後，蔣琬輔佐劉禪十二年，直至病殁。期間，他以沈穩持重、處變不驚的特質，首先穩住蜀漢陣腳。據《三國志》本傳：「時新喪元帥，遠近危悚。琬出類拔萃，處羣僚之右，既無戚容，又無喜色，神守舉止，有如平日，由是眾望漸服。」〔註142〕在良相西歸、後主無能的局面下，外有曹孫虎視眈眈，內有諸將不從、人才對峙、後繼乏人等問題，且亮死前一年，南中復叛，蜀漢政權可謂內外交逼。然而，諸葛亮一眼看中之文相，迅速掌握局面，且支撐十二年，亦是難得之相才。而琬執政風格，大類諸葛亮，特質是頗能知人，不易受輿論左右；又頗爲自知，可平心接受他人批評；且持法公平，用人心無適莫。由以下這則引文，可充分說明之：

> 東曹掾楊戲素性簡略，琬與言論，時不應答。或欲搆戲於琬曰：「公與戲語而不見應，戲之慢上，不亦甚乎！」琬曰：「人心不同，各如其面；面從後言，古人之所誡也。戲欲贊吾是耶，則非其本心，欲反吾言，則顯吾之非，是以默然，是戲之快也。」又督農楊敏曾毀琬曰：「作事憒憒，誠非及前人。」或以白琬，主者請推治敏，琬曰：「吾實不如前人，無可推也。」主者重據聽不推，則乞問其憒憒之狀。琬曰：「苟其不如，則事不當理，事不當理，則憒憒矣。復何問

〔註141〕本句及以下二引文皆出自《三國志・蜀書・蔣琬傳》，頁 1057。
〔註142〕《三國志・蜀書・蔣琬傳》，頁 1058。

邪？」後敏坐事繫獄，眾人猶懼其必死，琬心無適莫，得免重罪。

其好惡存道，皆此類也。〔註143〕

可見得其謙卑理性的背後，亦以整體的和諧團結為務，故大事化小，小事化無，這與諸葛亮不斷協調衝突，務在涵容各方勢力乃異曲同工。或許這是蔣琬本具之質，或許是他與諸葛亮相處十餘年，耳濡目染所就。蔣琬之治，是諸葛亮知人極有力之佐證。

但蔣琬最大缺陷是，外交、軍事並非所長。「琬以為昔諸葛亮數闚秦川，道險運艱，竟不能克，不若乘水東下。乃多作舟船，欲由漢、沔襲魏興、上庸。」〔註144〕琬見亮北伐由陸路出征，運糧困難，故建議以水路東下。結果此舉不但引起蜀大臣緊張，也令聯盟的孫吳猜疑防備。但若據此批評諸葛亮不識人，又過於嚴苛。平心而論，蔣琬已是難能可貴的賢相，只是，此一內政、後勤人才，同時必須肩負軍事、外交之責，更加突顯了蜀漢後期人才極度匱缺的窘境。

而費禕（？～253）則可填補蔣琬外交、軍事方面之不足。但更重要的是，他與蔣琬兩人「咸承諸葛之成規，因循而不革，是以邊境無虞，邦家和一。」〔註145〕這表示二人既順服亮之治國理念，亦有才能遵循而治之。費、蔣相同處，在於二人務實而不虛榮。相異處，在於費禕極善辭辯，外交能力強，並以此深得孫權賞識，而多次出使於吳。〔註146〕此外，費禕識悟過人，論斷公正，如魏延、楊儀之糾紛，經常由他排解，可謂諸葛亮之得力助手。費禕又行事敏捷，「常以朝晡聽事，其間接納賓客，飲食嬉戲，加之博弈，每盡人之歡，事亦不廢。」〔註147〕令董允大嘆不如。然而，費禕竟在歲首大會中，歡飲沈醉，而為魏降人郭循殺死。由此反映費禕雖是治國良才，但行事不夠謹慎。

以蔣琬、費禕二位接班人來比亮，既反襯諸葛亮之奇能，亦可見蜀漢確實已後繼無人了。

〔註143〕《三國志・蜀書・蔣琬傳》，頁1058。

〔註144〕《三國志・蜀書・蔣琬傳》，頁1058。

〔註145〕《三國志・蜀書・蔣琬費禕姜維傳》總評，頁1069。

〔註146〕《三國志・蜀書・費禕傳》：「諸葛恪、羊衜等才博果辯，論難鋒至，禕辭順義篤，據理以答，終不能屈。權甚器之……以奉使稱旨，頻煩至吳。」，頁1060。

〔註147〕《三國志・蜀書・費禕傳》，頁1061。

第三節　北伐用人探究

　　上兩節，已試著由數個具體事件，歸納諸葛亮對人物之用與不用，有什麼共通特質。而本節再針對諸葛亮一生堅持的北伐，繼續探討本章的二大主軸：亮知人否？亮是謀略家乎？

壹、用馬謖

　　關於街亭之役，諸葛亮為何用馬謖（190～228）？為何不納劉備臨終交代馬謖未可大用之議？馬謖為何敗街亭？諸葛亮為何非得斬馬謖？等諸問題，學界眾說紛紜，而鄭柏彰〈馬謖敗於街亭試論——詮構諸葛亮從「違眾拔謖」到「揮淚斬謖」之本末源流〉〔註148〕一文，就前人研究意見，再提出更細膩的分析，〔註149〕其中有二大看法頗精彩：一，諸葛亮違眾拔謖，主要是因馬謖有遠謀，而蜀國正乏深謀遠慮之將才。亮為培植接班人，故以馬謖「守衛」街亭，藉此增加其歷練、提升其聲望。二，馬謖為何違亮節度？從「緣山截嶺」的戰術來分析，可知其乃因急立戰功，故舍水上山，結果反致大敗。這二大觀點將依本文脈絡一一指出。但馬謖為何急立戰功？鄭柏彰雖略有所及，但未能深入再探討。而諸葛亮為何斬馬謖？鄭柏彰以為關鍵是違犯軍法。為了嚴明軍法，亮只得揮淚斬之。但諸葛亮斬馬謖，真正關鍵是「法」嗎？嚴明軍法背後，實則有更深層之考量。下文論述將借重其研究成果，並提出討論及修正。

　　馬謖真有其才乎？何以劉備說他不可大用，而諸葛亮卻以之為接班人選？關於馬謖，除了《三國志》本傳的簡短敘述外，裴松之又補注二段《襄陽記》，並附上習鑿齒對亮斬謖一事之批判，三段史料即成為研究馬謖的主要依據。但因《襄陽記》之可靠性頗受質疑，故又造成一些研究分歧。以下先錄出《三國志》本傳，做為討論基礎：

　　　良弟謖，字幼常，以荊州從事隨先主入蜀，除綿竹成都令、越巂太

〔註148〕鄭柏彰〈馬謖敗於街亭試論——詮構諸葛亮從「違眾拔謖」到「揮淚斬謖」之本末源流〉，《國文學報創刊號》第 1 期（2004 年 12 月），頁 193～212。

〔註149〕主要可參考劉蕴之〈略論諸葛亮「違眾拔謖」的原因〉，提出四個可能：一是馬謖的個人品質。二是葛、馬兩家關係。三是尋求一個合適的接班人。四是其餘將領多有歲數，而魏延又與諸葛亮不合。《天津師大學報》，第一期（1995年），頁 53～55，63。溫登傑〈馬謖與街亭之敗〉，繼劉蕴之觀點細緻化。《史苑》第 62 期，（2002 年 6 月），頁 1～24。

守。才器過人，好論軍計，丞相諸葛亮深加器異。先主臨薨謂亮曰：
「馬謖言過其實，不可大用，君其察之！」亮猶謂不然，以謖爲參
軍，每引見談論，自晝達夜。建興六年，亮出軍向祁山，時有宿將
魏延、吳壹等，論者皆言以爲宜令爲先鋒，而亮違眾拔謖，統大眾
在前，與魏將張郃戰于街亭，爲郃所破，士卒離散。亮進無所據，
退軍還漢中。謖下獄物故，亮爲之流涕。良死時年三十六，謖年三
十九。〔註150〕

就陳壽所載，馬謖確有才幹。他「才器過人，好論軍計。」亮「每引見談論，
自晝達夜。」馬謖既能令諸葛亮數度引見，且暢談晝夜，足見得他所論之「軍
計」，極受諸葛亮欣賞。而這個特質，在《襄陽記》中得到補充。據習氏所載，
諸葛亮征南中，馬謖送之數十里，亮問策，馬謖建議「攻心爲上，攻城爲下……
亮納其策，赦孟獲以服南方。故終亮之世，南方不敢復反。」〔註151〕但這段
史料唯見於《襄陽記》，且其「心戰」及「南方不敢復反」之說，皆與歷史眞
相不符，多位學者已提出證據。〔註152〕

鄭柏彰試著說明《襄陽記》仍具參考價值。關於「心戰」，他認爲亮必先
以「兵戰」減其銳氣，再輔以「心戰」感化其心，否則如何使兵盛勢強的南
蠻歸服？關於「南方不復反」，此確實有誇大之嫌，因南中仍有亂事。但馬謖
曾任越嶲太守多年，對蠻夷問題頗有所悉，而陳壽亦云馬謖好論軍計，深得
亮之欣賞，並非一介庸才，故大致仍無損於事實眞相存在的合理成分。〔註153〕
本文亦認爲習鑿齒之描述，在馬謖特質及亮、謖互動上，大抵與陳壽之史相
符，故其即使增飾不少虛誇細節，但關於馬謖「善論軍計」及亮謖關係親密
之敘述，頗符合實情。而確立此二點，將使諸葛亮對馬謖之栽培及處置，顯
得合理易解。

〔註150〕《三國志‧蜀書‧馬謖傳》，頁984。
〔註151〕《三國志‧蜀書‧諸葛亮傳》注引《襄陽記》，頁983。
〔註152〕如王文進云：「事情的眞相應該是諸葛亮領兵，藉蜀軍兵勢征討南中，使南中
　　　　『供出官賦，取以給兵』，之後當地人民還是『猶數反叛』。」見氏著〈習鑿
　　　　齒與諸葛亮神話之建構〉，頁25。又如史義銀云舉數則史例，證明南中數有
　　　　反叛。見氏著〈馬謖新論〉，《鹽城師專學報》（人文社會科學版），第3期（1997
　　　　年），頁65～68。
〔註153〕鄭柏彰〈馬謖敗於街亭試論——詮構諸葛亮從「違眾拔謖」到「揮淚斬謖」
　　　　之本末源流〉，頁198～199。蓋馬謖「以荊州從事隨先主入蜀，除任縣竹成
　　　　都令、越嶲太守。」可知越嶲太守一職，在劉備入蜀後至死（214～223年）
　　　　期間所任，但無法確知任期。《三國志‧蜀書‧馬謖傳》，頁983。

亮為何違眾拔謖？除了謖好論軍計外，鄭柏彰再針對「諸葛、馬兩家的關係。」及諸葛亮意在「培植接班人」二點論述之。蓋亮與馬良情如兄弟，又同居襄陽、同仕劉備，馬良在夷陵戰中陣亡，故亮特別關照馬謖，以酬報摯友。且因亮北伐之際，已四十八歲，正積極物色接班人才，從後來亮對姜維之培植可知。而時論在魏延、吳壹，但魏延恃才矜高，而吳壹年紀過老，評估之下，馬謖雖未曾披堅執銳，但亮依然破格任用之。〔註154〕

關於諸葛亮與襄陽集團的緊密關係，已在龐統一章詳述過。亮出仕劉備前，已與襄陽謀士論述時務近十年，集結出隆中對策，以助劉備爭天下，馬家亦是其中佼佼者。馬氏又以馬良才名最高，所謂馬氏五常，白眉最良。劉備以馬良隨征夷陵，並「遣良入武陵招納五溪蠻夷，蠻夷渠帥皆受印號，咸如意指。」〔註155〕馬良成功招納蠻夷渠帥，足見劉備頗知其才。從中又可推敲，馬氏兄弟皆曾深入了解蠻夷問題，而以襄陽集團之頻論時務，亦應曾針對蠻夷交流對策，否則〈隆中對〉如何提出「西和諸戎，南撫夷越」之見？

事實上，少數民族問題極為複雜，主管南中四郡的庲降都督，向以益州籍人士擔任，〔註156〕亮卻用馬謖治理越嶲夷多年，這證明馬謖在入蜀前，即已展現卓越的蠻夷識見，故南征前，亮徵詢馬謖平蠻策是極有可能的。且諸葛亮用謖攻心之策後，雖未使南方從此平定，但也不再有牽動國本之大亂，可見馬謖確實論事高明，用之亦能奏效，由此可知，亮自然是知人善任。《諸葛亮集》中有〈東夷〉、〈南蠻〉、〈西戎〉、〈北狄〉四篇小子題，〔註157〕或許這正是他與馬良、馬謖兄弟長期激盪出之結果。至於諸葛亮是否會因酬報摯友，而特別關照馬謖？筆者認為，假若馬謖無謀識，再深之情誼亦不敢用之，故主要取決，還是馬謖本身的特質。

但馬謖雖有治夷經歷，卻無實戰經驗。且諸葛亮不僅違眾拔謖，更兼背棄劉備臨終遺言。劉備臨終前，曾對諸葛亮交代三事，一，與李嚴分主副，輔佐劉禪。二，「君才十倍曹丕，必能安國，終定大事。若嗣子可輔，輔之；

〔註154〕鄭柏彰〈馬謖敗於街亭試論——詮構諸葛亮從「違眾拔謖」到「揮淚斬謖」之本末源流〉，頁199～203。

〔註155〕《三國志·蜀書·馬良傳》，頁983。

〔註156〕劉備用李恢督南中，從221～231年去世，一任十年。繼恢之後有犍為張冀、巴西馬忠、犍為張表等。見李兆成〈蜀漢政權與益州士族〉，頁13。

〔註157〕見張澍輯佚《諸葛亮集·將苑》，頁101～104。

如其不才，君可自取。」〔註158〕三，馬謖「言過其實，不可大用，君其察之。」
為何劉備在臨終之際，特別提到馬謖？從這裏可以反讀，劉備認為諸葛亮必
大用馬謖。劉備臨終所在意，是託付兩位大臣輔劉禪，「安國」而後「定大事」，
此時卻提馬謖，表示他認為用馬謖干係重大，甚至可影響蜀漢「定大事」，故
不得不提醒之。

劉備對馬謖之鑒，反映他有相當的識人之明，而此應是立基於他對亮、
謖的長期觀察，才會在臨終之際，慎重其事交代之。首先，備知孔明。馬謖
紙上談兵多年，首度用武，即是諸葛亮第一次北伐。劉備慎重提醒諸葛亮「察
之」，但諸葛亮依然大用之，足見劉備深知諸葛亮對馬謖極欣賞，擔心亮、謖
相契之程度，可能使向來謹慎的諸葛亮失察，故提醒亮深「察之」。其次，備
亦知馬謖。劉備鑒謖「言過其實」，道中馬謖街亭之敗，正是缺乏實戰經驗。
且從上文之分析，劉備偏好能為他爭天下之將士，且以功績為為賞。故從關、
張、趙、諸葛亮、龐統、法正、彭羕、廖立、李嚴一路而下，或為建立實際
戰功之武將，或為出謀高明，可速攻城掠地者。

由此，劉備鑒馬謖「言過其實」，正是以「實務」來判斷。劉備一生實戰
經驗多，也是靠拳頭打天下，馬謖雖論計頭頭是道，卻乏征戰經驗，以務實
眼光鑒之，馬謖則顯言過其實。相較之下，向來謹慎的諸葛亮，何以破格用
馬謖？可知諸葛亮所重，是馬謖之「識見」，故雖知其無實戰，仍可磨練之。
只是，向來謹慎的諸葛亮，為何在此「定大事」的關鍵時機，「違眾」而拔謖？
這便牽涉到眾論在魏延，但魏延恃才矜高，不服諸葛亮領導的蜀政問題了。

魏延的問題，並非個案。根據上文之分析，至少就有關羽、廖立、李嚴
等諸將，或爭建奇功，或恣性索官，禍根早埋於劉備重賞手法下。魏延也是
受劉備賞識的莽將，備取漢中回成都前，「當得重將以鎮漢川，眾論以為必在
張飛，飛亦以心自許。先主乃拔延為督漢中鎮遠將軍，領漢中太守，一軍盡
驚。」〔註159〕劉備用高官重地升拔之，令魏延地位直上，無形中亦助長魏延
矜高之性。至於劉備何以青睞魏延，而不用張飛？蓋漢中戰略地位重要，既
為益州咽喉，又是北攻基地，劉備用魏延應是利害考量。魏延雖性矜高，卻
「善養士卒，勇猛過人。」〔註160〕而劉備曾戒張飛：「卿刑殺既過差，又日鞭

〔註158〕《三國志・蜀書・諸葛亮傳》，頁918。

〔註159〕《三國志・蜀書・魏延傳》，頁1002。

〔註160〕《三國志・蜀書・魏延傳》，頁1003。

撾健兒，而令在左右，此取禍之道也。」〔註161〕擔心張飛不恤卒伍，將為自己惹來殺身之禍，果然張飛後來死於部下之手。魏延之例，證明劉備用人手法，乃以重賞激勇將建功；用人核心，乃緊扣天下之利害，而無所謂新舊、地域之見。

　　雖諸葛亮逆睹劉備重賞之遺患，但他也得適度滿足諸將所求。後主即位後，「普增職號」，很可能即是諸葛亮在國庫空虛後，以職位安撫諸將的一種妥協手法，比如魏延，「建興元年，封都亭侯。五年，諸葛亮駐漢中，更以延為督前部，領丞相司馬、涼州刺史，八年……延大破淮等，遷為前軍師征西大將軍，假節，進封南鄭侯。」〔註162〕為了北伐大業，諸葛亮仍得借重魏延，故不斷祭出封爵、權位，如此厚賜下，也僅能暫時壓服魏延。為何諸葛亮破格用馬謖？環視劉備集團，如今多是貪功求賞、自恃甚高、不從亮命之莽將。相較之下，馬謖既有謀略，又與諸葛亮情誼深厚，極是順從，假以磨練，或可為蜀漢添一名有謀之將士。

　　但馬謖既有謀略，何以又有街亭之敗？鄭柏彰推敲出諸葛亮欲磨練馬謖，故以之「守衛」街亭，結果馬謖竟捨水上山，意欲殲滅破敵，此由「緣山截嶺」之戰略可推敲。蓋緣山截嶺乃以高山為掩護之軍事戰略，是一種攻守相用之靈活戰法，但山上紮營若無法毗鄰水源，將成困獸之鬥。馬謖本想破敵陷陣，一雪自己不能立戰功之失，結果見利不見弊，導致潰不成軍，街亭失守。〔註163〕

　　為何馬謖想雪恥？試想當時氣氛，眾士不服，諸將輕慢，諸葛亮承擔壓力大，馬謖立場亦極為尷尬。若能利用此役扳回一城，令諸將另眼相看，不僅證明自己，也替諸葛亮爭口氣，以服眾心。再者，劉備對馬謖之評價，馬謖或許不知；但對馬謖之態度，馬謖會不覺不察嗎？因而，馬謖或也想利用此役一雪前恥。結果有謀略之馬謖，竟也敗在爭奇功，本想以功助諸葛亮一臂，不料反陷諸葛亮於不義。雖馬謖意不在求賞，但拉遠來看，仍可說是劉備重賞招勇夫留下之遺毒，使其與莽將一流，走上相同宿命。

　　馬謖之敗，諸葛亮未能料到，否則不會引來識人不明之批評。但諸葛亮

〔註161〕《三國志・蜀書・張飛傳》，頁 944。
〔註162〕《三國志・蜀書・魏延傳》，頁 1003。
〔註163〕鄭柏彰〈馬謖敗於街亭試論──詮構諸葛亮從「違眾拔謖」到「揮淚斬謖」之本末源流〉，頁 206～208。

果眞不知馬謖乎？從諸葛亮安排馬謖守衛街亭一舉，可見得諸葛亮也知他毫無實戰之盲點，故想給予機會歷練。但諸葛亮未見馬謖竟爲搶立戰功，而「違亮節度」，改守爲攻，結果正應了劉備「言過其實」之鑒，因此亮可謂識人一半，失人一半。但劉備亦非全然精準，臨終託孤之李嚴，便成爲諸葛亮之頭痛問題，故備亦識人一半，失人一半。從馬謖之鑒，呈顯劉備重實務，諸葛亮重識見，君臣鑒人角度之別，延伸出用人之殊異。

最後討論諸葛亮斬馬謖，是爲了嚴明軍法乎？習鑿齒即執此見，並批判亮「明法勝才」，故無法一統天下：

> 諸葛亮之不能兼上國也，豈不宜哉！……今蜀僻陋一方，才少上國，而殺其俊傑，退收駑下之用，明法勝才，不師三敗之道，將以成業，不亦難乎！……爲天下宰匠，欲大收物之力，而不量才節任，隨器付業……難乎其可與言智者也。〔註164〕

但諸葛亮是因重「法」而斬馬謖嗎？果眞諸葛亮嚴法，何以法正治郡縱橫，卻法外開恩？而孟達叛蜀降魏，又積極招誘？且據《襄陽記》，諸葛亮處決馬謖前後，場面極爲動人：

> 謖臨終與亮書曰：「明公視謖猶子，謖視明公猶父，願深惟殛鯀興禹之義，使平生之交不虧於此，謖雖死無恨於黃壤也。」于時十萬之眾爲之垂涕。亮自臨祭，待其遺孤若平生。蔣琬後詣漢中，謂亮曰：「昔楚殺得臣，然後文公喜可知也。天下未定而戮智計之士，豈不惜乎！」亮流涕曰：「孫武所以能制勝於天下者，用法明也。是以楊干亂法，魏絳戮其僕。四海分裂，兵交方始，若復廢法，何用討賊邪！」〔註165〕

據習鑿齒所載，亮、謖情同父子，馬謖臨終前，請亮「殛鯀興禹」，大義滅親。而亮自臨祭，撫其遺孤，可見極爲重情。然而，亮爲何堅決殺之？蔣琬發出嘆惜，而習鑿齒亦頗爲不滿，兩人都是從人才角度，質疑亮之嚴法。

但諸葛亮不重才乎？他力排眾議用馬謖，正是爲了培植人才。且亮用過馬謖之策，亦奏效，故非徇私亂用。問題在於，他用得過急。果眞欲磨練馬謖，可令他先隨老將歷練幾回，待能獨當一面，再爲主導，但亮驟然用於關鍵處，故諸將無人能信服。然而，以諸葛亮之謹愼，用得如此急切，不正反

〔註164〕《三國志‧蜀書‧馬謖傳》注引《襄陽記》後，「習鑿齒曰」，頁984。
〔註165〕《三國志‧蜀書‧馬謖傳》注引《襄陽記》，頁984。

映蜀漢舊將難用，而人才窘迫？破格用馬謖，實為情勢所逼。也就是說，眾先違亮，亮才違眾。而亮本欲磨練，故以之守街亭，孰料馬謖欲建奇功，自作主張，改守為攻；舍水上山，評估錯誤；一旦臨陣，又勇猛不足，變成逃兵。這後面的發展，即是諸葛亮未能逆料的。

　　事實上，諸葛亮所面對的大局，不僅外部四海分裂，內部亦混亂不堪，尤其將不從命，更使北伐困難重重，李嚴運糧不繼便是一例。而首次北伐中，魏延便展現強勢作風：「延每隨亮出，輒欲請兵萬人，與亮異道會于潼關，如韓信故事，亮制而不許。延常謂亮為怯，歎恨己才用之不盡。」〔註166〕他多次提議，但總被諸葛亮駁回，因此對亮心生不滿。對諸葛亮而言，魏延是軍中未爆彈，果然在最後一次北伐引爆。故亮臨終前，即有預防，他交代讓魏延斷後，「若延或不從命，軍便自發。」〔註167〕魏延果然不從相命。由此可見，諸將極難管束。但在這樣的情況下，亮也沒有未發先制，殺了魏延。可知亮之抉擇是，有實事發生，且利害重大，這才處置之，如彭羕、廖立、李嚴皆如此。

　　但魏延為何屢欲與亮異道會于潼關？又對諸葛亮如此不滿？這不仍是劉備餵養出的問題？從關羽以降，諸將因戰功，受劉備重用厚賞，享名位財富後，更求建奇功，一旦名位愈高，性愈傲慢，最後竟不從上命，自我為大。至廖立、李嚴、魏延，雖以不同方式表現，卻都不出這個結構。為何諸葛亮捨魏延不用？正因魏延已非能聽他節度、受他指揮之從將，只好違諸將之意而用馬謖。未料，馬謖竟也因急建奇功而潰敗，可見不論是否受到劉備重用，求重賞之勇夫已成為蜀漢風氣，致有軍謀之馬謖亦難以倖免。

　　而亮既制法以約束諸將，不嚴處馬謖，如何再領導已不從命之諸將？如何再協調內部不斷的衝突？故清・何焯云：「魏延、吳懿等輩，皆蜀之宿將，亮不用為先鋒，而違眾用謖，其心已不樂矣。今謖敗而不誅，則此輩必益曉曉，而後來者將有以藉口，豈不惜一人而亂大事乎？」〔註168〕正因如此，諸葛亮必須戮謖以謝眾，甚至還上表自貶三等，以示春秋責帥之義。蓋亮不嚴法，則無法安眾將、統領眾將，則將牽動北伐之成敗。因此不能說諸葛亮重法甚於重才，正是因為「才」不上道，才需明「法」。而明法的最終目標，正

〔註166〕《三國志・蜀書・魏延傳》，頁1003。
〔註167〕《三國志・蜀書・魏延傳》，頁1003。
〔註168〕盧弼《三國志集解》，頁837。

如亮垂涕向蔣琬所解釋，「四海分裂，兵交方始，若復廢法，何用討賊。」嚴法是為了整軍，整軍是為了討賊。諸葛亮用才與殺才，背後都是為了取天下。因此亮斬謖，主要衡量是「利害」，且指向討賊興漢的大目標。

從馬謖事件來看，諸葛亮對人才之用廢，考慮周詳，極是面面俱到。觀其主要以情、才、法及利害四者來衡量，其中又以利害為關鍵。諸葛亮知馬謖才，亦用其才，且重其情，但馬謖違法，讓他難以統領諸將，此將破壞爭天下之利害，只得重法而揮淚殺之。由此，情、才、法、利害皆在評估中，但最後是以天下之大利害為首要衡量。

至於對諸葛亮讚賞有加的習鑿齒，為何一反常態，在馬謖事件上，嚴詞批判諸葛亮？即使習氏記載了諸葛亮「若復廢法，何用討賊邪！」之語，但並未能掌握諸葛亮明法的目標在取天下。而他亦記載亮、謖情同父子的關係，但也不能體察諸葛亮有培植馬謖為接班人之心意。針對此，王文進之分析頗為細緻，他認為習鑿齒特賞諸葛亮，是因襄陽情結及正統觀之糾纏；然而，習氏更惜馬謖之才，因馬謖為襄陽土著，而諸葛亮是襄陽「寓賢」，當二者衝突時，習氏的情感也微妙向馬謖傾斜。由此可見，習氏雖有「襄陽情結」，但呈現等差結構。〔註169〕

諸葛亮北伐，從建興六年至十二年（228～234年），僅七年便病逝。亮知己知彼，性格謹慎，早已在培植接班人，且有意識地提攜之。如他一路升拔蔣琬，用之代理相府職務，已在培養相才；又如他對費禕，「丞相亮南征還，羣寮於數十里逢迎，年位多在禕右，而亮特命禕同載，由是眾人莫不易觀。」〔註170〕透過同車載，瞬間抬高費禕聲望。北伐之初，相才皆已有著落，然而，將才何在？事勞體衰的諸葛亮不心急乎？故他令馬謖守街亭，果真能守成這一役，近則增加其實戰歷練，且服諸將之心，遠則能得一乖順之謀將，為亮北伐取天下。

貳、結孟達，用姜維

為什麼諸葛亮積極交好叛將孟達（？～228）？從孟達事件，可以很清楚地對照出，諸葛亮並非「明法勝才」，蓋法、才皆在亮取捨人才考量內，但真正著眼處，仍然是利害。

〔註169〕王文進〈習鑿齒與諸葛亮神話之建構〉，頁44。
〔註170〕《三國志·蜀書·費禕傳》，頁1060。

　　建安十六年（211 年），孟達、法正各率二千部曲入荊州，明爲邀請劉備入蜀共拒張魯，暗已降備叛璋。法正隨備入蜀，孟達則留屯江陵。建安十九年（214 年），劉備得益州，任孟達爲宜都太守。建安二十四年（219 年），劉備得漢中，命孟達領部曲四千，北攻房陵，取上庸、西城。但劉備「陰恐達難獨任」〔註171〕，又自漢中遣養子劉封與達會師上庸，統達軍。劉封攻至，魏將申耽、申儀兄弟降蜀，劉備分封爲上庸、西城太守，又顯授封爲副軍將軍。故田餘慶說，「劉封、孟達以及申氏土豪勢力彼此牽制，相持不下，當是劉、孟不助關羽攻襄樊的客觀原因。」〔註172〕爾後的發展，就是劉封仗劉備之勢，奪孟達鼓吹，孟達一不得劉備信任，二懼不救關羽之罪，該年便投魏，申儀兄弟亦再叛蜀歸魏。接著，孟達、申儀奪回上庸，戰略要地東三郡因此歸曹，劉封則逃回成都。故田餘慶認爲「導致三郡局勢惡化的人，並不是劉封而是劉備自己，是他命劉封下統孟達之軍而啓事端。」〔註173〕

　　田餘慶將事情歸責於劉備，分析得理。劉備挾漢中之勢，急取東三郡，又用官位籠絡劉封、申儀兄弟，結果造成三方勢力較勁眼紅，這說明備在安頓降地方面，確實不如孫權用心，對人心體察亦不夠細膩。蓋因劉備著眼處在取天下，而其慣用手法是重賞勇將，結果反造成勇將間鬥爭，天下尚未取得，內部已先鬩牆，因而促成敗績。但田餘慶分析諸葛亮對劉封、孟達之處置，乃著眼於新舊衝突，本文看法不盡相同。田餘慶認爲諸葛亮招降孟達，但在關鍵時刻，又使郭模詐降申儀，漏洩孟達謀叛魏之消息，此乃借司馬懿之兵殺達，其「心態的詭譎超過了通常的『兵不厭詐』權謀。」〔註174〕

　　根據上文之分析，蜀漢內部確實有人才對峙之問題，但此並非新、舊派系之對立，新人之間如關羽、黃忠、馬謖、魏延等之爭功，主要根源皆在劉備之重賞手法。此處的劉封、孟達亦同理，二人之爭，並非起於新、舊對立，而是因劉備偏賞劉封而促成。諸葛亮確實不斷處理內部衝突，但其著眼處，並非平衡新舊勢力，實是利害考量。先看劉封。

　　劉封是長沙劉氏之甥，劉備在荊州時，因尚無子嗣，故收之爲養子。但劉備重信他，亦是以其戰功。據《三國志》本傳：「先主入蜀，自葭萌還攻劉

〔註171〕《三國志·蜀書·劉封傳》，頁991。
〔註172〕田餘慶〈蜀史四題——蜀國新舊糾葛的歷史追溯〉，頁220。
〔註173〕田餘慶〈蜀史四題——蜀國新舊糾葛的歷史追溯〉，頁220。
〔註174〕田餘慶〈蜀史四題——蜀國新舊糾葛的歷史追溯〉，頁227。

璋，時封年二十餘，有武藝，氣力過人，將兵俱與諸葛亮、張飛等溯流西上，所在戰克。益州既定，以封爲副軍中郎將。」〔註175〕劉封「所在戰克」，故劉備特愛之，放在左右爲副軍中郎將。由此可回推，當時劉備入蜀攜法正，而使孟達留荊州，其實已暗示他對孟達的評價不高。但孟達在魏營卻受曹丕愛賞，「達有容止才觀，文帝甚器愛之。」〔註176〕致使二大謀臣極力勸阻之。劉曄評達「有苟得之心，而恃才好術」〔註177〕、司馬懿以達「言行傾巧不可任。」〔註178〕由引文推敲，孟達美容止、恃才、巧言，這大約是重實務、好武將的劉備，不信任達之因。而孟達又有「苟得之心」，結合劉備不賞賜孟達之行，終而叛蜀歸魏。

　　結果，諸葛亮卻處決劉封，而交好叛將孟達，原因何在？

> 先主責封之侵陵達，又不救羽。諸葛亮慮封剛猛，易世之後終難制御，勸先主因此除之。於是賜封死，使自裁。封歎曰：「恨不用孟子度之言！」先主爲之流涕。〔註179〕

由劉備之流涕，可知他本意僅在譴責劉封，並無意處死之。然而，諸葛亮以「慮封剛猛，易世之後終難制御。」勸備除之，備才忍痛賜封自裁。亮說動備之處，在於劉封同爲宗室，又爲備之養子，兼性剛難御，此對劉禪將是一大隱憂。由此可知，劉備依然著眼於天下，但其目光只見能助他爭天下的猛將，而不見奪他天下的叛將，幸諸葛亮細察劉封之心，而予以勸說。此與處置彭羕的手法、考量皆相同。可見君臣意見不合時，諸葛亮並非皆沈默不語，一旦遇到大利害，他依然表達之，君臣關係尚能和諧互重。由彭羕、劉封二人之例可知，備、亮君臣雖鑒人角度不一，用人手法亦異，但背後取天下之終極目標一致。正因兩人所執利害同，劉備才會託孤予諸葛亮，而痛斬劉封。

　　由此，諸葛亮在北伐之前，開始招誘孟達，顯然亦是站在大利害來思維。孟達「恃才」，但似無眞才實幹；他又叛蜀歸魏，嚴重違法，但也不能將他繩之以法。簡單說，孟達無才可論、無法可辦，但諸葛亮爲何招誘之？正因孟達駐守位置重要。由此可見，諸葛亮是以利害爲考量，馬謖、孟達並看，很快便能推翻亮「明法勝才」之說法。

〔註175〕《三國志・蜀書・劉封傳》，頁991。
〔註176〕《三國志・蜀書・劉曄傳》，頁445。
〔註177〕《三國志・蜀書・劉曄傳》，頁445。
〔註178〕《晉書・高祖宣帝紀》，頁5。
〔註179〕《三國志・蜀書・劉封傳》，頁994。

　　但諸葛亮欲結援孟達，蜀內部有人頗不以爲然，比如費詩認爲「孟達小子，昔事振威不忠，後又背叛先主，反覆之人，何足與書邪！」〔註180〕諸葛亮當場默然不答，卻私與達書，並將罪責歸至劉封身上，希望能以一絲舊情說動孟達。果眞孟達牽動舊情，再度合作，便可輕鬆取三郡。孟達之例，又再度說明，諸葛亮在情、才、法、利害四者之取捨上，仍是以利害居首。孟達非才，不能用法治，但可用情義相牽，以達奪三郡之目的。此可見諸葛亮格局遠高於蜀漢諸臣，能不計其叛，寬廣包容，且默默行事，不與內部起紛爭，以使密謀得逞。此正所謂識時務者，不以德行爲拘，端看時務需求而出手。果然，孟達此後與亮數相交通，有叛魏之心。然而，消息仍然走露，於是帝遣司馬懿斬滅達。而「亮亦以達無款誠之心，故不救助也。」〔註181〕

　　這是《三國志》的記載，田餘慶以爲有爲賢者諱之意。他所據乃司馬彪《戰略》：「亮使郭模詐降，過魏興，太守申儀與達有隙，模語儀。」認爲亮又故洩密謀，借懿手斬達。〔註182〕但這段史料極不合情理。既亮有招誘達之心，何以又要借刀殺達？殺死孟達，於諸葛亮並無好處；但誘成孟達，東三郡可輕易得手。以諸葛亮之內憂外患，何必如此勞心而詭譎地越國殺達？但消息走露，諸葛亮不救助，卻極合理。蓋招誘孟達本爲利害，此刻招誘不成，難道還要勞師動衆去救達？且孟達易救乎？若易救，表示三郡易奪，那又何必迂迴誘達？故而亮招孟達、坐視孟達不救，皆是利害之衡量，由此更可見諸葛亮不僅手法細膩、周嚴，亦有甚強之應變能力，隨時看形勢變化而調整策略，然而，許多學者皆接受陳壽「應變將略，非其所長」〔註183〕之評價。

　　因此，諸葛亮斬劉備養子劉封，而結援叛將孟達，無關平衡新舊勢力。一路分析而下，已明諸葛亮乃以天下利害爲著眼，而情、才、法既爲其評估之準則，亦可成爲靈活運用之手法。亮之用人，既有核心，亦有次第，其鑒察人物細膩，處理手法圓熟應變，可謂不知人乎？無謀略乎？

　　然而，這樣一號賢相謀將，何以仍以失敗作終？他的盲點何在？他又爲何爭天下？堅持漢賊不兩立？

〔註180〕《三國志‧蜀書‧費詩傳》，頁1016。
〔註181〕《三國志‧蜀書‧費詩傳》，頁1016。
〔註182〕田餘慶〈蜀史四題──蜀國新舊糾葛的歷史追溯〉，頁225～226。
〔註183〕《三國志‧蜀書‧諸葛亮傳》，頁934。

亮第一次出征北伐時，姜維（202～264）來歸。恰諸葛亮所欲培植的接班人馬謖敗於街亭，於是亮攜姜維還，加奉義將軍，封當陽亭侯，並寫信向蔣琬、費禕盛讚之：

> 書曰：「姜伯約忠勤時事，思慮精密，考其所有，永南、季常諸人不如也。其人，涼州上士也。」又曰：「須先教中虎步兵五六千人。姜伯約甚敏於軍事，既有膽義，深解兵意。此人心存漢室，而才兼於人，畢教軍事，當遣詣宮，覲見主上。」〔註184〕

姜維未聞重功，竟已封侯，足見諸葛亮是透過此舉，增加其威望，正如讓馬謖守街亭、引費禕同車載，栽培之意甚濃。而從諸葛亮鑒姜維「心存漢室」、「才兼於人」，又符應上文所說，亮緊扣興復漢室之大利害來用人，尤其姜維軍「才」出眾，既有膽義，又解兵意，正是他需要的謀將型人物。姜維出現，適時彌補馬謖空缺，讓諸葛亮在痛失人才之際，猶有一絲安慰。

然而，諸葛亮對姜維的評價，似與史家陳壽落差極大。陳壽評姜維：「粗有文武，志立功名，而翫眾黷旅，明斷不周，終致隕斃。」關於負面評價，一說姜維窮兵黷武，操弄士兵之生死；二說姜維個性不果決，經常猶豫難斷。陳壽所言有依據嗎？而諸葛亮為何用叛魏降將，為其接班人？且據《三國志》本傳所載，姜維是在不得已情況下，投靠諸葛亮：

> 姜維字伯約，天水冀人也。……建興六年，丞相諸葛亮軍向祁山，時天水太守適出案行，維及功曹梁緒、主簿尹賞、主記梁虔等從行。太守聞蜀軍垂至，而諸縣響應，疑維等皆有異心，於是夜亡保上邽。維等覺太守去，追遲，至城門，城門已閉，不納。維等相率還冀，冀亦不入維。維等乃俱詣諸葛亮。〔註185〕

從這裏可以看到，姜維先被太守疑，而拒於城外；後還故鄉冀縣，又被拒，這才詣亮。從太守疑「有異心」，到亮以維「心存漢室」，可見得姜維或許心存漢室，但仍猶豫不決，故太守疑其不忠於魏，而姜維也未立即向蜀營投誠，此即陳壽所謂「明斷不周」。他與諸葛亮所指或同，但觀看角度不同。

姜維既為魏營降將，是否得能諸將信服？尤其馬謖敗後，諸葛亮雖以嚴法處死，但此後諸葛亮之任命，是否更易引起高標準檢驗？但諸葛亮不顧疑慮眼光，依然重用姜維，此更加突顯：一，蜀漢將才極匱缺。二，新舊將領

〔註184〕《三國志‧蜀書‧姜維傳》，頁 1063。
〔註185〕《三國志‧蜀書‧姜維傳》，頁 1062。

爲爭奇功，互相排擠嫉妒，蜀國內政問題嚴重。三，馬謖死後，舊將更難用，甚至成爲諸葛亮之障礙。可知，諸葛亮用降將姜維，實有時勢之迫。

但姜維「心存漢室」、「忠勤時事」的特質，才是讓諸葛亮選之爲接班人的關鍵。諸葛亮之鑒是準確的。姜維果然不間斷地北伐，從亮死，至劉禪降魏，姜維被亂軍殺死（234～263），整三十年，皆投入在北伐戰場上，以興漢爲目的。故陳壽云其「翫眾黷旅」，但此正是諸葛亮重用姜維之因，兩人又是從不同角度看同一件事。但諸葛亮死後，蔣琬、費禕出兵態度皆呈保守，故姜維「每欲興軍大舉，費禕常裁制不從，與其兵不過萬人。」〔註186〕直至費禕死後，姜維始能發揮，但他又累年攻戰，功績不立。此時，宦官黃皓等弄權於內，欲廢姜維，維自有危懼之心，不復還成都。姜維的最終下場是蜀、魏將士皆憤，兩面不是人，死在亂軍中，妻子皆伏誅。

陳壽對姜維的評價，反映他對北伐之批判，這也呈顯在他對諸葛亮的評價上。陳壽曾拜譙周爲師，而譙周是勸後主降魏的大儒，他見姜維虛耗蜀漢國力，特著《仇國論》，力陳北伐之失。或許他曾影響陳壽的北伐之見。事實上，不僅姜維北伐遭受指責，在諸葛亮時代，蜀漢內部即有許多反對聲浪，且諸將泰半不支持。僅管如此，諸葛亮依然堅持北伐至死，其眞正動機究竟何在？

參、由北伐論諸葛亮之人格

劉備父子治蜀近五十年，從漢中戰、夷陵戰、南中戰至連年動眾的北伐，其間消耗之人力物力不知凡幾。據劉禪投降時所上士民簿云：「領戶二十八萬，男女口九十四萬，帶甲將士十萬二千，吏四萬人，米四十餘萬斛，金銀各二千斤，錦綺綵絹各二十萬匹。」〔註187〕人口與將士比，平均九人需養一位士兵。而金銀比，劉備入蜀賜與四大臣者，竟超過蜀漢後期國庫總儲存。諸葛亮曾在教中云：「今民貧國虛，決敵之資，唯仰錦耳。」〔註188〕國力之凋敝可知矣。於是魏軍一入成都，劉禪即拱手投降，成爲三國中最早滅亡的國家。

而諸葛亮居間治蜀二十年，可以說是實際深耕、主導蜀政發展者。在他

〔註186〕《三國志·蜀書·姜維傳》，頁1064。
〔註187〕《三國志·蜀書·後主傳》注引王隱《蜀記》「艾報書云」，頁900。
〔註188〕《太平御覽》引《諸葛亮集》曰，頁3755～2。

生命最後七年（228～334），堅持北伐，幾乎連年動眾，勞多功少，不僅百姓辛苦，州郡太守亦多不支持，從上文李嚴以此為脅，可見一斑。其處境之狼狽，又可從以下引文得知：

> 諸葛亮連年出軍，調發諸郡，多不相救，义募取兵五千人詣亮，慰喻檢制，無逃竄者。……蜀郡一都之會，戶口眾多，又亮卒之後，士伍亡命，更相重冒，姦巧非一。义到官，為之防禁，開喻勸導，數年之中，漏脫自出者萬餘口。〔註189〕

亮在時，諸郡「多不相救」；亮卒後，又「士伍亡命」。為何諸郡不相救？蓋劉備在時，即以重金賞將，不顧民間疾苦，更不能慮及此舉雖能招來勇夫，卻多引來莽將。貪官求賞風氣一成，蜀漢又每況愈下，諸葛亮治蜀手法不同，條件亦不足，於是劉備一死，諸將多不從命，此在上文已反覆論述。可知這是劉備超乎常人的大手筆，也是其宿命之所在。故當孔明前線打仗，僅剩呂义援兵相持。而亮一死，士兵亦亡命匿戶，計蜀郡即達萬餘口。為何士伍亡命？在亂世中，百姓所圖在安飽，但蜀中卻連年戰爭，民不聊生。況三國征戰至今，劉備所執漢賊不兩立之高調早已失效，人人自顧不暇，再無幾人可以響應諸葛亮討賊興漢的大纛。謀深略遠的諸葛亮，難道看不出北伐難為？以「算之上者」為謀的他，對北伐有勝算嗎？為何堅持不已？

在諸葛亮第一次北伐前，曾上〈前出師表〉言道：「願陛下託臣以討賊興復之效；不效，則治臣之罪，以告先帝之靈。」〔註190〕此時亮似對興復中原勝券在握。然而，馬謖街亭失守後，該年十一月，亮第二次出師，再上〈後出師表〉〔註191〕，云：「先帝東連吳、越，西取巴、蜀，舉兵北征，夏侯授首，此操之失計而漢事將成也。然後吳更違盟，關羽毀敗，秭歸蹉跌，曹丕稱帝。凡事如是，難可逆見。臣鞠躬盡力，死而後已，至於成敗利鈍，非臣之明所能逆覩也。」〔註192〕前後相隔不到一年，亮從充滿自信理想，到成敗無可逆覩，落差極大。究竟北伐有功效否？亮云，關羽敗荊後，蜀漢內部發生一連串「難可逆見」之發展。從中可知，失荊之後，諸葛亮對蜀漢態勢難再起，

〔註189〕《三國志‧蜀書‧呂义傳》，頁988。

〔註190〕《三國志‧蜀書‧諸葛亮傳》，頁920。

〔註191〕《後出師表》是真是偽，頗有爭議，然其中所述，尚符合諸葛亮之心跡，故本文酌採之。如清袁枚主張為偽；何焯、李慈銘主張為亮所作。見王瑞功主編《諸葛亮研究集成》上冊，頁634～5、656、695。

〔註192〕《三國志‧蜀書‧諸葛亮傳》注引《漢晉春秋》，頁923。

早已了然於胸。不論從〈隆中對〉或〈後出師表〉，諸葛亮皆表明了一個事實：局勢有其可謀畫，亦有其無法掌控。他雖可助劉備三國鼎立，但亦須「天下有變」，才有北攻勝算。因此回頭看〈前出師表〉，亮看似十足把握，然而更像是首度出征，激奮上下也自我勉勵之語。

既然諸葛亮知其不可爲，何以仍打這場毫無勝算的仗？歷來約有兩種說法，一，亮爲了推翻曹魏，興復漢室；二，蜀漢處於以弱對強，不得不以攻爲守。〔註193〕前爲正統價值之驅使，後爲保蜀之策略。這兩方面的理由，都是存在諸葛亮內心的。以第一點而言，從龐統一章所述，襄陽泛舟集團之所聚，在正統、好謀、圖發展。而諸葛亮雖有正統價值傾向，亦有正統利害衡量，故棄表、璋而就劉備。然而，征戰數十年後，漢家早亡，正統值薄，實已無利可算，何以亮仍堅持興漢？表示尚有其他原因，驅使諸葛亮討賊。

而就第二點，北伐是保蜀不得不之戰略？從夷陵戰後，孫權主動請和，劉備亦恢復聯盟之舉，表示孫、劉兩方皆知，弱國生存之道在於此。而諸葛亮執政十一年，更是從未動搖東結孫權之方針。既然吳、蜀皆主張復合以抗曹魏，那麼兩國要如何合作，才能繼續保持彼此制衡的關係？據同盟理論：

> 在一定條件下，面對一個威脅自身安全的強國，弱國還有可能「見風使舵」，追隨強者……而不是進行制衡，原因是弱國對防禦型同盟力量貢獻較小，但卻能引起具有威脅性國家更強的憤怒。……此外，當盟友完全沒有作用時，國家也會追隨強者。〔註194〕

由此可知，蜀吳兩國要同盟，彼此都得在力量上發揮一定的作用，否則兩方都可能背叛對方。先以吳的角度來思維，吳在赤壁戰後，便憑據長江天險，時而聯魏，時而合蜀，伺機而動，策略極爲靈活。關羽北攻襄樊之際，孫吳聯魏，伺機襲取荊州，即是成功案例。但夷陵戰勝後，吳立刻回到孫劉聯盟，推其意，一方面要避免蜀漢速亡，危機臨身；同時也以蜀當炮灰，做爲第一線防衛，吳則後頭安枕觀戰，再伺機而動。手法正如當初周瑜亡，將南郡借與劉備，魯肅又勸劉備重用龐統之意同。蓋劉蜀之安危牽動孫吳之安危，唯有增加劉蜀實力，才能保障孫吳下游安全。也因此，蜀若無相當戰鬥實力，孫吳與之合作之誘因亦降低。

〔註193〕梁滿倉〈《隆中對》的政略修改與諸葛亮北伐的戰略方針〉，《襄樊學院學報》，第 10 期（2008 年），頁 12。
〔註194〕張杰〈同盟理論視角下的夷陵之戰〉，《理論界》第 9 期（2011 年），頁 108。

　　而從蜀的角度來看，蜀因標榜漢賊不兩立，不可能聯魏，因此，聯吳抗魏最順理成章，故諸葛亮堅執此外交方針。即使孫權稱帝時，亮仍權變認可之，他的理由是：結吳乃在求犄角之援，發揮鼎足牽制之效，使其北伐無東顧之憂，而曹魏亦不敢傾力取西。若因正統問題與吳交兵，將使「北賊得計，非算之上。」〔註195〕此又證明第三章所言，正統雖是諸葛亮之價值傾向，但也是亮權衡利害之選擇。而當正統與利害有衝突時，還得有所權宜，而兼顧長遠利害。尤其孫權稱帝該年，諸葛亮發動第三次北伐。北伐功成與否，孫吳也扮演牽制角色，怎可交惡。

　　然而，在劉備攻魏戰吳，致使兩邊夾擊，落得偏蜀而立後，蜀漢已成三國之末。既在勢力上，成為最弱國；又在策略上被框架，只能聯吳。孫吳難道不知？不過是暫時聯蜀，而隨機思動。因此蜀如何確保孫吳與之長期合作？只有拿出戰鬥實力。以諸葛亮而言，魏強蜀弱，魏大軍一揮，蜀漢難以正面迎擊。故較佳策略，即是不時主動出擊，且以游擊方式，使魏防不勝防，甚至還能打些漂亮的小勝仗。故〈後出師表〉云：「以先帝之明，量臣之才，故知臣伐賊才弱敵強也；然不伐賊，王業亦亡，惟坐待亡，孰與伐之？」〔註196〕果然，至諸葛亮死，孫劉兩家親善，而蜀雖因北伐國力內耗，但也延緩魏軍壓境、蜀漢滅亡之結局。

　　但堅保蜀漢的諸葛亮，如今所面對，卻是昏昧的後主。保了蜀漢，劉禪亦無有作為；得了天下，很快又會葬送其手，未來希望何在？聰明如諸葛亮，難道未預見？不曾思考過嗎？那麼，他究竟為誰而戰？

　　從前後二篇出師表來咀嚼，答案是鮮明的。〈前出師表〉云：「臣本布衣，躬耕於南陽，苟全性命於亂世，不求聞達于諸侯。先帝不以臣卑鄙，猥自枉屈，三顧臣於草廬之中，諮臣以當世之事，由是感激，遂許先帝以驅馳。……先帝知臣謹慎，故臨崩寄臣以大事也。受命以來，夙夜憂歎，恐託付不效，以傷先帝之明……願陛下託臣以討賊興復之效。」〔註197〕語調充滿為報知己厚遇的感激之情。當初，徐庶言亮「不可屈致也。」於是劉備三顧而得之。而在亮出隆中，為備驅馳二十一年後，字裏行間，猶不忘先帝三顧之恩遇。但號稱識時務的亮，若以劉備大有可為，為何劉備三顧後才仕之，屈就又何

〔註195〕 《三國志・蜀書・諸葛亮傳》注引《漢晉春秋》，頁924。
〔註196〕 《三國志・蜀書・諸葛亮傳》注引《漢晉春秋》，頁923。
〔註197〕 《三國志・蜀書・諸葛亮傳》，頁920。

妨？若以劉備無機會，何以三顧而變調？由此可見，善衡量時務的諸葛亮，乃被劉備三顧茅廬之尊重、之賞遇，一生框限了。劉備臨終又託孤以定大事，故諸葛亮雖知北伐逆時背勢，但如何答報知己？正所謂士爲知己者死，明知不可爲而爲之，直到死的那一天，才能放下這重託，因此他「鞠躬盡瘁，死後後已。」最終死在五丈原。雖北伐功業未竟，而於亮，正如他對李嚴之自剖，雖討賊未效，但知己之情已答，君臣恩義已報，於心安矣。

從上可知，諸葛亮既爲蜀漢大局，不得不戰；又顧君臣之義，鞠躬盡瘁，終於戰地；甚至深謀遠慮，培植蔣琬、費禕、姜維以輔後主，使蜀漢又維持國勢近三十年。如此忠心耿耿一老臣，然而，在其死後，依然遭遇史家不少負面評價，且主要多集中在北伐。究竟諸葛亮盲點何在？何以其謀深勞多而功少？

從上文分析而下，諸葛亮不僅是位賢相，亦是位謀將，正如他自比爲管仲、樂毅，既表其志，亦爲自知。然而，以良史著稱的陳壽（233～297），雖定亮爲相才，卻不以將才評之。陳壽總評亮「刑政雖峻而無怨者，以其用心平而勸戒明也。可謂識治之良才，管、蕭之亞匹矣。然連年動眾，未能成功，蓋應變將略，非其所長歟！」〔註198〕壽又在呈《諸葛氏集》時，上言晉武帝曰：

> 然亮才，於治戎爲長，奇謀爲短，理民之幹，優於將略。而所與對
> 敵，或值人傑，加眾寡不侔，攻守異體，故雖連年動眾，未能有克。
> 昔蕭何薦韓信，管仲舉王子城父，皆忖己之長，未能兼有故也。亮
> 之器能政理，抑亦管、蕭之亞匹也，而時之名將無城父、韓信，故
> 使功業陵遲，大義不及邪？蓋天命有歸，不可以智力爭也。〔註199〕

據《三國志》本傳總評，陳壽將亮北伐失敗，歸因於「應變將略，非其所長」，此乃就諸葛亮個人特質來歸因。但在呈《諸葛氏集》時所上言，他將北伐失敗歸因於「天命有歸」。從表文來看，陳壽所謂天命，乃言亮客觀條件不足，故致北伐之敗。蓋魏有人傑，而蜀無名將，且兩國眾寡懸殊，此所謂「天命有歸」於魏而不在亮，故「不可以智力爭」。此語表示陳壽肯定亮有智力，只是難敵天命，故北伐之敗，不單純是亮個人問題。

爲何陳壽論亮北伐之敗，先呈現主觀問題，又云是客觀因素，再將客觀

〔註198〕《三國志・蜀書・諸葛亮傳》，頁934。
〔註199〕《三國志・蜀書・諸葛亮傳》，頁930～931。

因素指向天命？推敲陳壽之情，應是讚賞諸葛亮的。觀陳壽《三國志》對亮之總評，多稱揚亮以法治國的功效，而僅以末四句，輕輕帶過亮北伐之敗在「應變將略」。至於陳壽上晉武帝表文，以極大篇幅鋪陳諸葛亮崛起之過程，嚴法治國之風化，黎庶之追思感念，及文風之平實有意理，而在中間插入一小段「奇謀爲短」的評價，並以亮北伐敗於「天命有歸。」表文末段，更云其誠惶誠恐上《諸葛氏集》，幸賴晉武帝邁蹤古聖，對此「敵國誹謗之言」〔註200〕無所忌諱，故謹錄之。從文章整體結構而言，陳壽對諸葛亮是讚嘆的；從末段刻意褒帝貶亮之詞，又知陳壽對於晉武帝能否接納他對諸葛亮的定位是擔憂的。蓋晉、蜀立場敵對，而陳壽擔任西晉著作郎，被交付定諸葛亮故事之責，他該如何讓當朝存錄諸葛氏言？或者正因此，他選擇在北伐功敗一事上作文章，故表面得奉司馬氏爲正統，但筆鋒則曲折表達對諸葛亮的理解，以致於在歸因上保持相當的模糊空間。

　　且不管陳壽北伐之論是否意在迴護，但後續圍繞陳壽之評，而紛紛針對北伐事功以論斷諸葛亮者，似乎難脫以成敗論英雄之思維。但據上文分析，諸葛亮奇謀不短，應變頗強，軍事才華並不差。因此，若不以北伐成敗角度來論之，諸葛亮究竟敗在何處？

　　就亮與備之君臣遇合，讓號稱識時務的諸葛亮，最後七年，竭盡心力，討伐「北賊」，此實失「算」矣。他以利害衡量正統價值，又以利害權變正統，但北伐之利害如何？從他不再言北伐之「效」早已知悉。但爲何諸葛亮一生仍堅持北伐，忠於蜀漢？劉備尙有知遇之情，然而劉禪昏昧無能，聽信讒言。亮死後，「所在各求爲立廟，朝議以禮秩不聽，百姓遂因時節私祭之於道陌上。言事者或以爲可聽立廟於成都者，後主不從。」〔註201〕劉禪竟連百姓欲立祀祭亮都反對。當初劉備遺言，讓劉禪事亮如父，然而，亮一死，劉禪迫不及待奪回自己威權，既無緬懷忠臣之心，亦無念「相父」之情義，諸葛亮如今，是爲誰而戰？

　　而從整個蜀漢每況愈下的態勢來看，一，君亂大略。二，諸將不從。三，人才凋零，後繼乏人。四，連年爭戰，兵糧不足。五，後主無能，內憂外患。六，籌碼有限，捉襟見肘。七，民心大壞，諸郡互不救援。僅諸葛亮一隻孤

〔註200〕陳壽云：「伏惟陛下邁蹤古聖，蕩然無忌，故雖敵國誹謗之言，咸肆其辭而無所革諱，所以明大通之道也。謹錄寫上詣著作。臣壽誠惶誠恐，頓首頓首，死罪死罪。」見《三國志‧蜀書‧諸葛亮傳》，頁931。

〔註201〕《三國志‧蜀書‧諸葛亮傳》，頁928。

鳥在前線奮戰，可謂巧婦難爲無米之炊，任誰還能應變？然而，更重要的是，打到最後，諸葛亮不知爲誰而戰？戰成戰敗，他都無立足點。戰勝，可匡復天下，但劉禪不才，很快又恢復到漢末割據動亂，宗室自相殘殺的局面。戰敗，他落得「連年動眾，未能成功」的批判。但不戰呢，國內是佞臣圍繞，待相父一走，急著收權的劉禪，他忍見乎？而國外兩強虎視眈眈，伺機而動，能不打嗎？

他一生扶植的劉氏正統，最後成這般模樣。諸葛亮是否曾思考過，果眞匡復漢室，究竟誰得利？而連年動眾的北伐，又是誰受害？不匡不統，其實是多數人苟活自立的方式。果眞諸葛亮是以天下爲終極目標，核心價值何必鎖在匡復漢室？而劉備一生標榜「漢賊不兩立，王業不偏安。」但實際行爲如賊匪，以搶天下爲職志。若眞能偏安，盡心照顧百姓，反有王業。若諸葛亮眞有安天下之心，即該思索誰可以安天下，不應被漢室綁住。若亮以天下蒼生爲念，又有劉氏正統價值，那麼，劉禪不才，亦可以扶植其他劉氏賢能，不至於篡漢自立淪爲「賊」。但到後來，諸葛亮似乎也失焦了，似也陷在正統觀，而無能眞正以百姓疾苦爲憂。

當初劉備託孤於亮，遺命亮輔劉禪以定大事，言阿斗若不才，君可自取之。亮一聞，涕泣曰：「臣敢竭股肱之力，效忠貞之節，繼之以死！」〔註202〕事實上，劉備頗防衛自家帝業，從他痛斬劉封，以防「易世之後終難制御」可知。而備每標榜「漢賊不兩立」，託亮定此大事，又云亮可自取，此豈非陷亮於其所罵之曹賊乎？已事劉備十餘載之亮，豈不知劉備之意？但亮不計劉備之虛矯，從他出隆中，便許劉備以驅馳，至備臨終，又云欲竭股肱之力以效忠至死，所出之言，可謂一輩子奉行。他曾上表後主：「『若臣死之日，不使內有餘帛，外有贏財，以負陛下。』及卒，如其所言。」〔註203〕由此可見，亮是堅守承諾之士，是爲知己而死之士，也是相將兼才之奇士，這是他人格特質之定位，無關乎成敗。

雖說諸葛亮是堅守信諾、答報知己之奇士，但他並非知天命之聖人。《尚書》曾謂：「天視自我民視，天聽自我民聽。」〔註204〕所謂天之視聽，取決於百姓之視聽；天命乃是顯示在民命之中；能安民命，就擁有天命。諸葛亮雖

〔註202〕《三國志·蜀書·諸葛亮傳》，頁918。
〔註203〕《三國志·蜀書·諸葛亮傳》，頁918。
〔註204〕清·阮元審定，盧宣旬校《重刊宋本十三經注疏附校勘記·尚書·周書·泰誓》，頁155～2。

有識人之明，有利害之別，能洞識時務而提出精準之謀略，然而，他並不能看見天命之所歸，正在於安天下之民。他與荀彧一樣，皆有政治操守，荀彧甚至具有安邦定國的儒生理想，但是二人同樣陷落在劉氏正統的意識型態下，未看到正統是由劉氏自毀，才開啟亂世軍閥割據的局面。陳壽所言「天命有歸」，其實是道出了諸葛亮之徒勞。何以蜀漢愈益萎靡？諸多客觀條件皆不能輔成有「智力」之諸葛亮？蓋天命有歸矣。然而，陳壽所言之「天命」，仍是以正統為論，非以安民為論，又可見中國知識份子，幾乎無法超越家天下的帝制權力架構。

小結

　　諸葛亮知人乎？諸葛亮是政治家，或謀略家？本章以學界兩大爭議為討論核心，以諸葛亮治蜀時期，對十位人才鑒用廢捨之具體實例，來展開論述。研究發現，諸葛亮之用人核心，並非著眼於新舊關係之協調，其用人取捨，主要以才、情、法及利害為衡量，四者之中，又以利害為核心，且是對準爭天下之大利害。故諸葛亮雖以嚴明法制著稱，若執法違背此利害，亦將權變之。故他斬馬謖以正軍法，卻縱容違法亂紀的法正；他處決酒後大發謀反言論、尚無實際犯行的彭羕，卻積極結援叛蜀降魏的孟達。看似執法多重標準，實則皆統攝在爭天下的利害原則下。順此而下，法制與人才孰輕孰重之爭議，即有合理之解釋。蓋於諸葛亮，「法」之寬嚴，「才」之用廢，背後皆以爭天下的大利害為衡量，故他違眾拔謖，所為乃在培植接班人才；他又堅斬馬謖，所為乃在安撫眾將，以利後續北伐大業；他殺謀臣彭羕，因其野心可奪劉氏天下；他結叛將孟達，因其駐守三郡要地，可助爭天下。故云論亮「明法勝才」，或「律外妄殺」，皆未能掌握諸葛亮之用人核心。

　　而在劉備死前，人事決策權實掌於劉備。既如此，劉備為君之角色，於諸葛亮之品鑒用人，有何影響？透過本文研究，得出備、亮君臣知人角度有別，延伸而下，用人手法、戰術策略亦極為不同。首先，在知人角度上，備特重有戰功、能助之爭天下的將士，但無法洞察能奪他天下的將士，亦輕鄙文臣及無戰功者；相較於此，亮格局寬廣，著眼於天下之爭，故能超然於蜀漢內部的派系鬥爭，而盡時人之器用；又善由小見大，洞察人心，防患於未然。在用人手法上，備出手豪邁，以功為賞，但不能瞻前顧後，致使重賞手

法埋下後患無窮；而亮眼光長遠，內外條件盱衡周密，故出手謹慎、圓融而精準，務求人盡其才，以安內攘外。在策略上，備個性不夠沈穩紮實，擴張雖迅速，卻無法內修政理，安頓降地，又破壞孫劉聯盟，荊州失後，更負氣發動夷陵一戰，使蜀漢國力大損；而亮隆中戰略終三國皆準，故堅持正統，號召討賊，而東結孫權。儘管備、亮君臣從知人、用人到策略上皆有所歧異，但兩人爭天下的大目標一致，君臣互動大體和諧。

但在劉備死後，其生前愛將如廖立、李嚴、魏延等，或遭廢徙，或遭冷落；而備臨終前，慎重交代馬謖不可大用，但諸葛亮卻大用之，其用人諸多爭議，延伸到北伐之敗，更加引來亮知人與否的懷疑，及「奇謀爲短」的史家定位。

因此，本文深入追蹤廖立、李嚴、馬謖、魏延之廢用根由，發現四人皆以「將不從命」被處置，且在劉備死後，才一一引爆。故往上追蹤，發現其禍根啓於劉備的重賞手法。蓋重賞之下，必有勇夫，但所招亦多莽將，且爲得重賞，多爭奇功，又屢得重賞，心性愈益矜高。進入諸葛亮執政時代，國庫蹙縮，條件不足；而亮以法治國，非憑功績一味籠絡。但諸將已長久受劉備之厚賜豐賞，此時不得滿足，或爭功求賞，或索官圖利，一一不從亮命，由爭天下之猛將，轉成內亂之莽將。由此看來，諸葛亮以嚴法治國，實有其宿命。

從劉備君亂大略、將不從命一路以來，蜀漢態勢日益萎縮，實已一蹶難振。內處此變，外臨曹孫二強虎視眈眈，諸葛亮竟能執政十一年，又洞見蔣琬、費禕、姜維可爲接班人，再延蜀漢國祚三十年。從中可知，諸葛亮不僅知人，且謀深略遠，應變極佳。然而，爲何諸葛亮終其一生未曾篡逆，又堅持毫無勝算的北伐？尤其後主昏庸無能，亮戰成，天下亦將失於劉禪。戰敗，他落得成敗論英雄之論斷。戰成戰敗，都無立足點，亮究竟爲誰而戰？事實上，在劉備三顧茅廬之後，諸葛亮已承諾一生爲其奔馳了。爲報知己之恩，執守君臣之義，亮只能鞠躬盡瘁，死而後已，故七年北伐，最終死在戰場上，由此人格特質定位之，亮乃爲知己者死之奇士也。

但諸葛亮雖以忠於劉氏的政治操守而成，卻也陷於劉氏正統的意識型態而敗。其雖識時務，卻不識天命所歸正在民心，故不能如孔孟之流，以天下百姓爲安而稱聖矣。

第五章　結　論

　　本文題爲「蜀漢知人群體研究」，乃從月旦評中受冷落的許靖切入，往下探索三國最弱勢的蜀漢，試圖與學界以郭、許爲起點，以劉卲《人物志》涵蓋三國之人物品鑒主流研究，進行對話。同時，從學界較少關注的「知人群體」角度切入，探問其爲何品鑒？有何意圖及眼光？超越及限制？以建構出蜀漢知人群體之別相及共相。

　　綜觀郭泰、二許、龐統、諸葛亮，五位知人典型皆不同。同樣一場黨錮，郭、許反應截然；而共處汝南月旦評，二許聲浪大別；至如培養醞釀於襄陽謀士集團，龐統、諸葛亮知鑒亦迥異。其中有人試圖解決問題，有人淈泥揚波，製造混亂。故其雖在共同的歷史條件下產生，但彼此實有生命層次之別。

　　其中，乃以郭泰格局最寬，眼界最遠。桓帝上台不久，郭泰已洞見漢室不可支，於是步履孔孟，周遊華夏。其品評以「道」爲核心，志在獎訓士類，教化人心，以爲亂世播善種。黨錮一發生，他立刻杜口回鄉，蓋已預知清議之禍；但當黨人遭難消息傳來，郭泰亦慟哭難受。可知其既有洞識時務之冷眼，又有淑世濟民之熱情，非但「知人者智」，又頗具聖人風流。

　　然而，在黨錮之後，時代陷入叫囂怒罵的激情對立中，遁身、矯絜、放言成爲主流意識型態，不仕不隱、寬宏平等、噤默不語的郭泰，因此遭受士人非議。此時，許劭迎合民憤，在汝南月旦一評，犀利褒貶。其品評以「清」爲標準，表面看似屬俗明教，實則利用世俗別清濁、定善惡之心理，架高自己的權威及聲名，非但無益於國，反而製造朝野更大的對立，從中亦助長個人的孤傲心性。不久，軍閥亂起，許劭一介文士，亦得流離播遷，但依然褒貶不休，足見月旦之餘威仍在延燒。

而共同月旦評，卻被時潮淹沒的許靖，正以其聲迥異許劭。蓋許靖德行篤厚，繫念家國，見許劭以「清論」興風作浪，徒增動盪，故其清談人物多褒少貶，重在誘納後進，雖未能力挽狂瀾，但或思解決之道。然而，在清濁抗爭的思潮下，以「厚」爲評的他因此被冷落。而入割據亂世下，許靖倉惶奔逃，依寄多主，最後又因棄劉璋、降劉備，引來論者譏諷。追蹤其因，發現許靖流亡期間噤默少言，但行動堅決，雖欲明哲保身，又唯劉氏正統爲依歸。直至入蜀爲安後，許靖始恢復鏘鏘孔音，清談不倦，教化人才，雖非識時務者，卻頗具知人之明。

然而，自割據亂世始，軍閥對人才之需求，不再僅止於知人，更需具備審時度勢的本領。許靖以治世廊廟器，而非亂世王佐才，故受劉備所輕鄙；相較之下，龐統、諸葛亮皆爲識時務之高明謀士，因而得到劉備禮遇眷顧。更進一層來說，知人不一定善謀，但謀士必定知人，龐統仕吳，不出謀策而以知人聞名，此舉本身即是襄陽謀士集團的深遠謀略，從中亦反映龐統及襄陽集團，實乃關注時局、好論時務而熱衷功名之輩。但其雖識時務，卻框架於正統思想；雖有正統價值傾向，卻又夾雜利害衡量。以此私利及意識型態，故與劉氏爭天下一拍即合。

成長於襄陽集團的臥龍，亦一生追隨劉備。入蜀後，劉備用諸葛亮司理蜀政，而亮在人才廢用上，手法謹愼、周密、圓融，多方顧及情、才、法，而眼光扣準爭天下之大利害。然在劉備死前，決策權實掌於備，而君臣爭天下之目標雖一致，但知人眼光、用人手法、至戰術策略皆迥異。蓋〈隆中對〉深知安內攸關攘外，而劉備卻未能體認「內脩政理」的重要性，在跨荊取益後，務求快速擴張版圖，故以重賞手法，激勇將爭奇功，爲蜀政埋下將不從命之禍根；而其亦漸棄隆中大略，夷陵一戰更使蜀漢頹勢難轉。周旋於內憂外患中，諸葛亮依然嚴守分際，善扶弱主，堅持北伐，以報知己之恩，以守君臣之義。雖出師未捷，然其鞠躬盡瘁一老臣，致令千古青史書不盡也。惜其以爭天下，而非安天下，故不能入聖人之流矣。

由上，可看到五種知人典型，其知人眼光、格局各不同。而就蜀漢三位知人者而言，其眼光又受什麼所牽引、所框限？

蓋許靖、龐統、諸葛亮，皆有相當的知人能力，統、亮二人更以識時務爲稱，何以三人不擇勢大的曹操，而依歸弱勢之劉備？原來三人皆以劉氏正統爲主要價值衡量，龐統、諸葛亮更以此結成同志。但諸劉之中，爲何棄漢

獻帝而另立正統？爲何又棄劉璋、劉表而就劉備？蓋漢獻帝已爲曹操所把持，而三人皆洞見曹操之野心，故只能另立劉氏正統。至於許靖爲何棄璋降備？許靖任劉璋太守十三年，劉備甫至，立即踰牆降備，顯然他對二劉有高下判斷，只是未曾透露。而劉備仁義之聲遠傳，許靖亦頗有家國關懷，或因此而棄璋降備。至於龐統、諸葛亮，〈隆中對〉顯示二人除了正統價值外，亦將正統利害衡量於爭天下之大局中，而表、璋皆格局窄小，故襄陽集團以劉備爲中心，謀畫跨荊取益吞二劉的天下藍圖。

從三人依歸弱勢的劉備，足見雖已進入割據亂世，但劉氏正統觀依然根深柢固，這也是劉備要高舉正統，劉璋、劉表、劉繇能駐守長江防線，襄陽集團以正統來盱衡利害，而曹操一日急追劉備三百里的關鍵所在。蓋因正統力量強大，有心之士皆以此爲資源而權謀。故曹操搶占先機，尊奉漢獻帝爲天子，立即引來眾多正統士大夫入許，此乃以正統吸收正統的高明手腕。但曹操未料十餘年後，猶在堅執劉氏正統的荀彧等忠臣身上，遭遇強大反彈，不得不消滅異統，但終其一生未敢篡漢。又如劉備勢單力薄，卻得以與曹、孫抗衡，正因以漢室宗親身分，即令天下豪傑歸之如雲，且願死爲漢鬼者夥。至於江東，孫權所遭遇正統士大夫之疏離、仇恨、對抗，並不亞於中原，如陸績，至死猶署漢民，堅表心志。而孫權忍辱任才，身段柔軟，內漸收服正統勢力，外交策略運用靈活，或臣魏、或聯蜀，至遲而稱帝，避免觸碰正統之爭，而以保江東迂迴前進。

從中反映，三國承漢而下，而漢民心中猶深植劉氏正統觀，且價值次第極高，甚至可以超越生死。即如蜀漢三位知人者，亦在劉氏正統的意識框限內思維，凌駕其對人物之鑒別。

雖三人眼光窄化於劉氏，但依歸劉備後，皆表現濃厚的忠君情懷。如許靖在蜀廷誘納後進，爲劉備培養人才，頗有安蜀之心。龐統長期埋沒眞才實幹，靜候孫吳之需，以行臥底之實。而後仕蜀攻益，未入成都即中箭身亡，徒留三計功與劉備。至於諸葛亮位高權重，卻未曾自取，以一生報知己，終殞五丈原，死而後已。故三人眼光雖框限於劉氏正統，但其人格又以忠於劉氏而成。

僅管蜀漢三位知人者皆以正統忠君觀事劉備，但劉備對三位忠臣，卻非全然惺惺相惜。蓋劉備目光鎖在爭天下，偏好有實際戰功之將士，故論功行賞，激勇將建奇功，以快速爭天下。在此價值下，李嚴、魏延、廖立、法正、

龐統、彭羕等成其愛將寵臣，許靖一介文士，且棄城降備，故受備輕鄙。由此，劉備雖有知人之明，但僅以實功為評，故不識許靖、馬謖之才性，又不見彭羕、李嚴之野心。至於龐統之死，劉備痛哭流涕，予其後事豐厚，可反推龐統立功之大，早為劉備所用。而劉備初視諸葛亮如魚得水，依循〈隆中對〉而跨荊取益，但此後亦漸棄諸葛亮之謀而不用，蓋已被爭天下之野心籠罩，無法穩紮穩打而自壞江山矣。可見劉備在知人眼光上深鎖於爭天下，既以此得人、得荊益，又以此失人、失天下。然其知人眼光雖有所框限，但用人格局相對寬廣，故價值雖輕鄙許靖，尚可禮敬許靖，遂行其爭天下之意圖。

　　以上為蜀漢知人群體意識，為臣三人皆執守劉氏正統觀，一生盡忠於劉備，從中猶可看到兩漢儒生之人格特質；為君者亦知劉氏正統觀深植人心，藉此主流意識以滿足自我欲望。從中可見，知人群體之眼光、格局雖不盡相同，但背後又同受某些共通意識所框架。而此意識植根於環境，亦隨環境而變化。故三人皆以兩漢正統意識而走向蜀漢政權，入蜀漢後，又深被劉備所牽動。而劉備意在爭天下，因此，三位知人者在蜀漢政權下所扮演的角色，皆是君王爭天下的一顆棋子。許靖是招攬賢才者，龐統是謀略者，諸葛亮是決策者。劉備用東漢尚名餘風，禮敬許靖以廣招人才。用龐統為活棋，靜待孫吳之需，而以知人身分為掩飾，切入甚深謀略。用諸葛亮治理蜀政，司人才廢用之決策。由知人群體在蜀漢發揮的角色意義，反映蜀漢實以爭天下為實質。

　　由此可見，知人群體雖在共同的歷史條件下產生，但知人內涵實隨著環境而不斷變異。而時代變局已從漢末黨錮、軍閥割據、走向三國鼎立，品評亦從東漢昏聵政局下的權位鬥爭；到群雄割據亂世，爾虞我詐的天下爭奪戰；再到三國鼎立，鑒用決策攸關政權穩固、國祚長短及天下一統。而蜀漢三位知人者，即使欲有所作為，但基本上皆在此環境下反應。

　　因此，可以說，人是環境的產物。二許汝南月旦評建基於許氏深厚的家學淵源，及汝南地域的清鑒傳統，而在東漢政治鬥爭的環境下產生。而襄陽本為中原邊陲，因應劉表割據政權，促成諸葛亮、龐統等跨地域人士，共聚襄陽。他們表面以泛舟為樂，實則關注時局，好論時務。泛舟所反映，正是士人受環境深刻影響，所發展出的一種生存之道。又可知地域文化的養成通常長期而緩慢，但政治形勢的動盪往往有立竿見影之效，尤其亂世中，戰情詭譎多變，依隨勢力之消長，生存空間、方式也都連帶受影響。故身隨三國

而動，而腦中猶存兩漢思想，積蘊成當下的存在。環境本身就是一個大框架，從家族、地域、政治、文化各面向，層層疊加的意識及價值系統，或深或淺左右著人的言行舉止，能夠跳脫環境限制者極少。

更拉遠來看，兩漢的政治體制及主流意識，又是建構在先秦儒家文化及秦大一統的帝制結構上。故而，在時人好許劭的原因探究中，我們追蹤到黨錮與月旦評的社會土壤實相連。再深入黨錮的發生因素，發現它不單是皇權不振、或清濁抗爭、或士人集團清議太激烈等片面因素之所成，蓋帝制本身即有其缺陷，促使每次改朝換代，即引發權力鬥爭。而東漢統治階級內部，三大政治集團與皇帝間的權力衝突愈演愈烈，導致清議大盛，終而引爆黨錮。黨錮之後，士人亦未能謀思治國良策，反而流於激情謾罵，於是月旦評應時而起，迎合民憤，助長朝野更大的對立，而東漢亦漸走向滅亡。可知權力之爭背後所呼應，其實是人心的貪婪。而制度亦由人所建構，時至今日，帝制已被推翻，然而，黨派對立、名嘴月旦評等現象依然存在，為滿足自我欲望，不斷製造事端，混淆真相。可知貪婪之心在，動亂即在，且問題還會一直延燒。

在蜀漢知人群體研究中，我們試圖呈顯人心的多重面向，也借數人由小窺大，發現大多數人，其實都是站在社會意識流中判別對錯，極難跳脫環境而思維。而人雖在環境下反應，其反應亦向外影響環境，但卻極少人具有較超越的眼光、格局，來引領環境的走向。即使出現一、二位眼光較深遠，又熱情淑世者，通常不被放在重要的位置，極難發揮影響力。回頭看《尚書》對帝王修身、知人、而安民的期許，可知儒家的理想實踐至今仍然落空，故而孔子的濟世身影，依然令人追仰。

參考書目

*本文多數古籍，皆以中研院「新漢籍全文」爲檢索，特此說明。

壹、傳統文獻

一、經　部

1. 清‧阮元審定，盧宣旬校《重刊宋本十三經注疏附校勘記》（清嘉慶二十年（1815）南昌府學刊本）（台北：藝文印書館，1965 年）

二、史　部

1. 西漢‧司馬遷著，劉宋‧裴駰集解，唐‧司馬貞索隱，張守節正義《史記》（北京：中華書局，2009 年）

2. 東漢‧班固著，唐‧顏師古注《漢書》（北京：中華書局，2007 年）

3. 晉‧陳壽著，劉宋‧裴松之注《三國志》（北京：中華書局，2007 年）

4. 晉‧陳壽著，劉宋‧裴松之注，盧弼集解《三國志集解》（台北：漢京文化事業有限公司，1981 年）

5. 晉‧常璩著，任乃強校注《華陽國志校補圖志》（上海：上海古籍出版社，1987 年）

6. 東晉‧習鑿齒著，黃惠賢校補《校補襄陽耆舊記》（河南：中州古籍出版社，1987 年）

7. 劉宋‧范曄著，唐‧李賢等注，晉‧司馬彪補志，《後漢書》（北京：中華書局，2007 年）

8. 唐‧房玄齡等撰，楊家駱主編《晉書》（北京：中華書局，2008 年）

9. 唐‧許嵩著，張忱石點校《建康實錄》（北京：中華書局，2009 年）

10. 宋‧司馬光編著，元‧胡三省音註，標點資治通鑑小組校點《資治通鑑》，（北平：古籍出版社，1956 年）

11. 清‧王夫之《讀通鑑論》(北京：中華書局，1975 年)

12. 清‧趙翼《二十二史劄記》(台北：世界書局，2001 年)

三、子 部

1. 南朝宋‧劉義慶著，南朝梁‧劉孝標注，余嘉錫箋疏《世說新語箋疏》(台北：華正書局，1984 年)

2. 東晉‧葛洪著，楊明照校箋《抱朴子外篇校箋》下冊 (北京：中華書局，2008 年)

3. 唐‧歐陽詢撰，汪紹楹校《藝文類聚》(上海：上海古籍出版社，1999 年)

4. 宋‧李昉等奉敕編《太平御覽》(臺北：臺灣商務印書館，1975 年)

四、集 部

1. 梁‧蕭統編，唐‧李善注《文選》，魏武帝樂府〈短歌行〉(上海：上海古籍出版社，1986 年)

2. 清‧董誥等編《全唐文》，(北京：中華書局，1987 年)

3. 《正誼堂全書》，(清康熙張伯行編同治左宗棠增刊本)

貳、近人著作
一、專 書

1. 于濤《三國前傳──漢末群雄天子夢》(北京：中華書局，2006 年)

2. 王曉毅《知人者智──《人物志》解讀》(北京：中華書局，2010 年)

3. 王仁祥《人倫鑒識起源的學術史考察(魏晉以前)》(台北：國立台灣大學出版中心，2008 年 11 月)

4. 王瑞功主編《諸葛亮研究集成》上下冊 (山東：齊魯書社，1997 年)

5. 王邦雄等編著《中國哲學史》，(台北：空大，1995 年)

6. 方詩銘《曹操‧袁紹‧黃巾》(上海：上海社會科學院出版社，1995 年)

7. 方詩銘《方詩銘論三國人物》(上海：上海古籍出版社，2006 年)

8. 尹韻公《縱論三國》(太原：山西人民出版社，2001 年)

9. 田餘慶《秦漢魏晉史探微》(重訂本)(北京：中華書局，2011 年)

10. 呂思勉《三國史話》(北京：中華書局，2009 年)

11. 朱大渭、梁滿倉《諸葛亮大傳》上下冊 (北京：中華書局，2007 年)

12. 何茲全《中國古代及中世紀史》(福建：鷺江出版社，2003 年)

13. 周一良《魏晉南北朝史集》(北京：北京大學出版社，2010 年)

14. 周天游輯注《八家後漢書輯注》(上海：上海古籍出版社，1986 年)

15. 余英時《中國知識階層史論》（台北：聯經出版社，1980 年）

16. 日‧岡村繁著，陸曉光譯《漢魏六朝的思想和文學》（上海：上海古籍出版社，2009 年）

17. 易中天《品三國》上、下冊（台北：泰電電業，2013 年）

18. 林麗眞《魏晉清談主題之研究》（台北：花木蘭文化出版社，2008 年）

19. 胡寶國《漢唐間史學的發展》（北京：商務印書館，2003 年）

20. 日‧宮崎市定著，韓昇、劉建英譯《九品官人法研究：科舉前史》（北京：中華書局，2008 年）

21. 馬植杰《三國史》（北京：人民出版社，1994 年）

22. 張大可《三國史研究》（北京：華文出版社，2003 年）

23. 徐難于《漢靈帝與漢末社會》（濟南：齊魯書社，2002 年）

24. 唐長孺著，朱雷、唐剛卯選編《唐長孺文存》（上海：上海古籍出版社，2006 年）

25. 湯用彤《魏晉玄學論稿》（上海：上海古籍出版社，2007 年）

26. 張蓓蓓《中古學術論略》〈魏晉學風窺豹〉（台北：大安出版社，1991 年）

27. 張澍輯佚《諸葛亮集》（台北：天山出版社，1985 年）

28. 陳翔華《諸葛亮形象史研究》（浙江：浙江古籍出版社，1990 年）

29. 陳啓雲《漢晉六朝文化‧社會‧制度——中華中古前期史研究》（台北：新文豐出版，1997 年）

30. 陳明《儒學的歷史與文化功能：以中古士族現象爲個案》，（北京：中國社會科學出版社，2005 年）

31. 勞思光《中國哲學史》第二卷（香港：香港中文大學崇基學院，1980 年）

32. 楊東晨《東漢興亡史》（陝西：陝西人民教育出版社，1998 年）

33. 萬繩楠整理《陳寅恪魏晉南北朝史演講錄》（台北：雲龍出版社，1996 年）

34. 黃少英著《魏晉人物品題研究》（濟南：齊魯書社，2006 年）

35. 黃寬重、劉增貴主編《家族與社會》（北京：中國大百科全書出版社，2005 年）

36. 費海璣《歷史研究集》（台北：臺灣商務印書館，1976 年）

37. 閻步克《品位與職位：秦漢魏晉南北朝官階制度研究》（北京：中華書局，2009 年 7 月）

38. 閻步克《察舉制度變遷史稿》（北京：中國人民大學出版社，2009 年）

39. 盧雲《漢晉文化地理》（陝西：陝西人民教育出版社，1991 年）

40. 羅宗強《玄學與魏晉士人心態》（天津：天津教育出版社，2005 年）

二、碩博士論文

1. 張蓓蓓《漢晉人物品鑒研究》（台北：國立台灣大學中國文學研究所博士論文，何佑森先生指導，1982 年）（後出版為：張蓓蓓《漢晉人物品鑒研究》（台北：花木蘭文化出版社，2010 年）

2. 吳冠宏《顏子形象與魏晉人物品鑒》（台北：國立台灣大學中國文學研究所碩士論文，張亨先生指導，1992 年）

3. 方碧玉《魏晉人物品評風尚探究——以《世說新語》為例》（台北：國立中興大學歷史所碩士論文，宋德喜先生指導，1995 年）（後出版為：方碧玉《魏晉人物品評風尚探究——以《世說新語》為例》（台北：花木蘭文化出版社，2010 年）

4. 賴麗蓉《魏晉『人物品鑑』研究——創造性審美活動的完成》（台北：台灣師範大學國文所博士論文，黃錦鋐先生指導，1995 年）

5. 金貞淑《中國人品觀兩種原型之研究》（台北：國立台灣大學中國文學研究所碩士論文，張蓓蓓先生指導，2003 年）

6. 朴敬姬《《世說新語》中的人物品鑒之研究》（台北：國立政治大學中國文學研究所碩士論文，呂凱先生指導，1980 年）

7. 賈元圓《六朝人物品鑒與文學批評》（台北：東吳大學中國文學研究所碩士論文，齊益壽先生指導，1985 年）

8. 許玉純《六朝詩歌批評與人物評鑑之關係》（台南：南華大學文學所碩士論文，李正治先生指導，2002 年）

9. 陳聖倫《魏晉賞鑒活動研究及其對教學的啟發》（台北：國立台灣師範大學國文研究所（教學碩士班）碩士論文，李清筠先生指導，2003 年）

10. 洪然升《六朝「文士／文藝」品鑒論》（台南：國立成功大學中國文學系博士論文，陳昌明先生指導，2008 年）

11. 陳俊偉《兩晉史家之敘述觀點與三國前期歷史建構》（花蓮：國立東華大學中國語文學系碩士論文，王文進先生指導，2012 年）

（一）人物品鑒

1. 陳寅恪〈逍遙遊向郭義及支遁義探源〉，《清華學報》第 12 卷第 2 期（1937 年 4 月），頁 309～314。

2. 林顯庭〈魏晉時代的才性四本論〉，《東海哲學研究所集刊》第一輯（1991 年 10 月），頁 117～146。

3. 吳曉青〈以「世說新語」看魏晉的人倫鑒識活動〉，《臺北科技大學學報》第 31 卷第 2 期（1998 年 9 月），頁 345～372。

4. 胡寶國〈雜傳與人物品評〉，收入氏著《漢唐間史學的發展》（北京：商務印書館，2003 年），頁 132～158。

5. 劉增貴〈論後漢末的人物評論風氣〉,《國立成功大學歷史學報》第 10 期（1983 年 9 月），頁 159～216。

6. 黃銀妹〈由《世說新語‧品藻篇》看魏晉之人物品評〉,《雲漢學刊》第 19？？（2009 年 7 月），頁 1～24。

7. 彭婉蕙〈「世說新語」「我輩」一詞探義——兼論魏晉士人的群我處境與自我定位〉,《中極學刊》第 2 期（2002 年 12 月），頁 23～51。

8. 鄭毓瑜〈身體表演與魏晉人倫品鑒——一個自我「體現」的角度〉,《漢學研究》第 24 卷第 2 期（2006 年 12 月），頁 71～104。

（二）黨錮之禍

1. 王傳武〈20 世紀以來的黨錮之禍研究綜述〉,《信陽師范學院學報》（哲學社會科學版），第 5 期（2009 年），頁 139～143。

2. 張娟〈重釋東漢黨錮〉,《雲南師範大學學報》（哲學社會科學版），第 1 期（2005 年），頁 37～44。

3. 萬青〈李固與后漢黨錮之禍〉,《紅河學院學報》，第 4 期（2005 年），頁 39～43。

4. 薛海波〈東漢潁川豪族的官僚化和士族化〉,《文史哲》，第 6 期（2006 年），頁 94～104。

5. 宋杰〈東漢的黃門北寺獄〉,《首都師范大學學報》（社會科學版），第 2 期（2007 年），頁 1～10。

6. 聶濟冬〈游學與漢末政治〉,《山東大學學報》（哲學社會科學版），第 6 期，（2007 年），頁 70～74。

7. 秦蓁〈溯源與追憶：東漢黨錮新論史林〉，第 3 期（2008 年），頁 28～33 ＋89。

8. 劉蓉〈黨錮源起汝南的歷史原因探析〉,《青海社會科學》，第 4 期（2009 年），頁 108～112。

9. 路偉、萬青〈「黨錮之禍」的現實利益與儒家文化的特質〉,《大理學院學報》，第 7 期（2010 年），頁 71～75。

（三）地域文化

（1）汝潁

1. 任群英〈汝潁名士論爭的深層蘊含〉,《許昌學院學報》第 24 卷第 3 期（2005 年），頁 32～36。

2. 余樂〈論汝潁文化〉,《許昌學院學報》第 27 卷第 6 期（2008 年），頁 32 ～36。

3. 余樂〈汝潁文化與荀悅思想的形成〉,《中國古代文學研究》（2009 年 10 月），頁 63～65。

4. 李俊鋒〈漢魏汝潁人士興起的歷史地理背景〉,《黑龍江史志》(2008 年 8 月),頁 9～11。

5. 陳雁〈東漢魏晉時期潁汝、南陽地區的私學與游學〉,《文史哲》第 1 期（2000 年）,頁 71～75。

6. 劉蓉〈漢末名士集團的地域衝突及政治影響——兼論袁紹勢力的興亡〉,《歷史教學問題》第 5 期（2011 年）,頁 111～116。

7. 謝亦鋒〈汝潁大族在曹魏時期的政治取向〉,《昭通師範高等專科學校學報》第 27 卷第 6 期（2005 年 12 月）,頁 48～52。

8. 張永剛、楊天榮〈漢魏之際潁川多奇士的原因探究〉,《樂山師範學院學報》第 21 卷第 8 期（2006 年 8 月）,頁 78～81。

9. 胡寶國〈漢魏之際的汝潁名士〉,《文史知識》第 11 期（2010 年）,頁 22～31。

10. 朱子彥、李迅〈論東漢末年汝南郡的月旦評〉,《學術月刊》第 9 期（2002 年）,頁 84～90。

11. 朱紹侯〈試論汝南許氏望族的形成——兼論許劭月旦評〉,《黃河科技大學學報》第 2 卷第 1 期（2000 年 3 月）,頁 33～40。

12. 馬永喜〈東漢汝南郡方士考略〉,《西安文理學院學報》（社會科學版）第 13 卷第 1 期（2010 年 2 月）,頁 4～7。

13. 王傳武〈東漢黨人的地域認同研究〉,《中華文化論壇》第 4 期（2009 年）,頁 13～19。

14. 鄭長興、郭超〈兩漢時期的汝南郡〉,《天中學刊》第 12 卷第 4 期（1997 年 8 月）,頁 12～16。

（2）荊益、江東

1. 張杰〈同盟理論視角下的夷陵之戰〉,《理論界》第 9 期（2011 年）,頁 104～107。

2. 張旭華〈漢末襄陽名士清議〉,《襄樊學院學報》第 10 期（2008 年）,頁 20～23＋74。

3. 葉植、靳進〈獨特的三國歷史 難忘的襄陽故事——關於襄陽三國歷史文化問題的研究〉,《襄陽職業技術學院學報》第 3 期（2011 年）,頁 4～13。

4. 梁中效〈襄陽在三國文化史上的戰略地位〉,《襄樊學院學報》第 6 期（2010 年）,頁 21～27。

5. 余鵬飛〈兩晉南北朝時期襄陽習氏家族考釋〉,《湖北文理學院學報》第 6 期（2012 年）,頁 11～15。

6. 余鵬飛〈漢末三國時期襄陽習氏家族考釋〉,《襄樊學院學報》第 3 期（2009 年）,頁 12～18。

7. 張甲子〈荊州文人集團與南北文化之交融〉,《湖北廣播電視大學學報》第 1 期（2009 年）, 頁 66～67。

8. 余鵬飛〈劉表荊州政績淺議〉,《襄樊學院學報》第 1 期（2000 年）, 頁 89～93。

9. 劉墨書〈三國時期荊州地區人才與政局的關系〉,《長春大學學報》（人文科學學院）第 11 期（2006 年）, 頁 96～99。

10. 吳成國〈荊州學派與易學——以劉表易學思想的考察爲中心〉,《中國文化研究》（人文科學學院）第 4 期（2011 年）, 頁 93～100。

11. 黃燕平〈王粲荊州交游考論〉,《中南大學學報》(社會科學版) 第 3 期(2009 年), 頁 439～444。

12. 張東華、劉偉〈荊州之爭與吳蜀關係新探〉《南京曉莊學院學報》第 1 期（2003 年）, 頁 27～33。

13. 陳麗〈論劉表的用人旨趣與爲政得失〉,《中央社會主義學院學報》第 3 期（2004 年）, 頁 43～48。

14. 王永平〈士人去就與劉表興亡〉,《傳統文化與現代化》第 6 期（1997 年）, 頁 57～68。

15. 林榕杰〈荊州變局前后的劉表父子考論〉,《求索》5 期,（2008 年）, 頁 211～214。

16. 唐春生〈劉表時期避難荊州的北方名士〉,《湖南大學學報》(社會科學版) 第 2 期（2001 年）, 頁 23～26。

17. 趙宣淳〈《三國志演義》中劉備「知人」原則探析——以龐統出任「耒陽令」爲線索〉,《有鳳初鳴年刊》第 8 期（2012 年 7 月）, 頁 545～564。

18. 林盈翔〈習鑿齒《襄陽記》與臥龍、鳳雛並稱的源起——兼論《三國志演義》中龐統角色的成敗〉,《雲漢學刊》第 18 期（2009 年 6 月）, 頁 28～41。

19. 土屋文子、李生〈從龐統和諸葛亮看三國故事中軍師形象的變遷〉,《古典文學知識》第 3 期（1999 年）, 頁 107～112。

20. 張紅波〈敘事視角與文化觀照下的龐統形象〉,《武漢科技大學學報》（社會科學版）第 3 期（2011 年）, 頁 36～41。

21. 白瑩〈陪襯人龐統形象的藝術漸進〉,《湖北大學學報》(哲學社會科學版) 第 6 期（1995 年）, 頁 36～41。

22. 黃惠賢〈龐德公及其親友考釋〉,《武漢大學學報》（人文科學學院）第 1 期（2001 年）, 頁 46～50。

23. 夏日新〈與《〈龐德公、司馬徽隱居魚梁洲考〉辯析》再商榷〉,《襄陽師專學報》第 3 期（1998 年）, 頁 68～71。

24. 謝思煒〈龐德公是龐公嗎？〉，《文史知識》第 8 期（2010 年），頁 135 ～137。

25. 魏平柱〈試論龐德公之隱與諸葛亮之隱〉，《襄樊職業技術學院學報》（人文科學學院）第 3 期（2008 年），頁 1～3。

26. 王文進〈論裴松之的「統一觀」〉，《六朝學刊》第一期（2004 年 12 月），頁 45～60。

27. 王文進〈習鑿齒與諸葛亮神話之建構〉，《臺大中文學報》第 38 期（2012 年 9 月），頁 71～120。

28. 王文進〈論魚豢《魏略》的三國史圖象〉，《中國學術年刊》第 33 期（秋季號，2011 年 9 月），頁 1～34。

29. 劉蘊之〈略論諸葛亮「違眾拔謖」的原因〉，《天津師大學報》，第一期（1995 年），頁 53～55，63。

30. 溫登傑〈馬謖與街亭之敗〉，《史苑》第 62 期，（2002 年 6 月），頁 1～24。

31. 鄭柏彰〈馬謖敗於街亭試論——詮構諸葛亮從「違眾拔謖」到「揮淚斬謖」之本末源流〉，《國文學報創刊號》第 1 期（2004 年 12 月），頁 193 ～212。

32. 丁寶齋〈諸葛亮與漢末襄陽大姓〉《文史哲》第 6 期（1999 年），頁 42 ～45。

33. 徐明陽〈儒道兼融的襄陽隱士與「三顧茅廬」〉，《理論月刊》第 10 期（2009 年），頁 130～132。

34. 漆福剛〈諸葛亮成才與襄陽隱士群體〉，《伊犁教育學院學報》第 3 期（2005 年），頁 22～25。

35. 宗瑞仙、吳慶〈論諸葛亮讀書「觀其大略」——兼及漢魏之際學術走向與荊州學派〉，《中國石油大學勝利學院學報》（人文科學學院）第 1 期（2011 年），頁 43～47。

36. 潘柏年、林曉筠〈〈隆中對〉缺失評議〉，《中國學術年刊》第 34 期（秋季號，2012 年 9 月），頁 83～112。

37. 羅開玉〈諸葛亮、李嚴權爭研究〉，《成都大學學報》（社會科學版）第 6 期（2006 年 12 月）頁 5～10＋93。

38. 張鑫〈三國蜀漢政權派系動態分析〉，《巢湖學院學報》，第 12 卷第 1 期，總第 100 期（2010 年），頁 113～116。

39. 胡以存〈諸葛亮為何感歎法正〉，《領導文萃》，第 9 期（2010 年），頁 88 ～91。

40. 沈伯俊〈諸葛亮的接班人〉，《西華大學學報》（哲學社會科學版），第 4 期（2011 年），頁 66～70。

41. 朱子彥、邊銳〈諸葛亮接班人與蜀漢政權存亡〉,《探索與爭鳴》,第 10 期（2007 年）,頁 74～78。

42. 梁滿倉〈《隆中對》的政略修改與諸葛亮北伐的戰略方針〉,《襄樊學院學報》,第 10 期（2008 年）,頁 12～19。

43. 伍伯常〈方土大姓與外來勢力：論劉焉父子的權力基礎〉,《漢學研究》第 19 卷第 2 期（2001 年 12 月）,頁 210～220。

44. 許蓉生〈蜀漢政權重要官員的地域構成及變化──兼議諸葛亮的「貴和」精神〉,《西南民族大學學報》(人文社科版) 第 12 期（2005 年）,頁 323～326。

45. 李尚學〈有關劉備軍事集團平定益州的幾個問題的考證〉,《樂山師範學院學報》第 19 卷第 7 期（2004 年 7 月）,頁 98～101。

46. 張承宗、鄭華蘭〈蜀漢人士與蜀漢興亡〉,《襄樊學院學報》第 3 期（2002 年）,頁 87～91

47. 黃曉陽〈從魯肅「鼎足江東」謀畫看「隆中對」得失〉,《成都大學報》(社科版) 第 1 期（1998 年）,頁 58～59、67。

48. 沈驊〈魯肅權謀思想簡論〉,《中國歷史教學參考》第 6 期（2002 年）,頁 17～19。

49. 王鑫義〈善「解大數」的東吳政治家魯肅〉《襄樊學院學報》第 10 期（2010 年）,頁 23～27。

50. 林榕杰〈赤壁之戰後的周瑜考論〉,《廈門大學人文學院》第 32 卷第 4 期（2001 年 8 月）,頁 154～158。

51. 李艷濤〈陸遜和孫權關係簡論〉,《蘇州文博論叢》總第 1 輯（2010 年）,頁 140～146。